国家社科基金
GUOJIA SHEKE JIJIN HOUQI ZIZHU XIANGMU
后期资助项目

近代中国报章之兴
与文体之变

The Rise of Modern Chinese Newspapers and the
Change of Style

胡全章　著

九州出版社 | 全国百佳图书出版单位
JIUZHOUPRESS

图书在版编目（CIP）数据

近代中国报章之兴与文体之变 / 胡全章著. -- 北京：
九州出版社，2021.8
ISBN 978-7-5225-0311-0

Ⅰ. ①近… Ⅱ. ①胡… Ⅲ. ①报刊－新闻事业史－研
究－中国－近代②文体－研究－中国－近代 Ⅳ.
①G219.295②H152

中国版本图书馆CIP数据核字(2021)第156678号

近代中国报章之兴与文体之变

作　　者	胡全章　著	
责任编辑	古秋建	
出版发行	九州出版社	
地　　址	北京市西城区阜外大街甲 35 号 (100037)	
发行电话	(010)68992190/3/5/6	
网　　址	www.jiuzhoupress.com	
印　　刷	三河市九洲财鑫印刷有限公司	
开　　本	710 毫米 ×1000 毫米　16 开	
印　　张	18.75	
字　　数	320 千字	
版　　次	2021 年 9 月第 1 版	
印　　次	2021 年 9 月第 1 次印刷	
书　　号	ISBN 978-7-5225-0311-0	
定　　价	98.00 元	

国家社科基金后期资助项目
出版说明

  后期资助项目是国家社科基金设立的一类重要项目，旨在鼓励广大社科研究者潜心治学，支持基础研究多出优秀成果。它是经过严格评审，从接近完成的科研成果中遴选立项的。为扩大后期资助项目的影响，更好地推动学术发展，促进成果转化，全国哲学社会科学工作办公室按照"统一设计、统一标识、统一版式、形成系列"的总体要求，组织出版国家社科基金后期资助项目成果。

全国哲学社会科学工作办公室

目　录

中编　报章新文体与文界革命之实绩

下编　白话文运动与言文合一之路

引　言

19世纪末20世纪初，在西学东渐、启蒙救亡的社会背景下，近代中文报章蓬勃兴起，中国文学与思想的传播媒介和读者接受方式发生了重大改变，一个以报刊为中心的文学和思想变革时代悄然来临。1901年底，梁启超主持的《清议报》终刊号曾发文指出："自报章兴，吾国之文体，为之一变，汪洋恣肆，畅所欲言，所谓宗派家法，无复问者。"① 二十多年后，胡适在给高一涵等人的公开信中，将戊戌变法时期的《时务报》、新民运动时期的《新民丛报》与新文化运动时期的《新青年》，视为"代表三个时代"乃至"创造了三个新时代"的一代名刊。② 前者指出了世纪之交报章之兴之于文体之变的重大影响；后者道出了报刊传播媒介在引领国民思想启蒙和语言文体变革的时代思潮中所发挥的关键作用。晚清至五四时期，中文报章（包括白话报刊）之兴与散文（包括应用文）文体新变，形成了近代中国言论思想界和文坛波澜壮阔、众声喧哗的热闹景观，构成了中国语言文体古今演变史上极为重要的环节。

20世纪的第一个年头，清光绪二十六年，岁在庚子，孟春时节，寓居日本的政治流亡者梁启超在清政府愈禁而流布愈广的横滨《清议报》上，发表了自檀香山寄来的《汗漫录》一文，首次提出"文界革命"问题，并以日本政论家德富苏峰"雄放隽快，善以欧西文思入日本文"的报章政论文为师法的榜样。③ 两年后，随着风靡一世的《新民丛报》的创刊与流行，以近代报刊和洋装书为主要传播媒介的"文界革命"，已经发展成为一股浩荡的时代潮流，而"为时流所日日昌言"。④ 20世纪初年，以日本和上海为策源地，以近代中文报章为主阵地，以留东学子为作家主体，晚清一代新型知识分子广泛参与其中的"文界革命"，创作出一批批门类众多、

① 《中国各报存佚表》，《清议报》第一百册，1901年12月21日。
② 胡适：《与一涵等四位的信》，载欧阳哲生编：《胡适文集》第三册，北京大学出版社，2013，第357—358页。
③ 任公：《汗漫录》，《清议报》第三十五册，1900年2月10日。
④ 扪虱谈虎客：《新中国未来记》第四回总批，《新小说》第三号，1903年1月。

实绩显著、时代反响巨大、历史影响深远的新体文章，"开文章之新体，激民气之暗潮"，① 其流布由东南沿海口岸城市迅速蔓延到大江南北，并随着科举考试内容的改革而侵入全国教育界，致使万千士子趋之若鹜，八股文遭到灭顶之灾。以梁启超为代表的晚清一代新文化人倡导"文界革命"的根本动因，在于最大限度地实现"播文明思想于国民"的启蒙目标，造就一代具有近代民族国家思想的新型国民，为创建一个能够自立于世界民族之林的"新中国"奠下基石。晚清"文界革命"的范围，是旨在"播文明思想于国民"的著译之业，其作家主体为有别于传统士大夫文人的近代新型知识分子（包括以留东学子为主体的革命派知识分子），其语体是一种向欧化和白话开放的改良文言，其文体具有创新性、试验性与探索性，其大方向符合言文合一的语文革新趋势。晚清的白话报潮流和白话文运动，则在改良白话语体文体方面做出了多向度探索。晚清时期的"文界革命"和白话文运动，为五四时期胡适、陈独秀发动的文学革命和白话文运动做出了重要的历史铺垫；无论是在"革其精神"层面，抑或是在"革其形式"方面，两者都形成了某种历史的合力与接力。

然而，在以胡适、周作人为代表的新文学（批评）家的文学史叙述中，这一历史脉络和历史接力过程被有意无意忽略甚或否定了。1922 年，胡适在那部被后世史家奉为中国近现代文学史开山之作的《五十年来中国之文学》中，梳理了清末民初四派"应用的古文"——严复、林纾的翻译的文章，谭嗣同、梁启超一派的议论的文章，章炳麟的述学的文章，章士钊一派的政论的文章——将其划在"古文学"范围之内，肯定"这一段古文学勉强求应用的历史，乃是新旧文学过渡时代不能免的一个阶级。古文学幸亏有这一个时期，勉强支持了二三十年的运命"，在指摘"他们都不肯从根本上做一番改革的工夫"之后，宣布其"不能不归于失败"，也就斩断了属于"古文学"的这四派"应用的古文"与属于"新文学"的五四"白话散文"之间的历史关联。② 1932 年，周作人在辅仁大学讲授《中国新文学的源流》时，基于"言志"的文学观，得出"今次的文学运动，其根本方向和明末的文学运动完全相同"的结论，将五四新文学与晚明公安派、竟陵派散文小品相衔接，而作为其"反动"的清代文学则基本上无足取。③ 对于晚清时期不可能视而不见的白话报和白话文潮流，胡适断言：

① 任公：《本馆第一百册祝辞并论报馆之责任及本馆之经历》，《清议报》第一百册，1901 年 12 月 21 日。

② 胡适：《五十年来中国之文学》，申报馆，1924，第 2—3 页。

③ 周作人讲校，邓恭三记录：《中国新文学的源流》，人文书店，1934。

"这些人可以说是'有意的主张白话',但不可以说是'有意的主张白话文学'。他们的最大缺点是把社会分作两部分:一边是'他们',一边是'我们'。一边是应该用白话的'他们',一边是应该做古文古诗的'我们'。我们不妨仍旧吃肉,但他们下等社会不配吃肉,只好抛块骨头给他们吃去吧。"① 周作人完全接受了胡适的这一观点,声言晚清的"白话文字"不是"白话文学",现代的白话文是"话怎样说便怎样写",晚清时期却是"由八股翻白话",以为"那时候的白话,是出自政治方面的需求,只是戊戌政变的余波之一,和后来的白话文可说是没有大关系的"。② 以胡适、周作人为代表的五四一代新文学(批评)家,也一刀斩断了晚清白话文与五四白话文(学)之间的历史承继性。

胡适、周作人等五四一代新文化人对晚清一代新文化人,心理上存在一层"影响的焦虑",为突出自己这代人开天辟地的历史功绩,在自家建构的新文学历史谱系中,对来自本土的新文学渊源采取舍近求远乃至远交近攻的叙述策略,有其特定的历史文化背景。如今,隔着一个世纪的时间跨度,有了民国时期和新中国成立后几代学人丰厚的学术积淀和多元视角,今人重新审视近代中国西学东渐、思想启蒙、报章之兴与文体之变的历史过程时,理应基于原始报刊文献史料,全面客观地呈现历史原貌,补上被胡适、周作人等五四一代新文学(批评)家一致忽略掉的"清末民初"这一至关重要的历史环链。

事实上,近代报学史研究界和文学史研究界,已有很多学者在从事这一学术工作;只不过,已有成果基本上属于个案研究、局部研究和某一专业视域的研究。报学史家关注的是中国近代报刊的发展状况及其特点,对报章文体之变着墨不多,缺乏系统考察与专业分析;文学史家多基于近代作家的文集之文立论,对原始报刊文献史料和报章之文的原生形态重视不够,其文学史论著对近代中国报章之兴与文体之变亦缺乏全面梳理与系统勾勒。倒是一些关于近代作家的研究成果,在个案研究方面做出了开创性探索,丰富了人们的认知。如夏晓虹《觉世与传世——梁启超的文学道路》一著的部分章节,主要基于梁启超《饮冰室合集》,参酌《清议报》《新民丛报》等报刊文献史料,对梁氏报章"新文体"及其与日本明治散文之关系,做了较为全面的系统分析与富有深度的立体透视;③ 段怀清《王韬与

---

① 胡适:《五十年来中国之文学》,申报馆,1924,第78页。
② 周作人:《中国新文学的源流》,人文书店,1934,第108页。
③ 夏晓虹:《觉世与传世——梁启超的文学道路》,中华书局,2006,第105—142、225—259页。

近现代文学转型》第二章，主要基于王韬文集《弢园文录外编》，参酌《循环日报》等相关文献史料，对王韬报章文的公共言论空间、思想探索与文体试验，做了细致深入的分析与透视。① 袁进《新文学的先驱——欧化白话文在近代的发生、演变和影响》一著，对于西方传教士在创造近代中国最早的欧化白话和新文学形态的作品，以及推动中国语言和文学的近代变革，成为白话文运动和新文学运动的先导方面的历史功绩，做了较为系统深入的梳理与分析，亦涉及一批近代报章。② 胡全章《清末民初白话报刊研究》《清末白话文运动》等著，对清末民初白话报刊的原生态和晚清白话文运动的历史形态，以及此期报刊白话文的文体语言特征及其流变轨迹，做出了较为系统的梳理与研究。③ 然而，白话报刊并非近代中国报章主流，白话文体亦非晚清散文主脉。这些个案研究和局部研究，有助于纠正长期以来存在的某些偏见和误区，却不能代替整体意义上的系统梳理与研究。

晚清时期，中国知识界对于"报"与"刊"的区分尚不明晰；众多冠以"报"名的连续出版物，如《万国公报》《时务报》《清议报》《新民丛报》《无锡白话报》《中国白话报》《安徽俗话报》《民报》《竞业旬报》《中国女报》等，其实都是今人眼中的"期刊"，明治维新时期日本名词曰"杂志"，西洋名词"Magazine"之译名。晚清知识界所谓的"报章"，既包含以报道新闻为主的报纸，更指向以揭载评论为主的杂志。1897 年初，作为《时务报》重要创办人和领导者的黄遵宪，出于职业敏感对"报馆之文"和"文集之文"做出明确区分，指出报章文体与"古雅"的"文集之文"不同的语体文体风格和作文路径。④ 同年冬，梁启超在湖南时务学堂教授生徒，别出心裁地把天下之文分为"觉世之文"与"传世之文"，以为觉世之文"当以条理细备，词笔锐达为上，不必求工也"。⑤ 至此，晚清知识界对报章文体在适用范围和文体特征等方面，都做出了明确区分与定位。

近代中国"报章兴"的新时代，以维新派知识精英创办的《时务报》为标志和里程碑。本著所考察的"报章"，主要指作为连续出版物的"杂志"，以及与报馆关系密切且出版时效快的新书，兼及少量产生了重大时

---

① 参见段怀清：《王韬与近现代文学转型》，复旦大学出版社，2015，第 103—134 页。

② 参见袁进：《新文学的先驱——欧化白话文在近代的发生、演变和影响》，复旦大学出版社，2015。

③ 参见胡全章：《清末民初白话报刊研究》，中国社会科学出版社，2011；胡全章：《清末白话文运动》，中国社会科学出版社，2015。

④ 参见黄遵宪：《致汪康年书》，载汤志钧主编：《章太炎年谱长编》，中华书局，1979，第44 页。

⑤ 梁启超：《湖南时务学堂学约十章》，《时务报》第四十九册，1897 年 12 月 24 日。

代影响的日报；本著所关注的"文体"，主要是以"觉世"为旨归、中西兼采、文白杂糅的报章新文体，亦包括清末民初大量问世的报章白话文。

本著以近代中国报章之兴为主线，在西学东渐、思想启蒙、文学革命等社会文化背景下，梳理与考察晚清至五四时期发生的中国散文文体的新变脉络与演进过程。从题目来看，本著从"报章"这一新型文化文学传播媒介着眼，最后落脚到"文体之变"；但在写作过程中，亦重视报章文体所承载的思想内容和文体之变背后的意识形态因素，以复原近代中国报章文体与政治、思想、学术、文艺、教育等领域天然存在的密切联系，呈现历史的原生态与复杂景观。为探源析流，本著将眼光追溯到道咸之际西方来华传教士和口岸知识分子的中文报章活动与中文著译之作，同时将视野延展到五四新文化运动时期，并对五四文学革命领军人物和得力干将在晚清时期的报章活动与著译之作做出系统考察，以期贯通晚清与五四两大思想变革和文学革命时期，梳理其间主流报刊、思想、文学、文体的演进历程与嬗递轨迹，勾勒两代新文化人如何在"报章兴"的文化背景下，通过历史接力和历史合力的方式，最终达成了中国文体的古今之变。

本著分上、中、下三编。上编六章，侧重勾勒晚清中国报章之兴与政论文学演进主线，历时性考察西学东渐、报章体兴背景下的重要政论性刊物和代表性作家的政论文学发展概况；报章以《循环日报》《万国公报》《直报》《时务报》《湘报》《清议报》《新民丛报》《苏报》《国民日日报》《民报》《国风报》《庸言》《甲寅》等为主脉，作家以王韬、李提摩太、康有为、严复、梁启超、唐才常、欧榘甲、杨毓麟、章炳麟、邹容、刘光汉、汪兆铭、章士钊、黄远生等为主力军，其中尤以梁启超和章士钊为代表这一时期报章政论文学创作实绩和时代特征的大家巨擘。中编五章，侧重考察报章体兴与"文界革命"开展的实绩，重点梳理除政论文学之外的报章新文体的重要分支及其发展概况，主要有新体传记、域外游记、新体杂文、文学批评文体、述学文体等门类，从创作内容和文体特征等方面系统勾勒清末民初以主流报章为中心的新体文章的创作面貌与演进过程，在思想启蒙、"文界革命"语境下探讨报章新文体的"文体之变"。下编四章，侧重考察"报章兴"背景下晚清至五四时期的白话文运动与中国文学的言文合一之路，报章以晚清白话报刊为中心，重点梳理这一时期走改良白话路径的报章文体的时代特征与演变轨迹；末章从改良文言与改良白话视角，考察晚清一代报章新文体作家、白话文倡导者和实践者，与五四一代文学革命者形成的历史接力与合力，回答五四一代新文学作家，是如何成功实现从文言到白话的文体语体现代转型的这一重大学术问题。

2005 年，史学家王尔敏在大陆版《晚清政治思想史论》自序中，归纳其从事中国近代思想史研究的"研治之道"曰："第一，我将尽量以当年名谓、词旨表状当时人之思想，不将今世流行词汇强加于前人头上。第二，深入研探当时言论之时代用心，不批判对与错，但表暴其新创意旨。用现今的话说，要掌握当时人的动机、智能、心向与目的。第三，比较新旧词意之不同，得出其时思想之新意。第四，把握这一时代思想之内涵，指出思想流趋之动向。"① 王先生研治中国近代思想史的做法，值得中国近代文学研究界借鉴。

---

① 王尔敏:《〈晚清政治思想史论〉自序》，载氏著:《晚清政治思想史论》，广西师范大学出版社，2005，第 1 页。

上编
报章之兴与政论文学之演进

第一章　救亡启蒙思潮与政论报章的兴起

晚清中国"报章兴"的时间节点在维新变法时期，其标杆是作为维新派报刊重镇的上海《时务报》。其后，维新派和革命派知识分子以日本和上海租界为基地创办的一批政论报章，因应救亡启蒙和民族民主革命的时代潮流而迅猛崛起。其中，梁启超主笔政的《清议报》《新民丛报》，标志着晚清政论报章日臻成熟；《苏报》《民报》《甲寅》等革命报刊，见证了近代政论报章的辉煌时代。戈公振指出："清代文字，受桐城派与八股之影响，重法度而轻意义。自魏源、梁启超等出，绍介新知，滋为恣肆开阖之致。留东学子所编书报，尤力求浅近，且喜用新名词，文体为之大变。"[①] 晚清留东学子所编书报，时间上与1901年底停刊的《清议报》相衔接，政治立场则大多倾向革命。晚清中国报章之兴引发的文体之变，既关乎一代文运之盛衰，更促成了中国文学和语言文体的古今之变。

清末民初，是政论报章和政论文学鼎盛的时代。这一现象，不仅前无古人，而且后乏来者。不过，近代早期中文报章的创办与发展，则要从海禁开放以后西方传教士和口岸知识分子的办报活动说起。在近代中国西学东渐的历史过程中，来华传教士和口岸知识分子扮演了先锋角色；其所创办的一批中文报章，亦曾发挥过开风气之先的历史作用。

第一节　西方传教士与早期中文报章

鸦片战争前，清朝统治者以"天朝上国"自居，对外采取闭关自守政策，视中国以外为"蛮夷之邦"和"化外之民"，以至于朝廷上下对战争对手英国的国情和世界局势知之甚少。战败的耻辱促使一批先进的中国人"开眼看世界"，林则徐、魏源、徐继畬等经世派精英士夫将目光转向海外，

---

① 戈公振：《中国报学史》，上海古籍出版社，2014，第104页。

编纂了《四洲志》《海国图志》《瀛寰志略》等一批向国人介绍世界史地知识的舆地学著作，有识之士对西学的态度由被动接受进入到主动吸收阶段，而其思想资料则主要来自西洋传教士创办的西文中文报章。甲午战争后，维新变法思潮成为时代主潮，维新派知识精英创办的《时务报》《湘学报》《知新报》等报章，成为传播变法维新思想的重要舆论阵地，而其思想材料乃至文体特征亦直接受到西方在华传教士所办中文报章的影响。在 19 世纪后半叶西学东渐的过程中，西方传教士确曾扮演过重要角色。他们在口岸城市创办的一批以传播西学为手段、以宣传宗教为目的的中文报章，成为西学东渐的重要传播媒介，在传播西洋文明和推进中文报刊近代化的同时，也在客观上促进了近代中文报章的文体之变。

西方传教士创办中文报刊的源头，可追溯到 1815 年英国传教士马礼逊、米怜（William Milne, 1785—1822）在马六甲创办的《察世俗每月统记传》月刊。该刊 1822 年停刊，存世 7 年。这一小型的中文连续出版物，以传播"神理、人道、国俗、天文、地理"知识为主，"最大的是神理，其次是人道，又次国俗"。① 主编兼主笔米怜基于"知识和科学是宗教的婢女，而且也会成为美德的辅助者"的思想理念与传教策略，② 重视西方天文地理科学知识的绍介，且强调报章文字的"生动有趣"，为其后之传教士所办中文报章，开启了以科学知识辅助宗教教义的范例。

1833 年，德国传教士郭实猎（Karl Friedrich August Gützlaff, 1803—1851）在广州创办的《东西洋考每月统记传》，是西方传教士在中国境内创办的第一份中文报刊，也是最早刊发评论文章的近代报章。至 1838 年季秋停刊，存世 6 年，出刊 33 期。主编兼主笔郭实猎，署名"爱汉者"，在创刊缘起中宣称"其出版是使中国人得知我们的技艺、科学与准则"；为此，该刊采取"不谈政治"而"展示事实"的策略，目的是"使中国人相信，他们还有许多东西要学"，以"较妙的方法"表达西洋人确实不是"蛮夷"。③ 郭实猎在广州传教多年，对中国和中国人知之较深，故而放弃一般传教士刊物以宣扬教义为主的办刊宗旨，而将传播西方文明、改变中国人对西方的印象与认知为首要目标，采取"科学辅教"的办刊策略，以西学相标榜，尤其重视天文、地理科学知识的传播，使该刊成为一种西洋牧师在华编纂的中文世俗刊物。《东西洋考每月统记传》采取分类编纂、

---

① 《察世俗每月统记传序》，载张之华主编：《中国新闻事业史文选（公元 724 年—1995 年）》，中国人民大学出版社，1999，第 77 页。

② ［英］米怜：《新教在华传教前十年回顾》，大象出版社，2008，第 72 页。

③ 黄时鉴：《〈东西洋考每月统纪传〉影印本导言》，载爱汉者等编，黄时鉴整理：《东西洋考每月统纪传》，中华书局，1997，第 12 页。

固定栏目、线装册页的方法与形式，兼具近代期刊特征和中国书籍风格；该刊的"论""东西史记和合""天文""地理""新闻""杂文"等栏目文章，篇幅简短，文字通俗，浅易文言之中，掺杂俗语口语及外来语，追求面向中国民众的生动性、趣味性、可读性效果。

鸦片战争后，受中英《南京条约》的庇护，西方传教士得以在中国境内公开传教和创办报刊，其在南洋和澳门的办报基地逐渐转移到香港、广州、厦门、宁波、上海、福州等口岸城市。1853 年 8 月，马礼逊教育协会出资、英华书院印字局发行的《遐迩贯珍》月刊在香港问世，是为中国第一份用铅活字排版、机械化印刷的中文报刊。该刊存世近 3 年，出刊33 期，英国传教士麦都思、奚礼尔、理雅各先后任主编。《遐迩贯珍》杂志是一种面向以中国为中心的亚洲世界、用中文传播西洋文明的启蒙读物，刊发了一批绍介欧美政治制度、科学技术、商业文明等内容的文章，开创了冠有新闻题目的中文报刊先例，在中文报章的近代化运营等方面做出了重要贡献。

早期维新派人士创办的近代报章，主要有香港《中外新报》（1858 年创刊）、《循环日报》（1874 年创办）、《维新日报》（1879 年创办），广州《羊城采新实录》（1872 年创办）、《述报》（1884 年创办）、《广报》（1886年创办）等，上海《汇报》（1874 年创办）等，大抵以鼓吹兴办洋务、倡导维新变法为主旋律，开戊戌维新派政论报章先河。其中，王韬创办的《循环日报》，是首家成功的华资中文报纸，每日冠首刊登一篇政论性文章，奏响了"变法自强"的主旋律，开近代中文政论报章先河。王韬主笔政的《循环日报》行世十多年，并为他在报界赢得了"中国报业之父"盛誉，在政界成为维新变法思想先驱，在文坛成为文体改革先导。

咸同之际，上海在五口通商城市中发展最快，逐渐取代广州成为欧美传教士在华活动的中心和创办报刊的重要基地。1857 年初，伦敦传教会来华传教士伟烈亚力 (Alexander Wylie，1815—1887) 主编的《六合丛谈》月刊在上海问世，是为上海第一家中文报章，依托麦都思创办的墨海书馆印行，率先使用当时世界上最先进的汉字金属活字排版，引进欧洲新式的机械化程度很高的印刷机印刷，主要撰稿人为慕维廉、艾约瑟、韦廉臣等西方传教士，王韬、蒋敦复、韩应陛等中国知识分子参与编辑撰稿工作。《六合丛谈》存世一年半，出刊 15 期，注重西学知识绍介和泰西近事报道，虽然刊物的宗教性质未曾改变，却显著增强了报章的学术性和新闻性。1858 年初，主编伟烈亚力在《第二卷小引》中述及该刊设置的"新出书籍"栏目时有感而发道：

　　窃谓中国微有所不足者，在囿于见闻，有美不彰，苟且自域，宣播无从。偶有一书出，传之不远，不能遍告同人，使之不胫而走。迟之数月或数年，尚无有知其名、过而问之者。甚者庋于高阁，有辜作者之盛意。西国苟著新书，人必争售，一月之间，家置一编。此新出书籍之目，所以每月必书也。①

在报刊上有选择地介绍每月出版的新书，义务为其做宣传，是改变中国新著书籍"有美不彰"局面的有效方式；运用时效快、受众广的近代报章传播新知，启蒙民众，改良社会，更是一条便捷途径。《六合丛谈》所绍介的新书，多系传教士撰写翻译、墨海书馆出版发行的新书，以宗教、自然科学和医学类居多。

　　1868年仲秋，美国监理会来华传教士林乐知在上海创办《中国教会新报》周刊；1872年孟秋，该刊更名为《教会新报》，逐渐走向世俗化；越二年，该刊易名《万国公报》，英文名 Globe Magazine（直译作《环球杂志》），其性质由宗教性宣传刊物转变为偏重中外时事和西学知识的综合性刊物。《万国公报》刊行近十年，于1883年夏秋之际停刊。1889年孟春时节，在广学会策划下，《万国公报》在上海复刊，由周刊改为月刊，改卷为册，刊期从第一册起始。复刊后的《万国公报》，英文名改为 A Review Of The Time（直译为《时代评论》），其重心趋向论学论政，其性质由林乐知主办的同人刊物转变为以赫德为首的广学会的机关刊物。自此，《万国公报》面貌焕然一新，在晚清中国西学东渐、维新变法的时代潮流中扮演了重要角色。

　　19世纪90年代的上海《万国公报》，由林乐知、李提摩太主编，"专以开通风气，输入文明为宗旨"，②成为一家以政论为主、新闻次之的综合性时政刊物。其撰稿人有林乐知、李提摩太、丁韪良、韦廉臣、傅兰雅、艾约瑟、花之安、慕维廉、李佳白、马林等西方传教士，编译校雠人员有沈毓桂、蔡尔康、袁康、范炜等中国知识分子。李佳白《列国政治异同考》《中国能以旧为新乃能以新存旧论》，林乐知《中西关系略论》《美国法治要略序》《泰西新政备考》《文字兴国策序》，李提摩太《新政策》《行政三和说》，艾约瑟《富国养民策》等知名政论文章，花之安撰著的《自西徂东》，林乐知撰译的《中东战纪本末》，李提摩太译著的《大同学》《泰西新史揽要》等西学名作，均经由《万国公报》刊载，在中国士林广为流布，

---

① ［英］伟烈亚力：《〈六合丛谈〉第二卷小引》，《六合丛谈》第二卷第一号，咸丰戊午年（1858）正月朔日。

② 沈毓桂：《兴复〈万国公报〉序》，《万国公报》第一册，1889年2月。

声名远扬。无论是绍介西学还是鼓吹变法，均契合了甲午前后中国士人的阅读期待心理，这也是《万国公报》风行一时的主因。正因如此，《万国公报》成为 19 世纪中国影响最大、存世最久的传教士中文报刊。

1890 年代的《万国公报》，成为英美德诸国在华外交界、商界和宗教界人士共同参与合办的刊物，并且聘用了一批中国文士学者，传播西学和鼓吹变法不遗余力，在中国读书人群体尤其是上流士夫中产生了重要影响，每年发行量高达四五万册，创造了西方在华传教士中文报章发行量的最高纪录。1896 年 11 月，《万国公报》在告白中宣称："购阅者大都达官贵介、名士富绅，故京师及各省阀阅高门、清华别业，案头多置此一编，其销流之广，则更远至海外之美澳二洲。"① 征诸时人和史家提供的印证材料，可知该刊主编所言不虚。光绪皇帝、醇亲王和李鸿章、张之洞等政府大员，都长期阅览《万国公报》；总理衙门官员称其为"华字中第一报"，② 经常就刊物所讨论的问题发表意见。1883 年，26 岁的康有为"购《万国公报》，大攻西学书，声、光、化、电、重学及各国史志，诸人游记，皆涉焉"，自此成为该刊的热心读者，"是时绝意试事，专精问学，新识深思，妙悟精理，俯读仰思，日新大进"。③1894 年，谭嗣同在湖南长沙创设算学馆，主张馆中要购置《万国公报》等报刊，要求"凡谕旨、告示、奏疏与各省时事、外国政事与论说之可见施行者，与中外之民情嗜好，均令生徒分类摘抄"。④1896 年，梁启超编《西学书目表》，将《万国公报》列为最佳"西书"之一。蔡元培言，《万国公报》被"一时学界奉为文明之灯"。⑤ 朱维铮断言："在十九世纪八九十年代，《万国公报》和广学会出版物，曾经是晚清学者文士认识世界的媒介，特别是了解近代西方世界的媒介。"⑥

1894 年，甲午海战之年，广东举人康有为和香港医生孙文都曾与《万国公报》有过交集。是年，李提摩太在《万国公报》举办了一次特别的有奖征文活动，出了五道命题作文，指定籍属顺天府和赣浙闽粤四省的儒生应征。康有为写了五篇应征文章，虽仅获六等奖，却也不难想见这位广东举人对《万国公报》所开展的"新学"作文竞赛的参与热情，从中可约略窥知广学会的报章言论在康氏心目中的重要地位。康有为几次上光绪皇帝

① 《请登告白》，《万国公报》第九十四册，1896 年 11 月。

② 林乐知：《中西关系略论》，《万国公报》第 368 卷，1875 年 12 月 25 日（光绪元年十一月二十八日）。

③ 康有为：《康南海自编年谱（外二种）》，中华书局，1992，第 11 页。

④ 谭嗣同：《与欧阳中鹄书》，载氏著：《谭嗣同全集》，中华书局，1981，第 166 页。

⑤ 陶英惠：《蔡元培年谱》，"中研院"近代史研究所，1976，第 94 页。

⑥ 朱维铮：《〈万国公报文选〉导言》，载李天纲编校：《万国公报文选》，中西书局，2012，第 23 页。

书所列举的变法主张之受《万国公报》影响，也就不足为奇了。

1894 年 6 月，"籍隶粤东，世居香邑"的香港西医书院毕业生孙文，由广东经上海北上天津，筹划通过直隶津海关道盛宣怀的渠道上书直隶总督、北洋大臣李鸿章。孙文此行，虽未获李鸿章接见，但其经由王韬润笔的万言书，却于秋冬时节分两期在《万国公报》刊登，题为《上李傅相书》，署"广东香山来稿"。其言曰："窃尝深维欧洲富强之本不尽在于船坚炮利，垒固兵强，而在于人能尽其才，地能尽其利，物能尽其用，货能畅其流。此四事者，富强之大经，治国之大本也。我国家欲恢扩宏图，勤求远略，仿行西法，以筹自强，而不急于此四者，徒惟坚船利炮之是务，是舍本而图末也。"[1] 尽管其识见超出了当时一班洋务派官僚士夫，然而却未获当道者赏识。嗣后，认识到此路不通的孙文，毅然踏上了推翻清王朝专制腐败统治的革命道路。

戊戌变法时期，康有为、梁启超从林乐知、李提摩太主办的《万国公报》及其翻译的西书中受益良多。公车上书之年，李提摩太在京事务繁忙，康有为遂介绍门人梁启超担任其中文书记，梁氏得以遍览李提摩太收藏的各种西学书籍，其报章政论文写作亦从这一时期蹒跚起步。1895 年 8 月，梁启超奉乃师之命在北京创办的第一份维新派报刊，即别有用心地冒用《万国公报》之名。在梁启超成长为维新派言论巨擘和舆论界骄子的道路上，李提摩太等西方来华传教士确曾扮演过启蒙导师的重要角色。梁启超主笔政的《时务报》"创办初期的言论，从内容到风格，都时时流露剥取《万国公报》的痕迹"，其"言论取向，与《万国公报》如出一辙，也恰好反证在晚清的'自改革'思潮中，《万国公报》曾经起过的先导作用"。[2]

1896 年秋至 1898 年秋，当梁启超等维新派精英士夫主笔政的《时务报》崛起于上海之际，同期同城出版的《万国公报》的销量及其对中国朝野士夫的影响力，则大不如前。此前《万国公报》所扮演的引领晚清维新变革思潮的向导角色，此期则被"大府奖许"、风靡一世的《时务报》所取代。[3]

---

[1] 广东香山来稿：《上李傅相书》，《万国公报》第六十九册，1894 年 10 月。

[2] 朱维铮：《〈万国公报文选〉导言》，载李天纲编校：《万国公报文选》，中西书局，2012，第 22 页。

[3] 戊戌政变后，受治外法权保护的《万国公报》又充当了言论自由的窗口，销量和影响力再度上升。进入 20 世纪后，随着中国新知识分子在近邻日本和上海租界大量创办中文报章，立宪派和革命派得以各抒政见，中国知识青年的民族主义思想情感被唤醒，西方传教士在华论政的空间受到严重挤压，《万国公报》在中国知识阶层的影响力呈逐年锐减之势。1907 年孟夏，林乐知去世；半年后，《万国公报》停刊。

第二节 维新运动与政论报章的勃兴

1895 年，中国在甲午战争中惨败，丧权辱国的《马关条约》签订，民族危机空前严重，读书人的爱国热忱空前高涨，康有为、梁启超等串联在京参加会试的万千举子发动了著名的"公车上书"，维新变法运动风起云涌。当是时，维新士夫大张旗鼓地发动了广泛的政治动员和组织宣传活动。他们成立学会联络声气，兴办学堂作育人才，创办报章制造舆论，编译西书绍介西学，著书立说昌言变法，上书言事推动新政，开明官吏士绅纷纷参与其中，一时间轰动朝野，形成了一股重要的社会力量，引领了时代潮流。1895 年至 1898 年，维新派知识分子集中主要力量，大力创办以时事政论见长的综合性报章，前后达五十余种，从而掀起了近代中国第一个报刊创办高潮。

戊戌时期，以"新学"相标榜的维新派知识分子，纷纷借助近代报章这一新式传播媒介，大力宣传维新变法主张，冀收开民智、鼓民力、新民德之效。北京《万国公报》《中外纪闻》，天津《直报》《国闻报》《国闻汇编》，上海《强学报》《时务报》《富强报》《演义白话报》《女学报》，湖南《湘学新报》《湘学报》《湘报》，澳门《知新报》，广州《博文报》《岭学报》《岭海报》《广智报》，杭州《大观报》《杭州白话报》《经世报》，重庆《渝报》，成都《蜀学报》，桂林《广仁报》等，都问世于这一时期。湖广总督张之洞描述 1895 年后报章兴起的可喜情状道："乙未以后，志士文人创开报馆，广译洋报，参以博议，始于沪上，流衍于各省，内政、外事、学术皆有焉。虽论说纯驳不一，要可以扩见闻、长志气，涤怀安之鸩毒，破拘篃之瞽论。于是一孔之士、山泽之农，始知有神州；筐箧之吏、烟雾之儒，始知有时局，不可谓非有志四方之男子学问之一助也。"[①]《湘报》主编唐才常论报章之益道："政学格致，万象森罗，俱于报章见之。是一举而破二千余年之结习，一人而兼百人千人之智力。不出户庭，而得五洲大地之规模；不程时日，而收延年惜阴之大效。"[②] 报章发挥了扩见闻、播新知、长志气、明时局等启智功效，报章之兴直接影响到时代风气之变。

在这批维新派报刊中，名气最大、销量最高、流布最广、存世时间较长、居于领袖群伦地位的，是梁启超主笔政的上海《时务报》；其宗旨，在沟通上下中外舆情，宣扬维新变法主张；其发行，得到了"大府奖许"，

---

① [清] 张之洞：《劝学篇》，上海书店出版社，2002，第 47 页。
② 唐才常：《湘报序》，《湘报》第一号，1898 年 3 月 7 日。

风行天下；其成功，引发了蝴蝶效应，带起了一个"报章兴"的新时代；其文体，被称为"时务文体"。自此，政治家和学者办报开始成为中国近代报业的主流，政论性报章的兴盛时代悄然来临。

近代中国首开学者兼政治家办报之端者，是维新派领袖康有为主持创办的北京《万国公报》，时在甲午丧师、马关签约之后，"公车上书"事件发生之年，西历 1895 年 8 月 17 日。该报由梁启超、麦孟华主笔主编，英国在华传教士李提摩太参与编辑，为便于在政府官员中传布，袭用广学会《万国公报》之名，刊式则与《京报》相似，赠阅对象也是《京报》订户，双日刊，每册刊印政论文章 1 篇至 3 篇，不具名，意在向昧于外情的京城官绅宣传泰西实学新学思想，为维新变法制造社会舆论。发行至第 45 期，因与上海广学会会刊《万国公报》同名而受诘难，遂更名《中外纪闻》，由主论说变为主纪事，成为刚成立的京师强学会的机关刊物。《中外纪闻》仅发行一个多月，就于 1896 年 1 月 20 日被封禁，强学会也被查封。梁启超的言论救国之路，正是以这两份短命的报章为肇端的。

1896 年孟秋，经过康有为、汪康年、黄遵宪等人的多方筹备，在张之洞、盛宣怀等实力派人物的支持赞助下，由汪康年任总经理、梁启超任总主笔的《时务报》旬刊在上海呱呱坠地。《时务报》是维新派知识分子创办的带有同人性质的政论刊物，宣传变法自强是其政论文章的主旋律，梁启超、汪康年、麦孟华、徐勤、欧榘甲、章炳麟、王国维等先后任撰述与编辑。至 1898 年孟秋停刊，存世两年，出刊 66 册。梁启超抱着"为椎轮，为土阶，为天下驱除难，以俟继起者之发挥光大之"的动机，[①] 为《时务报》的编撰付出了超乎常人的热情和辛劳。梁氏自言："每期报中论说四千余言，归其撰述；东西文各报二万余言，归其润色；一切奏牍告白等项，归其编排；全本报章，归其覆校。十日一册，每册三万字，经启超自撰及删改者几万字，其余亦字字经心。六月酷暑，洋烛皆变流质，独居一小楼上，挥汗执笔，日不遑食，夜不遑息。记当时一人所任之事，自去年以来，分七八人始乃任之。"[②]《时务报》取得"一时风靡海内，数月之间销行至万余份，为中西有报以来所未有"的非凡成绩，以及"举国趋之，如饮狂泉"的轰动效应，[③] 梁启超付出最多，贡献最大。由于《时务报》的

① 梁启超：《致严复书》，载汤志钧、汤仁泽编：《梁启超全集》第十九集，中国人民大学出版社，2018，第 533 页。

② 梁启超：《创办〈时务报〉原委》，载汤志钧、汤仁泽编：《梁启超全集》第一集，中国人民大学出版社，2018，第 464 页。

③ 任公：《本馆第一百册祝辞并论报馆之责任及本馆之经历》，《清议报》第一百册，1901年 12 月 21 日。

盛行，梁启超亦"名重一时，士大夫爱其语言笔札之妙，争礼下之"，以至于"自通都大邑，下至僻壤穷陬，无不知新会梁氏者"。①

1896 年 8 月，梁启超刊诸《时务报》创刊号的《论报馆有益于国事》一文，对"报之例"作了四点战略规划：其一，"广译五洲近事，则阅者知全地大局与其强盛弱亡之故，而不至夜郎自大，坐智井以议天地矣"；其二，"详录各省新政，则阅者知新法之实有利益，及任事人之艰难经画，与其宗旨所在，而阻挠者或希矣"；其三，"博搜交涉要案，则阅者知国体不立受人嫚辱，律法不讲为人愚弄，可以奋厉新学，思洗前耻矣"；其四，"旁载政治学艺要书，则阅者知一切实学源流门径，与其日新月异之迹，而不至抱八股、八韵、考据、词章之学，枵然而自大矣"。② 可谓高屋建瓴，踌躇满志。

起初，地方大吏和开明士绅对《时务报》持肯定态度，纷纷饬令各级官府订阅，或向书院诸生推荐阅读。湖广总督张之洞赞其"识见正大，议论切要，足以增广见闻，激发志气"，称该报"实为中国创始第一种有益之报"，饬令湖北全省各级官府订阅。③ 湖南巡抚陈宝箴言其"议论极为明通"，"其激发志意，有益于诸生者，诚非浅鲜"，以为湘省"自应广为流布，以开风气而广见闻"，建议湘省各书院师生订阅该报。④ 岳麓书院院长王先谦赞其"议论精审，体裁雅饬"，称其"洵足开广见闻，启发志意，为目前不可不看之书"。⑤ 河南彰卫怀道尹岑春煊称该报"识华彝之时势，达中外之情形"，言其"间有论出纵横，语多愤激，阅者勿以辞而害意，当略迹而原心，洵足以推广见闻，增长智识"。⑥《时务报》之所以取得"数月之间销行万余份"的骄人业绩，实与"大府奖许"关系甚巨。

稍后，湖南守旧士绅则对《时务报》《湘报》等维新派报章大加诋諆。叶德辉《非〈幼学通议〉》指摘梁启超"倡为学究亡天下、时文亡中国之说"，言其"用夷变夏，多昧本之谈"，"而一意惟泰西之是从"，斥其"信今薄古，智西愚中，其心乃托西学以行其私说，无所谓保民，亦无所谓保教，徒布其说变易天下之学派"，谓"梁氏持论，动谓泰西人人识字明理，

① 胡思敬：《党人列传·梁启超》，载夏晓虹编：《追忆梁启超（增订本）》，生活·读书·新知三联书店，2009，第 35 页。
② 梁启超：《论报馆有益于国事》，《时务报》第一册，1896 年 8 月 9 日。
③ 《鄂督张饬行全省官销时务报札》，《时务报》第六册，1896 年 9 月 27 日。
④ 《湘抚陈购时务报发给全省各书院札》，《时务报》第二十五册，1897 年 5 月 2 日。
⑤ 《岳麓院长王益梧祭酒购时务报发给诸生公阅手谕》，《时务报》第十八册，1897 年 2 月 22 日。
⑥ 《河南彰卫怀道岑观察谕河朔书院致用精舍肄业诸生阅时务示》，《时务报》第四十七册，1897 年 12 月 4 日。

由于说部书之益，彼其意，殆欲摈去中国初学所诵之《孝经》《论语》，一以说部为课程"，断言"湘中幼学之坏，梁氏实为罪魁"。①

1901 年底，梁启超盘点数十年来中国报界情状，对中国报馆"发达之迟缓无力"状况有着一番独到的观察。在梁氏看来，上海、香港、广州三处报章体例无一足取，故报馆之兴数十年，而于全国社会无纤毫影响；惟天津《国闻报》，上海《中外日报》《同文沪报》《苏报》，体段稍完；其次则《万国公报》，然出于西人之手，凭教会之力，宗旨多倚于宗教，于政治学问界无大关系；甲午挫后，《时务报》起，一时风靡海内，销行至万余份，为中国有报以来所未有，其体例、学识、思想虽固陋浅薄，不足以当东西通人之一指趾，而举国士夫乃啧啧然目之为"新说"和"名著"，足见国人文明程度之低下；此后，澳门《知新报》继之，沿海各都会继轨而起者骤十余家，其面目体裁，悉仿《时务报》；日本留学生办有《译书汇编》《国民报》《开智录》等，能输入文明思想，为吾国放一大光明，然其要么为丛书而不为报章，要么因经费不支旋出旋灭。②他视报章之"多寡良否"为"觇国家之强弱"的重要标杆。数十年来中国报界之情状如此，怎不令有识之士扼腕叹息！梁启超的眼光，是政治家兼学者的眼光；其所属意的报章，是能与中国社会发生大关系，能够发挥"播文明思想于国民"的政论性报章。

梁启超将中国报馆长期不振的原因归结为四点：一是报馆创办人不预筹足够经费，故无力扩充，或小试辄蹶；二是报馆主笔、访员等为不名誉之业，高才之辈不肯俯就；三是社会风气不开，阅报人少，道路未通，传布为难；四是从业者思想浅陋，学识迂愚，才力薄弱，无思易天下之心，无自张其军之力；四者之中，尤以第四项为病根之根。③而当康、梁诸人东渡之后，有着在海外筹措的经费保障，有着梁启超等辈"思易天下之心"的政治精英兼一流学者的倾心投入，加之中国士子赴日留学形成潮流，中国社会尤其是东南沿海地区风气大开，政论报章和报章政论如大潮決決，迎来了真正的高潮时期和辉煌时代。其标志，是梁启超居东前期创办的《清议报》和《新民丛报》。

---

① 苏舆编：《翼教丛编》，上海书店出版社，2002，第 131—137 页。

② 任公：《本馆第一百册祝辞并论报馆之责任及本馆之经历》，《清议报》第一百册，1901 年 12 月 21 日。

③ 任公：《本馆第一百册祝辞并论报馆之责任及本馆之经历》，《清议报》第一百册，1901 年 12 月 21 日。

第三节　梁启超与晚清政论报章的成熟

戊戌政变后，梁启超一班人流亡日本，相继创办《清议报》《新民丛报》等政论刊物，以之"为国民之耳目，作维新之喉舌"，自觉肩负起"维新吾国，维新吾民"的时代责任，其所主持的中文报章在新民救国思潮中充当了主阵地。任公《自厉》诗有云："献身甘作万矢的，著论求为百世师。誓起民权移旧俗，更研哲理牖新知。"① 书生欲以言论报国，著论是主要途径和方式，报刊是核心阵地和传播媒介。《清议报》《新民丛报》时期，梁启超开启了西学东来的便捷通道，其言论影响力达到了巅峰，在社会上形成了很大的势力；其报章政论和"新文体"进入了成熟期，史家称其为"新民体"。

1898 年底，梁启超在横滨创办《清议报》旬刊，中历逢初一、十一、二十一出刊，每期 30 页至 40 页，线装书款式装订。至 1901 年底出满一百期后，报馆失火，《清议报》终结。该刊创刊伊始，为掩人耳目，名义上由冯镜如任主编兼发行人，日本人铃木鹤太郎为印刷人，实际上由梁启超主编主笔，麦孟华、欧榘甲、秦力山等协助编辑。任公、哀时客、饮冰室主人、少年中国之少年等，都是梁启超在该刊所用的化名。

梁启超在《清议报》创刊号卷首《叙例》中，将其宗旨归纳为四点："一、维持支那之清议，激发国民之正气；二、增长支那人之学识；三、交通支那、日本两国之声气，联其情谊；四、发明东亚学术以保存亚粹。"② 不久，又在《章程》中将报馆宗旨精简为"专以主持清议，开发民智为主义"。③ 看似政治立场较为平和，实则言论相当激烈，明目张胆揭露抨击后党和清政府。1901 年底，梁启超盘点《清议报》出刊一百册取得的成绩，将该报的特色归结为四点：一曰倡民权，二曰衍哲理，三曰明朝局，四曰厉国耻；一言以蔽之曰：广民智，振民气；"倡民权"乃《清议报》主人"始终抱定"的"独一无二之宗旨"。④ 1903 年初，梁启超在《清议报全编》冠首总结该报"十大特色"，第一条曰："本编之论说皆以发明爱国真理，输入文明思想为主，而又直陈时弊毫无假借，读者可因以见外国进化

---

① 任公：《自厉二首》，《清议报》第八十二册，1901 年 6 月 16 日。
② 《横滨清议报叙例》，《清议报》第一册，1898 年 12 月 23 日。
③ 《本报改定章程告白》，《清议报》第十一册，1899 年 4 月 10 日。
④ 任公：《本馆第一百册祝辞并论报馆之责任及本馆之经历》，《清议报》第一百册，1901 年 12 月 21 日。

之所由及中国受病之所在，为他书所莫能及者一。"① 梁启超指出的《清议报》这一首要"特色"，虽是作为当事人的报馆主人的事后总结，却也说明了该报政论文章的根本导向与思想来源。任公后来回忆这段输入泰西文明思想以发明爱国真理、直陈时弊而毫无假借、鼓吹排满以兴民权的峥嵘岁月时，有着一番自我总结："戊戌八月出亡，十月复在横滨开一《清议报》，明目张胆，以攻政府，彼时最烈矣。"② 正是在《清议报》时期，梁启超标举"思想自由""言论自由""出版自由"和"文界革命""诗界革命"旗帜，引领了思想革命和文学革命的时代潮流。

梁启超通过《清议报》高张"三大自由"之帜，视其为"文明之母"：

> 思想自由、言论自由、出版自由，此三大自由者，实惟一切文明之母，而近世界种种现象皆其子孙也。而报馆者，实荟萃全国人之思想言论，或大或小，或精或粗，或庄或谐，或激或随，而一一绍介之于国民；故报馆者，能纳一切，能吐一切，能生一切，能灭一切。西谚云："报馆者，国家之耳目也、喉舌也，人群之镜也，文坛之王也，将来之灯也，现在之粮也。"伟哉，报馆之势力！重哉，报馆之责任！③

将近代报章思想言论的自由度和报馆主笔所肩负的重大社会责任，强调到无以复加的地步；报馆作为国家耳目喉舌和文坛之王的地位，得到极大彰显。梁启超进而提出"一人之报""一党之报""一国之报""世界之报"等概念，其间有着层层递进的关系。其言曰：

> 有一人之报，有一党之报，有一国之报，有世界之报。以一人或一公司之利益为目的者，一人之报也；以一党之利益为目的者，一党之报也；以国民之利益为目的者，一国之报也；以全世界人类之利益为目的者，世界之报也。中国昔虽有一人报，而无一党报、一国报、世界报。日本今有一人报、一党报、一国报，而无世界报。若前之《时务报》《知新报》者，殆脱一人报之范围，而进入于一党报之范围也。敢问《清议报》于此四者中，位置何等乎？曰：在党报与国报之

---

① 《清议报全编十大特色》，《新民丛报》第二十五号，1903 年 2 月 11 日。
② 梁启超：《鄙人对于言论界之过去及将来》，《庸言》第一号，1912 年 12 月。
③ 任公：《本馆第一百册祝辞并论报馆之责任及本馆之经历》，《清议报》第一百册，1901 年 12 月 21 日。

间。今以何祝之？曰：祝其全脱离一党报之范围，而进入于一国报之范围，且更努力渐进以达于世界报之范围。①

在任公看来，《时务报》大体属于以一党之利益为目的的党报，而《清议报》则在很大程度上超越了一党之报的狭隘立场，而走向以国民之利益为目的的国报行列，乃至于渐进以达于世界之报的范围。

1901 年底，梁启超盘点三年来一百册《清议报》刊发的重要文章，对其做了一番精要的评述。其言曰：

> 其内容之重要者，则有谭浏阳之《仁学》，以宗教之魂，哲学之髓，发挥公理，出乎天天，入乎人人，冲重重之网罗，造劫劫之慧果，其思想为吾人所不能达，其言论为吾人所不敢言，实禹域未有之书，抑众生无价之宝。此编之出现于世界，盖本报为首焉。有《饮冰室自由书》，虽复东鳞西爪，不见全牛，然其愿力所集注，不在形质而在精神，以精锐之笔，说微妙之理，谈言微中，闻者足兴。有《国家论》《政治学案》，述近世政学大原，养吾人国家思想。有章氏《儒术新论》，诠发教旨，精微独到。有《瓜分危言》《亡羊录》《灭国新法论》等，陈宇内之大势，唤东方之顽梦。有《少年中国说》《呵旁观者文》《过渡时代论》等，开文章之新体，激民气之暗潮。有《埃及近世史》《扬子江》《中国财政一斑》《社会进化论》《支那现势论》等，皆东西名著巨构，可以借鉴。有政治小说《佳人奇遇》《经国美谈》等，以稗官之异才，写政界之大势，美人芳草，别有会心，铁血舌坛，几多健者，一读击节，每移我情，千金国门，谁无同好。若夫雕虫小技，余事诗人，则卷末所录诸章，类皆以诗界革命之神魂，为斯道别辟新土。凡兹诸端，皆我《清议报》有以特异于群报者。②

其文体门类，涉及哲学论著、政治学论著、经学论著、历史著作、史地论著、政论文章、新体杂文、政治小说、新派诗歌等，要皆有着进步的政治思想导向和泛政论化的文体特征及强烈的文体变革精神；其动机，在于通过创造性输入泰西文明思想，创新性阐发中国传统学术思想中的积极成

---

① 任公：《本馆第一百册祝辞并论报馆之责任及本馆之经历》，《清议报》第一百册，1901年12月21日。

② 任公：《本馆第一百册祝辞并论报馆之责任及本馆之经历》，《清议报》第一百册，1901年12月21日。

分，实现"养吾人国家思想"和"唤东方之顽梦"的国民思想启蒙目标；其效应，可谓"开文章之新体，激民气之暗潮"。

清光绪二十八年正月初一日，西历 1902 年 2 月 8 号，《新民丛报》半月刊在横滨问世，每月中历朔日、望日出刊。编辑兼发行人署冯紫珊，实际上梁启超才是真正的报馆主人，蒋智由、韩文举、麦孟华、马君武、罗孝高、蒋百里、狄平子、蔡锷等，是先后协助任公负责编务的重要助手和撰稿人。照报馆主人的说法，该报"取《大学》'新民'之意，以为欲新吾国，当先维新我民"，以培育国民之"公德"和"养吾人国家思想"为重要导向，以为"新民"乃救国之根本途径和当今中国"第一要务"。①而该刊早期的言论主张，阐扬民族思想和民权思想，鼓吹爱国进取精神，抨击清政府失政失德，实蕴含政治革命、思想革命精神和民族民主革命思想倾向。1903 年初，作为保皇党第二号人物的梁启超，应美洲保皇会之邀赴新大陆游历，无暇顾及报务，导致经常误期。是年 10 月复返日本后，梁氏言论立场大变，摒弃此前深信不疑的"破坏主义"和"革命""排满"主张。自此以后，《新民丛报》"专言政治革命，不复言种族革命"。②中国同盟会成立后，《新民丛报》与《民报》两大政论报刊论战时，梁启超即秉承这一基本政治立场。至 1907 年 11 月 20 日《新民丛报》停刊，该刊存世 6 年，出刊 96 期。

梁启超创办的《新民丛报》，标榜"纯仿外国大丛报之例，备列各门类，务使读者得因此报而获世界种种之智识"；③其所擘画的门类，有图画、论说、学说、时局、政治、史传、地理、教育、宗教、学术、农工商、兵事、财政、法律、国闻短评、名家谈丛、舆论一斑、杂俎、问答、小说、文苑、绍介新著、中国近事、海外汇报、余录等，凡 25 种，可谓一部百科全书式的思想启蒙读物。《新民丛报》在输入西方文明思想方面不遗余力，对各派学说兼收并蓄，举凡苏格拉底、柏拉图、亚里士多德、哥白尼、笛卡尔、孟德斯鸠、卢梭、达尔文、富兰克林、亚当·斯密、伯伦知理等西哲学说，都在绍介之列。由于《新民丛报》宗旨看似温和，麻痹了清廷的警惕，可以在国内公开发售，未及半年发行量"已至万数千份"，④其传播范围和社会影响力远大于《清议报》，"风生潮长，为亚洲二十世纪文明

---

① 《本报告白》，《新民丛报》第一号，1902 年 2 月 8 日。
② 梁启超：《莅报界欢迎会演说词》，载氏著：《饮冰室合集·文集之二十九》，中华书局，1936，第 3 页。
③ 《本报告白》，《新民丛报》第一号，1902 年 2 月 8 日。
④ 《告白》，《新民丛报》第九号，1902 年 6 月 6 日。

运会之先声"。①

1902 年暮春时节，幽居岭南人境庐故宅的黄遵宪看到《新民丛报》后，在与梁启超的书信中对该刊称赞有加："《清议报》胜《时务报》远矣，今之《新民丛报》又胜《清议报》百倍矣。惊心动魄，一字千金，人人笔下所无，却为人人意中所有，虽铁石人亦应感动，从古至今文字之力之大，无过于此者矣。"②是年孟冬，人境庐主人又在与新民报主人的书信中评述道："已布之说，若公德，若自由，若自尊，若自治，若进步，若权利，若合群，既有以入吾民之脑，作吾民之气矣；未布之说，吾尚未知鼓舞奋发之何如也。此半年中，中国四五十家之报，无一非助公之舌战，拾公之牙慧者，乃至新译之名词，杜撰之语言，大吏之奏折，试官之题目，亦剿袭而用。精神吾不知，形式既大变矣；实事吾不知，议论既大变矣。"言其在社会上产生了"震惊一世，鼓动群伦"的阅读效应。③

"海潮大声起木铎"，④"东方顽梦大棒喝"。⑤尽管《清议报》《新民丛报》地处东瀛一隅，《清议报》还被清廷一再查禁，其发售不如戊戌时期《时务报》在"大府奖许"下那样畅销，但两种政论报章的发行量依然相当可观。据张朋园考察，《清议报》平均销量三四千份，读者不下四五万人，代售处遍及中国内地、香港、澳门、日本、俄国、朝鲜、南洋、澳洲、美国、加拿大等国家和地区，国内代售处多设在清廷管辖不到的租界和教堂，内地因《清议报》一刊难求而出现了哄抬报价、私下翻刻的现象，"可以推知《清议报》销行之广，在内地几可谓无远勿届"；《新民丛报》的发售数平均为 9000 份，阅读人数按 20 倍计算，约 18 万人，在当时的知识分子群体中有着巨大的影响力。⑥

1907 年，舆之在《新民丛报》发文指出："革命党之势力，所以如决江河，沛然而莫之能御也。至于立宪政体者，在今日文明诸国中，必流无量之血，掷无数之头颅，乃始得此君民冲突之结果，而在吾国，似为一极秽恶之名词。"⑦保皇派阵营亦不得不感叹，"革命论盛行于中国"，已成燎原之势。当此之际，革命思潮借助新式书刊广为传播，保皇立宪言论在新

---

① 严复：《与〈新民丛报〉论所译〈原富〉书》，《新民丛报》第七号，1902 年 5 月 8 日。
② 丁文江、赵丰田编：《梁启超年谱长编》，上海人民出版社，1983，第 274 页。
③ 丁文江、赵丰田编：《梁启超年谱长编》，上海人民出版社，1983，第 307 页。
④ 更生：《闻菽园欲为政变小说诗以速之》，《清议报》第六十三册，1900 年 11 月 12 日。
⑤ 在宥民：《读〈新民丛报〉感而作歌》，《新民丛报》第十六号，1902 年 9 月 16 日。
⑥ 张朋园：《梁启超与清季革命》，吉林出版集团有限责任公司，2007，第 188—189、211 页。
⑦ 舆之：《论中国现在之党派及将来之政党》，《新民丛报》第四年第二十号（原第九十二号），1906 年 11 月 30 日。

潮知识分子群体中已遭落伍之讥，梁启超主笔政的《新民丛报》引领舆论风潮的时代一去而难复。1907 年 8 月，内外交困的《新民丛报》被迫停刊，一代名刊黯然退出历史舞台。

第四节　晚清革命思潮与政论报章的辉煌

李泽厚在《中国近代思想史论》中，将 1903 年视为"革命发展行程中一个关键的转折年头"，断言这是"革命派与改良派开始正式划分思想政治界线的一年"，"是中国思想界一大转变的关键年头，是革命思潮开始替代改良主义作为思想舞台主角的第一个年头"。① 其关键原因，一方面在于维新派和革命派知识分子均投身其中的两场影响了 20 世纪初年中国历史走向的政治运动——1900 年的自立军运动和 1903 年的拒俄义勇军运动——的失败，使得大批爱国知识青年尤其是留日学生对清政府彻底丢掉了幻想，迅速成为政治立场激进的革命派；一方面在于国内外两个近代化中文报刊重镇——留东学子在东京创办的中文报刊和上海租界一批进步知识分子所办报刊——的言论立场由温和而趋向激烈，政治立场由保皇立宪而转向反清革命。于是，以反清反封建专制和反帝反殖民统治为两翼的民族主义和民主主义革命思潮，在 1903 年迅疾成为一股强劲的时代潮流。

1928 年，戈公振在《中国报学史》中总结近代中国"民报勃兴时期"以鼓吹革命而闻名的报刊道：

> 报纸之主张革命者，以光绪二十五年在香港出版之《中国日报》为始。其最惊人之文字，为《民生主义与中国政治革命之前途》一篇。继之有《苏报》《国民日日报》《警钟日报》《广东报》《有所谓报》《少年报》《民呼报》《民吁报》《民立报》《天铎报》《复报》《民报》《二十世纪之新支那》等，皆提倡民族主义，鼓吹排满。其酿成文字之祸者，则以上海之苏报案为最著。②

需要指出的是：戈公振所开列的这份革命报刊名单并不全，且以日报居多；晚清留东学子以省域命名的诸多杂志，戈著多未放在革命报刊这一类

别中言说。

就日报而言，1903 年章士钊出任主编之后的上海《苏报》，反清革命言论最为激烈，在革命思潮初涨时代表现最为抢眼，引发了震惊中外的"苏报案"，在当时的革命报刊中影响最大。就留东学子创办的具有反清革命思想倾向的诸多期刊而言，其中尤以革命政论见长且具有统领全国性质者，要数同盟会机关刊物《民报》。1906 年前后，《民报》在与《新民丛报》展开的旷日持久的大论战中，在舆论界赢得了声誉，政论报章的辉煌达到巅峰。民国初年，章士钊在东京创办的《甲寅》杂志，更加突出了革命政论报刊的法理学理特征，产生了重要的社会影响，在某种意义上可视为晚清革命政论报章辉煌时代的余绪和尾声。

上海《苏报》本为一家托名日商经营的不起眼的小报，1896 年仲夏创办。1900 年陈范接办后，言论立场依然是温和改良与君主立宪，亦未在社会上引起广泛关注。1903 年孟春，《苏报》主人陈范寻求与中国教育会和爱国学社合作，遂改变 1898 年以来的"渐进主义"立场，开辟"学界风潮"专栏，发表排满革命言论，《苏报》遂由此前默默无闻的家庭作坊式的无名小报，摇身一变成为革命组织——中国教育会的机关刊物，其影响范围迅速从江浙地区新知识界扩展开来。是年季春，拒法拒俄运动爆发，长江流域愈演愈烈的学潮与民族救亡运动交织在一起，《苏报》的排满革命思想因爱国救亡运动的刺激而变得更加激进。5 月底章士钊就任主笔后，对该报实行"大改良"，《苏报》的"激烈主义"言论达到巅峰，"刻骨露言，毫无译饰"，"当时宗旨，第一排满，第二排康，以此助长民愤，为力不小"。[1] 至 7 月 6 日被租界当局查封，章士钊主《苏报》笔政短短 36 天，将该报打造为"于万籁无声之中，陡发此天空大震之霹雳"的革命言论机关，[2] 革命风潮一发而不可遏阻。

1903 年 6 月，主编章士钊伙同章炳麟、张继、邹容四位"歃血为盟"的结义兄弟，合力将《苏报》打造成在国内外新知识界掀起革命风潮的舆论重镇。1903 年 6 月 6 日《苏报》"论说"栏刊发张继《祝北京大学堂学生》一文，署名"自然生"，鼓吹"中央革命"。其言曰："学生为革命之原动力，而京都之学生尤为中央革命之原动力，是世界所公认者也。巴黎之学生、维也纳之学生、柏林之学生、圣彼得堡之学生，撞自由钟矣，树

---

[1]　章士钊：《疏〈黄帝魂〉》，载中国人民政治协商会议全国委员会文史资料研究委员会编：《辛亥革命回忆录》第一集，中国文史出版社，2012，第 196 页。

[2]　章士钊：《苏报案纪事》，载章含之、白吉庵主编：《章士钊全集》第一卷，文汇出版社，2000，第 357—358 页。

独立旗矣，杀皇帝矣，倒政府矣，世界革命之大风潮，该等学生之造出者也，十八九两世纪之历史，该等学生之活剧台也。"20世纪初年"学界风潮"风起云涌，与《苏报》的宣传鼓动有密切关系。

6月10日，《苏报》"来稿"栏刊发《读严拿留学生密谕有愤》《序革命军》两文。前文署名"自然生"，后文署名"余杭章炳麟"。前文标举"学生为一国之原动力，为文明进化之母"，号召"中国"同胞"不计其事之成败，当以复仇为心；不顾外患之如何，当以排满为业"；后文高张"驱逐异族"的"光复"之帜，指出今日中国"政教、学术、礼俗、材性"等方面皆需"革命"。6月20日，《苏报》"新书介绍"专栏为章炳麟著《驳康有为书》广而告之曰："康有为《最近政见书》力主立宪，议论荒谬，余杭章炳麟移书驳之，持矛刺盾，义正词严，非特康氏无可置辩，亦足以破满人之胆矣。凡我汉种，允宜家置一编，以作警钟棒喝。"6月29日，《苏报》"论说界"专栏摘选了章炳麟《驳康有为书》，题为《康有为与觉罗君之关系》，指斥"载湉小丑，未辨菽麦"，痛批康氏保皇言论。6月30日，章氏被清政府勾结上海公共租界工部局逮捕入狱。次日，邹容自投捕房。

7月6日，《苏报》"论说界"专栏刊载章炳麟来稿《狱中答新闻报》，继续鼓吹"排满主义"和"革命""光复"，声言"民族主义炽盛于二十世纪……不能变法当革，能变法亦当革；不能救民当革，能救民亦当革"。以"吾辈书生""志在流血"的必死决心，通过狱中答《新闻报》记者的方式与这个世界诀别：

> 去矣，新闻记者！同是汉种，同是四万万人之一分子，亡国覆宗，祀逾二百，奴隶牛马，躬受其辱。不思祀夏配天，光复旧物，而惟以维新革命，锱铢相较，大勇小怯，秒忽相衡。斥鷃井蛙，安足与知鲲鹏之志哉！去矣，新闻记者！浊醪夕引，素琴晨张，郁素霞之奇意，入修夜之不旸。天命方新，来复不远。请看五十年后，铜像巍巍立于云表者，为我为尔，坐以待之，无多聒聒可也。①

次日，《苏报》停刊。湖广总督端方致内阁大学士张之洞电中，得出"《苏报》专主杀满"的结论，痛斥章炳麟《序革命军》"竟敢直书列圣庙讳，

---

① 章炳麟来稿：《狱中答新闻报》，《苏报》，1903年7月6日。

其悖逆语言不可胜计"，将章、邹锁定为"苏报案"的两位主犯。[①] 章太炎《自定年谱》中记述"苏报案"的情形道："时清廷自处原告，故不得不假判决于各国公使，然自是革命党与清廷居然有敌国之势矣。"[②] 作为原告方的清政府，虽然在"苏报案"判决中赢了官司，却也颜面尽失，威风扫地，让国人大跌眼镜，从而大失民心，极大地助长了革命党人的气焰。

"苏报案"发后，章士钊清醒地认识到，"天下之积势为《苏报》之激荡，遂令'苏报案'为中国前途一大纪念"。为保存在中国革命史上乃"永远之纪念物"的"苏报案"的相关文献史料，遂发奋编撰《苏报案纪事》一书（一名《癸卯大狱记》），"特以日记之法逐一纪之"，"凡《苏报》之本论及各报之舆论，而凡有影响于本事件者，亦并及之"。[③] 章士钊编辑出版的《苏报案纪事》，采辑《苏报》《字林西报》《泰晤士报》等有关报道，原原本本地记录了"苏报案"始末，且全文辑录《苏报》刊发的《康有为》《哀哉无国之民》《祝北京大学堂学生》《读〈革命军〉》《序革命军》《驳〈革命驳议〉》《释仇满》《虚无党》《呜呼保皇党》《杀人主义》《论仇满生》等宣传排满革命的重要文献，以及《革命军》全文，在社会上进一步扩大了"苏报案"的影响。

1903 年 1 月，湖北籍留日学生在东京创办《湖北学生界》，开以省区命名革命刊物之先河。嗣后，《浙江潮》（1903）、《江苏》（1903）、《直说》（1903）、《鹃声》（1905）、《醒狮》（1905）、《二十世纪之支那》（1906）、《洞庭波》（1906）、《云南》（1906）、《汉帜》（1907）、《豫报》（1907）、《河南》（1907）、《晋乘》（1907）、《粤西》（1907）、《秦陇报》（1907）、《四川》（1908）、《关陇》（1908）、《夏声》（1908）等期刊相继问世，迅疾在东瀛掀起了中国各省留日学生自办杂志的时代潮流。这批有着鲜明的地域性特征的综合性刊物绝大多数倾向革命，1906 年之后问世的数种期刊更是在同盟会各省分会的直接领导下倡办，成为留东学子宣扬民族民主革命思想的重要阵地与喉舌，在 20 世纪初年风起云涌的革命思潮中扮演了重要角色。

这里举《湖北学生界》为例。1903 年 1 月 29 日，湖北同乡会创办的《湖北学生界》月刊，在东京清国留学生会馆问世，首开各省留日学生自

---

① 《光绪二十九年闰五月初八日兼湖广总督端方致内阁大学士张之洞电》，载中国史学会编：《中国近代史资料丛刊·辛亥革命（1）》，上海人民出版社，1957，第 446 页。
② 汤志钧编：《章太炎年谱长编》，中华书局，1979，第 189 页。
③ 《苏报案纪事》，光绪三十四年刊本，第 1—2 页。

办以省命名的中文期刊之先河。自第六期始，该刊更名《汉声》，至9月21日出至第八期而止。编辑兼发行人初署王璟芳、尹援一，第五期起改署窦燕石，刘成禺、蓝天蔚、李书城等担任编辑。《湖北学生界》门类繁多，内容丰富，"论说"栏是典型的政论文章，"学说""历史""地理""教育""军事"等专栏文章，亦表现出鲜明的政论色彩。创刊号所刊刘成禺《历史广义内篇》放言道："夫昔为东亚堂堂有历史之国，而今甘为他民族之殖民地；昔为数千年堂堂有历史之国民，而今甘为异人种之奴仆。揆诸进化层级，其天演中可有倒行逆施之事实乎？披吾族谱，顾吾宗社，茫茫大陆，不知直属于谁土！蚩蚩群庶，不知舆隶于何族！怀吾先代人种之起原，忧惧之事，孰过于斯！其有怦怦然流涕太息，发再造吾种之感情者乎？是亦吾种之佳子弟也。"①既有反帝反殖民统治的民族独立立场，又有排满反清的民族革命思想。

第三期"论说"栏刊发的《论中国之前途及国民应尽之责任》一文中道：

> 当庚子之役，联军入京，此时以其余力宰割中原，中国无以御之也；而东西人士万口同声，以保全领土、开放门户为政策。嘻！外人岂真有所爱于中国耶？何其狼子野心一变而为慈悲佛法耶？说者谓：列强惧瓜分之后，起均势之冲突，故息而言和。而不知今日之亡人国者，不能用野蛮之手段亡之，而必用文明之手段亡之。用野蛮之手段者，则兵连祸结，适足激其国民之愤，而生自强独立之心。用文明之手段者，则主权尽失，民气尽灰，甚至以奴隶牛马为分所应尔而嗫不发声者，此西人之夷人家国为领土屡试屡验之长技也。②

一针见血地揭露了帝国主义列强对我国实行"门户开放"政策的实质，此之谓"无形之瓜分"。它如"论说"栏刊出的《学生之竞争》《尊我篇》《中国民族论》《原祖》等文，"学说"栏刊出的但焘《黄梨洲》等文，"实业"栏刊出的权量《世界平和的战争》等文，"教育"栏刊出的张继煦《教育关系国家之存立说》、万声扬《中国当重国民教育》等文，"军事"栏刊出的《军国民思想普及论》《军事与国家之关系》等文，"历史"栏刊出的《中国民族主义第一人岳飞传》，"历史传记"栏刊发的《菲立宾亡国惨状纪略》《亚米利加之大英雄哈密顿传》，"地理"栏

---

① 刘成禺：《历史广义内篇》，《湖北学生界》第一期，1903年1月。
② 《论中国之前途及国民应尽之责任》，《湖北学生界》第三期，1903年3月。

刊发的《黄河》《地理与国民性格之关系》等文，"医学"栏刊出的《国民卫生学》等文，"小说"栏刊出的《天半忠魂》《燕子窝》《陆沉痛传奇》等作品，"杂俎"栏刊出的《亡国之言》《记朱舜水先生》等文，"余录"栏刊出的《剪辫易服说》等文，均贯彻了民族主义的思想指针，且具有显著的政论化色彩。

1905 年 6 月，湖南华兴会骨干成员黄兴、宋教仁、田桐、陈天华等在东京创办《二十世纪之支那》，以"提倡国民精神，输入文明学说"为宗旨。① 8 月，中国同盟会成立，黄兴提议将其改组为中国同盟会机关报；三个月后，作为同盟会会刊的《民报》问世。《民报》是一份大型时事性政论月刊，设有"论说""时评""谈丛""纪事""译丛"等栏目。《民报》前五期由张继、胡汉民主编，第六期至第十八期由出狱后的章太炎任主编，第十九期由张继主编，第二十期至第二十二期由陶成章主编，而第二十三期、第二十四期又由章太炎领衔主笔。② 陈天华、胡汉民、汪兆铭、朱执信、马君武、廖仲恺、田桐、宋教仁、章太炎、刘光汉等，是其主要撰稿人。1908 年 10 月出至第二十四期，被查禁。1910 年 2 月复刊，汪兆铭主编，出版两期后停止。

1905 年 11 月，以孙中山名义发表的《民报发刊词》，第一次将同盟会十六字纲领概括为"民族""民权""民生"三大主义，这就是著名的"三民主义"。《民报》的主要任务，就是旗帜鲜明地阐扬"三民主义"政治主张；在此过程中，《民报》政论家与《新民丛报》围绕中国到底是应该实行改良还是应该进行革命，展开了为期一年半的大论战。照《民报》阵营的说法，"交战结果，为《民报》全胜，梁弃甲曳兵，《新民丛报》停版，保皇之旗遂不复见于留学界"。③《民报》创刊号曾六次再版，第二期、第三期各再版五次，其最高发行量达一万七千份，在发行量和声势上盖过了《新民丛报》，见证了革命政论报刊辉煌的时代。

戈公振在《中国报学史》中总结清季"民报勃兴"的重大历史意义道："自报章之文体行，遇事畅言，意无不尽。因印刷之进化，而传布愈易，因批判之风开，而真理乃愈见。所谓自由博爱平等之学说，乃一一输入我国，而国人始知有所谓自由博爱平等。故能于十余年间，颠覆清社，宏我

---

① 《本社简章》，《二十世纪之支那》第一号，1905 年 6 月。

② 中国人民大学新闻系编印：《中国近代报刊史参考资料》上册，1979，第 552—553 页。

③ 胡汉民：《胡汉民自传》，载中国社会科学院近代研究所近代史资料组编：《近代史资料》总 45 号，中国社会科学出版社，1981，第 17 页。

汉京，文学之盛衰，系乎国运之隆替。不其然欤！"[1]近代中国民报勃兴意义之重大，关乎"过渡时代"文学盛衰和国运隆替。

第五节　报章政论文学鼎盛的时代

清末民初，政论报章和政论文学大放光芒，雄峙当时的舆论界和中国文坛。当此之际，名扬天下的文坛巨擘多系政论作家，风靡一时的一代名刊多系政论报刊，举世传诵的雄文名篇多为政论文章，报章政论文学呈一时之盛。在维新派和革命派知识分子竞相向国人发出救亡启蒙呼声，中国社会迫切需要警世醒世之音的民族危亡时代，拙于说理论道的桐城古文黯然失色，长于讥切时政、放言高论的新体报章政论文学引领风骚。

19世纪与20世纪之交，随着近代政论报章的兴起，一批维新派和革命派政论名家相继崛起于舆论界和新文坛。他们依托报刊阵地发表了一大批思想进步、文体解放、振聋发聩、笔锋常带情感的政论文章，高奏启蒙救亡和民族民主革命的时代强音，创造性地继承了中国古代政论文的精神传统和文章体式，创新性地改造了这一古老文体的思想面貌和形制风格。其中，先后依托上海《时务报》和横滨《清议报》《新民丛报》等政论刊物的思想启蒙先驱梁启超的"时务文体"和"新民体"，成为戊戌变法时期和辛亥革命时期报章"新文体"的典型代表，充当了晚清政治思想界、文化舆论界和新文坛的宠儿。作为梁启超"新文体"拳头产品的政论文章，以青年读者难以抗拒的新思想和富有魔力的文字魅力，于思想界鼓荡起一股强劲的新思潮，于文坛开一代新文风。

报章政论文学，是伴随中国近代新闻业的发达而产生的一种新型文章体式。《清议报》《新民丛报》时期，以成熟于梁启超之手的"新民体"为范式的中西兼采、亦骈亦散、文白杂糅、丰于情感的报章政论文学，不仅成为报章舆论界的宠儿，而且由于因应废科举的时代思潮而全面侵入教育界，一时间万千学子趋之若鹜，不待科举停废，八股文已遭受灭顶之灾。就晚清新文坛而言，报章政论文学的盛行，还对诗歌、小说、戏曲等文体以及其他散文文体产生了辐射性影响，使之打上了鲜明的政论化色彩。当然，这种影响具有两面性。从积极的一面来看，其对传统文学体式的冲击与革新，极大地推进了中国散文、诗歌、小说、戏曲诸文体的近代化演进

---

[1]　戈公振：《中国报学史》，上海古籍出版社，2014，第137页。

过程。

就小说界而言，晚清政论报章在舆论上给"小说界革命"以极大的助力，《清议报》《新民丛报》等刊物还开设了小说专栏；报章政论文学则对小说文体产生了直接影响。梁启超发起"小说界革命"，其所要"革"的是旧小说的"命"，其所要树立的"新小说"样板则是中国所无、西洋东洋大受尊崇的"政治小说"。按《新小说》同人的说法，"政治小说者，著者欲借以吐露其所怀抱之政治理想也"；而《新小说》杂志的核心宗旨，就是"专在借小说家言，以发起国民政治思想，激励其爱国精神"。① 梁启超坦言，其创作政治小说《新中国未来记》的宗旨，即为"专欲发表区区政见"，② 明确宣布以小说为发表政见的工具。这一指导思想，必然带来"政治小说"乃至"新小说"的"大说"化、"政论"化倾向。

以《新中国未来记》为例。梁启超是以写"觉世之文"的劲头和"文章"笔法来"认真"经营此作的，从而将中国古代稗官道听途说乃至荒诞不经的"小说"，演绎为担负"改良群治""新民救国"等重大历史使命的"大说"。饶有意味的是，时人和批评家正是将这部政治小说当成"经济文章"来阅读欣赏的。当饮冰室主人在第三回中围绕黄毅伯、李去病你来我往、滔滔不绝的反复辩论不惜下笔万言时，担任点评角色的平等阁主人对此大加赞赏道："拿着一个问题，引着一条直线，驳来驳去，彼此往复到四十四次，合成一万六千余言，文章能事，至是而极。中国前此惟《盐铁论》一书，稍有此种体段。"③ 小说界革命时期问世的大量"新小说"，均表现出显著的政论化特点。

晚清时期，报章政论文学的兴盛，还影响到"诗界革命"旗帜下产生的大量"新派诗"的创作特点与时代风格。梁启超标举的"诗界革命"之"三长兼备"的新诗创作纲领中的"新名词"，多系政治色彩鲜明的"日本名词"；梁氏所言的"新意境"，主要是指中国亟待输入的近世西洋文明思想，其中包含很多政治理想成分。晚清新派诗创作在"革其精神"层面（题材题旨）表现出的政治化倾向，及其在语言风格方面的议论化乃至口号化倾向，都受到居于舆论界和文坛主流地位的报章政论文学的熏染。

晚清戏剧改良理论和改良新剧创作，亦普遍受到报章政论之风的濡染。1905 年，陈独秀发表在《新小说》杂志的《论戏曲》宣称："戏园者，实

---

① 新小说报社:《中国唯一之文学报〈新小说〉》,《新民丛报》第十四号，1902 年 8 月 18 日。
② 饮冰室主人:《〈新中国未来记〉叙言》,《新小说》第一号，1902 年 11 月。
③ 《〈新小说〉第二号之内容》,《新民丛报》第二十二号，1902 年 12 月 14 日。

普天下人之大学堂也；优伶者，实普天下人之大教师也。"①透过这句被后世史家广为征引的名言，不难窥知作者立论时的政论家眼光与心理。梁启超不仅大力倡导"曲界革命"，而且躬身创作了《劫灰梦》《新罗马》《侠情记》《班定远平西域》等改良新剧，有着借戏曲文本发表政见、启发蒙昧、唤起国人爱国尚武精神的强烈欲望，其新剧创作亦表现出偏重议论寄托、淡化情节冲突的普遍特征，从中可见报章政论向戏曲作品的渗透与辐射。受其影响，以曲词、宾白寄托"新民"之旨、爱国之情、救国之道，成为 20 世纪初年戏剧界的风尚。此外，近代传奇杂剧朝着以说白为主的案头化方向发展，文明新戏中惯常插入大段时事时局演说。凡此种种迹象，不难想见晚清戏剧作者胸中挥之不去的政论情结，见证了报章政论文学无所不在的时代身影。

清末民初，以政论耸动天下，鼓荡新学风潮，开一代新文风，创文章之新体，执报章舆论界和新文坛之牛耳，足称一代之文学者，有两位具有标志性意义的政论家——第一位是"新民体"创造者梁启超，第二位是"逻辑文"大家章士钊。晚清时期，梁启超"以其沛沛浩浩若有电力的热烘烘的文字鼓荡着，或可以说是主宰着当时的舆论界"。②清末民初，章士钊以"有学理做底子，有理论做骨格，有文法做准绳"③的逻辑谨严的政论文学名重一时，"法理政论，一时推为宗盟"，"于是民国初元之论坛顿为改观焉"。④从梁任公平易畅达、条理明晰、笔无藏锋、丰于情感的"新民体"，到章行严衷以逻辑、句法欧化、文法谨严、婉而多讽的"逻辑文体"，近代中国报章政论文学在胡适所言的"古文范围以内的革新运动"⑤阶段趋于成熟。而以章士钊为魁首的"甲寅派"政论家群体中的李大钊、陈独秀、黄远生、高一涵等，则在五四时期跨越了"古文范围"，开辟了语体政论文学的新径。

曹聚仁曾经指出："十九世纪末期的启蒙运动，经过了《新民丛报》和民初《甲寅》文体的酝酿，才完成五四前后的新文学运动。"⑥这一论断，看重的是梁启超"新文体"和章士钊"甲寅文体"对五四文学革命运动做出的重要铺垫。陈平原则认为，章士钊之文"条理清晰，逻辑谨严，

---

① 三爱：《论戏曲》，《新小说》第十四号，1905 年 3 月。
② 郑振铎：《梁任公先生》，《小说月报》第二十卷第二号，1929 年 2 月。
③ 陈子展：《中国近代文学之变迁》，中华书局，1929，第 125 页。
④ 钱基博：《现代中国文学史》，世界书局，1935，第 400、351 页。
⑤ 胡适：《五十年来中国之文学》，申报馆，1924，第 2 页。
⑥ 曹聚仁：《中国学术思想史随笔》，生活·读书·新知三联书店，2005，第 446 页。

一改古文不善说理与浮泛之气"，对现代政论文影响极大。[①] 这一思路启示人们，评判晚清一代报章政论家的政论文学时，不应囿于文言、白话窠臼。事实上，清末民初立足于改良文言的报章政论文学，无论是从"革其精神"层面而言，还是从"革其形式"层面而论，均具有鲜明的时代精神和显著的现代性质素与特征。

① 陈平原：《中国散文小说史》，上海人民出版社，2004，第 199 页。

第二章 西学东渐与十九世纪后期报章政论文

中国报刊史源远流长，新闻史家往往追溯到汉唐乃至春秋时期，然而，直至清朝末叶，以邸报为中心的中国报章一直处于官报独占时期。清代官报名曰《京报》，所纪无非谕旨、奏折、宫门抄、辕门抄等，供官场中人阅览，藉窥皇室动静、官吏升降等情形，毫无民意可言。鸦片战争后，西方来华传教士和商人在中国口岸城市创办了一批中文报刊，其主流采取藉传播西学配合宣教目的的策略，契合了中国社会学习西艺西学西政的时代之需，在沟通中西、传播新知、开通风气等方面发挥过积极作用，但早期传教士报刊却很少刊发政论文章。1874 年，政治流亡者王韬在香港创办的《循环日报》，开中国人自办中文政论报章先河。1890 年代，美国传教士林乐知、李提摩太主编的上海广学会机关刊物《万国公报》，成为一份以政论见长的综合性时政报章，充当了甲午战后维新变法思潮的先导。1896 年前后梁启超主《时务报》笔政时期的政论文章，湖南新政期间唐才常主《湘报》笔政时期的政论文章，则成为戊戌时期"时务文体"的标志性文本，于政治思想界代表和引领着进步的时代潮流，于文坛代表了求新求变的文体革新方向。

第一节 香港《循环日报》与王韬政论文

王韬是近代中国最早的口岸知识分子，也是最早有意识地用"报馆之文"来改造"文集之文"的报刊政论先行者。19 世纪后期，王韬先后依托香港《循环日报》和上海《申报》《万国公报》等口岸城市中文报刊，评论时政，指摘时弊，鼓吹变法，声名大噪，成为中国历史上第一位因报章而闻名于世的文人。作为较早走出国门"开眼看世界"的先觉知识分子，王韬希冀借言论实现其政治抱负，寻找一种不同于传统士人"为官""为师"的人生价值实现的新途径，从而为甲午之后中国政论报刊兴盛时代的到来做了先导。

王韬（1828—1897），江苏长洲（今吴县）人，字紫诠，自号弢园老民、天南遁叟等。1849 年在上海《字林西报》附设的墨海书馆任中文编辑，助译西书。1862 年化名黄畹上书太平军将领献策，书信为清军查获，遭追缉，逃亡香港，协助英华书院院长理雅各将中国经籍译为英文。1867 年赴欧，1870 年返港。次年，撰《普法战纪》，连载于《华字日报》。1874 年在香港集资创办《循环日报》，评论时政，提倡变法，声名大噪。1879 年赴日考察，写成《扶桑记游》。1884 年在李鸿章默许下回到上海。次年任上海格致书院院长，成为活跃于沪上的闻人名士。1894 年为孙中山《上李傅相书》润笔，并修书介绍于李鸿章的幕友。1897 年在上海寓所逝世。次年，中国社会即发生近代史上著名的戊戌变法，要求变法自强的呼声终于喷薄而出。

作为近代中国第一代口岸知识分子和职业文人，王韬在西经中译、西学东渐和中经西译、东学西传两方面，都曾做出过重要的拓荒性贡献。[①] 1870 年春，"曾经沧海，遍览西学"的政治流亡者王韬，欧游归来寓居英国管辖的香港，认识到"士生于世，当不徒以文章自见"，希冀"中外辑和，西国之学术技艺大兴于中土"，[②] 并以魏源"师夷之长技以制夷"方略的继承者自居。[③] 1874 年，他在香港创办了第一家成功的华资中文报纸《循环日报》，自任主笔十余年。"循环"云者，有"天道循环，自强不息"之意；其循环史观中，暗含中国再度复兴而成为世界强国的愿望。[④]《循环日报》的一大特色，是每日冠首登载论说一篇，畅言时政，议谋变通，大

---

① 王韬协助伟烈亚力编译了《西国天学源流》《重学浅说》《华英通商事略》，据艾约瑟原译重编了《格致新学提纲》《光学图说》等西学书，与黄胜合作编译了《火器略说》，撰有《法国图志》《普法战纪》《俄志》《美志》《西古史》《西史凡》《春秋朔闰至日考》《春秋日食辨正》等著作，涉及声光电化、天文历算等自然科学，以及历史地理、商贸经济等社会科学，在西学东传方面做出了突出贡献。王韬早年在上海墨海书馆协助以麦都思为首的"翻译《新约》圣经委员会"翻译了中国第一部官话《圣经》，在香港英华书院协助理雅各将"四书""五经"译成英文，在西经中译和中经西译两方面都是先行者，成为近代中国中西学双向交流史上的拓荒者，属于近代中国第一代以译述西书为职业的新式知识分子。

② 王韬：《漫游随录》，岳麓书社，1985，第 155 页。

③ 王韬：《扶桑游记》，岳麓书社，1985，第 413 页。

④ 戈公振对王韬创办的《循环日报》中的"循环"二字，做了"革命"性解读。其言曰："《循环日报》，创刊于同治十三年之春。先是，有王韬（紫诠）者，以上书太平天国忠王李秀成之嫌，清廷欲得而甘心，乃随麦华陀牧师走香港……后就印务总局改组《循环日报》。'循环'云者，意谓革命虽败，而藉是报以传播其种子，可以循环不已也。"这一解读在 20 世纪相当长的时期内非常流行。参见戈公振：《中国报学史》，生活·读书·新知三联书店，1955，第 119 页。

旨在提倡洋务，鼓吹变法自强，开近世评论报章先河。该报在存世的十多年时间里，共刊发 890 余篇政论文章，大都出自王韬手笔。

王韬自幼资赋聪慧，为人旷逸，为文豪放，无门派家法，接触西方报章文体后更少受传统古文羁绊。王韬自言："自少性情旷逸，不乐仕进，尤不喜帖括，虽勉为之，亦豪放不中绳墨。"[1] 旷逸的性格，豪放不羁的文风，贯穿了王韬的一生，其文章亦带有一种或自觉或不自觉的文体试验意味。游历欧洲之后，王韬认识到泰西报刊传播媒体之发达及其重要性，"日报之行于泰西诸国"，"所载上关政事之得失，足以验国运之兴衰；下述人心之事，亦足以察风俗之厚薄"，[2] 遂生办报之志。1883 年，王韬将"其中多言洋务"的报馆之文辑成《弢园文录外编》，以区别于作为文集之文、传世之文的《弢园文录》；其《自序》云："自愧言之无文，行而不远，必为有识之士所齿冷；惟念宣尼有云'辞达而已'，知文章所贵在乎纪事述情，自抒胸臆，俾人人知其命意之所在而一如我怀之所欲吐，斯即佳文。至其工拙，抑末也。鄙人作文窃秉斯旨，往往下笔不能自休。"[3] 王韬强调文章是"载道之器"，同时指出天下文章贵在"纪事述情"，作文应自抒胸臆，达意即可，不应拘泥于文法，墨守陈规。他自言与"有家法，有师承，有门户，有蹊径，其措词命意，具有所专注，蕴蓄以为高，隐括以为贵，纡徐以为妍，短简以为洁"的"能文者"之文"格格不入"，表现出不宥于所谓"家法""门户""蹊径"的作文观念。[4] 这些认识，均表现出一种可贵的文体解放精神。

王韬见诸《循环日报》的政论文章，全面阐述了其政治、经济、外交、军事、教育等方面的思想主张，不遗余力地揭露抨击清政府的腐败现状，并将批判的锋芒指向滋生社会腐败的封建专制制度，表达了对国富民强和君民共主的立宪政体的强烈渴望。其中，《原道》《原学》《原人》《原才》《原士》《变法》《重民》《洋务》《变法自强》《除弊》《兴利》《商战》《议院》《交涉》《尚简》诸篇，是其中的重要篇章。

王韬《原道》《原学》《原人》《原才》《原士》诸篇，虽命题师法韩愈，所"原"之理却有着西学眼光与价值尺度，在古今中西的纵横比较中，判断中国传统思想观念的优劣短长。《原道》指出：道即人伦，中国

---

① 王韬：《弢园老民自传》，载李天纲编校：《弢园文新编》，中西书局，2012，第 327 页。

② 王韬：《重订法国志略》卷二十一，光绪庚寅年松隐庐刊本，第 29 页。

③ 王韬：《弢园文录外编·自序》，载氏著：《弢园文录外编》，上海书店出版社，2002，第 1 页。

④ 王韬：《弢园尺牍续钞自序》，载氏著：《弢园尺牍》，中华书局，1959，第 175—176 页。

以政统教，泰西诸国以教统政，耶稣教近儒，天主教近佛，其余皆参儒佛而杂出者，"天下之道，其始也由同而异，其终也由异而同"，舍异趋同，融会贯通，方是正道，展现出一幅"世界主义"的大同景象。① 《原学》开篇指出："中国，天下之宗邦也，不独为文字之始祖，即礼乐制度天算器艺，无不由中国而流传及外。"篇末推导出"中国为西土文教之先声"的结论。② 《原人》力倡"一夫一妇"制，以为"欲家之齐，则妇惟一夫，夫惟一妇"，指出"一夫一妇，实天之经也，地之义也，无论贫富，悉当如是"，断言"故欲齐家治国平天下，则先自一夫一妇始"。③ 《原才》批评当下的科举取士制度道："今国家取士，三年而登之贤书，升之大廷，称之曰进士，重之曰翰林，以为天下人才在是矣。不知所试者时文耳，非内圣外王之学也，非治国经野之道也，非强兵富民之路也。率天下之人才而出于无用者，正坐此耳。"④ 《原士》进一步批判"无用之时文"，提出"废时文而以实学"的改革方略。其言曰："夫学时文不成，则竟成废人耳。设以学时文之精神才力，专注于器艺学术，即不能出而献诸大廷，而终有一技之长，一材之擅，足以终身用之而有余者。故时文不废，人才不生；必去时文尚实学，乃足以见天下之真才。"乃至呐喊出"时文不废，天下不治"的时代强音。⑤

《变法》《重民》《变法自强》诸篇，是王韬早期政论文中的名篇。他断言"吾知中国不及百年，必且尽用泰西之法而驾乎其上"；宣称"道贵乎因时制宜而已，即是孔子而生乎今日，其断不拘泥古昔，而不为变通，有可知也"。⑥ 曾经沧海、遍览西学的阅历，给了王韬放眼全球的开放性眼光，看到了中国面临的问题与危机，鼓吹向西方"借法以自强"，强调变法改革的目的是民富国强。他心目中理想的政治制度，是英国式的君主立宪政体。其言曰：

> 泰西之立国有三：一曰君主之国，一曰民主之国，一曰君民共主之国。
>
> 如俄，如墺⑦，如普，如土等，则为君主之国。其称尊号曰恩伯腊，

---

① 王韬：《原道》，载李天纲编校：《弢园文新编》，中西书局，2012，第1—2页。
② 王韬：《原学》，载李天纲编校：《弢园文新编》，中西书局，2012，第3—4页。
③ 王韬：《原人》，载李天纲编校：《弢园文新编》，中西书局，2012，第5—6页。
④ 王韬：《原才》，载李天纲编校：《弢园文新编》，中西书局，2012，第7页。
⑤ 王韬：《原士》，载李天纲编校：《弢园文新编》，中西书局，2012，第9—11页。
⑥ 王韬：《变法》，载李天纲编校：《弢园文新编》，中西书局，2012，第12—13页。
⑦ 即奥地利。

即中国之所谓帝也。如法，如瑞，如美等，则为民主之国。其称尊号曰伯理玺天德，即中国之所谓统领也。如英，如意，如西，如葡，如嗹①等，则为君民共主之国。其称尊号曰京，即中国之所谓王也。

顾虽称帝，称王，称统领，而其大小强弱尊卑则不系于是，惟其国政令有所不同而已。一人主治于上，而百执事万姓奔走于下，令出而必行，言出而莫违，此君主也。国家有事，下之议院，众以为可行则行，不可则止，统领但总其大成而已，此民主也。朝廷有兵刑礼乐赏罚诸大政，必集众于上、下议院，君可而民否，不能行。民可而君否，亦不能行也。必君民意见相同，而后可颁之于远近，此君民共主也。

论者谓：君为主，则必尧、舜之君在上，而后可久安长治；民为主，则法制多纷更，心志难专一。究其极，不无流弊。惟君民共治，上下相通，民隐得以上达，君惠亦得以下逮，都俞吁咈，犹有中国三代以上之遗意焉。②

在王韬看来，"富强之效"实基于此种政体，泰西诸国中的巨擘英国即是显例和模范。此段论述，语言浅近，眼界宏阔，目极欧亚，贯通古今，思想上冲破了"道统"藩篱，形制上突破了"文统"规范，为沉滞的文坛吹嘘进一股强劲的变革风气，读来令人耳目一新。其语体，则属于向欧化、俗语开放的改良文言。

再看《变法中》的一段文字：

呜呼！至今日而欲办天下事，必自欧洲始。以欧洲诸大国为富强之纲领，制作之枢纽。舍此，无以师其长而成一变之道。中西同有舟，而彼则以轮船；中西同有车，而彼则以火车；中西同有驿递，而彼则以电音；中西同有火器，而彼之枪炮独精；中西同有备御，而彼之炮台水雷独擅其胜；中西同有陆兵水师，而彼之兵法独长。其他则彼之所考察，为我之所未知，彼之所讲求，为我之所不及，如是者直不可以偻指数。设我中国至此时而不一变，安能埒于欧洲诸大国，而与之比权量力也哉！③

---

① 即丹麦。
② 王韬：《重民下》，载李天纲编校：《弢园文新编》，中西书局，2012，第23—24页。
③ 王韬：《变法中》，载李天纲编校：《弢园文新编》，中西书局，2012，第14—15页。

明白易晓的浅易文言，掺入许多外来语和新名词，文笔畅达，发自胸臆，感情充沛，词强理直，刚健雄劲，于变革理论的阐发中深寄爱国热忱。王韬的报刊政论文开辟了报章文体社会化、通俗化的新径。

王韬有诗云："不作人间第二流，奔腾万里驾轻舟。苍茫谁尽东西界，门户终分上下游。千古文章心自得，五洲形势掌中收。头衔何必劳人问，一笑功名付马牛。"[①] 这位"学识之渊博，眼光之远大，一时无两"的"我国人自办之日报"的"开其先路者"，[②] 虽然一生不为当道者所重，内心世界却有着极为自负的一面。时人看重的，是王韬政论文中提出的变法自强之策。他的政论文，借助《循环日报》发行的十年间广为流布，海内外报章亦竞相转载，仅上海《申报》就转载了近百篇。他汇编成册的《弢园文录外编》，出版之后流布甚广。1887 年六十寿辰时，《申报》刊文为其祝寿，其序文赞誉道："先生著作之富，久已等身，四海士民，群相钦服。其所论设电线、开铁路、造兵轮、制火器、办矿务，均属条分缕析，不惮洋洋数万言，务极其详而后已。今果一一施行，若合符节。是不独先生先见之明，抑亦先生经济之宏，有能言人所不及言，事人所不及事。"[③] 由此，我们不难想见王韬在同光之际言论界影响之大，声望之高。

王韬《循环日报》时期的政论文，有着强烈的民族忧患意识、热切的民族富强梦想和深挚的爱国主义情感，每每下笔不能自休，闪烁着启蒙思想的光芒，代表了文体变革的时代潮流。19 世纪 70 年代，天南遁叟以"变法自强"为主旋律的政论文，不仅以其世界性眼光和富有前瞻性的变革主张，对其后的中国学术思想界和政界产生了巨大的冲击力，而且于报章文体独有创造。王韬政论文，以传统文人所不曾梦见的新异思想，鲜明的政论色彩，适应报刊文体的短小精悍而又雄辩有力的体制与风格，以及笔锋常带情感、语言浅近易懂、夹杂新名词和流俗语等特点，对传统古文写作规范造成了有力的冲击，于思想界充当了宣传变法自强主张的先驱，于文坛充当了文体解放的先锋。

第二节　上海《万国公报》与传教士政论文

近代中国报章文体的另一重要渊源，是 19 世纪后期西方在华传教士所办的中文报刊。戈公振《中国报学史》指出："至是（指甲午战争前后），

---

① 王韬：《漫游随录》，岳麓书社，1985，第 404 页。
② 戈公振：《中国报学史》，生活·读书·新知三联书店，1955，第 112 页。
③ 《寿弢园老民六十初度序》，《申报》，1887 年 11 月 16 日。

中西文化融和之机大启，开千古未有之创局。追本溯源，为双方灌输之先导者，谁软？则外人所发行之书报是已。"戈氏肯定外国传教士所发行书报在西学东渐过程中发挥的积极作用，承认"外报在我国，关于科学上之贡献"，而对其"以传教为目的"则持批判立场，言其"是去一偶像而又立一偶像"。① 至于欧美来华传教士所办中文报刊的语体文体特征，则尚未引起这位报学鼻祖的注意。

较早认识到这一点并给予高度评价者，是中国近代文史专家和史料收藏大家杨世骥。1945 年，杨世骥《英美三教士》一文开篇写道："甲午中日之战以后，一般有志之士，觉悟到中国有改革的必要，于是著为议论，恣肆地宣达对于时代的观感，或建议朝廷，或指摘敝政，或绍介西洋政法制度；因为新事新理日趋繁复，不得不打破历来古文、骈文和八股的章句义法，自由起讫，信笔直抒，同时尽量容纳新的名词，引证新的史实，另创一种风格。这一类作品，胡适曾经名之为'时务的文章'（见《五十年来的中国文学》），而最早试写这种文章的人却是几个外国在中国传教的教士，如李提摩太（Timothy Richad），林乐知（Young John Allen）和李佳白（Gilbert Reid）等三人，尤为当时重要的代表——他们抱着宗教的虔诚，希望中国走上新的道路，所办的报纸刊物，所做的文章，给予当时影响极大，随后郑观应、康有为、梁启超、刘桢麟、黎祖健、管斯骏等继踵而起，使这种文章的体式更完备了，势力更扩大了。"② 从文学史视野，对以三位英美来华传教士为代表、以《万国公报》为传播媒介的报章文体予以高度评价。

比杨世骥提到的"英美三教士"更早在《万国公报》发表著作，且产生较大社会影响的西方传教士，还有 19 世纪 60 年代来到中国的德国汉学家花之安，他所撰著的中文名著《自西徂东》流布甚广。其英文名 *Civilization,China and Christian*，直译作"文明，中国与基督教"。其自 1879 年 10 月开始连载于上海《万国公报》，至 1883 年方始刊完，1884 年在香港推出单行版，中国文士冯勉斋、洪士伟为之润色。

花之安（Ernst Faber,1839—1899），犹太后裔，德国来华传教士，汉学家。在德国受过科学和神学教育，1865 年受基督教组织礼贤会委派来华，在广东传教和生活多年，通汉文，能用文言写作，深谙中国传统文化和中国人的心理，对中国社会有着深入的调查和独到的观察。1880 年退出礼贤会，独立传教。1886 年赴上海。1898 年移居青岛。在中国从事

---

① 戈公振：《中国报学史》，生活·读书·新知三联书店，1955，第 112 页。

② 杨世骥：《英美三教士》，载氏著：《文苑谈往》第一集，中华书局，1945，第 4 页。

传教活动三十年，以"援儒入耶"的方法沟通耶教与儒学之关系，善用儒家经典阐发基督教教义。著有《自西徂东》《儒教汇纂》《中国宗教导论》等。

《自西徂东》虽然本质上是一部宣扬基督教文明的著作，却入乡随俗地穿上"仁义礼智信"中国"五常"道德伦理外衣，分仁集、义集、礼集、智集、信集五卷，分门别类地详细介绍泰西近世文明，并通过层层的中西对比，直陈中国社会、道德、经济、文化、风俗现状与弊端，指出其落后于泰西文明之处，并为已有累卵之危的中国时局开出疗救的药方。

花之安在该著《自序》中开篇明义道：

> 《自西徂东》之书何为而作也？欲有以警醒中国之人也。噫！中国之大势，已有累卵之危矣。在今日熙熙攘攘，似太平景象，然亦思强邻环列，果能怀柔否乎？夫当今之时势，外邦多日益富强，然中国能改弦易辙，不拘于成迹，发奋为雄，亦无不可共臻强盛。……虽然，勿谓中国无人也，中国人亦有明白而警悟、谨慎而有为、勤勉而学西国之学者，但学问失其要，徒得西学之皮毛，而不得西学精深之理，虽学亦无甚益耳。况中国人所学，徒欲精技艺以益己，而不能充所学以益人，安得仁爱之大道而致天下一家，远人悦服耶？①

尽管著者所开出的根本疗救之方——皈依基督文明——并不可取，但其对泰西政教文明、物质文明、科技文明、法制文明、商业文明以及平等博爱精神的阐扬，让中国人对西方列强"所以致强盛之由"有了一定的了解，有助于中国人"开眼看世界"，启迪中国士人在世界格局中认识到中国自身之不足，并探寻适合中国国情的自强之道和民族复兴之路。

《自西徂东》文字浅近，不以辞害意，文白杂糅，中西兼采，适合作为大众传媒的报章之需。其《凡例》首条云："是书多言西国之事业，与中国事相较，其中辩论皆以道理贯通之，不徒敷衍文字，实欲令雅俗共晓，不计文之工拙。"第二条道："是书于兴利除弊之中，兼辩论义理之处，多直言不讳，缘遵道之士，是则是，非则非，据理而谈，不能委曲回护焉。"②可见，著者对自己的文字有着明确的读者定位，追求浅近易知、雅俗共晓的阅读效果。简言之，就是一种求实求用、秉笔直书、据理而谈的"觉世之文"，而不以藏山传世为目标，因而文字的工拙是不必计较的。且看第

① ［德］花之安：《自西徂东》，上海书店出版社，2002，第1页。
② ［德］花之安：《自西徂东》，上海书店出版社，2002，第5页。

五十二章"新闻纸论"中的一段文字：

> 今夫广览群书则闻见日博，纵观经史则耳目日新，而更有在书史之外，可以扩见闻以新耳目者，则莫如新闻纸。新闻纸之设，上自朝廷政事，下及黎庶杂事，与夫各国之近事、各处之教事，凡有关于世道人心、身心言行之益者，靡不毕登。而公是公非，秉笔寓劝惩之意；无毁无誉，持论操月旦之评。是故载笔者，非具良史之才，不能膺作新闻纸之任也。……西国新闻纸馆之设，无位无权，似不足轻重，然盱衡世事，目击时艰，其立论甚公，其议事甚当，不避权势，不畏奸豪，苟有非理之处，皆得从容论议，寓规谏之意，陈事势之机。……中国素称声名文物之邦，而于报馆之设则未有闻，上下隔绝，情意不通，民间疾苦不能知，朝廷政事、官吏设施，其是非得失亦有所莫辨。①

其对西国"新闻纸"的绍介、推崇与定位，传递出言论自由的观念。花之安的文字瑕瑜互见，要皆越乎法度，惟因其未受过中国举子所经历的系统的时文训练，故而为文不为古文时文所拘，且惯用高文典册不经见之语，在来华传教士一脉开近世中文报章文体变革先声。

《万国公报》的核心人物是林乐知。林乐知（Young John Allen,1836—1907），美国监理会来华传教士。1860年，受派遣在上海、杭州等地传教。1863年任上海广方言馆教习。1868年，入江南制造总局翻译馆译书，并任字林洋行中文报纸《上海新报》主编。同年，在上海创办主编《教会新报》，1874年更名《万国公报》。1891年，与李提摩太编辑出版《中西教会报》，鼓吹"孔子加耶稣"理论。此外，他还是东吴大学的创始人。林乐知是西方来华传教士中知名度最高的报刊编辑。译著有《中东战纪本末》《文学兴国策》等。

作为《万国公报》的创始人和主心骨，林乐知长期担任主编主笔，以"美国进士"相标榜，"中外交涉诸事，则皆逐月考察，分别纪于《万国公报》"，并发表了一大批时评文章，对中国当政者建言献策，对中国社会痛下针砭。《万国公报》的拟想读者主要是中国的士阶层。林乐知自言："仆尝环行地球者三，更绕道以入各国都城，遍查其新政。于中国之地则尝南之广东，北出张家口而入蒙古，其风土人情，亦知崖略。然则以仆而谈华

---

① ［德］花之安：《自西徂东》，上海书店出版社，2002，第178—179页。

事，且就华事而证以西事，纵不敢诩为语语扼要，岂较诸扪烛扣槃，隔靴搔痒者，反逊一筹乎？"他用"洞若观火"来形容自己对中国国情的了解，坦言"仆于中国，诚知之深而爱之至者也"。[①]

光绪元年秋冬之际，林乐知在《万国公报》开辟"中西关系略论"专栏，发表了一系列政论文章，嗣后推出《中西关系略论》单行本，赢得朝野士夫嘉许。林乐知以"本馆主"名义发表在《万国公报》"中西关系略论"专栏的《论谋富之法》一文，开篇指出"重耕读而轻工商，中国之弊，与西国当年相同"之后，接着从人类社会文明进化的角度，批评中国士人食古不化，受八股文毒害过深，有负天下所望，为中国士人开具了"神理""人生""格致"三大学问，向"中国之圣主贤臣"献上"富国之法"。其言曰：

> 今人之胜于古人者，非于心思才力之外而则擅奇能，实于心思才力之中而独标新颖。是以突过前人而谋国之法，能令上下情通，四民意合，其功非出自士人乎？中国则以率由旧章，为不违先王之道。而不知先王之道宜于古，未必宜于今。今之时势，非先王之时势矣。中国士人何食古不化若斯哉？终年伏案功深，寻章摘句，以为束身于明教中也，而实为八股文章束缚其身耳。天下所望于士者安在哉？
>
> 古今来之大学问有三：一曰神理之学，即天地万物本原之谓也；一曰人生当然之理，即诚正修齐治平之谓也；一曰物理之学，即致知格物之谓也。三者并行不悖，缺一不足为士也。而今之中国士人，神理固不知矣，即格致亦存其名而已。所伪为知者，诚正修齐治平之事耳。言大而夸，问其何为诚正，何为修齐，何为治平，则茫乎莫解，与未学者等。谓之为士，其信然耶？中国开科取士，立意甚良，而惟以文章试帖为专长，其策论则空衍了事也。无殊拘士之手足，而不能运动；锢士之心思，而不能灵活；蔽士之耳目，而无所见闻矣。倘能于文诗策论而外，讲求尧舜禹汤之经济，文武周孔之薪传，中国不几独步瀛寰，而为天下万不可及之国哉？予不禁旷然而遐思，翚然而高望矣。[②]

---

① 美国进士林乐知著，华后学蔡尔康译：《险语对》，载李天纲编校：《万国公报文选》，中西书局，2012，第300页。

② 林乐知：《论谋富之法》，载李天纲编校：《万国公报文选》，中西书局，2012，第160—161页。

林乐知直言不讳发出的先王之道未必宜于今的言论，其对八股取士制度拘士手足、锢士心思、蔽士耳目的弊病的痛切针砭，发生在戊戌变法前二十多年，在光绪初年的中国士林中，可谓空谷足音。《中国专尚举业论》针对八股取士制度的弊端而发，指出"今之所谓士，不独通显无期，亦且谋生乏术"的窘状，批评朝廷"所举非所用，所用非所举"的病症，并以"万一疆场有警，讵一篇诗赋，数行文字，即能成运筹帷帐，决胜千里之功"相诘问。①

甲午败绩之后，"视华如寄籍之地者将垂四十年"的林乐知，对中国时局洞若观火，发表长文《险语对》，"举华人之积习痛切道之"，条列"骄傲""愚蠢""惬怯""欺诳""暴虐""贪私""因循""游惰"八项"病情"。其言曰：

> 以上八者，其祸延于国是，其病先中于人心。故有相引而递生者：心骄傲，斯入于愚蠢矣；心愚蠢，斯流于怯懦矣；心怯懦，斯工于欺诳矣。有由渐而递深者：暴虐，斯无仁爱之心矣；贪私，斯无公廉之心矣；因循，斯无振作之心矣；游惰，斯无忠敬之心矣。总之，心术既坏，如本实之先拨。是以招募军士，铸造枪炮，修筑台垒，皆犹饰枝叶而缀花蕊也。人心隐种乎祸根，险象遂显结乎恶果。纵有枝叶，纵有花蕊，粘纸耳，剪彩耳，索索无生气，不可以饰观瞻，岂可以充饥渴。然则朝鲜之役，非日本之能败中国也，中国自败之也。呜呼！惜哉！②

林乐知将19世纪末的中国比喻为"渴睡汉"，他抱着"欲救中国"，必先"察其病情之所伏"，以便"对症发药"的想法，条举中国人的八大积习之后，开出"意兴宜发越""权力宜充足""道德宜纯备""政令宜划一""体统宜整饬"五剂药方，希冀中国"除旧习而迪新机，去伪事而崇真教"。果如是，则"中国之复臻隆盛，实可翘足而待"。③

李提摩太是继林乐知之后，《万国公报》的又一台柱子和灵魂人物。李提摩太（Timothy Richard,1845—1919），英国威尔斯人，浸礼会来华传

---

① 林乐知：《中国专尚举业论》，载李天纲编校：《万国公报文选》，中西书局，2012，第220—221页。

② 美国进士林乐知著，华后学蔡尔康译：《险语对》，载李天纲编校：《万国公报文选》，中西书局，2012，第304—305页。

③ 美国进士林乐知著，华后学蔡尔康译：《险语对》，载李天纲编校：《万国公报文选》，中西书局，2012，第301—316页。

教士。1870 年（同治九年）来华，在山东、山西、北京、天津等地传教。1890 年受直隶总督李鸿章委派，在天津主办《时报》，条陈新政，鼓吹改革，其论说编为《时事新论》，在中国士阶层影响较大。1891 年赴上海，任同文书会（后更名广学会）总干事，为《万国公报》撰文，后主该报笔政。1895 年加入京师强学会。1901 年以山西教案赔款在太原创办山西大学堂。反对孙中山领导的辛亥革命。1916 年返英。同光时期，李提摩太以传教赈灾、著书立说、游说参政、办学兴教等方式活跃于中国，其报刊言论对洋务派大员和维新派领袖产生过切实影响，对康有为、梁启超的办报活动和政论文字更是有着直接的影响。

李提摩太在《万国公报》发表过大量绍介西学的著作和针对中国时局有感而发的政论文章，对中国的富强和改革建言献策。1896 年，李提摩太在《新政策并序》中指出，"今日中国之要事莫亟于养民，养民之要事莫亟于新政"，并参考"中西各国治国之法"，提出中国"亟行改革"的"四纲领"："一曰教民之法，二曰养民之法，三曰安民之法，四曰新民之法。"① 其所提出的具体改革方案，虽并不完全适用于中国，但无疑对戊戌时期中国朝野的维新人士产生了直接的思想启迪。他在《论中国易于富强》一文中写道：

> 噫！自海禁既开，时局互异，欧洲诸国，自以开疆辟土为事，从前既占美澳两洲，嗣又分据非洲以为外府；亚洲之缅甸、安南以及琉球，皆我藩服，寸疆尺土，不容轻易以与人者也，而今则安南已鲸吞于法矣，缅甸又蚕食于英矣，琉球且宗社丘墟兼并与日本矣。今之时势，岂犹可安常蹈故，而不知变计也耶？诚能精于练兵，富以养民，课农商以培根本，此外开铁路以通商惠工，立邮政以便民利国，年中运费，所出所省不知凡几，邮资之所溢，不知凡几，由此开各矿以尽地利，设西塾以育人材，将见物产丰盈，民俗富有，而国势亦蒸蒸日上，当驾五洲以上之，岂第并驾齐驱已哉！②

作者叙述人的口吻，全然站到中国的立场，充当的是谏言上策者角色。其所开出的富强之策和国势"当驾五洲以上"的美好愿景，对于急切寻求富强之术的中国士夫和当道者来说，无疑有着很大的吸引力。李提摩太的政

---

① 李提摩太：《新政策并序》，载李天纲编校：《万国公报文选》，中西书局，2012，第 319 页。
② 李提摩太：《论中国易于富强》，载陈忠倚辑：《皇朝经世文三编》卷二十五，扫叶山房，光绪丁酉五月。

论文章，立论要皆以中国切身利害为前提，观察敏锐，见解新颖，文字浅显，易于接受，在朝野士夫和一般读书人中间流布甚广，对推动晚清社会变革思潮产生了重要影响，充当了甲午之后维新变法思潮的先导。

中国的书面语与口语长期脱节，造成言文分离的局面。西方来华传教士学说中国话并不难，但要熟练驾驭文言书面语来作文译书，其难度就非同一般了。正因如此，19 世纪后期的来华西方传教士译书作文，惯常采取自己口述，由中国文士捉刀代笔的合作方式。傅兰雅曾描述江南制造总局"西人"与"华士"合译西书的情景："馆内译书之法，必将所欲译者，西人先熟览胸中而书理已明，则与华士同译，乃以西书之义，逐句读成华语，华士以笔述之；若有难言处，则与华士斟酌何法可明；若华士有不明之处，则讲明之。译后，华士将初稿改正润色，令合于中国文法。"[1]《万国公报》刊登的西人和华士共同署名的文章，多采取这种"西译中述"的合作方式；传教士署"口述""口译""译意""命意""造意""授意""树义""述意""述略"等，充当"佣书"角色的中国文士则署"笔述""记言""手录""手志""撰文""属文""作文""遣词"等。西方传教士的"口述"语言具有白话和欧化特征，中国文士的"笔述"文字却要运用作为书面语的文言，且要"合于中国文法"；其结果，造就了一种浅易的改良文言。这种改良文言，大体合乎文言句法文法，却不可避免地带有白话化和欧化色彩与倾向。文言的浅易化、通俗化和欧化，成为传教士报章文体的显著特征与必然趋势。其语体，既向欧化开放，又向口语开放，属于趋向近代化的改良文言；其文体，不受任何门派家法拘束，较为活泼自由，对于古文时文骈文来说，自然是一种解放。这种文字，是一种以应用为旨归、以普及中国民众为目标的报章文体。

第三节 《时务报》与梁启超"时务文体"

1896 年孟秋至 1898 年孟秋行世的上海《时务报》旬刊，是戊戌时期维新派知识精英倾心打造的一个以政论见长的舆论阵地。当是时，维新派精神领袖康有为积极擘画，张之洞等地方大吏支持赞助，黄遵宪等政府官员扶植捐款，总经理汪康年苦心经营，主编主笔梁启超一度全身心投入，刊行后风行一时，全国舆论界为之一振，维新变法思潮蓬勃兴起。戊戌时

---

[1] 傅兰雅：《江南制造总局翻译西书事略》，载罗新璋编：《翻译论集》，商务印书馆，1984，第 219—220 页。

期的维新派报刊高度重视政论文章，以之作为衡量报章质量和影响力的主要标杆，故而报馆主笔人选非常关键，《时务报》鲜明地体现了这一特点。主笔梁启超的长篇政论文章《变法通议》是其代表性作品，其文体被时人和史家称为"时务文体"。

梁启超（1873—1929），字卓如，号任公，别署饮冰子、饮冰室主人、中国之新民、哀时客等。广东新会人。1889 年中举。1890 年结识康有为，投其门下。1891 年就读于广州万木草堂。1895 年春协助康有为发动在京应试举人联名请愿的"公车上书"。维新运动期间，主北京《万国公报》（后改名《中外纪闻》）和上海《时务报》笔政，又赴澳门筹办《知新报》。1897 年，任湖南时务学堂中文总教习。1898 年受光绪帝召见，进呈《变法通议》，赏六品衔，署理京师大学堂译书局事务。戊戌政变后流亡日本，先后创办《清议报》《新民丛报》《新小说》等报刊，鼓吹新民救国，发起"诗界革命""文界革命""小说界革命""曲界革命""史学革命"等。入民国后，成为进步党党魁，出任过司法总长、财政总长等职，由拥袁走向反袁。1918 年赴欧考察。1924 年起任教于清华学校。1929 年 1 月 19 日病逝。一生兴趣广泛，学识渊博，在文、史、哲、佛学等领域均有较深造诣。著述宏富，有《饮冰室合集》《梁启超全集》行世。

梁启超的办报生涯近三十年，主编主笔报刊十数种，声名较著者有《时务报》《清议报》《新民丛报》《新小说》《政论》《国风报》《庸言》《大中华》等，成为近代中国当之无愧的舆论界骄子和一时无两的报章政论家。梁启超的报章活动虽非肇端于《时务报》，他本人却因该报而声名远播，《时务报》亦因主笔梁启超之政论而风行海内。梁启超见诸该刊的政论文章中，影响最大的是《变法通议》。百日维新期间，光绪皇帝召见梁启超，其所进呈的就是这部《变法通议》。

梁启超《变法通议》系列政论文，发表在《时务报》的有十二篇。梁氏在《自序》中开宗明义，阐述"法何以必变"；其余各篇分别题为《论不变法之害》《论变法不知本原之害》《学校总论》《论科举》《论学会》《论师范》《论女学》《论幼学》《学校余论》《论译书》《论金银涨落》等，全面系统提出了其维新变法政治主张。《论不变法之害》开篇道：

> 今有巨厦，更历千岁，瓦墁毁坏，榱栋崩折，非不枵然大也，风雨猝集，则倾圮必矣。而室中之人，犹然酣嬉鼾卧，漠然无所闻见；或则睹其危险，惟知痛哭，束手待毙，不思拯救；又其上者，补苴罅漏，弥缝蚁穴，苟安时日，以觊有功。此三人者，用心不同，漂摇一

至，同归死亡。善居室者，去其废坏，廓清而更张之，鸠工庀材，以新厥构。图始虽艰，及其成也，轮焉奂焉，高枕无忧也。惟国亦然。由前之说罔不亡，由后之说罔不强。①

以形象的譬喻，浅近的语言，急切的心情，将老大帝国风雨飘摇、大厦将倾的危险局势，国人或酣嬉鼾卧、麻木不仁，或束手待毙、不思拯救，或补苴罅漏、苟安时日的情状，惟妙惟肖地展现在读者面前。梁启超指出，要挽救这座瓦墁毁坏、榱栋崩折的千年巨厦，采取补苴罅漏、弥缝蚁穴的办法，已无济于事；根本的拯救之法，是"去其废坏，廓清而更张之，鸠工庀材，以新厥构"。换言之，就是雷厉风行地实行变法，大刀阔斧地进行政治体制改革。当难者提出"然中国当败衄之后，穷蹙之日，虑无余力克任此举；强敌交逼，眈眈思启，亦未必能吾待"的问题后，梁氏回答道：

> 日本败于三国，受迫通商，反以成维新之功。法败于普，为城下之盟，偿五千兆福兰格，割奥斯、鹿林两省，此其痛创，过于中国今日也。然不及十年，法之盛强，转逾畴昔。然则败衄非国之大患，患不能自强耳！孟子曰：国家闲暇，及是时明其政刑，虽大国必畏之矣。又曰：国家闲暇，及是时般乐怠敖，是自求祸也。泰西各国，磨牙吮血，伺于吾旁者固属有人，其顾惜商务，不欲发难者，亦未始无之。徒以我晦盲太甚，厉阶孔繁，用启戎心，亟思染指，及今早图，示万国以更新之端，作十年保太平之约，亡羊补牢，未为迟也！②

以日本、法国败衄之后励精图治、变法自强的成功经验，消除当道者头脑中的种种疑虑，为变法维新扫除思想障碍。该文篇末道：

> 要而论之：法者，天下之公器也；变者，天下之公理也。大地既通，万国蒸蒸，日趋于上，大势相迫，非可阏制。变亦变，不变亦变。变而变者，变之权操诸己，可以保国，可以保种，可以保教。不变而变者，变之权让诸人，束缚之，驰骤之，呜呼！则非吾之所敢言矣。

---

① 梁启超：《变法通议一·论不变法之害》，载汤志钧、汤仁泽编：《梁启超全集》第一集，中国人民大学出版社，2018，第23页。

② 梁启超：《变法通议一·论不变法之害》，载汤志钧、汤仁泽编：《梁启超全集》第一集，中国人民大学出版社，2018，第27页。

> 是故变之途有四：其一，如日本，自变者也；其二，如突厥，他人执
> 其权而代变者也；其三，如印度，见并于一国而代变者也；其四，如
> 波兰，见分于诸国而代变者也。吉凶之故，去就之间，其何择焉？①

以毋庸置疑的口吻，阐明了"变亦变，不变亦变"的道理，为中国指明了仿效日本明治维新推行自上而下的"自改革"道路。中国如不想步突厥、埃及、高丽、印度、越南、缅甸、波兰等国后尘，不想遭受犹太之种、非洲之奴的奴隶牛马乃至亡国灭种的命运，只有维新变法一条路可走，如此方能"保国""保种""保教"。梁启超认识到，"变法之本，在育人才；人才之兴，在开学校；学校之立，在变科举"，②故而将教育体制改革和人才选拔制度改革放在首位。

《学校总论》开篇道：

> 吾闻之，《春秋》三世之义，据乱世以力胜，升平世智力互相胜，
> 太平世以智胜。草昧伊始，蹄迹交于中国，鸟兽之害未消，营窟悬巢，
> 乃克相保，力之强也。顾人虽文弱，无羽毛之饰，爪牙之卫，而卒能
> 槛絷兕虎，驾役驼象，智之强也。……近百年间，欧罗巴之众，高加
> 索之族，藉制器以灭国，借通商以辟地，于是全球十九，归其统辖，
> 智之强也。世界之运，由乱而进于平，胜败之原，由力而趋于智，故
> 言自强于今日，以开民智为第一义。③

作为晚清今文学运动宣传家的梁启超，根据乃师康有为传授的"公羊三世"说，演绎出太平世以智胜的结论，故而将"开民智"列为"自强"第一义，指出"亡而存之，废而举之，愚而智之，弱而强之，条理万端，皆归本于学校"。欲兴学校，又以"变科举"为第一义：

> 故欲兴学校，养人才，以强中国，惟变科举为第一义。大变则大
> 效，小变则小效。综而论之，有三策焉。何谓上策？远法三代，近采
> 泰西，合科举于学校；自京师以讫州县，以次立大学小学，聚天下之

---

① 梁启超：《变法通议一·论不变法之害》，载汤志钧、汤仁泽编：《梁启超全集》第一集，中国人民大学出版社，2018，第28页。

② 梁启超：《变法通议二·论变法不知本原之害》，载汤志钧、汤仁泽编：《梁启超全集》第一集，中国人民大学出版社，2018，第30—31页。

③ 梁启超：《变法通议三·论学校一·总论》，载汤志钧、汤仁泽编：《梁启超全集》第一集，中国人民大学出版社，2018，第34页。

才，教而后用之。入小学者比诸生，入大学者比举人，大学学成比进士；选其优异者出洋学习比庶吉士，其余归内外户刑工商各部任用，比部曹，庶吉士出洋三年，学成而归者，受职比编检。学生业有定课，考有定格，在学四年而大考之，以教习为试官，不限额，不糊名。凡自明以来，取士之具，取士之法，千年积弊，一旦廓清而辞辟之，则天下之士，靡然向风，八年之后，人才盈廷矣。①

梁启超并未对"科举"采取全盘否定的态度，并不认为"科举"一开始就是"敝政"；相反，他高度肯定科举乃"法之最善者"，提出"世卿为据乱世之政，科举为升平世之政"；科举之敝，问题出在"学校制度"上，只有将"变科举"与"兴学校"结合起来，将科举合于学校，将西学与中学并重，才能形成人才兴盛的局面，民族自强和国家振兴才有希望。

《时务报》时期，梁启超以"先知有责，觉后是任"②的热情与信念，将今文经学三世说和西洋进化论的思想要义，西洋东洋列国大局和老大帝国"变亦变，不变亦变"，以及"大变则大效，小变则小效"的道理，要言不烦、条分缕析地阐述出来；同时将变法之本在育人才、人才之兴在变科举的变法维新逻辑，以及广开民智、振兴民权、变革官制、满汉平权等政治见解和思想主张，以通俗浅近、平易畅达、热情奔放、中西兼采的报章"时务文体"传播到大江南北，取得"一时风靡海内，数月之间，销行万余份"的发行业绩，产生"举国趋之，如饮狂泉"的阅读效应。③戊戌时期，梁启超充当了维新变法喉舌和政论宣传家的角色；其最为特出的贡献，在于借助《时务报》这一近代化、大众化传播媒介，运用明白流畅而又富有热力的文字，绘声绘色地阐扬维新变法主张和救亡图存道理，在社会上鼓荡起一股强劲的变革之风。在梁启超通过《时务报》名扬天下、誉满士林的同时，其广采新知、文白杂糅、平易畅达、感情丰沛的"时务文体"，也开启了近代中国"报章兴"的新时代。

然而，《时务报》《知新报》等维新派报章的"时务文体"喜用"新词"的特点，却成为守旧士夫痛批的靶子。叶德辉《长兴学记驳议》声称："自梁启超、徐勤、欧榘甲主持《时务报》《知新报》，而异学之诐词，

---

① 梁启超：《变法通议三·论学校二·科举》，载汤志钧、汤仁泽编：《梁启超全集》第一集，中国人民大学出版社，2018，第 47 页。
② 梁启超：《举国皆我敌》，载汤志钧、汤仁泽编：《梁启超全集》第十七集，中国人民大学出版社，2018，第 601 页。
③ 梁启超：《本馆第一百册祝辞并论报馆之责任及本馆之经历》，载汤志钧、汤仁泽编：《梁启超全集》第二集，中国人民大学出版社，2018，第 354 页。

西文之俚语，与夫支那、震旦、热力、压力、阻力、爱力、抵力、涨力等字，触目鳞比，而东南数省之文风，日趋于诡僻，不得谓之词章。"[1] 将此种文体视为异端，并据此将其逐出"文苑"。

以梁启超《变法通议》为代表的"时务文体"，标志着报刊政论文作为一种不同于传统文章的"新文体"的诞生，并在此后日臻成熟，成为思想启蒙"利器"和文体革命先锋。这种报章新文体，思想上逐渐突破了"文以载道"和"代圣立言"的教条，梁启超等人乃至抛弃了"托古改制"的外衣，密切结合时政，直面现实，指陈时弊，有着放眼世界的全球化眼光、进步的政治立场和思想启蒙底色；文章写法不拘一格，既吸收了先秦诸子的雄辩之风和八股文的长比特点，又突破了桐城古文的门派家法，吸收俚语、韵语、外来语汇和欧化句法，文体上有着较大的自由度和更强的表现力；语言力求浅近，明白晓畅，力避矫揉造作、艰涩古僻；再加上丰沛的情感，自由奔放的文气，酣畅淋漓的文笔，生动形象的譬喻，使其文体具有极大的感染力，故而能够风靡一世。"时务文体"是梁启超"新文体"的初级阶段；东渡之后，梁启超创办《清议报》《新民丛报》等政论报刊，报章文体进入了一个崭新的阶段。

第四节　长沙《湘报》与唐才常等的政论文

甲午丧师之后、马关签约之年，陈宝箴、江标分任湖南巡抚和学政，力行新政，倡导新学，素称保守的湘省风气渐开。越二年，外交官出身的黄遵宪出任湖南长宝盐法道，署理湖南按察使，筹备时务学堂，督办《湘学报》；上海《时务报》主笔梁启超赴长沙就任时务学堂中文总教习；候补知府谭嗣同回湘参与新政活动，筹备南学会；唐才常、欧榘甲、韩文举、熊希龄、杨毓麟等一批维新派知识精英聚集省城。他们创立学会，兴办学堂，大办报刊；《湘学新报》《湘学报》《湘报》等相继问世，湘省风气为之大变。唐才常、樊锥、谭嗣同等知识精英，是南学会核心成员和《湘报》主笔，与时务学堂总教习梁启超声气相通，利用报章宣扬"爱国之理"和"救亡之法"，鼓吹民权、平等与变法，主张为民众立言，倡导文体文风革新，在政界和学界鼓荡起维新思潮，在文坛和舆论界掀起一股强劲的变革之风。湖南新政时期的湘省报界人物，尤以唐才常最为活跃，其见诸《湘

---

① 苏舆编：《翼教丛编》，上海书店出版社，2002，第103—104页。

报》的政论文也最具代表性。

唐才常（1867—1900），字黻丞，后改佛尘，湖南浏阳人，早年就读于长沙岳麓书院和武昌两湖书院。1896 年返湘投身新政事业，次年举拔贡。1897 年后，任《湘学报》主编主笔、湖南时务学堂分教习、南学会议事会友、《湘报》总撰述，鼓吹变法图强，宣扬民权学说，成为声名远播的报刊政论家和政治活动家。戊戌政变后，辗转奔走于日本、南洋、香港、上海等地，寻求救国途径。1899 年，主上海《亚东时报》笔政；同年冬，在上海组织正气会，旋改名自立会，任总干事。庚子国变之年，在上海召开"中国国会"，在长江中下游组建自立军，起事失败后在武昌就义。近人尚秉和《辛壬春秋》中对唐才常有一段形象的描述："貌雄奇魁梧，为文一洒千言，汩汩不穷。甲午后创《湘学报》，言变法，与梁启超《时务报》，并风行海内，而持论雄迈尤过之，一时学者风气得以转移。"①

唐才常相信文字改良社会之力，重视报章的思想启蒙功效。1898 年仲春，南学会会刊《湘报》日刊在长沙问世。②唐才常在《湘报叙》中指出："迩者海内诸君子，曲体朝廷育才至意，广开报馆，用代遒人，大声疾呼，海天同应。于是秦汉以来之愚障，始云开雾豁，重睹光明；于是四民之困于小儒腐说，辗转桎梏者，始脑筋震荡。人人有权衡国是之心，而谋变通，而生动力。夫由今日以前之志士仁人，其欲摩挲故府，钻研政典，求断烂朝报不可得，而赍恨终者，何可胜道？今乃海宇大通，朝野一气，政学格致，万象森罗，俱于报章见之。是一举而破二千余年之结习，一人而兼百人千人之智力。不出户庭，而得五洲大地之规模；不程时日，而收延年惜阴之大效。凡官焉者、士焉者、商焉者、农工焉者，但能读书识字，即可触类旁通，不啻购千万秘籍，萃什佰良师益友于其案侧也。其使中国为极聪强极文明之国，吾于是决其必然矣。"③对报章文字的知识传播和思想启蒙功效有着清醒的认知，对中国成为"极聪强极文明之国"充满信心。

湖南新政时期，唐才常的政论文主要刊于《湘学报》《湘报》，直陈时弊，思想犀利，新名词错杂其间，裹挟着爱国救亡的炽烈情感，属于典型

① 翦伯赞、刘启戈等编著：《中国近代史资料丛刊·戊戌变法（4）》，上海人民出版社、上海书店出版社，2000，第 89 页。

② 《湘报》1898 年 3 月 7 日（清光绪二十四年二月十五）问世于长沙，南学会机关报，唐才常主编主笔，日报，以"开风气，拓见闻"为宗旨，宣传维新变法，抨击专制制度，言辞激烈。设有论说、上谕电传、本省新闻、各省新闻、各国新闻、南学会问答、商务行情、告白等栏目。10 月 15 日（九月初一）停刊，共出 177 号。

③ 唐才常：《湘报叙》，《湘报》第一号，1898 年 3 月 7 日。

的“时务文体”。唐氏痛感西人讪我诟我为“病夫”，国人灵魂麻木不仁，缺乏国耻意识和国权思想，撰《论热力》一文。其言曰：

> 既而思之，吾人所居之地球，既命之曰人世界，则虽藐然躯壳，为微尘中之微尘，而光于目，声于耳，电于大脑小脑，化分化合，于肝脾胃肠及一身机轮流转，罔弗具日与八星运行之理，故种无论黄白也，人无论中西也，心同理同，聪明材武，无弗同也。然而彼西人者，人人耻国之耻，事国之事，权国之权，国统系之君，君统绵之民。故意大利之轭于罗马，希腊之轭于土耳其，而民会与民权固也。普之辱于拿破仑，法之蹶于师丹，而若君若臣，若男若女，若老若幼，咨嗟涕洟，摽心酾血，播之诗歌，宣之衢巷也。若是者，何也？热力之所摩也。且夫热之为力，则何星球、何世界弗之有矣。向使日心不热，则地与各行星乌乎吸，乌乎离矣；地心不热，则人与草木与禽兽并时而灭矣；昴心不热，则吾八行星绕日之世界，不知隳坏几千万年矣。故泰西之以热力智其民新其国者，实性海之根原，群动之脉理。而含生负气之公性情如是则存，不如是则亡；扩其量则文明而强，亏其实则野蛮而瘠。以瘠遇强，以野蛮遇文明，以畸零参差、尸居垂毙之余，遇盱目环伺、万众一心、勃然方兴之焰。譬有两人同榻而卧，声息俱无，以谓之人也，无异也；迨以手摩之，则一热一冷悬殊焉。于是乃惧然曰，若者生若者死矣。[①]

唐才常所标榜的“人人耻国之耻，事国之事，权国之权”思想，其实是源自西洋的近代民族国家观念，意在唤起民众的合群精神和国民意识。他以日本维新图强的实例来激励国人，在“文明”的旗号下鼓吹新政新学，阐扬变法图强的道理。

唐才常的政论文思想激进，言辞激烈，对于泰西“民权”说时加宣扬。其《辨惑上》篇有云：

> 今夫泰西政术，自会盟、征伐、爵赏、刑律，下逮闾巷纤悉之事，无不与国人谋之。而大旨趋重于全民生、去民害、保民权。中国则辗转秦汉二千余年之桎梏，近日始有倡为民政民权之说者。而二三庸夫，骤闻斯旨，惧然惊愕。其略睹西史者，则援法奥之事，动色相戒。其

① 唐才常：《论热力上》，载氏著：《唐才常集》，岳麓书社，2011，第248页。

次则并不知民权为何物，祗疑其弗便于官权，而诧之曰：此西法也，
蒮言也，吾步趋之何为也？其实任举《孟子》《公羊》及"六经"中
一言一例，无弗重民、贵民、公权于民者。而乃诧为西法，诋为蒮言，
不亦惧乎？①

将泰西政术之大旨归结为"全民生、去民害、保民权"，将其与儒家学说
中的"重民、贵民、公权于民"思想相对接；其所从事的，其实是中国传
统思想的创造性转化和创新性发展的工作。

樊锥是《湘报》另一重要主笔。樊锥（1872—1906），字一蕭，湖南
邵阳人，早年就读长沙城南书院，与苏舆同出王先谦门下，与唐才常同科
（光绪丁酉，1897 年）拔贡。1898 年，省城创设南学会，樊锥在邵阳组织
南学分会，自任会长，手订《南学分会章程》，寓民权平等之义。《湘报》
创刊后，撰《开诚篇》《发锢篇》《劝湘工》等文，倡导新学新政新艺，抨
击旧学旧政旧习，持论激烈，信笔直抒，见地透彻，言辞犀利，饱蘸情感，
传诵一时，招致保守势力忌恨和围攻。《开诚篇》以抨击专制制度和愚民
政策，宣扬民权、平等、君民共主之说著称。其言曰：

> 自民之愚也久矣，不复见天日也抑已甚矣。其上以是愚之，其下
> 复以是受之，二千年沦肌浸髓，梏梦桎魂，醄嬉怡悦于苦海地狱之中，
> 纵横驰逐于醉生魇死之曲，束之缚之，践之踏之，若牛马然，若莓苔
> 然，漫无所悟，沈沈昏昏，瞢瞢阗阗，而惟日悍然抱其圈颈之具，串
> 鼻之索，欣欣得意，囷囷可怜。②

其对统治者愚民政策和国人思想愚昧情状的描摹与揭示，可谓淋漓尽致，
入木三分。作者主张唯有"使人人有自主之权，人人以救亡为是"，方能
做到"四海一心"；主张"人人平等，权权平等"，以"公论"的名义倡
导"民权"，以"公道"的名义扫除旧习。杨世骥《樊锥与苏舆》评述
道："樊锥在当日抱着改革政治和社会的热忱，主张从根本破坏着手，
无论其是否肤浅，他能够站在时代的尖端，不顾环境的迫害，精神已不可
及。他文章的组织以八股为根底，而能开阖自如，肆应不穷，字句间横溢
着炽灼的情感，实开梁启超戊戌以后政论之先河，尤为难能可贵。"③可

---

① 唐才常：《辨惑上》，《湘报》第五十八号，1898 年 5 月 3 日。
② 樊锥：《樊锥文集》，中华书局，1984，第 11 页。
③ 杨世骥：《文苑谈往》第一集，中华书局，1945，第 3 页。

谓确论。

谭嗣同是《湘报》的重要创办人和"报章文体"的推崇者与倡导者。谭嗣同（1865—1898），字复生，号壮飞，湖南浏阳人。"少倜傥有大志，淹通群籍，能文章，好任侠，善剑术"。[①]1896年奉父命以同知入赀为江苏候补知府，驻留南京，撰成《仁学》。1897年底返湘，襄理新政，倡导新学，协办时务学堂；次年，倡设南学会，创办《湘报》，抨击旧政，宣扬变法。1898年孟秋应召入京，授四品卿衔，充军机章京，参与戊戌变法。政变发生后，拒不出走，慷慨就义。

戊戌时期，为反驳"乡党拘墟之士"对报章体裁的责难，谭嗣同撰《报章总宇宙之文说》，1897年夏刊诸《时务报》时定名《报章文体说》。该文将天下文章分为三类十体，认为"体裁之博硕，纲领之荟萃"厥惟报章，批评历代选家"陈古而忽今，取中而弃外"的弊病，从诸种文体融合的角度，极力宣扬作为新生事物的报章兼容并包的优点与功用，盛赞天下文章体例"未有如报章之备哉灿烂者也"。[②]其见解不免言过其实，其立场却无比坚定。

1898年初《湘报》创刊，谭嗣同撰《湘报后叙》，以"今日之新，至明日而又已旧"的时不我待的"日新"精神，"吾宁自新，毋使人有以新我"的先觉觉人的"自新"气度，大力宣扬新政新学，提倡"假民自新之权以新吾民"，提出创学堂、立学会、办报纸的"三要"主张。谭氏以为：二十四史皆"君史"，"要不过一姓之谱牒"，而"报纸即民史"，发出"不有报纸以彰民史，其将长此汶汶暗暗以穷天，而终古为喑哑之民乎"的呐喊。他为《湘报》问世而欢呼，以为"国有口矣"。[③]

1897年季秋时节，梁启超应湖南巡抚陈宝箴之邀，到长沙担任时务学堂中文总教习。居湘教授生徒时期，梁启超日间授课，借《公羊》《孟子》发挥民权革命论，课以札记，夜则批答四十位学生的札记，"每条或至千言，往往彻夜不眠"；[④]"所批日恒万数千言，亦与作报馆论文无异"。[⑤]在一段集中的时间内和封闭管理的学堂环境里，四十位学生日日读梁教习"所

---

① 梁启超：《谭嗣同传》，载汤志钧、汤仁泽编：《梁启超全集》第一集，中国人民大学出版社，2018，第591页。

② 谭嗣同：《报章文体说》，载氏著：《谭嗣同全集》，生活·读书·新知三联书店，1954，第119页。

③ 谭嗣同：《湘报后叙》，《湘报》第十一号，1898年3月19日。

④ 梁启超：《清代学术概论》，载氏著：《饮冰室合集·专集之三十四》，中华书局，1936，第62页。

⑤ 梁启超：《莅报界欢迎会演说辞》，《庸言》第一号，1912年12月。

出体裁怪特之报章，精神几与之俱化"；四十份学生作业与批文，犹如四十份报章，年假期间被诸生携归乡里，全湘哗然，被守旧士绅目为异端。[1]梁启超批答学生的四十份札记，亦可纳入晚清报章"时务文体"序列。

时务学堂学员左景伊作文问道：

> 日舰东来，款赔地削，国益蹙矣！强邻觊觎，莫知所御，种益弱矣！耶稣天主，流传极远，教益微矣！中土士大夫咸知国蹙、种弱、教微之非，计而究之，国之所以蹙、种之所以弱、教之所以微之故，及思所以补苴其国、繁植其种、维持其教之道，茫乎未之知也。吾师所以保国、保种、保教之说，勉受业等，幸垂示焉。

教习梁启超批文曰：

> 必知所以保国，然后能保国也。保种、保教亦然。一人之力不能保也，则合多人之力以保之，多一知此理之人，即多一能保之人。若使天下人人能知之，则无不保之国，无不保之种，无不保之教矣。必如何而后能知之，非学问不为功也。王文成曰："未能知，说甚行？"然亦未有能知而不能行者，若知而不行，必非真知也。故学者亦但求知而已，勉强学问，天下可办之事正多，我非大言以欺诸君也。[2]

在国蹙、种弱、教微的全面民族危机形势下，梁启超承继乃师康有为的思想衣钵，勉力向长沙时务学堂学员宣扬保国、保种、保教的道理与途径，语言浅近易知，文风质朴无华，是一种从众向俗、文白杂糅的浅近文言文体。

戊戌政变后一月，岳麓书院院长王先谦命其门生苏舆，将湘省旧派诸人论说及朝臣保庇他们的奏牍，辑成《翼教丛编》一书，保存了当日新旧两派斗争最翔实的史料。叶德辉痛批道："梁氏终日言变法，群居言学西，然彼之伪经说非士学也，笔之时务说非商学也，彼之《公羊》《孟子》说非工学、农学，尤非兵学也。今乃语人曰，某也八股贱儒，某也不通时务。究其所以立义，无不托之空言，学堂之士靡然向风，于是《公羊》改制，

---

① 梁启超：《莅报界欢迎会演说辞》，《庸言》第一号，1912 年 12 月。

② 《湖南时务学堂答问》，载汤志钧、汤仁泽编：《梁启超全集》第一集，中国人民大学出版社，2018，第 317—318 页。

附会而益工，孟子轻君，推阐而愈谬。湘中幼学之坏，梁氏实为罪魁。"①
将梁启超目为祸乱湘中幼学的祸首。岳麓书院生员宾凤阳等《上王益吾院
长书》言："梁启超等所批学堂课艺、日记，或出手书，或系刻本，或近
日改刊，皆有悖乱实据，不可磨灭。"②并摘录时务学堂课艺总教习梁启
超和分教习韩文举、叶觉迈等人的批语，加以按语。守旧士夫制定的《湘
省学约》，分"正心术""核名实""尊圣教""辟异端""务实学""辨文
体""端士习"诸条，针对梁启超拟定的《湖南时务学堂学约》的意味相
当浓厚，对《湘报》所刊之文亦大加诋諆。其"辨文体"条云：

> 文所以载道也。唐王勃、李贺辈，天才颖异，识者犹谓非远到之
> 器，无他，有文而无实也。国朝沿明之旧，以制艺取士，法律綦严，
> 近时风气大非，或剽窃子史，或阑入时事，甚且缀辑奇字怪语，不知
> 音义，无可句读，文风几于扫地。乃持文衡者，大半茫昧，动为所欺。
> 此以是投，彼以是取，辗转仿效，循而不变，必至科目无一通人，宜
> 朝廷以时文积弊太深，改试策论也。然试场策论，非有学术能文章者
> 主持之，其弊殆比时文更甚。观《湘报》所刻诸作，如热力、涨力、
> 爱力、吸力、摄力、压力、支那、震旦、起点、成线、血轮、脑筋、
> 灵魂、以太、黄种、白种、四万万人等字眼，摇笔即来，或者好为一
> 切幽渺怪僻之言，阅不终篇，令人气逆。若不共惩此弊，吾恐朱子欲
> 废三十年科举之说，将行于今日。昔欧阳文忠知贡举，痛恨新体，摈
> 斥险怪奇涩之文，良以言者心声，言既不轨，心必不正，先于进取，
> 严为剖别，庶几国家得用之材，不至以跌踶夒驾者害天下也。朱子云：
> "欧文好者，只是靠实而有条理。"又曰："欧、苏文好处，只是平易
> 说道理，初不曾使差异底字，换却寻常底字。"先哲名言，允宜服膺
> 毋失。文章与世运为升降，果文体由降而升，世运亦自此卜升平矣。③

在旧学家和旧派文人看来，时风流行的剽窃子史、阑入时事、缀辑奇字怪
语等现象，均属于言不轨、心不正的表现；其所标榜的"实而有条理"和
"平易说道理"的作文法则，针对的是新派人士报章之文喜用新名词和好
为幽渺怪僻之言的特点，以及纵笔所至不检束的狂放和不加节制的汹涌泛
滥的情感与呐喊。

---

① 苏舆编：《翼教丛编》，上海书店出版社，2002，第137页。
② 苏舆编：《翼教丛编》，上海书店出版社，2002，第145页。
③ 苏舆编：《翼教丛编》，上海书店出版社，2002，第152—153页。

　　唐才常主持的《湘学报》《湘报》，倡导西学新学，主张维新变法，言辞激烈，思想新锐，与天津《国闻报》、上海《时务报》一道，成为戊戌变法时期维新派的舆论重镇，在社会上引起全国瞩目，在知识界产生较大影响。湖南新政时期，唐才常、樊锥、谭嗣同、梁启超等新学家的报章之文和学堂札记，都曾充当过近代中国思想与文体变革的先驱。1897 年孟夏时节，上流士夫孙宝瑄阅览《湘学报》后，留下"极粗浅而有用"[①]的印象，可见其文字的浅近易知。

---

① 孙宝瑄:《忘山庐日记》，上海古籍出版社，1983，第 100 页。

第三章　康有为和严复：维新派报章政论先驱

康有为是近代中国政治思想界、学术界和文学界的先时人物，也是政论文学大家和政论性报章的有力倡导者与果敢实践者。严复既是近代中国学术思想界的先时人物和报章政论的先驱者，同时也是一个有远见卓识和救国理想的报刊活动家。康有为的学术思想和政治活动，对梁启超言论救国、报章新民的人生道路选择及早期报章新文体实践产生了重大影响。戊戌时期，康门弟子主编主笔的北京《万国公报》《中外纪闻》、上海《强学报》《时务报》、澳门《知新报》等维新派报章，都是在南海先生的擘画领导下创办的；流亡日本后，梁启超主编主笔的《清议报》《新民丛报》等报刊，亦离不开康有为的指导、赞助和支持。严复的著译事业和报章政论，也对包括梁启超在内的维新派和革命派知识分子的思想观念、人生道路、办报活动和作文理念产生过重要影响。作为维新派政论报章和报章政论的先驱和导师，康有为和严复披荆斩棘、导夫先路的历史功绩，理应受到后人的尊重与表彰。

第一节　康有为：藉学论政与文体革新

戊戌变法时期，今文经学大家康有为以冒天下之大不韪的胆识气魄，以布衣上皇帝万言书，开馆讲学作育人才，著书立说鼓吹改制，发动公车吁请变法，组织学会参政议政，创办报章鼓动风潮；其人其文，有"六经皆我注脚，群山皆其仆从之概"[1]；其学说震动士林，其文章轰传海内。这位以救世为心、"以经营天下为志"[2]的傲岸不群的近代中国的先时人物，在学界充当了思想革命先锋，在政界成为维新变法领袖，在报界实乃维新派报刊导师，在文坛则充当了文学界革命前驱。康有为早期政论文章，上

---

[1]　任公：《南海康先生传》，《清议报》第一百册，1901年12月21日。
[2]　康有为著，楼宇烈整理：《康南海自编年谱（外二种）》，中华书局，1992，第9页。

承袭自珍，下启梁启超，在西学东渐、文界革命和报章体兴的历史演进过程中，充当了晚清时期风靡一世的"新文体"的先驱；以重大的时代内容和巨大的时代反响，开启一代文风。

康有为（1858—1927），一名祖诒，字广厦，号长素，别署明夷、更生、西樵山人、天游化人等，广东南海人。1891年，徇举人陈千秋、梁启超之请，在广州长兴里万木草堂聚徒讲学。1893年中举人。1895年中进士，授工部主事，领头发起"公车上书"①，成为最负盛名的维新派领袖。戊戌政变后流亡海外，踪迹遍亚、美、欧、非各洲；组织保皇党会，鼓吹君主立宪。清亡后，鼓吹"虚君共和"，参与张勋复辟活动，失败后以遗老终其身。一生著述宏富，著有《新学伪经考》《孔子改制考》《戊戌奏稿》《大同书》《康南海文集》《南海先生诗集》等，今人辑有《康有为全集》。

戊戌时期，作为思想革命前驱和文界革命先导的康有为，也非常重视报章媒介和阵地。如果说康有为1895年《上清帝第二书》（即著名的《公车上书》），主要是通过"索稿传抄"和上海石印本、文升阁木刻本流播士林的话，那么，其后产生重要社会影响的《京师强学会序》《上海强学会后序》《上清帝第五书》《上清帝第六书》《上清帝第七书》《保国会序》《京师保国会第一集演说》等一批政论文章，则主要借助《强学报》《湘报》《湘学报》《知新报》《国闻报》等维新派报刊媒介传播而广为人知。1898年初，一代名文《京师强学会序》刊诸上海《强学报》，开篇即以耸人听闻之语描述晚清危亡时局。同年春，著名的《上清帝第五书》同时在长沙《湘报》《湘学报》连载，题为《南海康工部有为条陈胶事折》，文前有谭嗣同跋语。跋语曰："此南海先生第五次上书也……大臣不言而小臣言之，此赤帻之辱也；今人不言而后人言之，亦儒冠之羞也。先生于是愤不顾身，伏蒲而谏，敬王莫如我敬，言人所不敢言，其心为支那四万万人请命，其疏为国朝二百六十年所无也。"②以天下为己任的南海先生，一方面以亡国灭种危机警告朝野士夫，另一方面又以民族自信力激励国人，饱蘸感情，情文并茂，具有极强的感染力和鼓动性。

在晚清政治思想界，康有为是一位有旺盛的求知欲且追求通经致用的饱学之士，一位有强烈的怀疑精神、思辨意识与创新思想的新学家，有着博览群书、贯通古今的学术大视野和睥睨世界的超凡眼界与胆识，成为光

① 梁启超在《戊戌政变记》中言及"公车上书"的社会影响道："然自是执政者渐渐引病去，公车之人散而归乡里者，亦渐知天下大局之事，各省蒙昧启辟，实起于斯举。"参见梁启超：《饮冰室合集·饮冰室专集之一》，中华书局，1936，第114页。

② 《南海康工部有为条陈胶事折》，《湘学报》第三十一册，1898年3月22日。

绪年间今文经派领袖人物，在学术思想界领导了一场轰轰烈烈的今文经学运动，堪称学界领袖和思想巨擘。在晚清文坛和诗坛，康有为亦成绩卓著，量大质高，声名远播，卓然大家。

康有为的政论文，有着今文经学的学术底蕴和新学家的思想新知，上承今文派巨子龚自珍之"自改革"思想与经世文风，下开晚清民国文坛藉学论政新气象。康氏为文追求通经致用与文学合一，勇于接纳西学思想，融会声光化电之学，以阐扬维新变法主张为基本内容，以鼓吹爱国救亡、民族富强为主旋律，处处显示出著者的学问与胆识，以磅礴之气鼓荡起晚清思想变革之风和政治改革大潮。康有为早期政论文本质上属于学者之文，藉学论政是其鲜明特征。

康有为早期政论文章，以今文经学为思想底蕴，主要是其集《春秋》公羊学研究成果之大成而发明的孔子"托古改制"说，其核心学说是"公羊三世"历史进化观，"以为《春秋》者，绌君威而申人权，夷贵族而尚平等，去内竞而归统一，革习惯而遵法治"。诚如其门人梁启超所言，"三世之义立，则以进化之理，释经世之志"；这一学说，"在达尔文主义未输入中国以前，不可谓非一大发明也"[①]。康有为高举孔子"托古改制"的堂堂正正之旗，宣扬的却是历史进化论和民权思想，并提出了一整套政治、经济、军事、文化教育和社会风习改革方案，其近期目标是实现国家富强，远期理想是实现天下大同。政治家的情怀、学问家的根柢和思想家的本色，使得康有为领导的维新变法运动，同时具有了思想启蒙的性质；自称"对于今文学派为猛烈的宣传运动者"[②]的梁启超，亦自此肩负起启蒙宣传家的历史重任。

康有为具有思想家的禀赋、哲学家兼诗人的气质、演讲家的辩才以及政治家的眼光。康氏早期文章，声名最著、影响最大者有两类：一是宣扬维新变法的政论文，以七上清帝书和《京师强学会序》《保国会序》等为代表；二是为其变法主张提供理论依据的经学著作，以《新学伪经考》《孔子改制考》为代表。前者奠定了其政论大家的文坛地位，后者确立了其今文学派领袖人物的学术地位，两者都耸动一时，产生了重大的社会影响。强烈的国族危亡意识，痛切的社会批判色彩，激切的政治革新主张，对维新变法后富强之中国的殷殷期盼与高度自信，以及包藏在"公羊三世"说外衣下的进化论思想和民权理论，是康有为早期政论文章鲜明的思想特

---

① 中国之新民：《论中国学术思想变迁之大势》，《新民丛报》第二十二号，1902 年 12 月 14 日。

② 梁启超：《清代学术概论》，上海古籍出版社，1998，第 83 页。

征与时代风采，极大地契合了晚清民众的阅读期待视域，在舆论界和文坛搅动起一股强劲的变革风潮。

康有为早期政论文，根柢于通经致用的学术取向，接续了嘉道之际形成的议论军国、臧否政治、慷慨论天下事的士林风尚与文学精神。康氏文风，明显受龚自珍影响。龚氏"引《公羊》义讥切时政，诋排专制"的做法，启迪了光绪年间以经营天下为志的新学家；"光绪间所谓新学家者，大率人人皆经过崇拜龚氏之一时期"。[①]鸦片战争前夜，以"医国手"自矜的龚自珍，其"自改革"主张"药方只贩古时丹"。[②]维新变法时期，尽管康有为认识到民主政体乃西方富强之基，却依然以"托古改制"相标榜，以大成至圣先师孔子为挡箭牌，国情使然。康氏与龚氏，论学宗旨趋同，论文宗趣相近，其文章源流有一脉相承之处。两人同负经世才略，以文章惊天下，好纵横之文，讲求文与学合一，为文骈散不拘，打破桐城义法；惟所处时势不同，际遇不同，使得康氏之文具有了全球眼光、近代民族国家观念和中西兼采的语体特征。

1888年冬，中法战后四年，"值祖陵山崩千余丈"，康有为以诸生"发愤上书万言，极言时危，请及时变法"，京师哗然。[③]康氏《上清帝第一书》开篇描述外患内忧、国势危蹙而中外晏然、上下熙熙的情状道：

> 窃见方今外夷交迫，自琉球灭，安南失，缅甸亡，羽翼尽蒉，将及腹心。比者日谋高丽，而伺吉林于东；英启藏卫，而窥川、滇于西；俄筑铁路于北，而迫盛京；法煽乱民于南，以取滇、粤；教民、会党遍江楚河陇间，将乱于内。臣到京师来，见兵弱财穷，节颓俗败，纪纲散乱，人情偷惰，上兴土木之工，下习宴游之乐，宴安欢娱，若贺太平。[④]

其言变法之效道：

> 日本崎岖小岛，近者君臣变法兴治，十余年间，百废俱举，南灭琉球，北辟虾夷，欧洲大国，睨而莫敢伺。况以中国之大，物产之盛，人民之众，二帝三王之所传礼治之美，列圣所缔构人心之固，加以皇

---

① 梁启超：《清代学术概论》，上海古籍出版社，1998，第75页。
② 龚自珍：《己亥杂诗》，载氏著：《龚自珍全集》，上海人民出版社，1975，第513页。
③ 康有为著，楼宇烈整理：《康南海自编年谱（外二种）》，中华书局，1992，第15页。
④ 汤志钧编：《康有为政论集》，中华书局，1981，第52页。

太后皇上仁明之德，何弱不振哉？臣谓变法，则治可立待也。①

著者在篇末放言道："否则恐数年后，四夷逼于外，乱民作于内，于时乃欲为治，岂能待我十年教训乎？"②此番警世危言，不幸而言中。

甲午战败、马关签约之际，康有为在京师发动"公车上书"，提出"下诏鼓天下之气，迁都定天下之本，练兵强天下之势，变法成天下之治"的应对方略，是为《上清帝第二书》。③据时人记载，"广东举人康长素……主其事，草疏万八千余字，集众千三百余人，力言目前战守之方，他日自强之道"；该书脱稿后，数百公车在宣武城松筠庵谏草堂召开传观会议，"是日天本晴丽，风日晴爽；忽以晌午后大雨震电，风雹交作，逾刻而止"；书虽未上达，"亦庶几以见我中国人心之固，士气之昌"。④尽管《公车上书》未到光绪皇帝手中，然而其在士林中举国传抄、人人争诵的盛况，却在思想上唤醒了万千举子；而其精神领袖康有为，则充当了"四千余年之大梦"的唤醒者。

"公车上书"未果，让康有为认识到："望变法于朝廷，其事颇难，然各国之革政，未有不从国民而起者。故欲倡之于下，以唤起国民之议论，振刷国民之精神，使厚蓄其力，以待他日之用。"⑤此后便有在北京创办《万国公报》，发起组织维新派政治团体京师强学会之举；嗣后又在上海组织强学会分会，创办机关刊物《强学报》，为维新变法运动造势。写于1895年9月的《京师强学会序》，开篇即以耸人听闻之语描述危亡时局道：

> 俄北瞰，英西晙，法南瞵，日东眈，处四强邻之中而为中国，岌岌哉！况磨牙涎舌，思分其余者，尚十余国。辽台茫茫，回变扰扰，人心皇皇，事势儳儳，不可终日。⑥

照梁启超的说法："康有为撰此开会主义书，痛陈亡国以后残酷之状，以激厉人心，读之者多为之下泪，故热血震荡，民气渐伸，而守旧之徒恶

---

① 汤志钧编：《康有为政论集》，中华书局，1981，第59页。
② 汤志钧编：《康有为政论集》，中华书局，1981，第61页。
③ 汤志钧编：《康有为政论集》，中华书局，1981，第116页。
④ 沪上哀时老人未还氏：《公车上书记序》，载姜义华、张荣华编校《康有为全集》第二集，中国人民大学出版社，2007，第46页。
⑤ 梁启超：《戊戌政变记·附录一·改革起原》，载汤志钧、汤仁泽编《梁启超全集》第一集，中国人民大学出版社，2018，第610页。
⑥ 汤志钧编：《康有为政论集》，中华书局，1981，第165页。

之。"①

1897 年冬，德兵强占胶州湾，康有为以工部主事发愤上书，痛陈瓜分危局，吁求变法图存，是为《上清帝第五书》。其状晚清中国任人宰割的悲惨时局道：

> 二万万膏腴之地，四万万秀淑之民，诸国耽耽，朵颐已久；慢藏诲盗，陈之交衢。主者屡经抢掠，高卧不醒；守者袖手熟视，若病青狂；唾手可得，俯拾即是，如蚁慕膻，闻风并至，失鹿共逐，抚掌欢呼。其始壮夫动其食指，其后老稚亦分杯羹，诸国咸来，并思一脔。

康氏提出，"今日在列大竞争之中，图保自存之策，舍变法外别无他图"；并进献上中下三策：上策采法俄日以定国是，中策大集群才而谋变政，下策听任疆臣各自变法；凡此三策，取法乎上则可以强，能行其中犹可以弱，仅行其下则不至于尽亡。②放眼世界，纵横古今，有理有据，情文并茂，使得康氏政论文具有极强的鼓动效应和煽情力量。

作为晚清今文学派大家和今文学运动的领袖人物，康有为早期政论文言之有物，切中时弊，具有思想启蒙性质；作为有着强烈的政治抱负且兼具诗人气质的政论家，康氏早期政论文有感而发，悲壮淋漓，感染力强，蕴藏着一股不可抗拒的悲情力量。引领时代潮流的民族救亡思想和政治变革主张，真挚炽烈的爱国情感，汪洋恣肆的雄辩辞采，生动形象的连环辟喻，使康有为早期政论文兼具思想性、政论性、情感性和文学性的特征，极具感染力和鼓动性。康有为早期政论文，文体上骈散不拘，冲破骈文古文界限；语体上中西兼采，将经子史语、佛典语、耶教语、声光化电诸科学语冶为一炉。这种政论文章，体现出思想和文体的双重解放，开"文界革命"先声。

20 世纪 30 年代初，文学史家钱基博对康有为的历史地位有一番精要评述："三十年来国内政治、学术之剧变，罔不以有为为前驱，而文章之革新，亦自有为启其机括焉。"③就政治思想界的剧变而言，康氏"新学伪经"说和"孔子改制"说，用意是借公羊之帆行变法之舟，却从根本上动摇了作为官方统治学说的正统儒学的根基，在学术界引发了疑古疑经的

---

① 梁启超：《戊戌政变记·附录一·改革起原》，载汤志钧、汤仁泽编：《梁启超全集》第一集，中国人民大学出版社，2018，第 612 页。

② 汤志钧编：《康有为政论集》，中华书局，1981，第 202—209 页。

③ 钱基博：《现代中国文学史》，世界书局，1935，第 267 页。

飓风，触发了思想革命的神经，开近世"订孔"先河。就文章革新而言，"言学杂佛、耶，又好称西汉今文微言大义"的康有为，"发为文章，则糅经语、子史语，旁及外国佛语、耶教语，以至声光化电诸科学语，而冶以一炉，利以排偶"；这一由南海先生启其机括的文章新体，冲垮了"桐城义法"的藩篱，有着恣纵不傥的文风，开"通俗之文言"一派，"厥为后来梁启超新民体之所由昉"。①

第二节　天津《直报》与严复政论文

戊戌时期，与康有为借今文学"公羊三世"说宣扬历史进化观和民权平等思想的隐晦做法不同，留学英伦打开西学西来通道的严复，通过政论文章和翻译著作，径直将西哲达尔文"物竞天择"的自然进化思想输入中国，并结合中国国情创造性地引进斯宾塞的社会达尔文主义，极大地激发了中国知识阶层救亡图存的爱国热忱，冲击和改变着朝野士夫的世界观和历史观。进化论思想的传播，也对中国作家的文学观念和文学史观产生了重大影响。1902 年，横滨新民报馆主人梁启超与昔日的天津国闻报馆主人严复，围绕"文界革命"问题发生了论争，表现出两位以"播文明思想于国民"为职志的启蒙思想家，在语言文体观念方面存在的根本分歧。20世纪初年，两位名满天下的知识启蒙先驱对著译文体的不同定位，代表了两种不同的启蒙路线与作文路径；严复的翻译文体和梁启超的报章文体，成为新派知识分子著译之作中两种迥然有别的文体样式与文章范型。

严复（1854—1921），字几道，又字又陵，福建侯官（今福州市）人。12 岁考入福州船政学堂。1876 年被派赴英国深造。1880 年，北洋水师学堂在天津创办，严复任总教习。为谋进身之阶，1885—1893 年间四次参加乡试，均落第。1897 年，与夏曾佑在天津创办《国闻报》，为维新运动推波助澜。1898 年，严译《天演论》问世。戊戌政变后发愤译书，陆续翻译了《原富》《群学肄言》等西学名著。1909 年，赐文科进士；1910 年，海军部特授协都统，又征为资政院议员。民国成立后，出任京师大学堂总监督。1912 年 5 月改北京大学后，严复首任校长兼文科学长。1915 年列名于拥护袁世凯复辟帝制的筹安会。1918 年回到福州养病。1921 年 10 月 27 日卒于故里。著述有《严几道文集》《愈懋堂诗集》及"严译名著丛刊"

---

① 钱基博：《现代中国文学史》，世界书局，1935，第 268 页。

等存世。

严复是清政府选派出洋深造的第一批海军留学生，在英国格林尼次海军大学学习五年，1880 年后长期担任天津北洋水师学堂总教习，培养了大批海军将官。1894 年，中日战争全面爆发。1895 年，严复面对北洋水师全军覆没的悲惨结局，以及清政府全权谈判代表李鸿章被迫签订丧权辱国、割地赔款的《马关条约》的危亡时局，压抑不住满腔忧愤怒火，以书生报国的特有方式，携带着欧风美雨和思想惊雷，在天津《直报》连续发表《论世变之亟》《原强》《救亡决论》《辟韩》等一批震动时流的政论文章，讥切时政，诋排专制，抨击旧学，倡导西学，崇尚自由，推尊民主，向西方世界探求解决中国问题的真理，为救亡图强开出标本兼治的药方，发出不变法必亡的警世危言。

天津《直报》是曾任北洋水师军事教官的德国人汉纳根 1895 年初投资创办的一份商业性中文报纸，也是天津问世的第一份纯中文报纸。当它问世时，中日甲午战争已进入后期；该报之所以受到后世史家关注，主要是它在这一年刊发了严复的数篇惊世骇俗的政论文章。甲午至戊戌期间，是严复心情愤激、言论激烈、意气风发、锋芒毕露的时代，是其一生中思想最为激进的一段时光，也是其政论文的爆发期和辉煌时期。严复早期政论文章，在思想界和文坛投下了一枚重磅炸弹，为维新变法运动鸣锣开道，在沉滞的文坛刮起一股强劲的变革之风。

严复早期政论文的威力与魅力，首先在于其进步的思想观念、犀利的批判锋芒和振聋发聩的启蒙功效。严复指出：黜伪崇真的科学方法和屈私为公的民主政体，是西洋文明命脉所在与西方诸国富强之本；今日中国不变法必亡，变法则须标本并治，鼓民力、开民智、新民德为治本之道；根本救治积贫积弱的中国之方，在于学术上崇尚西学、实学、科学，政治制度上师法西方民主政体。

在《论世变之亟》中，严复断言"今之夷狄，非犹古之夷狄"，指出近世西洋文明命脉所在，"不外于学术则黜伪而崇真，于刑政则屈私以为公"两条，将批判矛头指向"圣人牢笼天下，平争泯乱之至术"。[①] 在《原强》中，严复推求西洋诸国胜于中国之故，将其归结于"彼以自由为体，以民主为用"，锋芒指向自秦以降"皆以奴虏待吾民"的专制君主。[②] 在《救亡决论》中，严复辟头就说："天下理之最明，而势所必至者，如今日

---

① 严复：《论世变之亟》，载王栻主编：《严复集》第一册，中华书局，1986，第 2 页。

② 严复：《原强》，载王栻主编：《严复集》第一册，中华书局，1986，第 11 页。

中国不变法则必亡是已。"①矛头对准了戕害人才的八股取士制度。《辟韩》一文抨击君主专制的锋芒更为尖锐，谓韩愈"知有一人而不知有亿兆"，言"秦以来之为君，正所谓大盗窃国者耳"。②

严复翻译《天演论》《原富》《穆勒名学》等西洋名著，输入"物竞天择"的进化论的世界观，引进西方资本主义政治经济基本学说，介绍逻辑科学等具有普遍意义的方法论，其根本目的在于晓告国人——欧西诸国强盛的命脉，既不在于汽机兵械等"形下之粗迹"，也不在于"天算格致"最精及"善会计""善机巧"，而在于其所建立的一整套黜伪崇真的科学方法和屈私为公的民主政体。五四新文化人高张的"赛先生"（科学）与"德先生"（民主）两面旗帜，严复早在二十年前已导夫先路。

严复早期政论文的威力与魅力，其次在于其笔锋常带情感的悲情力量。对世变之亟的痛切，对危亡时局的忧愤，对亡国灭种的深惧，对中国民力荼、民智卑、民德薄现状的焦虑，对八股取士制度的痛恨，对义理考据辞章无用无实之学的鄙弃，对牢笼天下的愚民政策的大胆揭露，对封建君主专制制度的猛烈抨击，对科学精神和民主政体的急切吁求，对走向富强的中国梦的热切渴望，均表现出作者炽烈的爱国情怀，流泻出一股难以抗拒的情感力量。

严复《论世变之亟》开篇"呜呼"一声悲叹后，发出"观今日之世变，盖自秦以来未有若斯之亟"的危言③，痛苦忧急之情，跃然纸上。《辟韩》篇末"嗟夫"一声长叹道："有此无不有之国，无不能之民，用庸人之论，忌讳虚骄，至于贫且弱焉以亡，天下恨事孰过于此者！"④情动于衷，力透纸背。当他对天起誓："诚如是，三十年而民不大和，治不大进，六十年而中国有不克与欧洲各国方富而比强者，正吾莠言乱政之罪可也。"⑤其振厉之气和悲壮之情，读者很难不被感染。当他在《救亡决论》篇中悲叹："中国一大豕也，群虱总总，处其奎蹄曲隈，必有一日焉，屠人操刀，具汤沐以相待，至是而始相吊焉，固已晚矣。悲夫！"当他痛切地指出："总之八股取士，使天下消磨岁月于无用之地，堕坏志节于冥昧之中，长人虚骄，昏人神智，上不足以辅国家，下不足以资事畜。"进而大声疾呼"痛除八比而大讲西学"，痛斥守旧者"此理不明，丧心而已"，掷地有声地发

---

① 严复：《救亡决论》，载王栻主编：《严复集》第一册，中华书局，1986，第40页。

② 严复：《辟韩》，载王栻主编：《严复集》第一册，中华书局，1986，第34—35页。

③ 严复：《论世变之亟》，载王栻主编：《严复集》第一册，中华书局，1986，第1页。

④ 严复：《辟韩》，载王栻主编：《严复集》第一册，中华书局，1986，第35页。

⑤ 严复：《辟韩》，载王栻主编：《严复集》第一册，中华书局，1986，第35页。

出"东海可以回流，吾言必不可易"的预言 [1]……其忧心如焚的愤激之情与真理在握的精神气度，读者在思想情感上很难不被裹挟。这种发自肺腑、激情四射、切中时弊、极富鼓动性和煽情力量的滚烫的文字，对感同身受的晚清读者无疑有着极强的吸引力，具有移易人心的情感力量，发挥了鼓民力、开民智、新民德的启蒙功效。

严复早期政论文的魅力，复次在于喜用中西对比，行文骈散杂糅、文理密察、逻辑谨严等特点。通过中西对比，使中西文明之优绌一目了然，凸显了西洋文明先进的一面。散体之中杂以俪偶，增强了文章的整饬之气、顿挫之感和音韵之美。文理密察，逻辑严谨，加强了文章的说服力。且看《论世变之亟》对比中西之异的一段文字：

> 中国最重三纲，而西人首明平等；中国亲亲，而西人尚贤；中国以孝治天下，而西人以公治天下；中国尊主，而西人隆民；中国贵一道而同风，而西人喜党居而州处；中国多忌讳，而西人众讥评。……其于为学也，中国夸多识，而西人尊新知。其于祸灾也，中国委天数，而西人恃人力。若此之伦，举有与中国之理相抗，以并存于两间，而吾实未敢遽分其优绌也。[2]

严复以为，上述差异皆由中西"自由不自由"之异而生，所谓"自由既异，于是群异丛然以生"。该文善于通过层层对比来探本求源，探的是西洋诸国富强之本，求的是救治今日中国的思想之源。严复"未敢遽分其优绌"的话外之音，是相信只有"以自由为体，以民主为用"的西洋之药，才能疗救重疴缠身、积贫积弱的危亡中国。

1895 年春，严复系列政论文章刊诸天津《直报》之际，康有为领导的"公车上书"尚未发生，梁启超主笔的上海《时务报》一年半以后才问世。严复早期政论文章，在政治思想上为维新派提供了来自泰西的理论依据，在时代情感和文体文风上对梁启超产生了直接影响。严复在《原强》修改稿中提出的"鼓民力""开民智""新民德"的治本之方，成为梁启超反复宣传的政治革新主张，并在东渡之后将其发扬光大，以思想新锐、情感充沛、富有魔力的"新文体"掀起一场轰轰烈烈的"新民"运动。

严复早期政论文章，属于语言较为浅近的报章文体。1897 年季秋，严复与夏曾佑、王修植在天津创办《国闻报》，以通上下之情和中外之故

---

① 严复：《救亡决论》，载王栻主编：《严复集》第一册，中华书局，1986，第 42—43 页。

② 严复：《论世变之亟》，载王栻主编：《严复集》第一册，中华书局，1986，第 3 页。

相标榜，以刊发中外时事报道和评论文章为主；在存世不到一年时间里，《国闻报》发表了四十多篇社论文章，以针砭时弊和传播西学闻名，其中半数以上出自严复手笔。1897 年仲冬，国闻报馆又推出《国闻汇编》旬刊，以刊登西洋新闻时事和西儒之书为主，重要者有严复译述的《天演论悬疏》《群学肄言》等，同时选录《国闻报》日刊上的重要论说；至次年孟春终刊，共出六期。戊戌变法前夕，严复主笔政的天津《国闻报》及《国闻汇编》，与梁启超主笔政的上海《时务报》、唐才常主笔政的长沙《湘学报》《湘报》，声气相通，遥相呼应，成为维新派知识分子在国内的言论重镇。

第三节　雅俗观与严复的读者定位

晚清时期，同为思想启蒙先驱，同样有着办报的经历，同样以著译之业肩负"播文明思想于国民"的历史使命，留学西洋的海归学者严复与游学东洋的流亡政治家梁启超，其所选择的著述文体和作文路径却大相径庭。严复着意于精英启蒙，而梁启超则坚持于民众启蒙。1902 年初，梁启超与严复围绕著译之作的文笔文体，应该古雅还是近俗的问题，在《新民丛报》上展开过论争，显示出两人选择的精英启蒙与大众启蒙的不同路径，具有重要的范型意义，在某种意义上可视为五四时期"文白之争"的序曲。

1902 年初，严复第二部译著《原富》刚刊行两编（书凡五编），梁启超就迫不及待地在《新民丛报》创刊号"绍介新著"栏热情推介。任公大力肯定严复对西方"政术理财学之鼻祖"斯密氏这部百年名著的首译之功，盛赞"严氏于西学中学皆为我国第一流人物，此书复经数年之心力，屡易其稿，然后出世，其精善更何待言"；接着委婉指出，"其文笔太务渊雅，刻意摹仿先秦文体，非多读古书之人，一翻殆难索解"；进而有感而发提出"文界之宜革命久矣"的话题，以为"欧美日本诸国文体之变化，常与其文明程度成比例"，像《原富》一类学理邃赜之书，如果不采用"流畅锐达之笔"译介，一般学僮会因读不懂而很难从中受益，而"著译之业，将以播文明思想于国民也，非为藏山之不朽之名誉也"。[①] 这是梁启超再次有感而发提出"文界革命"话题，延续了"觉世之文"的著述理念，重申了"流畅锐达"的文体标准。

---

① 《绍介新著·原富》，《新民丛报》第一号，1902 年 2 月 8 日。

　　然而，对梁启超文笔太务渊雅的批评和流畅锐达的语体主张，严复并不接受，遂在回书中予以反驳。1902 年 5 月，任公将其回书全文刊诸《新民丛报》第七号，两人在作文理念层面的根本分歧，遂成为一个公共事件。严复以为："文辞者，载理想之羽翼，而以达情感之音声也"，故而"理之精者，不能载以粗犷之词，而情之正者，不可达以鄙俗之气"；认为自己于文辞"非务渊雅也，务其是耳"，进而否定"文界革命"，指出"若徒为近俗之辞，以取便市井乡僻之不学，此于文界，乃所谓陵迟，非革命也"。他坦然表示："不佞之所从事者，学理邃赜之书也，非以饷学童而望其受益也，吾译正以待多读中国古书之人。使其目未睹中国之古书，而欲稗贩吾译者，此其过在读者，而译者不任受责也。"[①] 严复并不推卸知识先觉者应当肩负的"播文明思想于国民"的时代责任，但对报馆文章却不以为然，言其"苟然为之，言庞意纤，使其文之行于时，若蜉蝣旦暮之已化"，故而为"大雅之所讳"，鄙夷之情溢于言表。

　　20 世纪初年，梁启超与严复之间的雅俗之辨，凸显出精英启蒙与大众启蒙在语言文体选择上的严重分歧与深层矛盾。梁氏将读者群体定位在全体国民，故而倡导"文界革命"，坚持从众向俗的文体革新路径，走的是一条大众启蒙路线。严复则将读者群体定位在上流社会精英士夫，以为文体有文野、雅俗、高下之分，坚持译笔雅驯，有着以高雅之文译述西洋学术思想，以引起文人学士阅读兴趣的良苦用心，故而刻意与报章文体保持距离。严译《天演论》获得了超乎想象的巨大成功，不仅文人学士家置一编，20 世纪初年新式学堂师生和大量留日学生亦竞相传抄，极为风靡，影响了几代中国人。曹聚仁尝言："近二十年中，我读过的回忆录，总在五百种以上，他们很少不受赫胥黎《天演论》的影响，那是严氏的译介本。"[②] 然而，严复此后的西学译著《原富》《群学肄言》《群己权界论》等书，尽管稿酬颇丰，销路也不错，但正如严氏自己所言："购者未必能读其书，然必置案头，聊以立懂而已。"[③] 严译名著被上流社会中人摆上案头，在很大程度上成为一种趋时的文化身份象征。文笔渊雅，索解为难，限制了严译名著的传播范围和读者接受；其受众群体和社会影响力，均远逊于同期梁启超通俗易懂、流畅锐达的报章新文体。

---

① 严复：《与〈新民丛报〉论所译〈原富〉书》，《新民丛报》第七号，1902 年 5 月 8 日。

② 曹聚仁：《中国学术思想史随笔》，生活·读书·新知三联书店，2005，第 371 页。

③ 严复：《与熊季廉书》，载孙应祥、皮后锋编：《〈严复集〉补编》，福建人民出版社，2004，第 237 页。

第四章　梁启超《新民丛报》等报章政论文

作为近代中国致力于会通中西的新文化巨匠，梁启超与严复的学术路径和知识谱系有着根本的差异，从而决定了两人在传播西洋文明思想的通道与方式方面的不同选择，也决定了其在启蒙对象、语体文体、雅俗观念及文学思想等方面的根本分歧与巨大差异。19 世纪末 20 世纪初，留学英国而根柢于桐城的海归派知识精英严复，致力于以渊雅之文和著作之体，依据西洋文本为国人引介西方学术思想；亡命日本的梁启超，则借道东洋，借助报刊传播媒介，通过"东学"和"东瀛文体"向国人输入西洋文明思想，以便迅捷地达到"播文明思想于国民"的"新民"之效。梁启超居东时期创办过《清议报》《新民丛报》《新小说》《国风报》等期刊，民元归国后又创办《庸言》杂志，尝试过政论文、传记文、述学文、杂文、小说、诗歌、戏剧等各种文体；其中，时誉最高、影响最大、最能体现其报章"新文体"时代特征与流变轨迹的，要数其此期的政论文章。

第一节　西学东来与"东瀛文体"

甲午败绩之后，朝野有识之士逐渐认识到学习日本的重要性，借助东文翻译西书被康有为、梁启超等维新派领袖和知识精英提上重要议事日程。康有为较早认识到"泰西诸学之书，其精者日人已略译之"，筹划"结会以译日书"，以为"日本文字，犹吾文字也，但稍杂空海之伊吕波文十之三耳"，信心满满地做着"以泰西为牛，日本为农夫，而吾坐而食之"的美梦，精明地打着"以数年之期、数万之金，而泰西数百年数万万人士新得之学举在是，吾数百万之吏士识字之人皆可以讲求之"的如意算盘。[①]他为这项庞大的日书翻译工程所做的第一项工作，是撰写一部《日本书目

---

① 康有为：《日本书目志序》，载姜义华编校：《康有为全集》第三集，中国人民大学出版社，2007，第 264 页。

志》，撮其精要，意在为国人提供一部日本书目指南。该书 1897 年刊行，康有为在《日本书目志序》中提出了从日文翻译西学书籍的方针。同年，梁启超在《变法通议》中述及"译书"时声言："日本与我为同文之国，自昔行用汉字，自和文肇兴，而平假名、片假名等，始与汉文相杂厕，然汉文犹居十之六七。日本自维新以后，锐意西学，所翻彼中之书，要者略备，其本国新著之书，亦多可观。今诚能习日文以译日书，用力甚鲜，而获益甚巨。"①1898 年仲夏，举人梁启超以六品衔奉诏办理译书局事务，筹划京师译书局，将上海译书局改为官督商办，同时也将系统翻译日本书籍的工作计划提上议事日程。然而，随着百日维新的流产，康、梁师徒雄心勃勃的日书翻译工程亦随之付诸东流。不过，作为政治流亡者长期居留东瀛这一时代际遇，却为渴求西洋新知而苦于无书可读的梁启超打通西学东来通道，创造了必要的历史条件。

东渡之后，为广求新知，能够直接阅读日文书刊成为对梁启超的一种基本需求；而如何快速掌握读懂日文文意的窍门，则成为当务之急。不过，这一点难不住聪明绝顶、求知欲旺盛的梁任公。他和罗普很快便发明了便捷实用的《和文汉读法》，其奥妙在于中日的"同文之便"，其诀窍在于"颠倒读之"。梁启超指出："日本文汉字居十之七八，其专用假名、不用汉字者，惟脉络词及语助词等耳。其文法常以实字在句首，虚字在句末。通其例而颠倒读之，将其脉络词、语助词之通行者标而出之，习视之而熟记之，则已可读书而无窒阂矣。"②任公每天"肆日本之文，读日本之书"，认识到"日本自维新三十年来，广求智识于寰宇，其所译所著有用之书，不下数千种，而尤详于政治学、资生学（即理财学，日本谓之经济学）、智学（日本谓之哲学）、群学（日本谓之社会学）等，皆开民智强国基之急务"，大声疾呼"我国人之有志新学者"学习"日本文"。③西学东来通道的打通，使梁氏思想为之一变，自此绝口不谈"伪经"，亦不甚谈"改制"，持论屡与康师不合，康、梁学派遂分。④梁启超借道东洋辛勤为国人采集西洋文明思想的薪火，其报章文体从内容到形式都进入了一个新阶段。

梁启超旗帜鲜明地号召青年学子学习"日本文"，其用意不仅在吸纳日本书刊所蕴含的东西洋近世文明思想，还在于对"日本文体"和"日本

---

① 新会梁启超：《变法通议·论学校七·译书》，《时务报》第三十三册，1897 年 7 月 20 日。
② 哀时客：《论学日本文之益》，《清议报》第十册，1899 年 4 月 1 日。
③ 哀时客：《论学日本文之益》，《清议报》第十册，1899 年 4 月 1 日。
④ 梁启超：《清代学术概论》，上海古籍出版社，1998，第 89 页。

语句"的吸收与借鉴。《清议报》初期，梁启超对其文字"仿效日本文体，故多委蛇沓复之病"有着清醒的认知，希望"读者幸谅之"[①]；然而，日后他却并不以此为悔，反而直言不讳地承认"好以日本语句入文"[②]，以之作为输入西洋文明思想的便捷途径。明治维新时期的日本文学家中，对梁启超的"文界革命"思想和报章"新文体"写作影响最大者，要数时任东京国民新闻社社长的德富苏峰。1900 年 2 月，梁启超在《清议报》第三十五册刊发的《汗漫录》一文中首次提出"文界革命"设想，便以德富苏峰的政论文章作为学习样板。晚清时期属于革命派阵营的冯自由，后来在《日人德富苏峰与梁启超》一文中，对梁氏受德富苏峰文体文风影响的情形有着一番形象的描述：

> 苏峰为文雄奇畅达，如长江巨川，一泻千里，读之足以廉顽立懦，彼国青年莫不手握一卷。其所选之小品文字，尤切中时要，富刺激性，亦在《国民新闻》批评中披露。其门人尝汇辑报上短评，分别印成小册数十卷，号《国民小丛书》，由民友社出版。各书店所刊各类小丛书以民友社为最风行，尤与中国文学之革新大有关系。盖清季我国文学之革新，世人颇归功于梁任公（启超）主编之《清议报》及《新民丛报》，而任公之文字则大部得力于苏峰。试举两报所刊之梁著《饮冰室自由书》，与当日之《国民新闻》论文及民友社《国民小丛书》一一检校，不独其辞旨多取材于苏峰，即其笔法亦十九仿效苏峰。此苏峰文学所以间接予我国文学之革新影响至巨，而亦《新民丛报》初期大博社会欢迎之一原因也。[③]

抛开因政见不同而导致冯氏有意贬损梁启超形象的主观因素和思想情感倾向，德富苏峰之文对梁启超《清议报》《新民丛报》时期文字的巨大影响，作为当事人的冯自由不可谓不知底细。冯氏回忆道："苏峰长于汉学，其文辞只须删去日语之片假名而易以虚字，便成一篇绝好之汉文。"[④]说的也是实况。德富苏峰的文章采用的是明治时期新兴的"欧文直译体"，其人汉文功底深厚，又善以"欧西文思"入"日本文"，文风"雄

① 哀时客梁启超：《论中国人种之将来》，《清议报》第十九册，1899 年 6 月 28 日。
② 任公：《汗漫录》，《清议报》第三十五册，1900 年 2 月。
③ 冯自由：《日人德富苏峰与梁启超》，载氏著：《革命逸史》第四集，商务印书馆，1946，第 269—270 页。
④ 冯自由：《日人德富苏峰与梁启超》，载氏著：《革命逸史》第四集，商务印书馆，1946，第 270 页。

放隽快"，深受梁启超喜爱。①这种以"汉文调"和"欧文脉"为主要特征的"东瀛文体"，深深影响了梁启超此期的报章"新文体"写作实践。

晚清时期，时人对"东瀛文体"盛行于中国有着不同的观察、体认和态度。叶德辉言："甲申之役，法败而中胜，则中国进于文明；甲午之役，中溃而日兴，则中国沦于半教。"②从甲午中日战争中国战败导致国人文化自信心受挫，读书人的文化定位由文明变为野蛮的角度，解释新学家数典忘祖、东施效颦，其文体沾染"东文"习气而"非文非质，不中不西"的根本原因。刘师培则从中国文体由盛转衰、东瀛文体乘势而入的角度来观察，以为晚近以来"作文者多师法龚魏"，其缺点是"文不中律"，其长处是"便于放言"，其特征是"袭其貌而遗其神"，而"墨守桐城文派者，亦囿于义法，未能神明变化"，是故"文学之衰至近岁而极"；"文学既衰，故日本文体因之输入中国"。③光绪壬寅年（1902）积极准备乡试的朱峙山，在十二月初十日的日记中写道："午后将郑宅借来之《新民丛报》《中国魂》二种，一一阅读之，习其文体，是为科举利器。今科各省中举卷，多仿此文体者。"④科举考试改革与朝廷抢才大典的指挥棒，也是梁启超报章新文体受追捧的重要原因。

近代中文报章的兴起与流布，朝廷对西学的重视与提倡，西学东来通道的打通与拓展，科举考试制度的改革与停废，赴日留学游学成为一股浩荡的社会潮流，教育制度的改革和新式学堂的大量创办，都使得师法"东瀛文体"的"新文体"大为流行。值得注意的是，随着民族主义和国粹思潮的兴起，在"东瀛文体"及构成此文体重要特征的"新名词"越来越流行于中国的同时，贬斥和抵制"东瀛文体"也日渐形成朝野一致的风气。⑤1905年孟春，上海《国粹学报》主笔刘师培在为该刊制定的《略例》中特意强调："本报撰述，其文体纯用国文风格，务求渊懿精实，一洗近日东瀛文体粗浅之恶习。"⑥与此同时，他诋諆梁启超新文体"矜夸奇博，取法扶桑"，声言"吾未见其为文也"，言辞中充满不屑。⑦1911年季秋，章太炎在《诛政党》一文中讥刺梁启超"文不足以自华，乃以帖括之

---

① 任公：《汗漫录》，《清议报》第三十五册，1900年2月。
② 叶德辉：《叶吏部答友人书》，载苏舆编：《翼教丛编》，上海书店出版社，2002，第175页。
③ 刘师培：《论近世文学之变迁》，《国粹学报》第三年第一期，第190页。
④ 朱峙山：《朱峙山日记（1893—1919）》，华中师范大学出版社，2011，第102—103页。
⑤ 参见罗志田：《抵制东瀛文体：清季围绕语言文字的思想论争》，《历史研究》，2001年第6期。
⑥ 刘师培：《国粹学报略例》，《国粹学报》第一卷第一期，1905年2月。
⑦ 刘师培：《论文杂记》，《国粹学报》第一卷第一期，1905年2月。

声音节凑，参合倭人文体，而以文界革命自豪"，痛斥"后生好之，竞相模仿，致使中夏文学扫地"。[①] 这位国粹派大将和革命文豪，同样对"东瀛文体"表露出鄙视之态。然而，朝野士夫的抵制和革命文豪的鄙视，都未能影响报章新文体在 20 世纪初年中国报刊舆论界和文坛的风靡。

民国二年（1913），戊戌时期曾力倡借径日文翻译西书的康有为，此时对"比岁举国文章，背经舍史，秽语鄙词，杂沓纸上"的情状大为愤慨，对梁启超师法东瀛的"新文体"痛加斥责："今之时流，岂不知日本文学皆出自中国？乃俯而师日本之俚词，何无耻也！始于清之末世，滥于共和之初，十年以来，真吾国文学之大厄也！"在康有为看来："盖日本文法，长累过甚，彼以旧俗，既牵汉文，又加英文法，不得不然。我国数千年之文章，单字成文，比音成乐，杂色成章，万国罕比其美，岂可自舍之？"[②]康氏此言并非全无道理，梁启超此期的文章亦有回归"尔雅"的趋向。然而，时代潮流浩浩荡荡，借日本名词和外国语法改造中国文章，成为清末民初报章文体发展演进之大势。

第二节　《清议报》《新民丛报》时期的政论文

1901 年底，梁启超在《清议报》第一百册祝辞中论及报馆之势力与责任道："西谚云：报馆者国家之耳目也、喉舌也，人群之镜也，文坛之王也，将来之灯也，现在之粮也。伟哉，报馆之势力！重哉，报馆之责任！"[③]正是对报刊传播媒介的高度重视和大力经营，居东时期的梁启超奠定了其作为舆论界之骄子、思想启蒙先驱和新文坛精神领袖的文化身份与地位。东渡之后，梁启超主编主笔的报刊多为政论性杂志，其报章新文体以政论文为典范，尤以洋洋十余万言的长篇政论《新民说》为代表。

19 世纪与 20 世纪之交，梁启超先后依托《清议报》《新民丛报》等杂志，发表了大量政论文、传记文、述学文、杂文等新体文章，大力传播近代民主思想和民族国家观念，不遗余力地抨击清政府的腐败专制统治，反思批判国人的奴隶根性，阐扬国民公德、国家思想、进取冒险精神、权利

---

① 章太炎：《诛政党》，载汤志钧编：《章太炎年谱长编》，中华书局，1979，第 354 页。

② 康有为：《中国颠危误在全法欧美而尽弃国粹说》，载姜义华编校：《康有为全集》第十集，中国人民大学出版社，2007，第 140 页。

③ 任公：《本馆第一百册祝辞并论报馆之责任及本馆之经历》，《清议报》第一百册，1901 年 12 月 21 日。

思想、自由理想、自治理念、合群观念等，大声呼唤尚武精神和"中国魂"，甚乃鼓吹革命、排满、破坏、暗杀、自立、共和，以"烈山泽以辟新局"的气度，充任"新思想界之陈涉"①。梁启超以任公、哀时客、少年中国之少年、中国之新民、新民子、饮冰子等化名，发表在《清议报》《新民丛报》等政论性报刊的"或大或小，或精或粗，或庄或谐，或激或随"，"能纳一切，能吐一切，能生一切，能灭一切"的威力强大的文字，② 使得政治革命、民族革命、宗教革命、道德革命、学术革命、文学革命、风俗革命的理念深入人心。梁氏此期的新体散文，因《新民丛报》坚持最久、影响最大，时称"新民体"，是为新文体的成熟形态。其中，政论文是梁启超主持的政论报章中的拳头产品，最能体现梁氏此期的思想风貌和文体特征，以巨大的"魔力"吸引着一代报国无门、渴求新知的青年学子。

梁启超《清议报》《新民丛报》时期政论文章的魅力，首先表现在其先进的思想性和现代国民精神启蒙特质，并以笔锋常带情感见长。旗帜鲜明的"新民"思想与炽烈的爱国主义感情，是梁启超此期政论文的核心宗旨与基本特征。1902 年新年伊始，梁启超自《新民丛报》创刊号开始连载的长篇政论《新民说》，其根本动机在于再造国民精神品格。任公所谓"新民之道"，是指国民文明程度；简言之，就是对内而知有国家观念，对外而知有民族思想。该文的核心宗旨，在于输入西方近世文明思想，发明中国固有国民精神，再造国民品格与民族精神。在任公看来，通过开民智、新民德、鼓民力，以西方文明思想改造中国的国民性弱点，重塑具有民族国家思想和独立进取精神的 20 世纪新时代的新国民，是造就新制度、新政府、新国家的前提与基石。"新民"说旨在国民思想启蒙和国民精神再造，是一项重造中华民族之魂的系统精神改造工程，也为延续到五四以后的国民性批判思潮开了先声。二十多年后，已是新学界和新文学界领袖人物的胡适，追忆少年时代深受《新民说》影响时，曾有一段精彩的评说："《新民说》的最大贡献在于指出中国民族缺乏西洋民族的许多美德……他指出我们所最缺乏而最须采补的是公德，是国家思想，是进取冒险，是权利思想，是自由，是自治，是进步，是自尊，是合群，是生利的能力，是毅力，是义务思想，是尚武，是私德，是政治能力。他在这十几篇文字里，抱着满腔的血诚，怀着无限的信心，用他那支'笔锋常带情感'的健笔，指挥那无数的历史例证，组织成那些能使人鼓舞，使人掉泪，使人感激奋

① 梁启超：《清代学术概论》，上海古籍出版社，1998，第 89 页。
② 任公：《清议报一百册祝辞并论报馆之责任及本馆之经历》，《清议报》第一百册，1901 年 12 月 21 日。

发的文章。"① 梁启超《新民说》的主要思想理念及其文字的感人力量，尽在胡适情深意长的回忆文字之中。五四文学革命领袖对晚清"新民"思想启蒙导师发自心底的由衷的崇敬之情，由此可见一斑。

"民族主义"和"破坏主义"，是东渡后梁启超前期政论文最有影响力的宣传口号与思想导向。梁氏以为：三百年来，欧洲之所以发达，皆由民族主义所磅礴冲激而成；"民族主义者何？各地同种族、同语言、同宗教、同习俗之人，相视如同胞，务独立自治，组织完备之政府，以谋公益而御他族是也"。② 至 19 世纪末叶，民族主义进入对外扩张的民族帝国主义阶段。梁氏描述汹汹而来的民族帝国主义大潮冲击下的晚清帝国情状道："而今也于东方大陆，有最大之国，最腴之壤，最腐败之政府，最散弱之国民。彼族一旦窥破内情，于是移其所谓民族帝国主义者，如群蚁之附膻，如万矢之向的，离然而集注于此一隅。"当此民族危亡之秋，"欲抵挡列强之民族帝国主义，以挽浩劫而拯生灵，惟有我行我民族主义之一策"。③ 此言对外。对内而言，1903 年之前的梁启超，以为"所以唤起民族精神者，势不得不攻满洲"，认定"日本以讨幕为最适宜之主义，中国以讨满为最适宜之主义"，不遗余力抨击丧权辱国的"满洲政府"。④ 对内排满，对外反帝，确曾是"日倡革命排满共和之论"⑤ 的梁启超的言论立场，极大地激发起国人的民族主义思想情感。

晚清时期极为流行的"破坏主义"口号，最早由梁启超在《清议报》刊发的《自由书·破坏主义》一文中提出，时在 1899 年晚秋。照梁氏的说法，"破坏主义"又名"突飞主义"，为日本明治维新时期伊藤博文、大隈重信等所主张，大旨谓"务摧倒数千年之旧物，行急激之手段"。任公视其为人类历史进步所必经之阶段："譬之筑室于瓦砾之地，将欲命匠，必先荷锸；譬之进药于痞疳之夫，将欲施补，必先重泻。非经大刀阔斧，则输倕无所效其能；非经大黄芒硝，则参苓适足速其死。"实行"破坏主义"，彻底打破国人的"恋旧"心理，"快刀斩乱麻，一拳碎黄鹤，使百千万亿蠕蠕恋旧之徒，瞠目结舌，一旦尽丧其根据之地，虽欲恋而无可恋，然后驱之以上进步之途，与天下万国驰骤于大剧场，其庶乎其可也"。⑥ 为

① 胡适：《四十自述》，载欧阳哲生编：《胡适文集》第一册，北京大学出版社，2013，第 66 页。
② 中国之新民：《新民说》，《新民丛报》第一号，1902 年 2 月 8 日。
③ 中国之新民：《新民说》，《新民丛报》第一号，1902 年 2 月 8 日。
④ 梁启超：《与夫子大人书（光绪二十八年四月）》，载丁文江、赵丰田编：《梁启超年谱长编》，上海人民出版社，2008，第 189 页。
⑤ 梁启超：《清代学术概论》，上海古籍出版社，1998，第 86 页。
⑥ 任公：《自由书·破坏主义》，《清议报》第三十册，1899 年 10 月 15 日。

此，他热烈欢呼卢梭《民约论》乘风破浪来到东方大陆，视其为疗救今日中国的最佳良方。从何处破坏？梁氏以为当从旧政体和旧的统治思想着手："必取数千年横暴浑浊之政体，破碎而齑粉之，使数千万如虎如狼如蝗如螟如蠈如蛆之官吏，失其社鼠城狐之凭借，然后能涤荡肠胃以上于进步之途也。必取数千年腐败柔媚之学说，廓清而辞辟之，使数百万如蠹鱼、如鹦鹉、如水母、如畜犬之学子，毋得摇笔弄舌舞文嚼字为民贼之后援，然后能一新耳目以行进步之实也。"[1]他视马丁·路德、培根、迪卡尔、亚当·斯密、卢梭、孟德斯鸠、哥白尼等西哲为破坏者，破坏的是旧宗教、旧哲学、旧生计学、旧政治学、旧法律学、旧历学，兴起的是新宗教、新哲学、新生计学、新政治学、新法律学、新历学，鼓励国人向西洋哲人学者学习，力行"破坏主义"，有意识地破坏旧世界，再造新中国。随着梁氏报章政论文的不断鼓吹，"破坏"为"古今万国求进步者独一无二不可逃避之公例"的观念深入人心，"破坏亦破坏，不破坏亦破坏"成为时代流行语，[2]引导和激励着无数热血青年走上政治革命、思想革命、民族革命的道路。

梁启超的"新民"思想具有正反两面，正面是需要向西方学习的各种公德私德，反面则是中国人的种种缺点，涉及国民劣根性的省思与批判，这也是梁启超政论文学的重要题旨。晚清时期，针对中国人的国民性弱点——尤其是奴隶根性——的反思与批判，在以报刊为主要传播媒介的新知识界形成了一股潮流。20世纪初，梁启超以大量极具鼓动性和号召力的充满魔力的各类文字，剖析中国专制文化的特征，设计中国国民性质改造方案；《清议报》《新民丛报》成为晚清国民性批判思潮的重镇。自1899年在《国民十大元气论》中痛诋"我中国奴隶根性之人何其多"[3]，至1901年在《积弱溯源论》中将"积弱之源于风俗者"归结为奴性、愚昧、为我、好伪、怯懦、无动六条，[4]再到1902年在《新民说》中针对中国之病开出"新民"药方，将国民思想文化改造和道德灵魂重塑提升到政治制度变革之先的首要位置来考量，梁启超关于国民性批判与改造的理论架构渐趋完备。在接受东西洋近代文明思想影响而着意建构改造国民性理论的过程中，以"中国之新民"相标榜的梁任公，是连接晚清与五四的关键人物。五四时期演化为新文学重要思想范畴的国民性批判主题，可追溯到晚

---

① 中国之新民：《新民说十一·续论进步》，《新民丛报》第十一号，1902年7月5日。

② 中国之新民：《新民说十一·续论进步》，《新民丛报》第十一号，1902年7月5日。

③ 哀时客：《国民十大元气论》，《清议报》第三十三册，1899年12月23日。

④ 新会梁启超任公：《积弱溯源论》，《清议报》第八十册，1901年5月28日。

清时期梁启超风靡一世的报章政论文。

《清议报》《新民丛报》时期，梁启超政论文中的名篇，还有《中国积弱溯源论》《释革》《保教非所以尊孔论》《论专制政体有百害于君主而无一利》《政治学大家伯伦知理之学说》《开明专制论》《申论种族革命与政治革命之得失》等。后三种写于梁启超自美洲返日后，其言论立场大变，放弃了先前深信的"破坏主义"和"革命排满"主张，涕泪滂沱地宣布长别"共和"，自此只谈政治革命而讳言种族革命，政治上主缓进之说与立宪政体，民族上倡由多民族组成一个国家的"大民族主义"，并在1905年之后与《民报》阵营的革命党人展开历时两年多的论战。其中，《开明专制论》第八章第一节《论今日中国万不能行共和制之理由》和《申论种族革命与政治革命之得失》两篇，1906年曾合刊为《中国存亡一大问题》单行本，发行万册，流布最广，影响甚大。

梁启超的新文体，也在与政敌的论战之中，逐渐脱去了先前的浮夸、叫嚣、堆砌、缴绕等毛病，变得更为简洁、谨严和成熟。至宣民之际，这一特点表现得尤为显著。

第三节　宣民之际：从《政论》到《大中华》

清宣统与中华民国易代之际，致力于政党建设和立宪政体的梁启超，先后主《政论》《国风报》《庸言》《大中华》等政论性报刊笔政，继续扮演着引导社会舆论的政论家角色，践行着书生作觉世之文、以言论报效祖国的一贯主张。这一时期，梁启超依托在东京、上海、天津创办的数家言论机关，以"宪民""沧江"等化名和"梁启超"本名，相继发表了一批重要的政论文章，是为梁氏后期政论文。文学史家对梁启超《清议报》《新民丛报》时期的政论文谈论较多，而较少关注其后期政论文。殊不知，任公宣民之际的政论文章，无论是从政治思想上看，还是从文体语体上讲，都属于人到中年之后的务实与成熟之作。

1907年秋，清廷下谕成立资政院，各省筹办咨议局，以推行预备立宪。为组织指导国内的立宪运动，梁启超与蒋智由、马良、徐佛苏、麦孟华等在东京组织政治团体政闻社，发行机关杂志《政论》月刊，化名"宪民"为该刊撰文。该刊《章程》第一项《宗旨》宣称："本报以造成正当之舆论，改良中国之政治为主。"①阐扬立宪政体，是该刊核心言论。梁启超起草的《政闻社宣言书》，要求"改造政府"和"反对专制"，推行"立宪政治"和"国民政治"，提出"实行国会制度，建立责任政府"、司法权独立、地方自治、平等外交四大政纲。②这是作为政治家的梁启超辛亥革命前提出的最为完整的政纲，亦是他民国二年（1913）归国后走上政治舞台从事政治活动的基本纲领。《政治与人民》是梁启超在该刊发表的政论文代表作。该文反复申论国家利益与人民全体及永久利益相一致的道理，条陈不良政治对于国家和人民造成的危害，宣扬政治乃一切人民之共同生命的真理。其言曰：

> 常人之情，见近而不见远，知末而不知本。当其饥也，知食为生命，曾亦思非耕胡以得食？是知生命所系，在耕而不在食。当其寒也，知衣为生命，曾亦思非织胡以得衣？是知生命所系，在织而不在衣。然恋恋念衣食，尽人不学而能；孳孳务耕织，则有待于诏之者矣。则直接、间接之差别，而理解之有难易也。政治为人民生命，其理由本非甚邃，徒以重重关系，间接稍多，中人以下，骤涉焉而不见其樊，则其漠然视之，亦固其所。③

讲道理深入浅出，作譬喻通俗易懂，对读者可谓苦口婆心，循循善诱。语言是浅近的，多数新名词在新式书刊熏陶的新知识界已成为普通名词；"政治之不良使然"句式反复出现十余次，则排句如故，文章气势仍在。通篇看来，作者的情感虽较前期有所收敛，然篇末对"恶政治"一连串的声讨与质问，对"良政治"的热切呼唤与期待，以及压抑不住的"吾力竭而声嘶，吾泪尽而血继"的悲怆呐喊，则不难体悟饮冰主人为国为民呕心沥血的拳拳爱国热忱。"笔锋常带情感"，可说是梁启超政论文一以贯之的生命底色。只不过，光宣之际以"宪民"自诩的梁任公，在政治思想界曾经沧海之后，此前那个血气方刚的"少年中国之少年"，心态上步入中年，感情愈加深沉。

清光绪末年孟秋，政闻社被查禁，《政论》停刊。越二年，即西元1910年，宣统二年孟春，梁启超遥控指挥的《国风报》旬刊问世于上海，梁氏化名"沧江"为其撰稿。至次年仲秋时节停刊，《国风报》存世一年

---

① 《〈政论〉章程》，《政论》第一号，1907年10月。
② 沧江：《政闻社宣言书》，《政论》第一号，1907年10月。
③ 宪民：《政治与人民》，《政论》第一号，1907年10月。

零八个月，出刊 52 期。该刊标榜"以忠告政府，指导国民，灌输世界之常识，造成健全之舆论为宗旨"，^① 是一家配合国内立宪运动的言论机关。《说国风》《宪政浅说》《中国国会制度私议》《中国外交方针私议》等文，是梁氏在该刊发表的重要政论文章。梁启超在《说国风》强调，"国风之善恶，则国运之兴替所攸系也"，而思以文字之力，借英、德、法、美、俄、日诸强国所同具的"美风"，改变中国几千年来怯懦因循的"国风"。^②该文文末为该刊文字定下"托体虽卑，而择言近雅"的格调，故而梁氏见诸该刊的政论文章，庄言多而谐趣少，文学性不高，对于一般读者而言可读性不强。《宪政浅说》标榜"本书所论者，兼政治学、宪法学、行政学三科之范围"，专业性很强；虽然强调"著者惟务以至浅之文达至深之理"，注重"陈义但举纲要，行文力求流畅"，且以"苟能精读而会通之，则政治常识实已粗具"招揽读者，^③普通读者恐怕依然兴味索然。《中国国会制度私议》《中国外交方针私议》等文，更是关于国会制度、外交方针的专论。

宣统年间，梁启超主导的《国风报》勉力为蓬勃开展的立宪运动提供理论和行动指导，积极为国会请愿活动制造社会舆论，强力敦促清廷速开国会、颁布宪法、建立责任内阁。随着国会请愿运动的失败，清廷皇族内阁的抛出，"铁路国有"政策的出台，立宪派对清廷的倒行逆施和集权独裁统治义愤填膺，《国风报》的言论立场亦趋于激进，间接助长了革命风潮。梁启超民国元年归国后，对《国风报》的言论转向曾有一番形象的回忆与描述："自前年十月以后至去年一年之《国风报》，殆无日不与政府宣战，视《清议报》时代，殆有过之矣。犹记当举国请愿国会运动最烈之时，而政府犹日思延宕，以宣统八年、宣统五年等相搪塞，鄙人感愤既极，则在报中大声疾呼，谓政治现象若仍此不变，则将来世界字典上决无复以'宣统五年'四字连属成一名词者。此语在《国风报》中凡屡见，今亦成预言之谶矣。"^④

1912 年底，归国后的梁启超在酝酿组党组阁之际重操旧业，在天津创办《庸言》杂志，希冀借笔政以干政参政。民国二年孟春，梁氏加入共和党；孟夏，民主党、共和党、统一党合并为进步党；《庸言》杂志遂成为进步党的机关刊物，其言论立场表现出拥袁而反国民党的鲜明倾向。梁

---

① 《〈国风报〉第一册出版》，《申报》，1910 年 2 月 21 日。

② 沧江：《说国风（下）》，《国风报》第一年第一期，1910 年 2 月 20 日。

③ 沧江：《宪政浅说》，《国风报》第一年第一期，1910 年 2 月 20 日。

④ 梁启超：《鄙人对于言论界之过去及将来》，《庸言》第一号，1912 年 12 月。

氏见诸该刊的政论文章,如《政策与政治机关》《中国立国大方针》《中国道德之大原》《宪法之三大精神》《敬告政党及政党员》等,以温和、稳健、平实的精神和建设性态度与话语,对宪政法治、经济民生、伦理道德等国家建设问题建言献策,在政党政治宣传中保持研究性心态和建设性眼光,使得《庸言》杂志的政治思想和文化立场超越了一般的政党报刊。《庸言》杂志行世之时,梁氏先后任司法总长、币制局总裁,政务缠身,无暇刊物编撰,后期遂由黄远生全权编辑。至1914年6月终刊,《庸言》存世一年半,出刊30期。凭借梁启超的巨大政治声望和社会影响力,《庸言》杂志的发行量达到1.5万份左右,成为袁氏当国时期为数不多的产生了重要影响的政论刊物,见证了梁氏的报章文字在社会上依然拥有巨大势力。

1915年初,梁启超从政坛黯然退场,应中华书局主人陆费逵之邀担任《大中华》杂志主笔。时当欧洲大国鏖战正酣,袁世凯帝制运动趋于公开化之际,梁氏眼见国内多党政治失败,独裁专制政治横行,尊孔复辟逆流甚嚣尘上,遂再次重操其所擅长的言论事业。《大中华》创刊号陆费逵所撰《宣言书》后,附有天民《梁任公之著述生涯》小文,交代了"先生办此报之宗旨":一是"注重社会教育,使读者能自求得立身之道与治生之道,并了然于中国与世界之关系,以免陷于绝望苦闷之域";二是"论述世界之大势,战争之因果,及吾国将来之地位,与夫国民之天职,以为国民之指导"。[1]总体而言,疏离政治,超越党派,致力于国民教育问题和社会改良事业,是该刊的言论导向。至1917年1月停刊,《大中华》杂志共出刊2卷,总24期。饶有意味的是,梁启超主撰的《大中华》杂志停刊之日,正是陈独秀主编的《新青年》杂志发表胡适《文学改良刍议》之时。《大中华》国民思想再启蒙的历史火炬,由《新青年》同人不期然间接过。一场新的思想革命和文学革命,不久之后将由陈独秀、胡适找到爆发的突破口。

梁启超在《大中华》杂志发表的最具影响力的政论文章,是那篇有着"拨云雾而睹青天"[2]时誉的一代名文《异哉所谓国体问题者》。这篇以反对袁世凯更改国体、帝制自为为主题的战斗檄文,以雄辩的逻辑力量和嬉笑怒骂之生花妙笔,将"凡谋变更国体"者钉在"四万万人所宜共诛"的历史耻辱柱上,为此后护国运动的发起准备了舆论先声。该文描述辛亥八月以来中国政界乱象道:

---

① 天民:《梁任公之著述生涯》,《大中华》第一卷第一期,1915年1月20日。
② 陈寅恪:《寒柳堂集》,上海古籍出版社,1980,第148页。

自辛亥八月迄今未盈四年，忽而满洲立宪，忽而五族共和；忽而临时总统，忽而正式总统；忽而制定约法，忽而修改约法；忽而召集国会，忽而解散国会；忽而内阁制，忽而总统制；忽而任期总统，忽而终身总统；忽而以约法暂代宪法，忽而催促制定宪法。大抵一制度之颁行，平均不盈半年，旋即有反对之新制度起而推翻之，使全国民彷徨迷惑，莫知适从，政府威信，扫地尽矣。①

在一个威权政治高压时代，言人人所欲言而不敢言，读来大快人心、脍炙人口。

1922 年，胡适在《五十年来中国之文学》中指出："梁启超中年的文章，《国风报》《庸言报》时代的文章，把早年文章的毛病渐渐的减少了；渐渐的回到清淡明显的文章。"②可算说了句公道话。越十年，钱基博在《现代中国文学史》中评述光宣之际梁氏报章文字道："启超见世之学为新民体者，学其堆砌，学其排比，有其冗长，失其条畅，于是自为文章，乃力趋于洞爽轩辟。《国风报》已臻洁净，朴实说理，不似《新民丛报》之浑灏流转，挟泥沙俱下。然排比如故，冗长如故。"③可谓史家之言。无论是新文学和新学界领袖人物胡适，还是对旧文学多有回护的史家钱基博，都从文章学角度和文学史立场，对梁启超后期报章文字风格的明显改变，给予了积极评价。

① 梁启超：《异哉所谓国体问题者》，《大中华》第一卷第八号，1915 年 8 月 20 日。
② 胡适：《五十年来中国之文学》，申报馆，1924，第 33 页。
③ 钱基博：《现代中国文学史》，世界书局，1935，第 323 页。

第五章　清末革命书刊与革命派政论文学

晚清时期，是一个以天下为己任的先觉知识分子竞相对公众发言，社会迫切需要论政议政的危亡时代。当是时，长于讥切时政、放言高论的政论文学呈一时之盛。1903 年前后，革命派与保皇派知识分子之间的论争日趋激烈，革命书刊和革命思潮、革命文学蓬勃兴起。1905 年，全国性的革命组织中国同盟会在日本东京成立，其机关刊物《民报》也于年底创刊。20 世纪初年，在梁启超的报刊政论文章风行天下的同时，欧榘甲、章太炎、刘师培、杨毓麟、汪兆铭、章士钊等报刊政论家相继崛起于文坛，携带着一批振聋发聩、风雷激荡的政论文章，高奏出民族革命和民主革命的时代强音，同时也极大地改变着政论文学这一古老文体的思想面貌与形制风格。

晚清时期，革命派的政论文学风格多样，章太炎等革命文豪文体复古意识较浓，但章氏当年作警钟棒喝、名扬天下的政论文章，不仅经新式报刊或书局刊布，而且镕铸新理、条理明晰、词笔锐达、常带情感、杂用新名词和欧化句法，乃至言文杂糅、雅俗共赏，从思想内容到语言文体都属于近代新体文章。辛亥革命时期蓬勃发展的革命报刊和革命政论文学，不仅在舆论界和政治思想界造成很大的声势，而且构成了中国近代报刊史和文学演进史上不可轻忽的重要一环，从某种意义上成为梁启超倡导的"文界革命"的有机组成部分。

第一节　革命前驱欧榘甲的《新广东》

1902 年春夏之际，一位客居太平洋彼岸城市旧金山的"太平洋客"，在其主笔的保皇会报纸《文兴日报》上连载了一组题为《论广东宜速筹自立之法》的政论文，主张"广东自立"以救中国；夏秋之交，这组政论文以《新广东》之名在横滨新民丛报社排印出版单行本，迅疾在保皇派内部和青年知识分子群体中引起极大反响。这位"太平洋客",就是康门弟子欧榘甲;《新广东》一名《广东人之广东》,倡言广东独立,宣扬反清革命思想主张。政论文学《新广东》,成为保皇派阵营鼓吹民族民主革命的代表性著作;康门弟子欧榘甲,则成为以鼓吹反清革命而耸动天下的革命前驱。

欧榘甲(1865—1913),广东归善(今惠阳)人,字云樵。康有为广州万木草堂时期得意门生之一,曾协助康氏编校《孔子改制考》。戊戌变法前夕,继梁启超任湖南时务学堂中文教习,历任《知新报》《时务报》笔政,阐扬康有为今文学变易思想,倡言变法维新。戊戌政变后,东渡日本助任公编辑《清议报》,以"无涯生"笔名发表政论,抨击慈禧太后,颂扬光绪皇帝,不久便醉心革命。时梁启超一度与革命党领袖孙文有合作之议,与欧榘甲、韩文举、罗普、唐才常等十三人联名给乃师康有为写"劝退书",时称"康门十三太保",康门弟子中遂分化出一批倾心革命者。1901 年,欧榘甲被康有为派往美国旧金山任保皇会《文兴日报》主笔,旋创办《大同日报》,以"太平洋客"为笔名,宣传排满革命、民权立宪、地方自治等思想,《新广东》即这一时期的产物。康有为斥其离经叛道,以逐出门墙相要挟。1904 年后,他主笔政的《大同日报》《南洋总汇报》,与革命派报刊展开论战。1909 年因经济纠纷引发政治对立,与乃师彻底翻脸,被康氏斥为"革匪"。辛亥革命后,避居家园,郁郁以终。

早在 1899 年秋,欧榘甲就在《清议报》"本馆论说"栏,发表了《中国历代革命说略》一文,这大概是目前可见近代中文报刊上最早公开为"革命"正名的文字。欧榘甲在该文中驳斥"中国无民主种子,革命后不能为共和之治"的论调"皆大谬误",发挥汤武革命应天顺人之义,引述西人"文明者,购之以血"之恒言,热烈赞美"革之时义大矣哉!今革义行于五洲矣,革效披于四海矣",以及泰西"将独夫民贼之血洒地球而皆红,则民安矣"的流行说法,进而引述泰西史学家"欲革千人之命者,必流百人之血,革万人之命者,必流千人之血,欲革亿人之命者,必流万人之血,古今万国之通例"等至理名言,论证"革命者,去野蛮而进文明必经之路也",公然讴歌民族自由、独立、革命。① 欧氏在该文中描述了两个世界:一为"犬马奴隶之世界"和"黑暗地域之世界",一为"人类最贵之世界"和"文明天堂之世界";为了涤荡和开豁前一个世界,必须用"革命"的手段,哪怕为此付出"流万人血"的代价,也在所不惜。

早在 1902 年孟春时节,《新民丛报》已先声夺人地刊登了《新广东》

---

① 　无涯生:《中国历代革命说略》,《清议报》第三十一册,1899 年 10 月 25 日。

的新书广告，题为《太平洋客著〈新广东〉》。其言曰：

> 其名曰《新广东》，则虽未开卷，而其卷中之大略宗旨可以想见矣。著者前在上海《时务报》、横滨《清议报》主笔，今在美国某报主笔，文名夙著之人也。不欲显言撰人名氏，读者亦不必探求撰人名氏，但读之而觉其咄咄逼人，若有电气焉刺其脑，而起一种异想者，则此书之性质也。卷首冠以广东图一幅，精美鲜彩，尤足为全书生色。[1]

欧榘甲《新广东》分六部分：一、绪论；二、论广东有自立特质；三、论当自立之义；四、论自立之当预备与去俗见并广东不知自立之害；五、论广东人须知为自己之物并陈自立三策；六、结论。可谓层次清晰，结构谨严。

《新广东》绪论部分，从"中国宜自立"立论，断言"不自立，必瓜分，必灭亡"，并规划出"中国自立"的愿景：

> 故窥现今之大势，莫如各省先行自图自立，有一省为之倡，则其余各省，争相发愤，不能不图自立。各省既图自立，彼不能自立之省，必归并于能自立之省。省省自立，然后公议建立中国全部总政府于各省政府之上，如日耳曼联邦、合众国联邦之例，即谓全中国自立可也。[2]

该文第三部分，呐喊出"中国者中国人之中国"的口号，一口气罗列了"中国宜自立"的六个理由，宣扬"所谓朝廷者，乃鞑靼之种"，充满反清革命思想。其第五条云：

> 且夫自立者，天地之大义，生人之本分，不可不担当不力行者也。我人日呻吟于专制政体之下，不得平等自由，登进文明之路，早宜树独立旗，击自由钟，以奋我国民之精神，以复我天赋之权利。虽满清政府未到如斯地位，尚须早图自立，以除阻我文明之进步矣，何况其

---

① 《太平洋客著〈新广东〉》，《新民丛报》第二号卷首，1902年2月22日。
② 太平洋客：《新广东》，载张枬、王忍之编：《辛亥革命前十年间时论选集》第一卷，生活·读书·新知三联书店，1963，第270页。

衰颓至于今日者乎？此宜自立者五。①

批判专制政体，鼓吹民族平等自由独立，是其主基调。第四部分将国家比
喻为"一大公司"，"人民"是"股东"，"政府"是"掌柜"。其言曰：

> 中国者四万万人之公司也，四万万人者中国之股东也，朝廷者中
> 国股东之掌柜也。凡生于中国之一人，即有中国之一份，中国之事，
> 皆其身内之事，非在身外之事，无所不当亲理，无所不当干涉……然
> 则所谓朝廷政府者，日食吾民之毛，日践吾民之土，我民之深仁厚泽，
> 谅既洽入其心矣，宜何如激发天良，感恩图报，以致我国之富强，以
> 报我民于万一。乃不惟尸位无能，不称其职，而且忘恩背义，卖国卖
> 民，则我中国四万万之股东，其默尔而息乎？抑将掌柜与司事辞退，
> 而别图振起乎？②

第五部分开出"自立三策"，一曰开自立报馆，二曰开自立学堂，三曰联
秘密社会。其言"自立何以必须开报馆"道：

> 救火必鸣钟，知失火者，必闻钟声。美国独立之钟，铿铿然闻于
> 天，而后美人知脱英之羁绊而自立矣，其未自立之先，有新闻记者，
> 日发言美洲独立，不宜受英虐政，久之此论渐中于人心，三州之团体
> 始立，而后起总议会，开独立厅，举华盛顿为总帅，而布美国独立之
> 文于万国也。是美洲开国之始也，是报馆之为功也。
>
> 至于欧洲各国，报馆之权，几于主持一国之议论，而一国之人倾
> 听焉。故其国或欲立一义，行一事，莫不以报馆为之先声。报馆者，
> 全国人之咽喉也。拿破仑曰：开一报馆，胜于千枪。诚以报之激动人
> 心，发其知觉愤耻，与枪之猛烈，震人之耳目，无以异也。③

其语体文体，与同期梁启超见诸横滨《新民丛报》的政论文如出一辙，属

---

① 太平洋客：《新广东》，载张枬、王忍之编：《辛亥革命前十年间时论选集》第一卷，生
活·读书·新知三联书店，1963，第273—275页。
② 太平洋客：《新广东》，载张枬、王忍之编：《辛亥革命前十年间时论选集》第一卷，生
活·读书·新知三联书店，1963，第279—280页。
③ 太平洋客：《新广东》，载张枬、王忍之编：《辛亥革命前十年间时论选集》第一卷，生
活·读书·新知三联书店，1963，第289页。

于晚清报章文体的成熟形态——"新民体"。

欧榘甲《新广东》，汨汨滔滔，下笔三万余言，言辞激烈，慷慨悲怆，不仅以雄辩著称，且笔锋常带情感，又善用譬喻，形象生动，感染力强，故而能风行一时。其第四部分结尾道：

> 既已沦为贱种，长居黑暗之天，将尽生涯，无复雄飞之想，生也无味，死也无名，欲如今日之昂首伸眉，噫喑叱咤，以图自立之策者，岂可得哉！岂可得哉！不知广东人言念及此，其泪下沾衿乎？抑投袂而起乎？抑犹以为伪，蠢蠢然如虱之缘裤中，不知死之将至乎？西望埃及、印度之丘墟兮，东望旅顺、大连湾各口岸同胞之惨死兮，内顾我广东之疆土，惨惨而将沦豆剖兮，伤哉人兮！岂不如走肉与行尸？我广东人，广东人，庶其思之。①

读起来的确如其广告词所言——"觉其咄咄逼人，若有电气焉刺其脑"，文学色彩具有相当浓厚，洵为晚清政论文学中的上乘之作。

1902 年，分处太平洋西岸与东岸、政见与乃师不合的康门弟子欧榘甲和梁启超，分头创作了政论文学《新广东》和政治小说《新中国未来记》，两者都产生了巨大的社会反响和文坛效应。饶有意味的是，欧氏规划的先"新广东"，即由广东先行自图自立，各省起而响应，最后建立一个自立于世界民族之林的联邦制共和国的"新中国"蓝图，与梁氏《新中国未来记》的情节推演如出一辙。② 文学史家注意到：由欧榘甲《新广东》引发的康梁派内部政见论争，尚延续到《新小说》杂志的文学书写，"经由梁启超的政治小说《新中国未来记》的敷演以及受康有为压制后的叙述调整，欧榘甲的粤剧《黄萧养回头》以戏曲形式坚持己见、继续争辩，加

---

① 太平洋客：《新广东》，载张枏、王忍之编：《辛亥革命前十年间时论选集》第一卷，生活·读书·新知三联书店，1963，第 286 页。

② 梁启超为《新中国未来记》设计的情节为："其结构，先于南方有一省独立，举国豪杰同心协助之，建设共和立宪完全之政府，与全球各国结平等之约，通商修好。数年之后，各省皆应之，群起独立，为共和政府者四五。复以诸豪杰之尽瘁，合为一联邦大共和国。东三省亦改为一立宪君主国，未几亦加入联邦。举国国民，戮力一心，从事于殖产兴业，文学之盛，国力之富，冠绝全球。寻以西藏、蒙古主权问题与俄罗斯开战端，用外交手段联结英、美、日三国，大破俄军。复有民间志士，以私人资格暗助俄罗斯虚无党，覆其专制政府。最后因英、美、荷兰诸国殖民地虐待黄人问题，几酿成人种战争，欧美各国合纵以谋我，黄种诸国连横以应之，中国为主盟，协同日本、非律宾等国，互整军备。战端将破裂，匈加利人出而调停，其事乃解。卒在中国京师开一万国平和会议，中国宰相为议长，议定黄白两种人权利平等、互相亲睦种种条款，而此书亦以结局焉。"参见梁启超：《中国唯一之文学报〈新小说〉》，《新民丛报》第十四号，1902 年 8 月 18 日。

上清政府驻古巴总领事廖恩焘创作的粤讴《趁早乘机》的大力呼应，《新广东》构想的以地方自治主导的维新政治蓝图，在文学空间也得到了充分的演绎"。① 晚清政治与文学的密切关联及互动关系，由此可见一斑。

清光绪壬寅年，新民丛报社刊行的《新广东》单行本，附刊《康南海辩革命书》。师、弟二人两篇政论文章的政治立场和民族观念针锋相对，前者大放排满革命言论，后者力言保皇立宪主张。这一饶有意味的出版现象，成为晚清中文书刊出版史上的一大奇观，见证了著作者欧榘甲、出版者梁启超与乃师康有为政见上的严重对立，折射出弟子与老师之间难以调和的深层思想矛盾。欧榘甲《新广东》小册子，成为 20 世纪初年鼓吹民族自立、反清排满、反帝反殖民统治，具有鲜明的民族民主革命倾向且产生了重要影响的革命政论文学著作，催生了杨毓麟《新湖南》、直隶人《新直隶》② 等政论文学。

第二节　湖南之湖南人杨毓麟《新湖南》

1902 年季春时节，曾任湖南时务学堂教习的长沙举人杨毓麟，受唐才常领导的自立军起事失败的刺激，萌生了民族革命思想，东渡日本留学，寻求救国救民之道。夏秋之际，杨毓麟读到新民丛报社刊印的太平洋客《新广东（附康南海辩革命书）》小册子后，大受启发，不数月即撰成洋洋四万余言的长篇政论著作《新湖南》，是年冬署名"湖南之湖南人"在东京出版。其广告词称："是书论湖南之形势与湖南人之特质，发挥民族主义，寓地方独立之意。初印数千部，原欲分赠知友，不取卖价，后索读者多，本社无从遍赠，且所印亦已告罄，乃再版付售，以飨众望。"③ 其民族革命思想主旨与问世后的流行程度，可见一斑。1902 年，太平洋客《新广东（附康南海辩革命书）》和湖南之湖南人《新湖南》两种政论小册子的风行，在留日学生界和国内得风气之先的新知识群体中，刮起了一股强劲的民族革命和民主革命风潮，也宣告了革命政论文学鼎盛时代的到来。

杨毓麟（1872—1911），字笃生，湖南长沙人，是中国近代民族民主

---

① 夏晓虹：《〈新广东〉：从政治到文学》，《学术月刊》，2016 年第 2 期。

② 1903 年 9 月 21 日《国民日日报》刊登《新直隶》广告云："《新直隶》，直隶人著。著者以□布排满种子于中国之大愿力，运其壮快淋漓之妙笔，唤醒朔方男儿之健魂，民族精神活现纸上。他日有实行中央革命者，谓此书即其导师可也。属稿将毕，不日出书。"这部《直隶人》所撰的《新直隶》，是否如广告中所云"不日出书"，尚待考证。

③ 新湖南社：《再版〈新湖南〉》，《游学译编》第九期，1903 年 8 月。

革命理论宣传家和活动家，也是近代革命文学的先驱者和吹鼓手。早年就读于岳麓书院，1897 年中举人。1898 年任湖南时务学堂教习，入南学会，主《湘学新报》笔政。1900 年，在国内向横滨《清议报》投寄诗稿，署名"三户"，典出"楚虽三户，亡秦必楚"，不难想见其血液里所流淌的湖湘文化中源远流长的反抗暴政的思想基因和斗争精神。1902 年春东渡后，与黄兴等湘籍留学生在东京创办《游学译编》，开各省留日学生自办革命报刊先河；年底撰成《新湖南》，鼓吹湘省独立，主张"中等社会"领导反清革命。1903 年，他在上海《国民日日报》发表《哭沈荩》等诗作时，署名"蹈海生"，可见其早怀舍生取义、杀身成仁之志。1904 年初，与黄兴等在长沙创立华兴会，任其外围组织爱国协社会长。1906 年入同盟会。1907 年与于右任等创办《神州日报》，任总撰述。1908 年春赴英，担任《民立报》特约通讯员。一生追随黄兴、孙中山、宋教仁奔走革命，力主"中央革命"，图谋打入清廷内部暗杀其要员，组织策划了针对慈禧太后、出洋五大臣、摄政王载沣等的暗杀活动。至辛亥夏，"顾见时事日非，政府卖国，而国民无力能排除之也，益愤闷不能自已"，[1] 终自践其言，在英国利物浦蹈海自杀，时距武昌起义爆发仅有两月余，可谓"难酬蹈海亦英雄"。[2]

杨毓麟是中国近代民族民主革命理论宣传家和活动家，也是近代革命文学的先驱者和吹鼓手。杨氏长篇政论《新湖南》分六篇，第一篇为绪言，第二篇论"湖南人之性质及其责任"，第三篇谈"现今大局之危迫"，第四篇讲"湖南新旧党之评判及理论之必出于一途"，第五篇言"破坏"，第六篇倡"独立"。《新湖南》紧承欧榘甲《新广东》之意绪，以驳保皇党领袖康有为《辨革命书》开篇，开宗明义地指出反帝必先反清的道理。其言曰：

> 微广东倡独立，吾湖南犹将倡独立焉。……湖南者，吾湖南人之湖南也。铁血相见不觳不竦，此吾湖南人对于湖南之公责也，抑亦吾湖南人对于汉种之公责也。作"新湖南"用遍告湖南中等社会，以耻旧湖南人之甘于为奴者，以谂旧湖南人之不愿为奴者，以待十八行省之同褫奴服，而还我主人翁之位置者。[3]

---

[1] 杨昌济：《蹈海烈士杨君守仁事略》，《甲寅杂志》第一卷第四号，1914 年 11 月。

[2] 周恩来：《大江歌罢掉头东》（1917 年），载氏著：《周恩来青年时代诗选》，人民文学出版社，1978，第 13 页。

[3] 湖南之湖南人：《新湖南》，载张枬、王忍之编：《辛亥革命前十年间时论选集》第一卷，生活·读书·新知三联书店，1963，第 615 页。

湖南之湖南人《新湖南》高标"湖南者，吾湖南人之湖南"之帜，鼓吹湘省脱离满清腐败专制政府而独立，而以反对"民族帝国主义"，昌言"民族建国主义及个人权利主义"为宗旨，高张"民族主义"和"破坏""流血""暴动""暗杀""排满""独立"之帜。作者描述中国当下社会"离奇俶诡"现象道：

> 举国皆无耳无目之人，举国人之议论行为，皆为无规则无团体无方针无目的之傀儡。过其朝，则嗫嚅之声蔑蔑然。入其塾，则诨笑之声謞謞然。适其野，则气息怫戾，容色愁惨，时时有涕泣之声，抑时时有愤怨之声，抑时时有櫌锄戈戟交作之声。①

放眼全球的政治家的忧时救亡情怀，中西贯通的新知识者对国民性的批判性思考，情感丰富的文学家对国人麻木魂灵的敏锐观察与形象描绘，荟萃于革命志士杨毓麟的政论文学之中。其言"破坏"道：

> 轰轰烈烈哉，破坏之前途也；葱葱茏茏哉，破坏之结果也；熊熊灼灼哉，破坏之光明也；纷纷郁郁哉，破坏之景象也。夷羊在牧，吾以破坏为威凤之翔于天；旱魃行灾，吾以破坏为神龙之行于海。西人有恒言曰：列国文明，皆从流血购来。柏雷亚曰：自由犹树也，溉之以虐政府之血，而后生长焉。吾亦曰：未来之湖南犹树也，溉之以顽官劣绅劬民瘝士之血，而后生长焉。悲夫！求文明者，非独赏其价值，又须忍其苦痛。吾侪之求自存者，忍亦苦痛，不忍亦苦痛。不忍苦痛之苦痛，其祸迟而长，而其后且无以偿之；忍苦痛之苦痛，其祸速且短，而其后且有以偿之……愈苦痛，则前途愈坦荡；愈苦痛，则结果愈甘芳；愈苦痛，则光明愈灿烂；愈苦痛，则景象愈雄杰。荆榛塞途，一步不可以行，剃而掷之，则掉臂自如矣。乱丝在桁，一缕不可一织；斩而去之，则经纬自成矣。乌喙之毒，中人必死，而收效乃捷于参苓。夫孰知摧陷廓清之胜于委曲迁就哉！夫孰知腾掷跳荡之胜于从容濡忍哉！掊巨室之锁，可以为养军十岁之资；破蠹吏之囊，可以为购炮千尊之费。彼以不义得之，我以公义收之，一转瞬间，而可为多数之幸

---

① 湖南之湖南人：《新湖南》，载张枬、王忍之编：《辛亥革命前十年间时论选集》第一卷，生活·读书·新知三联书店，1963，第622页。

福，况建设之高尚公正百倍于现在者哉！ ①

篇末引述毕士麦克（今译俾斯麦）之言道："天下可恃者非公法，惟赤血耳，黑铁耳！"卒章显志，将梁启超鼓吹的"破坏主义"和"铁血主义"②明确指向反清革命和反对列强的民族帝国主义侵略野心与殖民统治。

杨毓麟在《新湖南》中用大量史事历数帝国主义列强侵略中国的罪行及中国危在旦夕的境地。他指出：列强已由"民族主义"一变而为"帝国主义"，他们"以殖民政略为主脑，而以租界政略、铁道政略、矿产政略、传教政略、工商政略为眉目，用以组织此殖民政略"，用强占"租借地"和划分"势力范围"等手段，在中国各地建立了殖民据点，并"利用此中心点，俨然为中国之新主人翁"；东西方帝国主义列强侵略中国已经达到"不遗余力"和"不留余地"的程度，中国已处在"危亡在旦夕"的境地；中国的民族独立和民主政治制度的建立，必须通过暴力革命的方式才能实现，只有先破坏一个旧世界，然后方谈得上建设一个新世界；而要争取国家民族的独立自由，对外要反抗东西方列强的殖民侵略和殖民统治，对内要推翻满清政府的专制统治。这一超越时流的识见，显示出作者对世界潮流和中国前途的深刻洞察，既有思想深度，亦富文学色彩和抒情气质，充溢着浓浓的乡土气息和家国情怀，读来感人至深，发人深省。

杨毓麟《新湖南》问世之际，中国留日学生中倾向革命的知识青年，围绕排外与排满孰为先后轻重之争甚为激烈，"笃生比勘分明，当机立断，其警语曰：'今日欲拔出于欧洲之坎窞，则不得拔出于胡族之坎窞。'一语破的，障翳立清"；正因如此，同为湖南人的革命派知识分子章士钊，对这部"极端排满"的著作予以高度评价，赞其"文采斐然，无愧划时代之著作"。③

---

① 湖南之湖南人：《新湖南》，载张枬、王忍之编：《辛亥革命前十年间时论选集》第一卷，生活·读书·新知三联书店，1963，第639页。

② 同年，梁启超在长篇政论《新民说》第十七节《论尚武》中鼓吹立国者当先有"尚武之国民"和"铁血之主义"，并引用了俾斯麦这句名言："天下所可恃者非公法，黑铁而已，赤血而已。"载《新民丛报》第二十八号，1903年3月27日。

③ 章士钊：《疏〈黄帝魂〉》，载中国人民政治协商会议全国委员会文史资料研究委员会编：《辛亥革命回忆录》第一集，中国文史出版社，2012，第186—188页。

第三节　革命文豪章太炎的政论文章

清光绪二十九年，岁在癸卯，西元 1903 年，被主流学界公认为近代中国革命思潮运动史上一个关键的转折年头。在癸卯年发生的众多关乎反清革命的文化事件和政治事件中，章太炎、邹容著名的革命文章的刊布和震惊中外的"苏报案"的发生，可说是最为轰动的标志性事件，对晚清政治思想界影响至巨。照"苏报案"主犯章太炎的说法，此案"震动全国，革命党声气大盛矣"。① 章氏《驳康有为论革命书》《序革命军》和邹容《革命军》等政论文学的刊布，使章、邹成为"苏报案"的主犯，成就了两位革命元勋的赫赫英名。邹容《革命军》属于典型的"梁启超式"的报章新文体，章太炎此期政论文章亦明显受报章文体影响。

章太炎（1869—1936），名炳麟，字枚叔，慕明末清初顾绛（炎武）为人行事而改名绛，号太炎。浙江余杭人。早年入杭州诂经精舍，师从朴学大师俞樾，潜心问学八年，奠定一生学问根基。1903 年因"苏报案"暴得大名。1906 年出狱后赴日加入中国同盟会，任《民报》主编主笔。民国三年（1914）被袁世凯软禁北京，手订《章氏丛书》。1917 年在苏州设章氏国学讲习会，以讲学为业。晚清时期以排满革命文豪著称，文字则以古奥难解闻名。著述宏富，刻有《章氏遗书》。今有《章太炎全集》行世。

章太炎"初为文辞，刻意追蹑秦汉"，自"三十四岁以后，欲以清和流美自化，读三国两晋文辞，以为至美，由是体裁初变"。② 章氏"体裁初变"的时间节点在光绪二十八年，西历 1902 年。嗣后论文，尚魏晋而轻唐宋，于古今作者誉少訾多。不过，太炎先生的文体观念颇为开放，考述文章源流和分辨文学应用时，主张文各有体，对骈、散、文、白之体各有定位，不独尊一体一家。章氏《文学论略》有言："古之公牍，以用古语为雅；今之公牍，以用今语为雅……近世小说，其为街谈巷语，若《水浒传》《儒林外史》；其为神怪幽秘，若《阅微草堂》五种，此皆无害为雅者。"③ 在他看来，公牍、小说、典章、学说、历史、杂文等各有其雅俗标准，只要遵循各体"文章轨则"，都可以做到"无害为雅"。明乎此，我们对太炎先生表彰邹容"径直易知"的政论文学《革命军》④ 和黄小配"文亦

<hr>

① 汤志钧编：《章太炎年谱长编》，中华书局，1979，第 152 页。
② 汤志钧编：《章太炎年谱长编》，中华书局，1979，第 128、150 页。
③ 章绛：《文学论略（下）》，《国粹学报》第二十三期，1906 年 12 月。
④ 余杭章炳麟：《序革命军》，《苏报》，1903 年 6 月 10 日。

适俗"的历史小说《洪秀全演义》①，就不会感到意外了。

晚清时期，章太炎出任过多家报馆笔政，并不一味排斥浅近利俗的报章文体。1896 年底，章氏走出杭州诂经精舍，应经理汪康年之聘赴沪担任《时务报》撰述，加入强学会；其后两年中，又先后任《经世报》《实学报》《译书公会报》《昌言报》等报章笔政。1897 年，章氏已充分认识到报章的重要性，以为"今欲一言而播赤县，是惟报章"，将其定位在"史官之支与余裔"。②1898 年春，章氏应湖广总督张之洞邀约，赴武昌帮办《正学报》；其所撰《正学报缘起》有云："惟夫上说下教，古者职之撢人，而今为报章之属。"③ 今之报馆主笔相当于古之撢人，报章乃史官支脉与余裔，肩负着上说下教的职责。此时，章太炎对报章的定位接近正统的官报立场；④ 其见诸报端的述学衡政之文，亦多为传统文集之文的作文路径，与《时务报》首席主笔梁启超的"报馆之文"作文路径存在较大差异，这或许也是章氏受到《时务报》同人排挤的原因之一。⑤

1897 年春，章太炎发表在上海《时务报》第十九册的《论学会有大益于黄人亟宜保护》一文，昌言"以革政挽革命"，言论立场与康有为、梁启超同调。其开篇云：

> 血轮大小，独巨于禽兽，头颅角度，独高于生番野人，此文明之国种族所同也……是故整齐风俗，范围不过，若是曰大一统；益损政令，九变复贯，若是曰通三统。通三统者，虽殊方异俗，苟有长技则取之。虽然，凡所以取其长技，以为我爪牙干城之用者，将以卫吾一统之教也。教术之变，其始由于种类……中国儒冠之士，蹁行孑处，无所倚毗，皋门有政，庶人所不议，疆场有事，乡校所不闻，虽有贤杰，不在官位，则婑婑无所长短，儒术之衰，将不能保其种族。悲

---

① 章炳麟：《洪秀全演义序》，载黄小配：《洪秀全演义》，香港中国日报社，1908，第 1 页。

② 章太炎：《实学报叙》，载汤志钧编：《章太炎政论选集》，中华书局，1977，第 30 页。

③ 章太炎：《正学报缘起》，载汤志钧编：《章太炎政论选集》，中华书局，1977，第 58 页。

④ 这与章太炎主笔政的报馆的政治背景有关。章氏虽出任上海强学会机关刊物《时务报》撰述，但显然属于边缘人物，不久即因与康氏门徒意见相左辞归杭州，其文章仅被刊用两篇。1897 年，章氏主笔政的杭州《实学报》、上海《经世报》，皆有与《时务报》为敌之意。1898 年初，张之洞延揽章太炎赴鄂帮办《正学报》，原因是张氏为学尚《左氏》而抑公羊，此时正撰《劝学篇》，意欲借助以治古文闻名的章氏，共同诋击主今文的康有为的改制学说。旋因政见不合，章氏谢归，筹备中的《正学报》遂胎死腹中。

⑤ 1897 年 3 月，黄遵宪致函时务报馆经理汪康年道："馆中新聘章枚叔、麦孺博均高材生。大张吾军，使人增气。章君《学会》论甚雄丽，然稍嫌古雅。此文集之文，非报馆之文。"随后又叮嘱汪氏道："章氏之文，颇惊警，一二月中，亦可录一二篇。"参见汤志钧编：《章太炎年谱长编》，中华书局，1979，第 44 页。

夫！于此有人焉，合耦同志，以建学会，于息壤之将陷，天保之未定，沈忧噍杀，朝夕讲贯，虽磨顶放踵所不敢辞。

篇末道：

> 吾闻《齐诗》五际之说曰：午亥之际为革命，卯酉之际为革政，神在天门，出入候听。是其为言也，岂特如翼奉、郎颉所推，系一国一姓之兴亡而已。大地动掊，全球播覆，内夏中国，覃及鬼方，于是乎应之。方今百年之际，其殆与之符合也哉！故不逞之党，假称革命以图乘衅者，蔓延于泰西矣……虽然，土崩又非百姓之利也。秋霜降者草花落，水摇动者万物作，故内乱不已，外寇闯之。昔者八王相阋，而刘石逞其志；张李横行，我朝以成龙兴之业。苟有揭竿斩木者，是自战斗吾黄种，而反使白种为之尸也。然则如之何而可？曰：以教卫民，以民卫国，使自为守而已。变郊号，柴社稷，谓之革命；礼秀民，聚俊材，谓之革政。今之亟务，曰：以革政挽革命。①

《时务报》重要赞助人和老领导黄遵宪在赞誉其文"甚雄丽"，其人乃"才士"的同时，又以其文笔"古雅"，不能"使九品人读之而悉通"为憾，以为"此文集之文，非报馆之文"。②章氏之文"艰涩"的作文路向与风格，与作为大众传媒的《时务报》的读者定位不相吻合，故而黄遵宪致函报馆经理汪康年限制其文章刊用篇数，允其一两个月可用一篇。叶瀚致汪氏函中对章氏之文说得更不客气："十九期报第二篇论文太艰涩，洗汰散碎，观者颇不悦目，操笔人宜嘱其选词加润为要。"③不仅指责其文"太艰涩"，指出读者"不悦目"，而且径直要求主编对章氏之文加以技术指导。作为上海时务报馆从杭州将其聘请到馆的主笔之一，该刊仅刊用章氏两篇文稿，原因固然是多方面的，但无疑与其古奥的"文集之文"作文路向有关。

不过，章太炎见诸报章的文字，从一开始就具有两副笔墨。1898 年秋，章氏发表于《实学报》的《重设海军议》一文，则接近此时流行的"时务文体"。其开篇曰：

---

①　章太炎：《论学会有大益于黄人亟宜保护》，载汤志钧编：《章太炎政论选集》，中华书局，1977，第 8—13 页。

②　黄遵宪：《致汪康年书》，载汤志钧编：《章太炎年谱长编》，中华书局，1979，第 44 页。

③　汤志钧编：《章太炎年谱长编》，中华书局，1979，第 45 页。

中国自法兰西开衅以来，始设海军，以为防御外洋之用，至今相距十余年，而皆烬于东瀛之一战，此其咎在用人，不在立法。外海轮船之设，诚不能因噎废食也……今者通商五十年，泰西技艺，月异而岁不同。且香港割于英，越南并于法，台湾攘于倭。海氛一起，设欲进则可以挑战，欲退则可以屯军。设使墨守成说，逡巡于内港之中，将听其纵横海上，自使招商诸舰，迫抑而不出乎？抑将行险侥幸，以孤注争之乎？①

篇末道：

盖行军于溟海之中，我有碰船，则可以触敌矣；我有鱼雷，则可以追敌矣；我有卷筒群子，则可以伤敌矣；我有泳气钟与空气水雷船，则可以破敌矣。即使胜负难言，而两军对仗之时，必能使踌躇踟躇，不得驰骋于内洋。与夫铁锁木桩、守株待兔者，其骏活何止百倍。而欲不重设海军，是犹揭竿斩木之师，当桓、文之节制耳。若夫高丽辽海之役，兵轮皆聚而殀旃，吾固曰：咎在用人，不在立法也。②

通篇文字浅近，流畅锐达，显然走的是戊戌时期新派知识分子习用的"时务文体"的路子。

在晚清革命派知识分子中，章太炎的"仇满"意识萌生最早，并以旗帜鲜明的"排满"革命文章而名扬天下。章氏的"仇满"思想萌芽于幼年，少时就受到外祖父朱有虔的民族主义思想熏陶，通过阅读清代史料长编《东华录》和明季稗史十七种（如《扬州十日记》等），逐渐滋生了反抗满清异族统治的种族革命思想。1900年仲夏时节，北京清朝廷下诏对各国宣战，张之洞、刘坤一等地方督抚联络各国驻沪领事议定"东南互保"条约，汪康年、唐才常、容闳等则在上海筹划成立"中国议会"，章太炎因反对其一面排满、一面勤王的模糊宗旨，"因宣言脱社，割辫与绝"，③并撰《解辫发说》以明志，自此高张"排满"之帜，走上了坚定的反清革命道路。嗣后，随着《正仇满论》《驳康有为论革命书》《序〈革命军〉》和重

① 章太炎：《重设海军议》，载汤志钧编：《章太炎年谱长编》，中华书局，1979，第54页。
② 章太炎：《重设海军议》，载汤志钧编：《章太炎年谱长编》，中华书局，1979，第54页。
③ 朱希祖：《本师章太炎先生口授少年事迹笔记》，载陈平原、杜玲玲编：《追忆章太炎（修订本）》，生活·读书·新知三联书店，2009，第64页。

订版《訄书》的问世，章氏作为"革命大文豪"的盛名流布海内外。

20世纪初年，章太炎发表的著名的革命政论文章，以《正仇满论》和《驳康有为论革命书》两篇最具代表性，均系言辞激烈的驳论文章。"《驳康有为书》，是驳保皇党之本师；《正仇满论》，是驳其弟子梁启超。两文公布，凡保皇党之理论根据，扫地无余"。① 《正仇满论》是第一篇系统批驳保皇派政治主张的革命政论，1901年8月10日见诸东京《国民报》第四期，未署名，旋被辑入《国民报汇编》和《黄帝魂》一书，流布甚广。两年后，章氏作《驳康有为论革命书》，与邹容《革命军》合刊一册，发行数千册，秘密刊刻者不计其数。1903年6月20日，《苏报》主编章士钊在"新书介绍"栏刊发《驳康有为书》宣传文字；② 6月29日，《苏报》节录章太炎此文，题为《康有为与觉罗君之关系》。次日，"苏报案"发，章氏被捕，系狱三年。

1901年春夏之际，作为保皇党二号人物的梁启超，在横滨《清议报》发表《中国积弱溯源论》长文，洋洋二万言，篇末得出结论，"故推原其所以积弱之故，其总因之重大者，在国民全体；其分因之重大者，在那拉一人"，称赞"今上皇帝，忍之无可忍，待之无可待，乃忘身舍位，毅然为中国开数千年来未有之民权，非徒为民权，抑亦为国权也"。③ 8月10日，中国留日学生中的革命派知识分子在东京创办的《国民报》第四期"来文"栏，刊发章太炎从国内寄来的《正仇满论》一文，反驳梁文中的保皇立宪言论。该文开篇即指出"今之人人切齿于满洲，而思顺天以革命者，非仇视之谓也"，篇中一针见血地指出"梁子所悲痛者革命耳，所悲痛于革命而思以宪法易之者，为其圣明之主耳"。其立论不无偏颇之处，但这种针锋相对的论辩文体和战斗文风却适合报章之需，并以其旗帜鲜明的排满革命立场，揭开了革命派与保皇派之间论争的序幕。

章太炎《驳康有为论革命书》，是在《正仇满论》基础上深化展开的一篇排满革命檄文。作者站在民族革命和民主革命的立场，对保皇立宪派的理论主张作了全面系统的批判，带有浓厚而偏执的大汉民族中心意识。该文以雷霆万钧之势，广征中外历史事实，雄辩地论证了反清革命完全合乎人类社会进化公理。针对康氏"满汉不分，君民同治"观点，章氏

---

① 章士钊：《疏〈黄帝魂〉》，载中国人民政治协商会议全国委员会文史资料研究委员会编：《辛亥革命回忆录》第一集，中国文史出版社，2012，第195页。

② 1903年6月20日《苏报》"新书介绍"专栏介绍《驳康有为书》云："康有为《最近政见书》，力主立宪，议论荒谬。余杭章炳麟移书驳之，持矛刺盾，义正词严，非特康氏无可置辩，亦足以破满人之胆矣。凡我汉种，尤宜家置一编，以作警钟棒喝。"

③ 任公：《中国积弱溯源论》，《清议报》第八十四册，1901年7月6日。

指出，历史事实并非满洲归化汉人，而是满洲陵制汉人；至于清朝统治者"尊事孔子，奉行儒术"，不过是"崇饰观听，斯乃不得已而为之，而即以便其南面之术，愚民之计"；进而指斥康氏"力主立宪，以摧革命之萌芽者"，实际上是甘受清廷豢养，"终日屈心忍志以处奴隶之地"。针对康氏"皇上圣明"之说，章氏厉声呵斥"载湉小丑，未辨菽麦"，剥下"圣仁英武"皇帝的华衮，还原其孱弱寡断的"失地之天囚"本相，实乃满洲之"亡君"，"固长素之私友而汉族之公仇也"。[①]针对康氏"革命之惨，血流成河"，立宪既可避免流血又可致国家于富强的观点，章氏指出：

> 长素以为革命之惨，流血成河，死人如麻，而其事卒不可就。然则立宪可不以兵刃得之耶？既知英、奥、德、意诸国，数经民变，始得自由议政之权。民变者，其徒以口舌变乎？抑将以长戟劲弩飞丸发旅变也？近观日本，立宪之始，虽徒以口舌成之，而攘夷覆幕之师在其前矣。使前日无此血战，则后之立宪亦不能成。故知流血成河，死人如麻，为立宪所无可幸免者。

以英、奥、德、意、日等君主立宪国家的建立为例，不仅论证了"流血成河，死人如麻，为立宪所无可幸免者"，乃至得出"革命犹易，立宪犹难"的结论。针对康氏今日中国"公理未明，旧俗俱在"，革命会引起社会紊乱之说，章氏斩钉截铁地指出："公理之未明，即以革命明之；旧俗之俱在，即以革命去之。革命非天雄大黄之猛剂，而实补泻兼备之良药矣。"[②]这一堂堂正正的革命宣言，有力地回击了保皇立宪言论，"不独扫除一时浮议，而且解决二百年未决悬题"，以至于章士钊盛赞"太炎之功，不在禹下"，断言"时论谓太炎平生，往往一言定天下安危，惟驳康亦然"。[③]

章太炎《驳康有为论革命书》，不仅以大胆斥责当今皇上而震骇朝野，而且对康有为奉为"教主"的孔子予以无情摘发，引起了清政府的恐慌和思想界的震动。排满革命的鲜明立场，真理在握的雄辩气势，笔无藏锋的犀利文辞，旁征博引的渊博知识，慷慨激越的充沛情感，流畅锐达的浅近

---

① 章太炎：《驳康有为论革命书》，载汤志钧编：《章太炎政论选集》，中华书局，1977，第194—205页。

② 章太炎：《驳康有为论革命书》，载汤志钧编：《章太炎政论选集》，中华书局，1977，第206—208页。

③ 章士钊：《疏〈黄帝魂〉》，载中国人民政治协商会议全国委员会文史资料研究委员会编：《辛亥革命回忆录》第一集，中国文史出版社，2012，第198页。

文体，与《訄书》渊雅古奥、索解为难的艰涩文风形成了较大反差，收雅俗共赏之效。

1906 年仲夏，章太炎刑满出狱后，被革命党人迎往日本东京出任同盟会机关刊物《民报》主编。当是时，《民报》阵营的政论家胡汉民、汪精卫等与《新民丛报》主笔梁启超笔战正酣；章氏"以胡、汪诘责卓如，辞近诟谇，故持论稍平"，[①] 其政论文章注重以理服人，但依然针锋相对，理直气壮地阐扬排满革命的思想主张，文字锐利，所向披靡，大涨革命气焰。章氏见诸《民报》及其增刊的《革命之道德》《箴新党论》《讨满洲檄》《中华民国解》《排满平议》等政论文章，均为一时名文。《排满平议》界定"排满"一词的含义道："吾侪所执守者，非排一切政府，非排一切满人，所欲排者，为满人在汉之政府。而今之政府，为满洲所窃据，人所共知，不烦别为标目。故简略言之，则曰排满云尔。"[②] 伸张种族大义，宣扬排满革命主张，虽仍有褊狭的种族思想，然讲求革命道义，确乎持论较平。

值得一提的是，章太炎在东京留学生欢迎会上所作的那场轰动一时的演说，其文字很快刊诸《民报》第六号，题为《东京留学生欢迎会演说辞》。在这篇流传甚广的白话演说文章中，太炎先生提出了涵养国民感情的两个目标和理想："第一，是用宗教发起信心，增进国民的道德；第二，是用国粹激动种性，增进爱国的热肠。"[③] 多年以后，章门弟子许寿裳仍称赞该文为"一篇最警辟有价值之救国文字"。[④]

章太炎述学文章"文笔古奥，索解为难"，是时人留下的基本印象。1936 年章氏去世后，其早年受业门生鲁迅在纪念文章中回忆留日期间阅读乃师木板《訄书》的感受道："我读不断，当然也看不懂，恐怕那时的青年，这样的多得很。"[⑤] 连章门弟子也读不断，看不懂，太炎先生颇为看重的《訄书》，真可谓文笔古奥，索解为难了。章氏自己对此曾有一番自省。1903 年，邹容《革命军》书成，请太炎先生润色。章氏道："吾持排满主义数岁，世少和者，以文不谐俗故。欲谐俗者，正当如君书。"[⑥] 可见，他对浅近通俗的报章文体的宣传功效有着清醒的认知。而《驳康有为论革

① 汤志钧编：《章太炎年谱长编》，中华书局，1979，第 208 页。
② 太炎：《排满平议》，《民报》第二十一号，1908 年 6 月。
③ 汤志钧编：《章太炎政论选集》，中华书局，1977，第 272 页。
④ 许寿裳：《纪念先师章太炎先生》，《制言》第二十五期，1936 年 9 月。
⑤ 鲁迅：《关于太炎先生二三事》，载氏著：《鲁迅全集》第六卷，人民文学出版社，2005，第 565 页。
⑥ 章太炎：《邹容传》，载汤志钧编：《章太炎年谱长编》，中华书局，1977，第 354 页。

命书》这类"战斗的文章",除极个别古僻字眼外,基本上不存在"索解为难"的问题,属于报章新文体的一种。20世纪初年,文界革命已成为一股浩荡的时代潮流,同时代的作家或自觉加入其中,或不自觉地受其裹挟,连章太炎这样自觉抵制"东瀛文体"的文章大家,也未能完全置身于潮流之外而不受其影响。

辛亥革命前夜,章太炎写下的一批讲求宣传效果的战斗的文章,强调以"雷霆之声"来打动天下人心,以为"径直易知"胜于含蓄蕴藉,追求质朴生动的文风,重视感染力和说服力,文辞表现出锐利畅达和浅近利俗的特征。这是这位鼎鼎大名的革命文豪顺应时势,对古奥晦涩文风适时作出的灵活调整。尽管太炎先生其后对自己"为雅俗所知"的"论事数首"文章表示不满,以为"斯皆浅露,其辞取足便俗,无当于文苑",[1] 晚年自定《章氏丛书》时又将其悉数刊落,然而在晚清时期却发挥了"所向披靡,令人神旺"的战斗效果与鼓动效应。鲁迅去世前曾对章氏晚年手定《章氏丛书》时竟将"先前的见于期刊的斗争的文章"刊落表惋惜,至死仍认定"战斗的文章"乃是这位有学问的革命家"一生最大、最久的业绩"。[2]

第四节　革命军中马前卒邹容《革命军》

1903年春夏之际,一位寓居上海"爱国学社"的海归青年,一边以火一样的热情投身拒俄、拒法运动,发起成立"中国学生同盟会";一边本着"革命非公开倡言不为功"的信念,参照法国大革命和美国独立自由平等学说,怀着"报我四万万同胞之恩我,父母之恩我,朋友兄弟姊妹之爱我"的感恩心情,[3] 奋笔疾书,写下一本名为《革命军》的小册子。这位以泰西大哲卢骚、华盛顿的东方信徒自命,以民族英雄郑成功、张煌言的后继者自居的19岁的年轻人,在这本小册子开篇即肆无忌惮地呐喊出"扫除数千年种种之专制政体,脱去数千年种种之奴隶性质,诛绝五百万有奇披毛戴角之满洲种,洗尽二百六十年残惨虐酷之大耻辱,使中国大陆成干净土"的雷霆之音,[4] 表现出壮怀激烈的排满革命思想立场,如乳虎啸

---

① 章太炎:《与邓实书》,载汤志钧编:《章太炎政论选集》,中华书局,1977,第495页。
② 鲁迅:《关于太炎先生二三事》,载氏著:《鲁迅全集》第六卷,人民文学出版社,2005,第565页。
③ 邹容:《革命军自序》,《革命军》,中华书局,1971,第4页。
④ 邹容:《革命军》第一章,中华书局,1971,第1页。

谷，潜龙腾渊，平地惊雷，震动全国。这位个头不高的巴蜀青年，就是以"革命军中马前卒"自诩的邹容；邹容在《革命军自序》中不具名征引蒋智由的著名诗句——"文字收功日，全球革命潮。"——既是这位"革命军中马前卒"豪迈的革命预言，也是该书的著述目标。

邹容（1885—1905），四川巴县人，原名绍陶，别署革命军中马前卒。1898 年在重庆从日本教师习英文、日文。1901 年至上海广方言馆补习日语。次年春自费东渡留学，入东京同文书院，积极参加反清革命活动。1903 年春回上海，加入爱国学社，与章太炎、章士钊、张继结为兄弟，撰成《革命家》一书。"苏报案"发后，自到英租界巡铺房投案，判刑二年。1905 年 4 月 3 日病死狱中。1912 年初，南京中华民国临时政府追赠为"大将军"。

1903 年 5 月，革命军中马前卒邹容《革命军》由上海大同书局印行。据《苏报》主编章士钊言："容著《革命军》一书，（太炎）先生序之，而钊为书签，字句则吾二人俱与检定。"[1] 可知其文字乃章太炎、章士钊为其共同酌定。在此意义上，《革命军》可视为三位异姓结义弟兄合作的产物。

章太炎《序革命军》，先言其"辞多恣肆"之因，并对包括自己在内的数位以逐满为职志者"务为温藉"的文风提出批评和自我批评，指出革命宣传宜"以跳踉搏跃言之"，提出"不震以雷霆之声，其能化者几何"的问题；篇末解题道："同族相代，谓之革命；异族攘窃，谓之灭亡；改制同族，谓之革命；驱逐异族，谓之光复。容之署斯名，何哉？谅以其所规划，不仅驱除异族而已，虽政教学术，礼俗材性，犹有当革者焉，故大言之曰革命也。"[2] 章氏书序，从文体风格到革命题旨，对《革命军》予以大力肯定。

1903 年 6 月 9 日《苏报》"新书介绍"专栏广而告之曰：

> 《革命军》凡七章。首绪论，次革命之原因，次革命之教育，次革命必剖清人种，次革命必先去奴隶之根性，次革命独立之大义，次结论。约二万言。章炳麟为之序。其宗旨专在驱除满族，光复中国。笔极犀利，文极沉痛。稍有种族思想者，读之当无不拔剑起舞，发冲眉竖。若能以此书普及四万万人之脑海，中国当兴也勃焉。是所望于读《革命军》者。[3]

① 章士钊：《伯兄太炎先生五十有六寿序》，《制言》第四十二期，1937 年 5 月。
② 余杭章炳麟：《序革命军》，《苏报》，1903 年 6 月 10 日。
③ 《新书绍介·革命军》，《苏报》，1903 年 6 月 9 日。

"驱除满族，光复中国"，交代了这部政论小册子的根本宗旨；"笔极犀利，文极沉痛"，道出了其流畅锐达、笔锋常带情感的行文风格；"普及四万万人之脑海"，则是著者的读者定位与理想的启蒙功效。

邹容《革命军》，是一部慷慨激昂的民族革命宣言书，一首雄浑悲壮的民主革命颂歌，也是一篇声泪俱下的"讨满"战斗檄文，同时勾画了革命之后的建设蓝图，形成了自己的思想体系与独特风格，炽烈的爱国主义情感与褊狭的民族主义情绪相交织。作者开篇即以悲壮淋漓之笔，热烈呼唤"革命"风潮，热切宣扬"革命之旨"：

> 吾于是沿万里长城，登昆仑，游扬子江上下，溯黄河，竖独立之旗，撞自由之钟，呼天吁地，破颡裂喉，以鸣于我同胞前曰：呜呼！我中国今日不可不革命，我中国今日欲脱满洲人之羁缚，不可不革命；我中国欲独立，不可不革命；我中国欲与世界列强并雄，不可不革命；我中国欲长存于二十世纪新世界上，不可不革命；我中国欲为地球上名国、地球上主人翁，不可不革命。革命哉！革命哉！我同胞中，老年中年壮年少年幼年，无量男女，其有言革命而实行革命者乎？我同胞其欲相存相养相生活于革命也。吾今大声疾呼，以宣布革命之旨于天下。
>
> 革命者，天演之公例也；革命者，世界之公理也；革命者，争存争亡过渡时代之要义也；革命者，顺乎天而应乎人者也；革命者，去腐败而存良善者也；革命者，由野蛮而进文明者也；革命者，除奴隶而为主人者也。……闻之一千六百八十八年英国之革命，一千七百七十五年美国之革命，一千八百七十年法国之革命，为世界应乎天而顺乎人之革命，去腐败而存良善之革命，由野蛮而进文明之革命，除奴隶而为主人之革命。牺牲个人以利天下，牺牲贵族以利平民，使人人享其平等自由之幸福。[①]

其对"中国之所谓二十四史，实一部大奴隶史"的揭露，对"有自治之才力，有独立之性质，有参政之公权，有自由之幸福，无论所执何业，而皆得为完全无缺之人"的"国民"的呼唤，可谓一针见血，振聋发聩。狂飙突进的革命思想，浅近通俗的语言文字，流畅锐达的文体文风，激情四射的笔调，跳踉叫嚣的文气，排比堆砌的句式，均师法当时最为流行的梁启

---

① 邹容：《革命军》，中华书局，1971，第1—2页。

超式的"新文体"；语言的浅直平易，笔底的浓挚情感，使其文字妇孺能晓，且富有思想与情感魔力，契合了青少年读者的心理，对革命思潮的传播贡献甚巨。

1903 年仲夏至 1904 年孟夏时节，章太炎、邹容两位异姓兄弟因"苏报案"系狱，并与清廷代表在公共租界对簿公堂，震动全国，使章、邹的盛名达到了巅峰。章、邹在爱国知识分子心目中，成了为革命受难的英雄人物；而年仅 20 岁的邹容在狱中的死难，更成就了其革命英烈之名。辛亥革命时期，邹容《革命军》小册子翻印二十多次，流布上百万册，成为辛亥革命时期最为风行、影响最大的革命书刊。

1903 年 6 月，章士钊发表在《苏报》的《读〈革命军〉》一文宣称："邹氏之《革命军》也，以国民主义为干，以仇满为用，捃摭往事，根极公理，驱以犀利之笔，达以浅直之词，虽顽懦之夫，目睹其字，耳闻其语，则罔不面赤耳热，心跳肺张，作拔剑入地、奋身入海之状。呜呼！此诚今日国民教育之第一教科书也。"[1]此番文字为《苏报》正面宣传语，从中可以约略窥知当时激进知识青年的读者反映心理。"苏报案"诉讼期间，清政府控告邹容的条款中有如下一条："该犯曾著《革命军》书，任意污蔑今上，排诋政府，大逆不道，欲使国民仇视今上，痛恨政府，心怀叵测，谋为不轨。"[2]从中可见《革命军》蕴含的排满主义和颠覆政府的根本宗旨。

孙中山在《建国方略》中，曾高度评价 1903 年发生的上海"苏报案"中的两个受难者——章太炎、邹容——在"革命风潮初盛时代"的文字宣传之功，其中对《革命军》一书评价尤高。其言曰："留东学生提倡于先，内地学生附和于后，各省风潮，从此渐作。在上海则有章太炎、吴稚晖、邹容等，借《苏报》以鼓吹革命，为清廷所控。太炎、邹容被拘囚租界监狱，吴亡命欧洲。此案涉及清帝个人，为朝廷与人民聚讼之始，清朝以来所未有也。清廷虽讼胜，而章、邹不过仅得囚禁两年而已。于是民气为之大壮。邹容著有《革命军》一书，为排满最激烈之言论，华侨极为欢迎，其开导华侨风气，为力甚大。此则革命风潮初盛时代也！"[3]鲁迅谈及晚清时期革命诗文的影响时道："倘说影响，则别的千言万语，大概都抵不过浅近直截的'革命军马前卒邹容'所做的《革命军》。"[4]邹容《革命军》小册子文字鼓动力、感染力之大，可谓有口皆碑。

---

① 爱读国民军者：《读〈革命军〉》，《苏报》，1903 年 6 月 9 日。

② 《中国政府控告邹容条款》，《中外日报》，1903 年 7 月 20 日。

③ 孙中山：《建国方略》，载氏著：《孙中山选集》，人民出版社，1981，第 200 页。

④ 鲁迅：《杂忆》，载氏著：《鲁迅全集》第一卷，人民文学出版社，2005，第 234 页。

第五节　刘光汉骈俪化的政论文章

　　20 世纪初年，同样有过以阐扬排满革命的"战斗的文章"名世的光荣，与章太炎齐名的"有学问的革命家"，是扬州学派传人刘师培。1903年夏"苏报案"发之际，年方十九的江苏举人刘师培，眼见中进士入翰林的清梦破灭，正在上海十里夷场另谋出路。是年，这位出身于"三代传经"之家的青涩书生，因结交章太炎、蔡元培等激进革命党人而政见突变，遂以"攘除清廷，光复汉族"为己任，更名"光汉"，著《中国民族志》阐发"光复汉族"思想，撰《攘书》阐扬排满革命道理，与林獬合撰《中国民约精义》宣扬民权自由观念，一时名声大噪。1903 年至 1904 年间，刘光汉先后出任《国民日日报》《俄事警闻》《警钟日报》《中国白话报》《觉民》等报刊笔政，发表大量藉学论政文章，言论和文风均呈肆无忌惮之态。1907 年初，刘师培东渡日本，加入同盟会，成为与《新民丛报》论战的《民报》阵营的政论健将。光绪末叶，是刘师培一生中的"光汉"时期；其论学论政之文，以光汉子、光汉、激烈派第一人、无畏、韦裔等笔名行世，成为当时最具知名度的排满革命文豪之一。

　　刘师培（1884—1919），字申叔，号左盦，别署光汉、光汉子，江苏仪征人。1902 年中举人。1903 年开封会试不第，在上海加入中国教育会、对俄同志会，鼓吹排满革命。1904 年加入光复会。1905 年发起成立国学保存会，创办《国粹学报》。1907 年赴日参与《民报》编撰，加入中国同盟会，举办社会主义讲习会。1909 年任两江总督辕文案。1910 年任直隶总督辕文案、学部咨议官。1911 年任四川国学院副院长，发起成立四川国学会。1915 年任筹安会理事，署理参政院参政，授上大夫。1917 年任国立北京大学中国文学门教授，兼文科研究所导师、国史编纂处纂辑员、《国故》月刊总编辑。著述宏富，有《刘申叔先生遗书》行世。

　　刘师培论政之文以学术为根柢，论学之文以论政为旨归；藉学论政，是其政论文学的突出特点。1903 年，刘光汉、林獬合撰的《中国民约精义》，标榜"以雄伟之文，醒专制之梦"，裒录中国历代先贤与西儒卢梭民约之旨相合言论，每条之后另加按语，对照民约学说加以阐发；其论天赋人权说、主权在民说、社会契约说、人民暴力反抗的正义性、共和为最好的政体等言论，模拟卢梭宣扬民权自由思想，赢得"东亚卢骚"美誉。①
同年，光汉子《中国民族志》以汉族为中心，详载五千年来中国民族与诸
外族之交涉，考察其盛衰得失，集中阐述"光复汉族"的民族革命思想。
第十八章《白种之侵入》篇首云：

> 嗟乎！廿世纪以前之中国，为汉族与蛮族竞争时代；廿世纪以后
> 之中国，为亚种与欧种竞争时代。故昔日之汉族，迭为蛮族之奴隶；
> 今后之中国，又将为欧种之奴隶矣！震旦众生，罹此浩劫，言念及此，
> 能勿悲耶？②

语体为浅易的改良文言，出现大量新名词与时代流行语，兼采欧化句法，
明显沾染报章文风。

1904 年初，刘光汉《攘书》问世，藉学论政，将满洲视为应当攘除
的夷狄。关于"吾国大汉学家仪征刘光汉"所撰著的这部藉述学鼓吹民族
革命的"空前杰著"的宗旨和内容，我们通过是年旧历正月初五《警钟日
报》所刊发的广告词，便可知晓大略：

> 欧洲大革命之起，必赖三四文豪以鼓吹之。文豪之所鼓吹，盖即
> 古学复兴时代也。不历此阶级，则人人无保存国粹之心，而举凡所谓
> 爱国保种，皆虚语矣。夫国且不知，爱于何有？种且不辨，保奚之
> 云？是书为吾国大汉学家仪征刘光汉所箸，上卷凡十六篇，曰《华夏
> 篇》《夷裔篇》《夷种篇》《苗黎篇》《变夏篇》《胡史篇》《溯姓篇》《渎
> 姓篇》《辨姓篇》《鬻道篇》《帝洪篇》《罪纲篇》《史职篇》《孔老篇》
> 《周易篇》《正名篇》，发国人类族辨物之凡，取《春秋》内夏外夷之
> 例，考文征献，覼话明经，发思古之幽情，铸最新之理想，置之四千
> 年古籍中，当占一席。即置之东西鸿哲诸册子中，亦不愧为伟箸矣。
> 上卷限月内出书。凡我国民，有欲饮革命之源泉而造二十世纪之新中
> 国者，不可不人手一编也。③

---

① 棣臣《题国粹学报·上刘光汉同志诸子》诗云："刘生今健在，东亚一卢骚。赤手锄非
　种，黄魂赋大招。人权光旧物，佛力怖群妖。倒挽天瓢水，回倾学海潮。"载《国粹学
　报》第十六期，1906 年 4 月。
② 光汉子：《中国民族志》，中国青年会，1905，第 86—87 页。
③ 《空前杰箸〈攘书〉上卷》，《警钟日报》，1904 年 2 月 20 日。

饮革命之源泉而造二十世纪之新中国,既是革命派知识分子的自我期许,更是唤醒民众投身伟大的民族民主革命事业的历史责任与时代担当。其《变夏篇》有云:

> 嗟乎!燕赵之地,古称多感慨悲歌之士,而衣冠文物萃于中州,函关以西,又天府膏腴甲天下,居今思古,何风流歇绝,亦至于此极?盖胡虏煽乱中原,甲姓避乱南迁,故冠带之民,萃居江表,流风所被,暨于楚粤,回顾中州,惟有荒荒大陆,人兽杂居而已,不亦重可叹哉。
>
> 大抵秦汉之世,华夷之分在长城;魏晋以来,华夷之分在大河;女直以降,华夷之分在江淮。此古代文物所由北胜于南,近代文物所由南胜于北也。使神州之民,仍偷息苟生,日与夷族相杂处,吾恐百年之后,必凌灭至于无文而蔑不夷矣。千年以降,将生理殄绝,反之太古之初而蔑不兽矣。汉唐区宇,黄炎子孙,倦言顾之,潸然出涕矣![1]

《攘书》引经据典,穷源溯本,以复古为解放,思想新锐,文辞趋雅,语体骈散杂糅,文体具有偶俪化色彩。不少篇章感情充沛,神韵独到,亦可谓文坛上别开生面者。

1905年秋,刘师培的政论文《醒后之中国》刊诸东京《醒狮》月刊,署名"无畏"。作者以高度的乐观主义精神"远测中国之前途",信心满满地宣称:"吾所敢言者,则中国之在二十世纪必醒,醒必霸天下。地球终无统一之日则已耳,有之则尽此天职者,必中国人也!"[2]接着畅想醒后中国之蓝图:中国醒后之版图横跨四大洲,中国醒后之民数繁盛不可测,中国醒后之陆军一千三百万,中国醒后之实业傲视天下,中国醒后之宗教以国家为至尊,中国醒后之政体实行帝民主义,以土地归国有,而民众公享之,君官公举,数年而易。其政体,大体在民主共和国家范畴。作者为"既醒之中国人"指出了三条报国途径:"或牺牲其身以钻研科学输入智识焉,或牺牲其身以诛杀盗贼炮弹自焚焉,或牺牲其身以尽瘁教育作成人才焉。"并对倡"保皇邪说"的"鹦鹉才人,蝙蝠志士"发出严正警告。篇末译"二十世纪初罶文明最盛德意志之国歌"四章激励国人,豪情万丈地预言:"美哉!吾测中国之前途,唯有光荣!吾料中国民之未来,唯有奋

---

① 李妙根编,朱维铮校:《刘师培辛亥前文选》,中西书局,2012,第28—29页。
② 无畏:《醒后之中国》,《醒狮》第一期,1905年9月。

进！"①其关于二十世纪之中国必醒的预言，激励着爱国青年投身报效国家的革命事业；其关于醒后之中国必霸天下的预言，则是当时盛行的民族帝国主义风潮激荡的结果。其文体，则是浅近通俗的报章文体。

1907年春，刘师培应章太炎之邀东渡日本之际，正值《民报》阵营与《新民丛报》笔战正酣之时。刘师培的加盟，壮大了革命党人的声势。此期重要政论文有《普告汉人》《悲佃篇》等。《普告汉人》刊发在《民报》临时增刊《天讨》，旨在辩护同盟会首条纲领"驱逐鞑虏"口号的正当性。该文开宗明义指出："若近日之满洲，乃一族肆于民上者也。以一人肆于民上，犹不可，况以一族肆于民上耶？"篇末重申其一贯的论点，"今日之排满在于排满人之统治权"，倡导民族主义"即与抵抗强权主义互相表里，固与前儒中外华夷之辨不同也"。②此文一出，大长革命党人士气。主编章太炎戏曰："申叔此作，虽'康圣人'亦不敢著一词，况梁卓如、徐佛苏辈乎？"③主笔胡汉民亦谓："刘素长掌故考据之学，文亦雅洁，余与精卫甚倾赏之……光汉文出，遂无复言汉满同源以惑众者。"④《悲佃篇》是为维护同盟会"平均地权"纲领而作，破天荒地提出没收地主土地，宣布土地为国民所有，以人口为单位分田的主张，实现"耕者有其田"。这一设想虽未获同盟会领袖人物认可，却堪称阐发"平均地权"思想的最好的政论之一。

1906年仲夏到1908年季秋时节，是刘师培以宣传无政府主义为主要活动的时期。当是时，他在日本东京与张继主持社会主义讲习会，与何震共同主持《天义报》，发表《无政府主义之平等观》等政论文，并组织翻译马尔克斯（今译马克思）、因格尔斯（今译恩格斯）合著的《共产党宣言》。1908年春，刘师培撰写的《共产党宣言序》刊诸《天义报》。其言曰：

　　观此宣言所叙述，于欧洲社会变迁，纤悉靡遗，而其要归，则在万国劳民团结，以行阶级斗争，固不易之说也。惟彼之所谓共产者，系民主制之共产，非无政府制之共产也。故共产主义渐融于集产主义中，则以既认国家之组织，致财产支配不得不归之中心也。由是共产之良法美意，渐失其真。此马氏学说之弊也。若此宣言，则中所征引，

①　无畏：《醒后之中国》，《醒狮》第一期，1905年9月。
②　韦裔：《辨满洲非中国之臣民》，《民报》第十八号，1908年12月。
③　梅鹤孙著，梅英超整理：《青溪旧屋仪征刘氏五世小记》，上海古籍出版社，2004，第38页。
④　胡汉民：《胡汉民自传》，载中国社会科学院近代史研究所《近代史资料》编辑部编：《近代史资料（总四十五号）》，中国社会科学出版社，1981，第27页。

> 罔不足以备参考。欲明欧洲资本制之发达，不可不研究此编。复以古今社会变更，均由阶级之相竞，则对于史学发明之功甚巨；讨论史编，亦不得不奉为圭臬。此则民鸣君译斯编之旨也。①

虽然刘氏站在无政府主义立场对马、因的"共产主义"学说提出了针砭，但其承认"万国劳民团结，以行阶级斗争"为"不易之说"，赞其资本学说、阶级学说的重大贡献，显示出新锐的学术眼光。

刘光汉见诸《警钟日报》《醒狮》《民报》《天义报》等革命报刊的政论文，从内容上看属于觉世之文，从语体上看属于松动的改良文言，从文体上看属于骈俪化的报章文体。晚清时期，语体文体变革乃时势所迫，语言文字合一乃大势所趋，敏感激烈如刘光汉者，不仅对此心知肚明，而且早早预备了两幅笔墨。既要讲求"文词"，"否则不得称为文"，②又要兼顾报章之需与受众群体——刘光汉自觉采取两条腿走路的方针，游刃有余地穿梭于雅与俗、文与白、中与西、觉世与传世之间。

第六节 《民报》政论家汪兆铭的政论文

1905 年孟冬时节，孙中山领导的中国同盟会的机关刊物《民报》在日本东京问世。孙先生在《发刊词》中提出民族、民权、民生三大主义，倡导种族革命、政治革命、社会革命。《民报》的活跃期在 1906 年至 1908 年，聚拢了汪兆铭、胡汉民、陈天华、朱执信、马君武、宋教仁、吴樾、冯自由、章太炎、刘光汉等一批革命派政论作家，与梁启超主笔政的《新民丛报》展开了一场旷日持久的大论战，在思想界廓清了关于民族革命和政治革命的诸多理论性问题，在舆论界扩大了民族民主革命思想的社会影响，在文坛促进了政论文学的发达与近代化。

在这场革命派与君宪派之间的世纪大论战中，《民报》阵营冲锋在前、最为活跃的政论家要数汪兆铭。自《民报》创刊号起，汪氏发表了一系列政论文章，多为针对《新民丛报》的驳论文章，如《民族的国民》《驳新民丛报最近之非革命论》《希望满洲立宪者盍听诸》《驳革命可以召瓜分说》《再驳新民丛报之政治革命论》《驳革命可以生内乱说》等，充当了《民报》

① 申叔：《共产党宣言序》，原载《天义报》第十六至第十九合册，1908 年春；转引自李妙根编，朱维铮校：《刘师培辛亥前文选》，中西书局，2012，第 113—114 页。
② 刘光汉：《论文杂记》，《国粹学报》第一期，1905 年 2 月。

阵营披坚执锐的排头兵和生力军，成为与梁启超论战的主要辩手。汪氏亦因此役而获孙中山赏识，其政论文学亦随《民报》发达的传播网而蜚声中外。

汪兆铭首篇政论文《民族的国民》，1905 年孟冬发表在《民报》创刊号，矛头直指梁启超《政治学大家伯伦知理之学说》一文中反对民族革命、诽斥共和政体之论，这也是《民报》向《新民丛报》正式宣战的第一篇战斗檄文。该文从政治角度嘲讽梁氏"不敢言民族主义，乃至不敢言共和"，畏首畏尾，鼠目寸光，宣称"吾愿我民族实行民族主义，以一民族为一国家"，卒章显志曰："吾愿我民族实行民族主义，以颠覆二百六十年来之贵族政治。"① 汪氏《驳新民丛报最近之非革命论》一文，矛头针对梁氏《开明专制论》第八章提出的"革命不能得共和反以得专制""中国国民非有共和之资格"，② 中国宜实行开明专制，种族革命与政治革命不能并行等观点。该文援引西儒法政学说层层反驳，举仙治罗之宪法大纲反驳波伦哈克之说，以为"中国国民必能有为共和国国民之资格"，标举民权立宪以驳斥开明专制，认为种族革命与政治革命并行不悖且相依为命，取得理愈辩愈明之效。③ 其《驳革命可以召瓜分说》一文，针对梁氏《申论种族革命与政治革命之得失》而发，反驳列强可能趁中国革命的机会加以干涉、进而瓜分中国的论调。汪氏以为：瓜分之原因由于中国之不能自立，中国不能自立之原因由于满人秉政，故非扑满不能弭瓜分之祸；指出革命与瓜分之间没有必然联系，进而断言："革命者，可以杜瓜分之祸，而决非可以致瓜分者也。"④

汪兆铭政论文长于理论思辨，其驳论文字往往采取逐条反驳的方式，层次清晰，逻辑严密，立场鲜明，论点突出，喜征引西方法政学说，针对性强，文字犀利，富有雄辩色彩，字里行间充溢着激越的情感，流露出真理在握、居高临下的霸气，属于条理明晰、以新名词见长的报章新文体。我们看其《驳革命可以生内乱说》中的一段文字：

> 所谓革命者，其事非止于破坏，徒以破坏为事者谓之无意识之破坏，不足以云革命也。革命者转移之谓，而非破坏之谓，其所以用破坏之手段者，除旧以布新而已。……今之言革命者，其所欲破坏者，

---

① 精卫：《民族的国民》，《民报》第一号，1905 年 11 月。
② 饮冰：《开明专制论》，《新民丛报》第七十七号，1906 年 3 月 25 日。
③ 精卫：《驳新民丛报最近之非革命论》，《民报》第四号，1906 年 5 月。
④ 精卫：《驳革命可以召瓜分说》，《民报》第六号，1906 年 7 月。

异族钤制之势力也，专制之淫威也，社会经济组织之不完全也，凡是皆不适宜于社会者也；而其所欲建设者，民族的国家也，民主立宪政体也，国家民生主义也，凡是皆适宜于社会也。破坏其所不适宜者，而建设其所适宜者，本乎建设之目的，以行破坏之手段，其现象乌得有恶乎？[①]

照论战一方的当事人胡汉民的说法，与《新民丛报》阵营的"交战结果，为《民报》全胜"。[②] 史家李剑农也认为，"就当时多数青年的心理言，《民报》的势力确是在《新民丛报》之上"，并进一步分析了《民报》阵营在论战中占据优势的四个原因。第一点比较的就是双方的文字感染力及其西学中学根柢，认为以汪兆铭为代表的《民报》政论家的政论文章，其文字的情感力量、西学根柢和鼓动性并不逊于梁任公，"梁启超的笔端固然'常带感情'，对方汪精卫的笔端却也常为感情所充满；梁若拉出什么'西儒'，什么法理学家、政治学家来作护符，汪也可以拉出同等的护符来"。[③] 在李剑农看来，汪兆铭的政论文章不仅在政治法理理论的运用方面不输于梁启超，而且就其文字对于青年的感染力和鼓动性来说，亦有后来居上之势。

以汪兆铭为代表的《民报》政论家之文，主要以西哲先进的法政理论见长，靠真理在握的学理取胜，表现出与梁启超"笔锋常带情感"式的政论文学不一样的为文风格。据胡汉民回忆：汪氏政论文"宗旨严正，而根据历史事实，以证其所主张者，至为翔确。师出以律，不为叫嚣跳踉之语，异于邹容之《革命军》，遂受学界之大欢迎"。[④] 以法理见长，以学理服人，不空言叫嚣，论从史出，满足了新学界知识青年的求知欲，故而大受欢迎。

1922 年，胡适在《五十年来中国之文学》中秉持文学进化观念，对这场笔战的文学史意义作出评判："这种笔战在中国的政论文学史上很有一点良好的影响，因为从此以后，梁启超早年提倡出来的那种'情感'的文章，永永不适用了。帖括式的条理不能不让位给法律家的论理了。笔锋的情感不能不让位给纸背的学理了。梁启超自己的文章也不能不变了：

① 精卫：《驳革命可以生内乱说》，《民报》第九号，1906 年 11 月 15 日。
② 胡汉民：《胡汉民自传》，载中国社会科学院近代史研究所《近代史资料》编辑部编：《近代史资料（总四十五号）》，中国社会科学出版社，1981，第 17 页。
③ 李剑农：《中国近百年政治史》，商务印书馆，2011，第 236 页。
④ 胡汉民：《胡汉民自传》，载中国社会科学院近代史研究所《近代史资料》编辑部编：《近代史资料（总四十五号）》，中国社会科学出版社，1981，第 16 页。

《国风》与《庸言》里的梁启超已不是《新民丛报》第一、二年的梁启超了。自一九〇五年到一九一五年（民国四年），这十年是政论文章的发达时期。这一个时代的代表作家是章士钊。"① 从梁启超到章士钊，晚清报章政论文学在论战中走向成熟。

第七节　各省留东学子所办革命期刊论说文

1901 年创刊于东京的《国民报》，是中国留日学生创办的第一家革命报刊。1902 年湘籍留日学生创办《游学译编》，首开清国各省留日学生自办杂志纪录。1903 年，鄂籍留日学生创办《湖北学生界》，开以省区命名革命刊物先河。嗣后，留日学生浙江同乡会创办的《浙江潮》月刊，江苏同乡会创办的《江苏》月刊，以及《直说》《醒狮》《二十世纪之支那》《洞庭波》《云南》《汉帜》《河南》《晋乘》《粤西》《秦陇报》《四川》《关陇》《夏声》等各省同乡会或同盟会支部创办的期刊相继问世，成为宣扬民族民主革命思想的重要阵地。戈公振《中国报学史》言"留东学子所编书报，尤力求浅近，且喜用新名词，文体为之大变"，② 指出了留日学生所编书报的语体文体特征，及其在世纪之交中国文体之变过程中发挥的时代风向标作用。

1901 年孟夏时节问世的《国民报》月刊，总编辑为秦力山，孙文是其重要赞助人，其"社说""时论"等栏目文章均未署名，出四期而停刊。据当事人冯自由回忆："庚子冬，湘人秦力山在安徽大通起兵失败，遂亡命至东京，与沈云翔、戢元丞、杨廷栋、杨荫杭、雷奋、王宠惠、张继诸人发刊《国民报》月刊，大倡革命仇满学说，措辞激昂，开留学界革命新闻之先河。"③ 其创刊号"时论"栏刊发的《二十世纪之中国》一文开篇道：

> 吾习闻欧美、日本人鄙我中国之言曰：老大帝国。吾又习闻欧美、日本人忌我中国之言曰：二十世纪将为支那人之世界。如鄙者之所云，则是我中国为奄奄一息，苟延残喘，朝不保夕，束手待毙，是将亡之国；如忌者之所云，则是我中国为雄视宇内，威震环球，操纵万国，鞍辚五洲，是将兴之国也。呜呼，不兴必亡，不亡必兴，固我中国之

---

① 胡适：《五十年来中国之文学》，申报馆，1924，第 52 页。
② 戈公振：《中国报学史》，上海古籍出版社，2014，第 104 页。
③ 冯自由：《东京国民报》，载氏著：《革命逸史·初集》，商务印书馆，1944，第 96 页。

前途也。①

以放眼全球的眼光，站在二十世纪的起跑线上，提出了二十世纪中国是兴是亡以及我同胞何以自处的大问题。这一问题，是所有关心时局和祖国命运的留东学子不得不思考、不得不面对的重大问题。作者对二十世纪中国之必兴有着强烈的信念。其言曰：

> 且夫我中国固具有雄视宇内，威震环球，操纵万国，鞭笞五洲之资格也。方里二千万，倍半于全欧；人民四百兆，六倍于北美；开辟五千余年，有尧舜禹汤文武周孔之遗教，有英雄豪杰龙战虎斗之历史；且地处温带，人性聪慧，国多平原，物产饶裕，皆地球万国之所无，而我中国所独有者也。由是而早进其国于文明，吾恐今日瞬其鹰视，张其狼牙，攘臂奋袂，号称雄邦，争我中国者，亦将屏气敛迹，怵我之威势，惮我之权力，柔顺屈从，就我范围，亦必然之势也。而奈何反是？②

我中国地大物博，人民众多，文明悠久，英雄辈出，本可雄视宇内、威震环球，缘何今日竟落到任人宰割的地步？作者以为根源在于野蛮的专制制度和国人的奴隶根性，在于"公理"不明、"民权"不兴，故而在民族竞存、优胜劣败的国际局势下陷入被动。作者推原泰西泰东列强的强盛之道云：

> 吾知美必曰：脱英压制，独立而强；法必曰：倾君之专制，革命而强；英必曰：去贵族之箝制，改革而强；意必曰：除澳之羁绊，自主而强；日必曰：复幕府之专政，维新而强。且必谓吾之所以能脱之倾之去之除之复之者，在种吾民革命之种子，养吾民独立之精神，而可一言以蔽之曰：民权而已。③

由此得出"一国之兴亡，其责任专在于国民"的结论，激励我同胞为中国腾飞于二十世纪，为缔造自由平等之国而醒觉，而奋斗。

《国民报》第二期刊出的《说国民》一文，宣扬国民的权利、责任、

---

① 《二十世纪之中国》，《国民报》第一期，1901 年 5 月 10 日。
② 《二十世纪之中国》，《国民报》第一期，1901 年 5 月 10 日。
③ 《二十世纪之中国》，《国民报》第一期，1901 年 5 月 10 日。

自由、平等、独立思想。其开篇界定"国民"与"奴隶"道：

> 大地之上，同是动物也，而有人类、禽兽之分；同是人类也，而有白、黄、红、黑之分；即同是一民也，而有国民、奴隶之分。何谓国民？曰：天使吾为民而吾能尽其为民者也。何为奴隶？曰：天使吾为民而卒不成其为民者也。故奴隶无权利，而国民有权利；奴隶无责任，而国民有责任；奴隶甘压制，而国民喜自由；奴隶尚尊卑，而国民言平等；奴隶好依傍，而国民尚独立。此奴隶与国民之别也。[①]

运用"权利""责任""自由""平等""独立"等日本名词、问答的形式和对比的手法，清晰准确地界定了近代民族国家的"国民"与封建专制政体下的"奴隶"的根本区别，对国人进行"国民"思想启蒙。其言"权利"道：

> 何谓权利？曰：天之生人也，既与以身体自由之权利，即与以参预国政之权利。故一国行政之权吾得而过问之，一国立法之权吾得而干涉之，一国司法之权吾得而管理之。一国有利，为吾切己之利，必合群力以求之；一国有害，为吾切己之害，必誓死力以去之。故权利者，暴君不能压，酷吏不能侵，父母不能夺，朋友不能僭，夫然后乃谓之国民之真权利。若夫以一己之权利，拱手而授之他人，君主以一人而占有权利，我不敢与之争；贵族以数人而私有权利，我又不敢与之争；甚且外人盗我权利、诈我权利，我亦不敢与之争；是所谓放弃其权利者也。无权利者，非国民也。[②]

用整饬的句式、欧化的句法、严密的逻辑关系，层层深入地阐发了何谓国民之权利，以及"权利"之于"国民"的极端重要性。其论"责任"道：

> 何谓责任？曰：奴隶之所顾者，为一人一家之事；国民之所顾者，为同国同种之事。奴隶之遇事也，有畏葸苟且之心，故在家则诿之父兄，在朝则诿之君相，是率一国之人而无任事者也。国民之遇事也，有勇往冒险之心，故一国之事即一人之事，一人之事即一国之事，是率一国之人而皆任事者也。然则理乱不知，黜陟不闻，视国家之利害

---

① 《说国民》，《国民报》第二期，1901 年 6 月 10 日。
② 《说国民》，《国民报》第二期，1901 年 6 月 10 日。

休戚如秦越之相肥瘠，孳孳焉汲汲焉求保其身家妻子，以偷生苟活于斯世者，皆放弃其责任者也。无责任者，非国民也。[①]

其言"自由"道：

> 何谓自由？曰：粗言之则不受压制，即谓之自由焉耳。压制之道不外二端：一曰君权之压制，一曰外权之压制。脱君权之压制而一旦自由者，法国是也；脱外权之压制而一旦自由者，美国是也。故凡受君权之压制，而不能为法国人之所为者，非国民也；凡受外国之压制，而不能为美国人之所为者，非国民也。且也欲脱君权、外权之压制，则必先脱数千年来牢不可破之风俗思想、教化、学术之压制。盖脱君权、外权之压制者，犹所谓自由之形体；若能跳出于数千年来风俗、思想、教化、学术之外，乃所谓自由之精神也。无自由之精神者，非国民也。[②]

其论"平等"道：

> 何谓平等？曰：天之生人也，原非有尊卑上下之分；自强凌弱、众暴寡，而贵贱形焉，主奴判焉。故治人者为主，则被治者为奴；贵族为主，则平民为奴；自由民为主，则不自由民为奴；男子为主，则女子为奴。若是者，谓之奴隶之国。国民则不然。冲决治人者与被治者之网罗，则人人皆治人者，即人人皆被治者；冲决贵族与平民之网罗，则人人皆王侯，即人人皆皂隶；冲决自由民与不自由民之网罗，则律例之中无奴仆之文字，海外华工无苦力之称号；冲决男子与女子之网罗，则男子有参政权，即女子亦有参政权。夫然后，一国之内，无一人不得其平；举国之人，无一人不得其所；有平等之民，斯为平等之国。故不平等者，非国民也。[③]

身体自由之权利和参预国政之权利，勇于任事的担当精神和责任心，有自由之形体和自由之精神，人人平等，这是成为近代民族国家"国民"的必备条件。该文对"国民"的系统论述，对自由、平等、权利、独立、责任

---

① 《说国民》，《国民报》第二期，1901 年 6 月 10 日。
② 《说国民》，《国民报》第二期，1901 年 6 月 10 日。
③ 《说国民》，《国民报》第二期，1901 年 6 月 10 日。

等精神的阐扬，为造就新一代中国"国民"树立了标准，指明了前行的方向。

1903 年 2 月问世的《浙江潮》封面绘图为卷起巨浪的江涛，象征着革命浪潮汹涌澎湃，势不可挡。蒋方震所撰《浙江潮发刊词》云：

> 我浙江有物焉，其势力大，其气魄大，其声誉大，且带有一段极悲愤极奇异之历史，令人歌，令人泣，令人纪念。至今日，则上而士夫，下而走卒，莫不知之，莫不见之，莫不纪念之。其物奈何？其历史奈何？曰：昔子胥立言，人不用而犹冀人之闻其声而一悟也，乃以其爱国之泪，组织而为浙江潮。至今称天下奇观者，浙江潮也。……忍将冷眼，睹亡国于生前；剩有雄魂，发大声于海上。①

这篇论说文从身化怒涛的伍子胥说起，将"浙江潮"阐释为浙江青年和仁人志士胸中郁积的爱国热潮和复仇怒潮，不失为一篇思想精警、饱蘸感情、形神兼备、极具感染力的新体杂文。社说《国魂篇》同样是一篇文笔精粹、形象生动、淋漓悲壮的新体杂文。其言曰：

> 五官具，四肢备，圆其颅，方其趾，则谓之为人矣乎？而或者曰：是非人也，傀儡也。何以故？曰：无魂故。是以戮之斩之勿知痛。有土地，有人民，有政府，有法令，则谓之为国矣乎？而识者曰：是非国也，傀儡也。何以故？曰：无魂故。是以戮之割之勿知醒。
>
> 一民族而能立国于世界，则必有一物焉，本之于特性，养之以历史，鼓之舞之以英雄，播之于种种社会上，扶其无上之魔力，内之足以统一群力，外之足以吸入文明与异族抗；其力之膨胀也，乃能转旋世界而鼓铸之；而不然者，则其族必亡。兹物也，吾无以名之，名之曰："国魂。"②

作者描绘的"戮之斩之勿知痛""戮之割之勿知醒"的"无魂"的傀儡人和傀儡国，读来惊心动魄，令人如芒在背，有着强烈的刺激力和感染力。为唤起"中国魂"，作者大力鼓吹"祖国主义"。社说《民族主义论》开篇以耸人听闻的口吻，描述19世纪末席卷欧、美、澳、非后"乃乘风破涛以入于亚"的"大怪物"——"民族主义"风潮。其言曰：

---

① 《浙江潮发刊词》，《浙江潮》第一期，1903 年 2 月。
② 《国魂篇》，《浙江潮》第一期，1903 年 2 月。

　　亘十九世纪二十世纪之交有大怪物焉，一呼而全欧靡，而及于美，而及于澳，而及于非。犹以为未足，乃乘风破涛以入于亚。亚人未识之也，乃为无意识之乱动。见其皮毛，以为其全体也，则曰皮曰毛；见其手与足，以为其全体也，则曰手曰足。其稍稍上焉者，则见其筋见其骨矣，然不能举其全体而解剖之，其构造，其生长，其发达，皇乎瞠乎，其未之闻也。三十年来之制造派，十年来之变法派，五年来之自由民权派，皆是矣。夫言各有当，吾诚不敢拾后者以傲前。所可痛者，则以吾数千年神明之胄，业将迫之于山之巅、水之涯，行将尽其类而后已。环宇虽大，竟无容足之区，病将死矣，曾不知其病之所在，死之所由。呜呼，今吾不再拭一掬泪以为吾同胞告，则吾恐终为所噬而永永沉沦万劫不复也。乃言曰：今日者，民族主义发达之时代也，而中国当其冲；故今日而再不以民族主义提倡于吾中国，则吾中国乃真亡矣。[①]

　　"民族主义"和"祖国主义"，是《浙江潮》高举的两面旗帜；实行民族革命和民主革命，则是《浙江潮》同人认定的拯救祖国危亡的唯一正确的途径。《浙江潮》同人炽烈的爱国情怀，热切的救亡呼号，对国人麻木魂灵入木三分的刻画，对"民族主义"和"祖国主义"的召唤，随着其指点江山的激昂文字、笔锋常带情感的报章文体，感染着一代知识青年，也带起了一个革命论说文兴盛的时代。

　　1903年4月问世的《江苏》杂志，第三期赫然标记"黄帝纪元四千三百九十四年五月廿八日"，首开晚清报刊使用黄帝纪年之记录。此后不久，以保种为宗旨的黄帝纪年，迅即成为革命报刊组织内一种具有政治文化含义的象征符号。第五期"社说"栏所刊金松岑《国民新灵魂》一文，将"国家"视为有"灵魂"的"有机体"，哀叹"中国国民之魂"的失落：

　　吾中国国民之魂果安在乎？吾登昆仑之山巅，溯黄河之流域，求吾神圣祖宗黄帝之遗烈，风后力牧之余勋，战胜蚩尤，驱除蛮族，扩张势力以遍树吾都兰民族之旗……乃为奴隶魂，为仆妾魂，为囚虏魂，为倡优魂，为饿殍待毙一息之魂，为犬马豢养摇尾乞食之魂，而籥其府，而徘徊其都市，则商黯其色，工悴其容，农喘其息，士淹其气，

---

① 余一：《民族主义论》，《浙江潮》第一期，1903年2月。

悲风吹来，四山落叶，晚景袭入，灯烛无光，暮气入窗，沉冥石室。
乃魂之房耗矣。哀哉，中国魂，中国魂！

作者阐述了由"山海魂""军人魂""游侠魂""社会魂""魔鬼魂"五
大"原质"合成的"国民新灵魂"，断言："吾国民具此五灵魂，而后可
以革命，可以流血，可以破坏，可以建设，可以殖民，可以共产，可以结
党，可以暗杀恐怖，可以光复汉土，驱除异族，生则立懂于世界，死则含
笑以见我神圣祖宗黄帝于地下，告厥成功焉。"①

1906 年孟冬，《洞庭波》创刊号刊发主编陈家鼎洋洋数千言的《二十
世纪之湖南》一文，署名"铁郎"，充当了该刊的"发刊词"。该文开篇历
数湖南之光荣历史、大好人物及其英伟事业。其言曰：

> 拥六十三州县之面积，聚二千二百万人数之户口，阅三千年古国
> 之文明，系十七省人心之希望。以言建国，则有鬻熊、吴芮、马殷之
> 霸业；以言开府，则有陶侃、张浚、瞿式耜、何腾蛟之忠勋；屈原以
> 文章唤起国魂，船山以学说提倡民族；时务则魏源、郭嵩焘、曾纪泽
> 为之先声；种界则曾静、贺金声、陈天华、姚洪业效其死命……鬻熊孙
> 子，人人皆拿破仑；湘中城池，处处号圣彼得。纵横上下，不可一世。

作者强调湖南在全国乃至全世界的重要地位之后，笔锋一转，列举了近
代湖南于湘军镇压太平天国后负罪于天下者之"五性"，即"媚满性之
圆足""合群性之缺乏""保皇性之愚谬""守旧性之固结""排外性之误
看"，进而提出"救危亡于今世"之"五法"，即"速行悔过法""首倡
起义法""力讲外交法""公约自治法""预备革命法"，指出此"五性"
乃"亡湖南之病根"，此"五法"乃"医湖南之药石"。作者将湖南与日
耳曼二十五联邦中的德意志、美国十三州中的华盛顿相提并论，预言"二
十世纪之湖南，十九世纪之法兰西、意大利也"；篇末将主旨归结到"同
心戮力，驱此丑酋，而不使黄帝子孙，终蹈不幸也"。卒章显志，揭出反
清革命之"汉帜"。②

晚清时期，各省留东学子所办革命报刊论说文，对日本书刊传播的泰
西新思想采取拿来主义态度，对源自日本文的新名词、新学语随手拈来，

① 壮游：《国民新灵魂》，《江苏》第五期，1903 年 8 月。
② 铁郎：《二十世纪之湖南》，《洞庭波》第一期，1906 年 10 月。

且濡染了日本书刊的欧化句法，其理论武器和思想源泉与居东时期的梁启超一样，走的是西学东来的渠道，其语体文体同样走的是"梁启超"式的报章新文体的路子。尽管其言论立场与保皇派第二号人物梁启超相左，其救亡启蒙的言论报国动机却是一样的；惟因救国的方针不同，构建新中国的方案不同，使宪政派与革命派在政治立场上激烈碰撞，促成了革命思潮的兴盛，促进了国民思想的醒觉，同时也推动了立足于改良文言的报章政论文学和新体杂文的发展。

第六章　章士钊的政论文与"甲寅文体"

清末民初，将新文体"条理明晰"的文体特征推进到注重学理、讲求逻辑、文辞谨严的报章文言政论新阶段的，除了与梁启超论战的《民报》政论家，声名与成绩最为显著者，要数以逻辑文闻名天下的章士钊。从1903年主《苏报》笔政，到1915年勉力经营《甲寅》杂志，前后十余年间，章士钊是报章政论时评文章的活跃写手和重量级作家，以"有学理做底子，有理论做骨格，有文法做准绳"的逻辑谨严的法理政论文章名噪一时。[①] 从梁启超平易畅达、条理明晰、笔无藏锋、丰于情感、纵笔所至不检束的"新民体"，到章士钊注重逻辑、讲求学养、句法欧化、文法精密、朴实说理的"甲寅文体"，近代报章文言散文在胡适所言的"古文范围以内的革新运动"阶段趋于完备。

第一节　《苏报》与章士钊早期政论文

长期以来，文学史家多注目于章士钊的"逻辑文学"或"甲寅文体"，相对忽视了其癸卯年主《苏报》笔政时期的革命政论和时评文章。或许是初出茅庐的青年章士钊发表在《苏报》的文章多不具名，且其本人在"苏报案"中得以逍遥法外的缘故，长期以来学界对他在"苏报案"前后的革命宣传活动中扮演的重要角色关注不够，评价不足。

1903年自夏徂冬，二十出头的学潮领袖、报馆主笔章士钊，依托上海《苏报》《国民日日报》发表了一些列政论时评文章，并出版了革命宣传小册子《孙逸仙》《沈荩》，以"青桐""黄中黄"等笔名，在晚清新知识界和文坛崭露头角，与其结义兄弟章炳麟、张继、邹容一道，成为革命派政论家中的佼佼者。章士钊《苏报》时期的文体文风，深受风行一时的

---

① 陈子展：《中国近代文学之变迁》，中华书局，1929，第125页。

"新民体"濡染，与邹容《革命军》一样，同属"梁启超"式的报章"新文体"。

章士钊（1881—1973），字行严，别署黄中黄、烂柯山人、青桐、秋桐、孤桐等，湖南长沙人。1901年入武昌两湖书院读书，次年考入南京陆师学堂。1903年赴沪，主《苏报》笔政，将该报打造成"革命之机关"；"苏报案"发后创办《国民日日报》，继续鼓吹排满革命。1904年回长沙，与黄兴等组建华兴会，从事反清革命活动。1905年流亡日本。1907年赴英留学，习法政和逻辑学。辛亥武昌首义后返国，任上海《民立报》主笔。民国二年（1913）被孙中山任命为讨袁军秘书长。1914年创办《甲寅》杂志，以反对专制的"逻辑文学"名噪一时。同年声讨袁世凯，参加二次革命。后出任北洋政府司法总长、教育总长等职。五四时期，站到了新文化运动和学生运动的对立面。有《章士钊全集》行世。

章士钊自言："年十七八，学为文章，读曾文正公所为《欧阳生文集序》，略以想见近代文艺之富，家书之出入，辄不胜向慕，而隐然以求衍其派于湖湘之责自任。"[①] 可见，他早年喜好的是桐城古文和湘乡派文。章士钊以少年能文、放言革命而有口碑，是在1903年"苏报案"前后。癸卯年孟夏时节，受吴稚晖主持的上海《苏报》"学界风潮"专栏的鼓动，南京江南陆师学堂学魁章士钊率三十余同学出走上海，加入蔡元培、章太炎等创办的爱国学社，经章太炎推荐出任《苏报》主笔，匿名发表《康有为》《哀哉无国之民》《读革命军》《异哉满学生，异哉汉学生》《贺满洲人》《释仇满》《虚无党》《呜呼保皇党》《论仇满生》等政论文章，[②] 化名发表《论中国当道者皆革命党》《驳〈革命驳议〉》等时评文章，实名发表章行严《杀人主义》、章炳麟《序革命军》等革命文章，在"新书介绍"栏连续为《革命军》《驳康有为书》等革命书籍宣传造势，并选刊章氏《驳康有为书》，明目张胆地鼓吹"排满""排康"和民主革命主张，引发了轰动海内外的"苏报案"，章太炎、邹容系狱，在上海公共租界法庭与清廷代表对簿公堂，革命党的声势为之大振。章士钊则因查办此案的恩师俞明震徇情而逍遥法外。

章士钊见诸《苏报》的政论时评文章，大都笔意恣肆，慷慨淋漓，但已显露文法谨严、论理充分等特点，克服了梁启超"纵笔所至不检束"式

---

① 孤桐：《藉甚——答马其昶》，《甲寅周刊》第一卷第十六号，1925年10月31日。

② 这些文章均未具名。章士钊曾回忆道："吾忆《苏报》，吾为惟一撰稿人，通常社论不署名。"参见章士钊：《疏〈黄帝魂〉》，载中国人民政治协商会议全国委员会文史资料研究委员会编：《辛亥革命回忆录》第一集，中国文史出版社，2012，第183页。

的堆砌与芜杂。章士钊刊发在《苏报》"大改良"第一日"论说"栏的《康有为》一文，从传闻清政府召逋臣康有为返国之说下笔，在"革命风潮日甚一日"语境下，对颟顸野蛮的清政府和保皇党领袖康有为两面开弓，极尽挖苦讽刺之能事。其言曰：

> 康有为者，开中国维新之幕，其功不可没；而近年之顷，则康有为于中国之前途绝无影响，可断言也。何也？新水非故水，前沤续后沤。戊戌之保皇，不能行于庚子之勤王；庚子之勤王，不能行于今后之革命。革命之宣告，殆已为全国之所公认，如铁案之不可移。而康有为偏奋其胡汉一家之辩，作天王圣明之谈，自负其开幕之功，欲强掣后生之动。呜呼！独不念今日之新社会，已少康有为立锥之地。必欲悍然不顾，抗如荼如火万颗之头颅，而崇奉无色无光一家之剑玺，吾诚不解其何心！ [①]

指出"天下大势之所趋，其必经过一趟之革命，殆为中国前途万无可逃之例"，已沦为"革命之反动力"的康有为，或将成为"方今暗杀之风"的牺牲品。

《苏报》"大改良"第二日"论说"栏刊发的《哀哉无国之民》一文，从"国者，有机体也，非徒人民之集合体，必其民一一有权利、有义务、无愧有机体之一质点，而与其国之强弱荣辱无几微不有密切之关系者也"立论，指出已亡国二百五十年的"支那人""本自无国"，举目方今二十世纪之中国，"览其可以胜国民之材料者不可得"，故而名其曰"无国之民"。其言曰：

> 请言支那人之材料。崇拜外人，为虎作伥，局促生计，不问外事，彼方惨杀，此焉歌舞，此个人主义之凑于极端者也，其材料可以为禽兽。研究学业，簧鼓变法，而依赖根性，若出天赋，一则曰政府，再则曰政府，此个人主义之一变相也，其材料可以为奴隶。穿穴哲理，解剥世故，人类万变，无足逃其非难，而以矛刺盾，殆有甚焉，和光同尘，别有天地，此个人主义之又一变相也，其材料可以为娼优。[②]

章氏在"二十世纪现一新建设之国于地球"的预设目标下，对清政府、保

---

① 《康有为》，《苏报》，1903 年 6 月 1 日。
② 《哀哉无国之民》，《苏报》，1903 年 6 月 2 日。

皇党、无政府主义者乃至上海租界一帮整天"声声自由与平权"的"二十世纪之青年"痛下针砭，①穷形极相地揭穿形形色色的"个人主义"的奴隶本相与变相，意在呼唤具有近代民族国家观念的"中国的主人翁"，②唤起民众的"国民"思想。

章士钊《杀人主义》一文将满人视为"今日我等之公敌"，号召"我国民"对满洲政府和统治者实行"杀人主义"和"复仇主义"。其言曰：

> 既丁末运，沐猴而冠，已不能守，又复将我兄弟亲戚之身家性命财产，双手奉献于碧眼紫髯儿之膝下，奴颜向外，鬼脸向内。呜呼，借花献佛，一身媚骨是天成；斩草除根，四海人心应不死。今日杀人主义，复仇主义也，公等其念之！③

其种族观念是褊狭的，其政治立场是激进的，言辞犀利，流畅锐达，饱蘸感情，壮怀激烈，其革命言论富有极大的煽动性。我们再看下面一段文字：

> 读《法兰西革命史》④，见夫杀气腾天，悲声匝地，霜寒月白，鸡犬夜惊。悬想当日独夫民贼之末路，英雄志士之手段，未尝不豪兴勃发，不可复遏。今者断头台上，黄旗已招飐矣。借君头颈，购我文明，不斩楼兰死不休！壮哉杀人！

其激烈的"杀人主义"暴力革命立场，与两三年前梁启超鼓吹的"破坏主义"如出一辙；其极端的仇满情绪，表现出革命派知识分子普遍存在的褊狭的种族立场；其平易畅达、条理明晰、笔无藏锋、悲壮淋漓的文体文风，以及言文杂糅、中西兼采的语体特征，亦与梁氏"新民体"一脉相承。章士钊晚年对"弱冠出乡，放言革命"从而导致学业荒落深表反悔，言《苏报》时期"文既不中律令，论只追逐时流"，如今"循览少作，焉

---

① 青桐：《二十世纪之青年》，《国民日日报》，1903 年 8 月 28 日。

② 《中国的主人翁》，《国民日日报》，1903 年 9 月 13 日。

③ 章行严：《杀人主义》，《苏报》，1903 年 6 月 22 日。

④ 1903 年 8 月 27 日，章士钊创办的上海《国民日日报》刊登的《〈法兰西革命史〉出现》广告词曰："此书由东京支那青年会诸君所译述，欲鼓吹革命主义以棒喝我国民，故改订再三始敢出版。其中叙法国革命流血之事，慷慨激昂，泼泼欲生，正可为吾中国之前途龟鉴。凡吾国青年志士，有不愿为奴隶而愿为国民者，当各手一编，以朝夕自励。每部大洋八角，不折不扣。代售处上海二马路中市国民日日报社。"

禁汗下"。①这一情形，恰印证了其早年政论文受当时流行的报章新文体濡染之深。

6月9日，章士钊在《苏报》"来稿"栏刊发《读〈革命军〉》一文，署名"爱读革命军者"；在"新书介绍"栏为"四川邹容著"《革命军》作广告。前文痛批"奴隶主义"，阐扬"国民主义"，指出"脱奴隶就国民"之道在于实行"革命"和输灌"国民主义"，而非"教育普及"；其言"排满"曰："今日世袭君主者，满人；占贵族之特权者，满人；驻防各省以压制奴隶者，满人。夫革命之事，亦岂有外乎去世袭君主、排贵族特权、覆一切压制之策者乎？是以排满之见，实足为革命之潜势力，而今日革命者，所必不能不经之一途也。"同时指出："然使仅仅以仇满为目的，而不输灌以国民主义，则风潮所及，将使人人有自命秦政、朱元璋之志，而侥幸集事，自相奴畜，非酿成第二革命不止。"在此语境下，章氏盛赞邹容《革命军》，言其"以国民主义为干，以仇满为用"，誉其为"今日国民教育之第一教科书"。②后文宣传邹容《革命军》一书"宗旨专在驱除满族，光复中国"，言其"笔极犀利，文极沉痛"，断言"稍有种族思想者，读之当无不拔剑起舞，发冲眉竖"，意欲"以此种书普及四万万人之脑海"；果如是，则"中国当兴也勃焉"。③排满革命言辞之激烈，"光复中国"志向之坚定，由此可见一斑。

1903年8月7日，《苏报》被查封一个月后，章士钊主编的《国民日日报》又呱呱坠地，继续阐扬民族革命思想和民主革命道理。该报由军国民教育会经理谢晓石出资，上海西报记者卢和生为发行人，在英国驻沪领事馆注册；张继、何梅士、陈独秀任编辑和主笔，陈去病、金松岑、刘师培、高旭、苏曼殊、柳亚子等担任笔政。该报"发行未久，风行一时，时人咸称《苏报》第二"。④清廷虽通令长江一带严禁售阅该报，然而收效甚微。至12月4日，出至第118号停刊。章士钊撰写的长篇政论《箴奴隶》《说君》连载于该报。《箴奴隶》旨在剖析中国人的"奴隶根性"：

奴隶非生而为奴隶者也，盖感受三千年奴隶之历史，熏染数千载奴隶之风俗，只领无数辈奴隶之教育，揣摩若干种奴隶之学派，子复

---

① 章士钊：《疏〈黄帝魂〉》，载中国人民政治协商会议全国委员会文史资料研究委员会编：《辛亥革命回忆录》第一集，中国文史出版社，2012，第183页。
② 爱读国民军者：《读〈革命军〉》，《苏报》，1903年6月9日。
③ 《新书绍介·革命军》，《苏报》，1903年6月9日。
④ 冯自由：《上海国民日日报和警钟日报》，载冯自由编：《革命逸史·初集》，商务印书馆，1944，第135页。

生子，孙复生孙，谬种流传，演成根性。有此根性，而凡一举一动，遂无不露其奴颜隶面之丑态，且以此丑态为美观为荣誉，加意修饰之，富贵福泽，一生享着不尽，于是奴隶遂为一最普通、最高尚之科学，人人趋之，人人难几之。趋向既日盛一日，而根性乃日牢一日，至于近顷，奴隶成为万古不灭之铁案，无从推翻，遂乃组织此宠大无外之奴隶国。①

这篇分七期连载的长文，从历史、风俗、教育、学派四个方面，鞭辟入里地分析了奴隶性产生的原因，而革除奴隶性则是造就现代"公民"和"国民"的必要前提。同样连载七期的《说君》一文，因不宜于日报而未竟其半，却驱遣古今中外政治历史掌故，将"君之由来及为君之方法""君祸"叙述得原原本本、头头是道、有条不紊，显示出章氏政论文章的逻辑功底与谨严章法。

章士钊主持的《国民日日报》"文苑"专栏办得有声有色，网罗了章太炎、刘师培、高旭、高燮、杨毓麟、马君武等一批革命知识分子精英人士，刊发了高旭《海上大风潮起放歌》、杨毓麟《近事新乐府四章》、高燮《近事新乐府》、黄宗仰《再寄太炎威丹》等一批脍炙人口的著名诗篇。1903年12月至次年10月，上海东大陆图书译印局分类编辑刊印了《国民日日报汇编》一、二、三、四集，进一步扩大了该报的社会影响。

第二节　革命小册子《孙逸仙》《沈荩》

1903年，以上海为中心的江浙地区，形成了一个与东京留学生界声气相通、桴鼓相应的革命策源地。其中，上海爱国学社接手后（尤其是章士钊主笔政后）的《苏报》，在癸卯年风起云涌的革命风潮中充当了报刊媒介中的舆论先锋。是年夏，对于鼓荡"学界风潮"和"排满""排康"不遗余力的《苏报》主笔，有感于东京留学生界和江浙知识界"民气之奋，进步之速"，呐喊出"癸卯年万岁"的革命呼声。②正是借助《苏报》的大胆宣传和"苏报案"的轰动效应，章太炎《驳康有为论革命书》和邹容《革命军》声名大著，不胫而走，革命党声气大振，排满革命的思想种子，凭借富有"热力"的革命政论文字，在留东学生界和长江流域进步知

① 《箴奴隶》，《国民日日报》，1903年8月8日。

② 《海内热力史》，《苏报》，1903年5月6日。

识界广为撒播。是年秋，章士钊推出的纳入"荡虏丛书"的两种革命小册子，[①]同样产生了轰动性影响，成为癸卯年革命风潮中的潮头性作品。这两种革命小册子，一是译录之作《大革命家孙逸仙》，一是撰著之作《沈荩》，两书均具有很强的政论色彩。

章士钊译录的《孙逸仙》小册子，署"白浪庵滔天原著，支那黄中黄译录"，节译自日本社会党首领宫崎寅藏所著《三十三年落花梦》。原著具有自传性质，除以第一人称口吻记述个人身世、学历、信仰及对明治政府的不满外，对其赞助孙逸仙从事革命运动情状有着较为细致的记录。章士钊《孙逸仙》仅"取原书十分之四"内容，并因其"多关滔天一己之琐事，不合于译者之主义"，故而"复有裁汰"，以至于原书内容"所存无几"；鉴于"原书于多大关系处多空白"，章氏遂"据所知者填入"；"原书体近小说"，章氏将这位"风雅之英雄""所谈留香女史、政子女史等事"悉数裁汰；又经过"从吾主义之所在"而易其书名和"易其口吻"等工作，章氏译录的《孙逸仙》一书，"虽为译体，而颇费制裁"，[②]与原著已大异其貌，成为一部似传记非传记、似小说非小说、似政论非政论的宣扬"大革命家孙逸仙"革命言行志向与革命活动的小册子。

章太炎在《孙逸仙》卷首题诗为序。其诗云："索虏昌狂泯禹绩，有赤帝子断其嗌，掩迹郑洪为民辟，四百兆人视此册。"刘师培为该书题跋，言近世以来"本民族思想为实行者，仅孙逸仙一人"，称"孙君以旷世之才，愤胡虏之辱，义旗甫举，险阻备尝，虽成败之数不可逆料，而影响之及中国者，吾知其非浅鲜矣"；并纠正章太炎"以排满为光复"之说，言"取固有之土于邻封谓之光复，取固有之土于蛮族谓之攘夷"，谓孙逸仙为"攘夷政策实行者"，赞誉"此书之造福汉民，岂有量耶"？[③]卷首依次有章士钊自序、秦力山序、孙文原序、滔天原自序。章士钊序《孙逸仙》云：

---

① 1903 年 10 月 9 日《国民日日报》刊登《荡虏丛书第一种》告白云："《荡虏丛书》者，乃亚东第一荡虏社同人所译著也。同人痛黄帝子孙之将绝，发愤为是书，冀得以唤醒同胞之昏梦。凡我同胞，皆当泣读。现已有三种，次第付印。其第一种乃叙述中国二十世纪开幕之一人物，淋漓慷慨，得未曾有。读之，当益人热血数斗。谓予不信，请拭眼帘。不日出书。"《荡虏丛书》第一种为《孙逸仙》，第二种为《沈荩》，第三章为《无政府主义》。

② 参见《凡例》，载 [日] 白浪庵滔天著，黄中黄译录：《孙逸仙》，支那第一荡虏社，1903，第 11 页。该书封面题为《大革命家孙逸仙》，正文题为《孙逸仙》，序跋中均称《孙逸仙》。

③ 光汉：《跋》，载 [日] 白浪庵滔天著，黄中黄译录：《孙逸仙》，支那第一荡虏社，1903，第 59—60 页。

孙逸仙者，近今谈革命者之初祖，实行革命者之北辰，此有耳目者所同认。今中黄之译录此书，标之曰《孙逸仙》，岂不尚哉？而不然，孙逸仙者，非一氏之私号，乃新中国新发现之名词也。有孙逸仙，而中国始可为，则孙逸仙者，实中国过渡虚悬无薄之隐针。天相中国，则孙逸仙之一怪物，不可以不出世。即无今之孙逸仙，吾知今之孙逸仙之景与罔两，亦必照此幽幽之鬼蜮也。世有疑吾言者乎？则请验孙逸仙之原质为何物，以孙逸仙之原质而制造之又为何物。此二物者，非孙逸仙之所独有，不过吾取孙逸仙而名吾物，则适成为孙逸仙而已。既知此议，则谈兴中国者，不可脱离孙逸仙三字。非孙逸仙而能兴中国也，所以为孙逸仙者而能兴中国也。则孙逸仙与中国之关系，当视为克虏伯炮弹之成一联属名词，而后不悖此书之宗旨，且影响之及于中国前途者，当无涯量。中黄，黄帝之子孙也。有能循吾黄帝之业者，则视为性命之所在。且为此广义，以正告天下，以视世之以私谊而相标榜，主张伪说迷惑天下者，读此书者当能辨之矣。共和四千六百一十四年八月二十日，黄中黄录竟自识。①

十年后，中华民国初肇，孙逸仙于暮春时节"既解大总统之职，行遄返广东"，时任《民立报》主笔的章士钊有感而发，作《送孙先生》一文，忆及十年前以黄中黄伪名发行《孙逸仙》一书，"珍重介绍兴中会之首领于吾国"之往事，眼见对孙先生"背负四百余州而独立，手握政权于四亿万众之上"的预言一语成真，不禁一叹再叹当年书序所言"其说之不可易"，并全文衰录"以送先生"。②

章士钊译著的《孙逸仙》共分四章，第一章孙逸仙之略历及其革命谈判，第二章孙党与康党，第三章南洋之风云与吾党之组织，第四章南征之变动及惠州事件，从篇章结构上看更像书名所标榜的"大革命家孙逸仙"的评传。同年 11 月，湖南畸士黄藻辑录的《黄帝魂》一书，将《孙逸仙》第一章节录为《孙逸仙与白浪庵滔天之革命谈》一文，则纯乎一篇出自孙文之口的革命政论文章。在该章开篇，孙逸仙畅言其"共和主义"革命宗旨道：

余以人群自治，为政治之极则，故于政治之精神，执共和主义。

---

① 黄中黄：《序》，载 [日] 白浪庵滔天著，黄中黄译录：《孙逸仙》，支那第一荡虏社，1903，第 1 页。
② 行严：《送孙先生》，《民立报》，1912 年 4 月 3 日。

夫共和主义，岂平手而可得？余以此一事，而直有革命之责任者也。
况羁勒于异种之下，而并不止经过君民相争之一阶级者乎？清虏执政，
于兹三百年矣。以愚弄汉人，为治世第一义。吸汉人之膏血，锢汉人
之手足，为满奴升迁调补之符。认贼作父之既久，举世皆忘其本来。
经满政府多方面之摧残笼络，致民间无一毫之反动力，以酿成今日之
衰败。沃野好山，任人割取，灵苗智种，任人践蹂，此所以陷于悲境
而无如何也。方今世界，文明日益增进，国皆自主，人尽独立。独我
汉种，每况愈下，滨于死亡。丁斯时也，苟非凉血部之动物，安忍坐
圈此三等奴隶之狱，以与终古？是以小子不自量力，欲乘变乱，推翻
逆胡，力图自主。①

言文杂糅的语体，政论、传记、小说混搭的文体，见证了文界革命时代文
体新变的驳杂状态，表征着过渡时代新体散文的新旧杂陈形态。

　　章士钊《孙逸仙》一书问世前，"其时天下固瞢然不知孙氏为谁何者，
上海同志与孙氏有旧者，独一秦巩黄"；而在秦力山眼中，"四年前，吾人
意中之孙文，不过广州湾一海贼也，而岂知有如行严所云云者"；②该书出
版后，"自是孙文、孙中山著为文章，寖喧于士人之口矣"。③半个多世纪
后，已过耄耋之年的章士钊回忆起当年这部"一时风行天下，人人争看，
竟成鼓吹革命之有力著述"的小册子时，依然充满自豪，得意之情溢于言
表。④

　　癸卯年闰五、六月之交发生的"沈荩案"，暴露了刚从庚子国变中缓
过神来的慈禧太后对外软弱无能、卑躬屈膝，对内凶残野蛮、惨无人道的
丑恶嘴脸，引起了中外舆论的一片谴责之声，激发起以留学生群体为主体

① ［日］白浪庵滔天著，黄中黄译录：《孙逸仙》，支那第一荡虏社，1903，第3页。
② 巩黄：《孙逸仙·序》，载［日］白浪庵滔天著，黄中黄译录：《孙逸仙》，支那第一荡虏社，
　　1903，第3页。
③ 钱基博：《现代中国文学史》，商务印书馆，2017，第523页。
④ 章氏晚年回忆《孙逸仙》一书发明"孙中山"一词的情形道："时先生名在刊章，旅行
　　不便，因易姓名为中山樵，中山姓，樵名。人或骤遇先生于逆旅抑通衢，必须见呼中
　　山，而讳言孙姓，始与易姓避人耳目之本旨相符。顾吾贸贸然以中山缀于孙下，而牵连
　　读之曰孙中山。始也广众话言，继而连章记载，大抵如此称谓，自信不疑。顷之一呼百
　　诺，习惯自然，孙中山孙中山云云，遂成先生之姓氏定型，终无与易……一时风行天下，
　　人人争看，竟成鼓吹革命之有力著述，大出意外。有江南名士金松岑，以工为古文辞擅
　　名，闻风兴起，复取滔天原著，全部精译，踵行于世。顾不如吾短书之入人深而推行远。
　　曾国藩'不信书，信运气'之扯谈胡言，其收效于宣传事业又如此。"参见章士钊：《疏
　　〈黄帝魂〉》，载中国人民政治协商会议全国委员会文史资料研究委员会编：《辛亥革命回
　　忆录》第一集，中国文史出版社，2012，第177页。

的爱国知识青年对野蛮专制的清政府的更大蔑视与仇恨，排满革命风潮在以上海为中心的东南地区持续发酵，直接影响了"苏报案"的走向。章士钊撰著的《沈荩》一书，在促进国内新知识界政治立场的激进化方面，发挥了推波助澜的巨大鼓动功效。

《沈荩》是一部以"沈荩案"为主线，以鼓动排满革命为宗旨的流行书籍，其文体介于政论和评传之间，政论色彩大于传记性质。该书将沈荩塑造成一位壮志未酬的排满革命实行家，共分五章。第一章，绪论；第二章，沈荩之略历及庚子事变；第三章，沈荩之居北京及群小倾陷之情势；第四章，满政府之惨刑及沈荩死后之影响；第五章，结论。绪论部分渲染癸卯年掀起革命风潮的大事件道：

> 今日之中国，乃适渡于种族竞争、党派斗争之湍流，而其现象之激烈、风云之伟壮，必有足为纪念者焉……本年事件之多端，亦既照人耳目矣，而区分之，约为四时代。一时代以一人作为代数以记之，则二三月之交者，吴敬恒蔡民友同时代也；四月五月之交者，钮永建汤槱同时代也；五六月之交者，章炳麟邹容同时代也；六七月之交者，沈荩时代也。然吴敬恒以几次之言说，惹起满清之注目，是为本年骚动之发端，而钮永建复组织军队，为满清腐鼠之吓，以故吴蔡汤钮之名词，扰攘于上海者数月，而卒无事。吴敬恒走西，钮永建返东，而其毒乃大集，突发于章炳麟被捕之日，全国之视线，莫不注集于松江一角之地，以为满汉宣战，今其嚆矢。章炳麟之被捕，即吾四百兆同胞之被俘也。故章邹之狱，已足鼓动全国之舆论而坚吾军之壁垒。乃不逾月，而沈荩捶毙于满廷，于是舆论愈激昂，而热血愈腾涌，几若全国一致，以奔满洲，势汹汹骤不可夭阏。西人至谓："沈荩之死，震动人心，较之俄日开战尤当。"（见上海《文汇报》）则可知吾沈荩之影响于中国前途为何如也。[1]

短短几个月间，由爱国救亡到排满革命的社会思潮竟然经历了四个时代，民族民主革命风潮一浪高过一浪，由起初的星星之火迅猛形成燎原之势。第四章议论沈荩之死的社会影响道：

> 自荩死后，而满政府之丑态尽形显露，大激动国民之脑筋，发议

---

① 支那汉族黄中黄：《沈荩》，支那第一荡虏社，1903。

于各新闻杂志，以为今日可以无故而杀一沈荩，则明日即可以无故尽杀吾四万万同胞。前言满族之虐待我汉族，而尚有忠奴为之解脱，自今观之为何如？同胞视此，则直以为满政府与吾国民宣战之端，吾国民当更有一番严酷之法对待满政府。几致全国之舆论为之一转，即著名顽固之徒，亦勃然而生仇满之念。

浅近畅达而充满热力的文字，富于论辩性和鼓动性。篇末将沈荩置于湖南人行列，将其定位为一位壮志未遂身先死的排满志士。其言曰：

> 以湖南民族之历史睹之，则为荩者，自当远绍曾静、张熙之遗风，中洗曾国藩、左宗棠之奇耻，终成谭嗣同、唐才常之隐志。事虽无成，其死之日，尚不及戊戌、庚子窀穸之大，此天下之所当悲其志而无可如何者也，又何忍从而议其后，以灰天下之人之心哉！吾以为满洲之在吾中国，不可一日不去；吾同种之对满洲，不可一日不排。排满之天性，是固人人之所同，不可一人不有此目的，而其手段之如何，非所问也。故沈荩者，则不得不揭明之，以风示天下，此则吾书之大旨也。①

1903 年是中国近代革命历史行程中关键的转折年头，"排满"成为革命派知识分子的口头禅和时代流行语，亦是《沈荩》一书的关键词。章士钊《沈荩》《孙逸仙》，与其结义兄弟章炳麟《驳康有为论革命书》、张继《无政府主义》、邹容《革命军》一道，成为癸卯年革命风潮中的潮头性作品。

章士钊晚年回忆 1903 年至 1904 年间以上海为中心掀起的革命风潮，以及一批著名的革命小册子风行的情状道："辛亥以前之革命思潮，就上海而言，应以光绪癸卯夏至翌年甲辰秋此一时期为最高点。何以故？以苏报案开端，万福华案结尾，其他宣传诱导，内外质剂，与当时震荡奔放之人心适相应合故。即小册子一项，若而《革命军》，若而《驳康有为书》，若而《孙逸仙》，若而《沈荩》，若而《攘书》，若而《猛回头》，若而综合舆论画龙点睛之《黄帝魂》，皆集中于此一时期发行，都无虑数以万计，除应付门市以外，能邮寄者邮寄，需密送者密送。举凡东南一带之知识阶层、新军部曲，甚至粗识之无、略解诵读之町童里妇，几无不人手一编，

---

① 支那汉族黄中黄：《沈荩》，支那第一荡虏房社，1903。

心领而神会焉故。"① 令人遗憾的是，时至今日，章太炎《驳康有为书》、邹容《革命军》、陈天华《猛回头》尽人皆知，而章士钊的《孙逸仙》《沈荩》则未引起足够的重视，乃至长期遭受冷落，其在晚清革命思潮史和文学史上的价值与意义，是一个值得深入探讨的跨学科问题。

第三节 《甲寅》杂志与"甲寅文体"

章士钊 1905 年流亡日本后，"顿悟党人无学，妄言革命，将来祸发不可收拾，功罪必不相偿"，② 遂摒弃此前所持的"极端之革命论"，其思想观念由"废学救国，竟一变而为苦学救国，因与革命老友割席，驰赴英伦"。③1907 年赴英伦习法政逻辑之学后，一改早年走笔激烈之文风，以笔名"秋桐"赢得政论大家的声誉，其章法文法和语体文体均体现出显著的欧化特征，已经全然没有了传统文言的味道。胡适称之为"欧化的古文"，言其"使古文能曲折达繁复的思想而不必用生吞活剥的外国文法"。④

章士钊留学英伦期间，主攻法政，旁涉文史，最喜逻辑之学，并与中国春秋战国时期墨家和惠施、公孙龙之流名辩之学相参证，颇有心得。五年留英生涯，滋养了章氏的自由主义观念和平等宽容的言论态度，以及超越党派的独立自主的政治立场。辍笔五年后，章士钊于清宣统二年至民国四年，依托北京《帝国日报》和上海《民立报》《独立周报》以及东京《甲寅》杂志，发表了大量法理政论文章，多聚焦于政党政治、内政外交、国体政体、国权民权等问题，以有理有论、学理充分、见解独立、文法谨严而赢得政论大家的声誉。其中，章士钊于 1914 年至 1915 年在日本东京创办的《甲寅》月刊，成为民国初年最具知名度的政论刊物；章氏见诸《甲寅》杂志的朴实说理的政论文章，代表着民初政论文学的最高成就，史家称之为"甲寅文体"或"逻辑文学"。

1914 年，岁在甲寅，经历"二次革命"失败的章士钊再赴东瀛，在东京创办政论刊物《甲寅》杂志。"甲寅"是十二生肖轮回中的虎年，《甲寅》月刊封面在一个巨型木铎下方绘一只矫健的卧虎，上方缀以英文杂志

---

① 章士钊：《疏〈黄帝魂〉》，载中国人民政治协商会议全国委员会文史资料研究委员会编：《辛亥革命回忆录》第一集，中国文史出版社，2012，第 155 页。

② 孤桐：《答稚晖先生》，《甲寅周刊》第一卷第二十二号，1925 年 12 月 12 日。

③ 孤桐：《新旧》，《甲寅周刊》第一卷第八号，1925 年 9 月 5 日。

④ 胡适：《五十年来中国之文学》，申报馆，1924，第 52 页。

名 *The Tiger*，显得虎虎有生气。《甲寅》杂志刊登在《申报》上的广告以
"政海指针"为招揽，其创刊号刊出的《本志宣告》则标榜"以条陈时弊、
朴实说理为主旨"。① 主笔章士钊发为政论，理尚执中，讲求法理，衷于逻
辑，文理缜密，大旨在阐扬其自由派精英知识分子超党派的政治调和主张，
倡导英国式的宪政规范与有容尚异的调和精神。章士钊《政本》《国家与
责任》《政力向背论》《调和立国论》《学理上之联邦论》《共和平议》《帝
政驳议》等长篇政论文章，均为一时名篇。

　　《甲寅》创刊号刊发的《正本》篇，将"有容尚异"作为政治调和的
精神理念，着力阐发其对于民主政体的内在精神价值。《政本》开篇道：
"为政有本，本何在？曰在有容。何谓有容？曰不好同恶异。"矛头所指，
乃在国人野性未除与政治专制。其论欧洲社会化同迎异之利和中国学术好
同恶异之弊道：

　　　　社会化同以迎异则进，剞异以存同则退。是故哥白尼之言天，奈
　　端之言动，达尔文之言天演，欧人迎之，遂成为新旧世界相嬗之枢机。
　　当时立说之不合于群众心理，殆过于为我无君兼爱无父之说。倘欧人
　　视若洪水猛兽，亦如吾之所以排杨墨者而排之，则欧洲之文化，至今
　　无过于吾可也。间尝论之，吾之学术，莫胜于周末，西方几何逻辑以
　　及其他物质之学，为诸子发其萌芽者，不少概见。苟能适如原量，布
　　于人寰，善用其攻乎异端斯害也已之术，不以利禄之途，迫人尊孔，
　　则以吾东方神明之胄，推寻籀证，至于二千余年之久，而不群制高华，
　　国力膨胀，与今日欧美诸邦，齐驱而并进焉，愚未敢信也。而不幸苟
　　简之思，单一之性，牢固而不可破，遂凌夷至今，莫可救药。推原其
　　朔，则此种苟简之思，单一之性，乃自原始社会迤演递嬗而来。无他，
　　好同恶异之野性也。②

著者所倡导的，是言论自由、两党合作、和而不同、人尽其才的共和政
治。第三期刊发的《政力向背论》解决的是政治调和的方法手段问题，第
四号刊发的《调和立国论》解决的是政治调和的目标指向问题，其方法是
建立现代政党政治，走和平改革的宪政民主道路，最终目标是建立一个适
合中国国情的现代宪政国家。这种"朴实说理"的深层次的学理论证，是
章氏政论文章能够以理服人、深入人心的重要原因。《甲寅》杂志聚拢了

---

① 《本志宣告》，《甲寅》第一卷第一号，1914 年 5 月。
② 秋桐：《政本》，《甲寅》第一卷第一号，1914 年 5 月。

李大钊、陈独秀、高一涵、易白沙、张东荪、李剑农、黄远庸等一批政论文家，造成了一种讲求学理、逻辑谨严、语言欧化的藉学衡政之文，史家称之为"甲寅派"。

章士钊"甲寅文体"的章法文法，已经属于现代的表达方式，足以与欧西述学文体相伯仲。正因如此，曹聚仁言其"可说是桐城派谈义法以来最有力量的修正，也可说是古文革新运动中最有成就的文体"，以为章氏在古文中引入西洋文法的努力方向"和当时语文改革的步骤相一致"。① 五四前夕，《甲寅》杂志聚拢起来的"甲寅派"政论家的"甲寅文体"，作为新知识新思想领域最有代表性的欧化文言散文文体，不仅承晚清时期风靡一世的梁式"新文体"之后，继续在文坛谱写着"古文求应用的历史"，而且培育了其后不久崛起于文化界的《新青年》作家群。五四之后，章士钊站在了新文化运动和文学革命运动的对立面，而受《甲寅》文风影响的李大钊、高一涵② 等政论家，则在此期更张旗帜，将其惯用的欧化的文言文体转换成欧化的白话文体，开辟了语体政论文的新径。

曹聚仁断言："十九世纪末期的启蒙运动，经过了《新民丛报》和民初《甲寅》文体的酝酿，才完成五四前后的新文学运动。"③ 着眼的是梁启超"新文体"和章士钊"甲寅文体"对五四文学革命做出的重要铺垫。值得注意的是，梁启超的政论文章亦每因与论敌作战而与时俱进，逐渐改掉了情感过盛、铺排过度、堆砌冗长、浮夸空洞等毛病。他宣统年间发表在立宪派喉舌《国风报》的文章，民国初年见诸《庸言》《大中华》杂志的政论文章，其文风已趋于条陈时弊、朴实说理一路。对于《甲寅》杂志和"甲寅文体"，五四时期北京新文化阵营中的新锐干将罗家伦有过一番确当的评价："《甲寅》杂志出来，可谓集'逻辑文学'的大成了！平心而论，《甲寅》在民国三、四年时候，实在是一种代表时代精神的杂志。政论的文章，到那个时候趋于最完备的境界。即以文体而论，则其论调既无'华夷文学'的自大心，又无'策士文学'的浮泛气，而且文字的组织上又无

---

① 曹聚仁：《文坛五十年》，东方出版中心，2006，第23页。
② 1925年10月10日，高一涵在《现代评论》发表《那里称得起反动》一文，对章士钊多所呵责；章氏旋即在《甲寅周刊》发表《反动辨》一文，对高氏反唇相讥。其言曰："愚曩违难东京，始为《甲寅》，以文会友，获交二子：一李君守常，一高君也。其后胡君适之著《中国五十年文学史》，至划愚与高君所为文为一期，号'甲寅派'，亦号'政论文学'。愚虽不敢妄承，时亦未闻高君有所论难，若吴南屏之于曾涤生然。今人犹是人，文犹是文，独已追逐时好，习为俚言以自见，因戟指而訾之曰：此没有做得通的甚么贵族文学也。何高君见道之晚乎？"参见孤桐：《反动辨》，《甲寅周刊》第一卷第十五号，1925年10月24日。
③ 曹聚仁：《中国学术思想史随笔》，生活·读书·新知三联书店，2005，第446页。

形中受了西洋文法的影响，所以格外觉得精密。"① 这一高度评价，可说是代表了五四新青年的共识。

1922 年，胡适在《五十年来中国之文学》中，视章士钊为辛亥革命时期最具代表性的政论文学作家，从文学史高度将其作为清末民初四派"应用的古文"之一来论列。胡适言章氏"从桐城派出来，又受了严复的影响不少；他又很崇拜他家太炎，大概也逃不了他的影响"，称"他的文章有章炳麟的谨严与修饰，而没有他的古僻；条理可比梁启超，而没有他的堆砌"；指出"他的文章与严复最为接近"，然而"严复还是用古文译书，章士钊就有点倾向'欧化'的古文了"；同时又强调"他的欧化，只在把古文变精密了，变繁复了，使古文能勉强直接译西洋书而不消用原意来再做古文，使古文能曲折达繁复的思想而不必用生吞活剥的外国文法"。② 这些见解可说是很有见地，评价亦不可谓不高。然而，胡适将其置诸"古文求应用的历史"一脉来论列，根本上仍视其为"古文"，亦即"死文学"或"半死文学"，这就在"史"的线索中隔断了其与五四新文学的历史关联。

从晚清癸卯岁主上海《苏报》笔政昌言反清革命，导致"苏报案"发，震惊中外，到民国三年"二次革命"失败后再度流亡日本，"愤民意之不伸，创作《甲寅》杂志，援证事理，力辟奸邪，中外风行，袁氏震骇"，③再到后五四时期在教育总长任上复刊《甲寅》，成为新文化和新文学运动的反对派刊物，落得"老虎周报"和"老虎总长"骂名，章士钊数度处在政治革命、思想革命和文学革命的风口浪尖，其名号由"青桐"一易为"秋桐"，再易为"孤桐"。④ 由青年时代豪气干云的反清革命战士"青桐"，到宣民易代之际心事浩茫的法理政论家"秋桐"，再到挑战新文化界的孤独的文化斗士"孤桐"，⑤ 随着时代风云变幻和人生境遇不同，章士钊的政

① 罗家伦：《近代中国文学思想之变迁》，《新潮》第二卷第五期，1920 年 9 月。
② 胡适：《五十年来中国之文学》，申报馆，1924，第 52 页。
③ 亚东图书馆：《爱读〈甲寅〉者鉴》，《申报》，1916 年 8 月 5 日。
④ 二十岁时，章士钊"读书长沙东乡之老屋，前庭桐树二，东隅老桐，西隅少桐。老者叶重影浓，苍然气古，少者皮青干直，油然爱生"，遂"隐然以少者自命"，因自号"青桐子"。游学英伦期间，旅居寂寥，所事无成，黯然有秋意，遂取"秋雨梧桐"之意，更名"秋桐"。章氏辛亥前后诸《帝国日报》《独立周报》《甲寅》的文章，均署"秋桐"。1925 年重刊《甲寅》时，取白香山《孤桐》"寄言立身者，孤直当如此"诗意，更名"孤桐"。参见孤桐：《字说》，《甲寅周刊》第一卷第一号，1925 年 7 月 18 日。
⑤ 1927 年 1 月 8 日，章士钊在《甲寅周刊》第一卷第三十九号"通讯"栏《党治——答董亨久》一文中，将他这一时期的言论立场和盘托出；其言曰："今奋笔作《甲寅》，独此时以钊一人所视为心安理得者，姑为之言尔，一世之是非毁誉，概不顾也。"其耿直无畏的"孤桐"性格，由此可见一斑。

治信念屡更，社会文化角色屡变，著为文章却始终以有"直德"的桐树自况，从中可见其未曾变易的人格理想、精神气度、文学品格与文章风骨。[①]他所创办的《甲寅》杂志及其创造的"甲寅文体"，确曾发挥过"开文章之新体，激民气之暗潮"的历史作用，在近代中国政治思想史、报刊事业史和政论文学史上，均谱写下浓墨重彩的一笔。

第四节 《甲寅》与黄远生的新文学思想

胡适《五十年来中国之文学》述及甲寅派政论家时，特意提到《甲寅》杂志最后一期黄远生写给章士钊的两封信，言其"前半为忏悔"，"代表一个政论大家的最后忏悔"；"后半为觉悟"，"可算是中国文学革命的预言"。[②]这位受到五四新文学运动领军人物胡适重视的黄远生，也是一位报界巨子和政论大家。

黄远生（1885—1915），名为基，字远庸，又字远生。江西九江人。1904 年中进士，旋赴日留学，在中央大学专攻法律。1909 年归国，先后在邮传部、编译局、法政讲习所任职，后辞官投身报界。1912 年在北京创办《少年中国》周刊，参与编辑天津《庸言》月刊，担任上海《时报》《申报》《东方日报》驻京特派记者，同时为《东方杂志》《论衡》《国民公报》等报刊撰稿。善采访，自创"远生通讯"，开新闻通讯先河。1915 年底在美国旧金山遇刺身亡。友人林志钧将其著作编为《远生遗著》。

黄远生居东时期，言论立场和文体语体受梁启超影响很深。1914 年孟春时节，黄氏接编梁氏创办的天津《庸言》杂志时，在刊首登载的《本报之新生命》一文中，已经表露出改革中国须从文学入手的看法。其言曰："夫理论之根据，在于事实，而人群之激发，实造端于感情。今有一物最足激励感情，发抒自然之美者，莫如文学。窃谓今日中国乃文艺复兴时期，拓大汉之天声，振人群之和气，表著民德鼓舞国魂者，莫不在此。吾国号称文字之国，而文学为物，其义云何，或多未喻。"[③]三个月后，章士钊在东京创办《甲寅》杂志。是年 9 月和 10 月，黄远生给章士钊写了

---

① 1926 年 11 月 28 日，上海光华大学教授钱基博致章士钊函有云："举世嫉公之政论，我自爱公之文章，各行其是，无所容非也。仆诚以为公之政治，尽为一世所唾骂，而公之文章，终当奕世不磨灭。"参见章士钊：《章士钊全集》第六卷，文汇出版社，2000，第293 页。

② 胡适：《五十年来中国之文学》，申报馆，1924，第 56—57 页。

③ 黄远庸：《本报之新生命》，《庸言》第二卷第一二号合刊，1914 年 2 月。

两封信，刊于《甲寅》第十期。

作为一位政论大家和文学奇才，黄远生从欧洲文艺复兴受到启示，领悟到旧伦理、旧文学是旧政治的根基，认识到要在中国进行政治改革，必须辅以伦理革命和文学革命方能奏效，此之谓“根本救济”之法。1915年孟秋，他在《致甲寅杂志记者》函中指出：

> 居今论政，实不知从何处说起。洪范九畴，亦只能明夷待访。果尔，则其选事立词，当与寻常批评家专就见象为言者有别。至根本救济，远意当从提倡新文学入手。综之，当使吾辈思潮，如何能与现代思潮相接触，而促其猛省。而其要义须与一般之人生出交涉。法须以浅近文艺，普遍四周。史家以文艺复兴为中世纪改革之根本，足下当能语其消息盈虚之理也。①

黄氏借鉴欧洲文艺复兴历史经验，提倡新文学乃改造中国社会的根本救济之法，这种“新文学”是一种大众化的“浅近文艺”，其思想精神要与世界现代思潮接轨，与普通民众生出交涉。这种“新文学”，指向的正是其后陈独秀所倡导的“平易的抒情的国民文学”和“明了的通俗的社会文学”，②胡适所提倡的“国语的文学”和“活文学”，周作人所推崇的“人的文学”和“平民文学”。章士钊在复函中以为：“提倡新文学，自是根本救济之法。然必其国政治差良，其度不在水平线下，而后有社会之事可言。文艺其一端也。欧洲文事之兴，无不与政事并进。”认为此法虽好，但目前不符合中国国情；他所坚持的，依然是政治救国途径和精英政治文化路线。

五四文学革命运动兴起之后，胡适曾断言黄远生如若在世，“他一定是新文学运动的一个同志，正如他同时的许多政论家之中的几个已做新文学运动的同志了”。③算是勉强将“甲寅派”政论家与新文学运动关联了起来。胡适提到的几个已成为新文学运动的同志的政论家，有陈独秀、李大钊、张东荪、李剑农、高一涵等；他们都曾是《甲寅》杂志的骨干作者。饶有意味的是，胡适也曾是《甲寅》杂志的撰稿人，其译作《柏林之围》刊诸《甲寅》第四期，时评《非留学篇》刊诸《甲寅》第十期（与黄远生《致甲寅杂志记者》函同期刊出），两篇作品采用的都是浅易的改良文言

---

① 黄远生：《致甲寅杂志记者（其一）》，《甲寅》第一卷第十期，1915 年 10 月 10 日。
② 陈独秀：《文学革命论》，《新青年》第二卷第六号，1917 年 2 月。
③ 胡适：《五十年来中国之文学》，申报馆，1924，第 56—57 页。

文体。

1919 年底，林志钧序《远生遗著》言及黄远生的报章文字，称其为文言的"通俗文"："远庸从前笔墨，典重深厚，绝非报纸的文字，后来他作文变了极通俗的，把旧日面目，登时全换掉，真是绝大的力量，他的通俗文，凡白话文所能达到的，他无一不可达到，他可谓运用文言的本事到了十二分了，他所用的文言，决不是死的，是活的。"[①] 在当事人林志钧看来，这种广泛运用于报章的"活的"文言"通俗文"，其文字表现力并不亚于白话文。这种报章文言通俗文，与钱基博《现代中国文学史》所定位的"今文学之流别"中康有为、梁启超开启的"通俗之文言"一派，可谓一脉相承。

黄远生倡导的"与一般之人生出交涉"的"新文学"主张，虽被章士钊认为不合时宜，却对陈独秀、胡适此后倡导的新文化运动和新文学运动产生了切实的影响与启迪。我们从陈独秀创办《新青年》结成新文化团体，以及胡适《文学改良刍议》和陈氏《文学革命论》倡导"文学革命"和"伦理革命"的思想逻辑与革新主张中，不难发现黄氏"新文学"思想萌芽的影子。正因如此，罗家伦《近代中国文学思想的变迁》、胡适《五十年来中国之文学》、陈子展《中国近代文学之变迁》等论著，都肯定了黄远生之于"新文学"发人先声的历史地位。钱基博《现代中国文学史》更是将黄远生置诸胡适"白话文"一派，言黄氏倡导"新文艺"在先，胡适、陈独秀行动在后。其言曰："远庸又不良死，而于所谓新文艺者，徒托空言，未及见诸行事之深切著明也。及胡适自美洲毕所学而归，都讲京师，倡为白话文，其友陈独秀诵其说而张之，以其长大学文科，锐意于意大利文艺改革之事也。登高之呼，薄海风动，骎骎乎白话篡文言之统，而与代兴为文章之宗焉。"[②] 黄远生提倡"新文学"的远见卓识，成为五四时期胡适、陈独秀发动文学革命的先声。

---

① 林志钧：《序》，载黄远庸：《远生遗著》，商务印书馆，1984，第 9 页。
② 钱基博：《现代中国文学史》，上海世界书局，1935，第 427 页。

中编
报章新文体与文界革命之实绩

第七章　启蒙语境下的报章体兴与文界革命

西学东渐、救亡启蒙与报章之兴，构成了晚清中国文体之变的外部动因、客观要求与传播媒介；梁启超一代知识启蒙先驱发起的"文界革命"，则鼓舞了报章新文体实践者打破一切门派家法的文体解放精神。20 世纪初，梁启超通过《清议报》提出的"文界革命"口号，顺应了蓬勃兴起的报刊事业和文体变革的发展趋向，其风靡一世的"新文体"创作实践则开创了一代文风。晚清文界革命时期，报章新文体园地呈现百花齐放之观，政论文学、人物评传、游记文学、新体杂文、文艺批评、述学文章等门类取得突出成绩，在思想启蒙时代充当了"播文明思想于国民"的思想载体与启蒙"利器"。晚清"文界革命"旗帜下的"新文体"创作实践，在中国散文发展史上充当了古典与现代之间的"过渡时代"之"英雄"。

第一节　晚清思想启蒙与文界革命

在晚清思想革命与文学界革命的链条中，"文界革命"至关重要，新文体发挥了最大启蒙功效，成为当时社会上最为流行、最有势力的文字。文界革命肩负着"播文明思想于国民"[1] 的时代使命，"冀以为中国国民遒铎之一助"[2]，具有思想启蒙的基本性质。新文体主要适用于以报章为主的著译之业，拟想读者是最广大的普通国民，符合近代大众传媒从众向俗、化雅为俗的文体路向，文风当讲求雄放隽快、慷慨淋漓，语体上属于一种向欧化、白话开放的浅易的改良文言，开辟了一条以"欧西文思"入"中国文"的新径。

20 世纪的第一个年头，梁启超在《清议报》发表《汗漫录》一文，

---

① 《绍介新著·原富》，《新民丛报》第一号，1902 年 2 月 8 日。
② 梁启超：《三十自述》，载氏著：《饮冰室合集·饮冰室文集之十一》，中华书局，1936，第 19 页。

首次提出"文界革命"口号，率先从理论设计层面思考中国的"文界革命"问题；①1901 年岁末，出满一百册的《清议报》同人，通过对存佚的"中国各报"的观察分析，得出"自报章兴，吾国之文体，为之一变，汪洋恣肆，畅所欲言，所谓门派家法，无复问者"的结论，②最早从"报馆之文"的写作实践层面，总结了 19 世纪与 20 世纪之交中文报章之勃兴引发的文体大变现象。需要注意的是，近代中国的报章之兴与文体之变在前，"文界革命"的理论自觉和鼓吹倡导在后。前者构成了"文界革命"的物质条件和思想文化背景，说明"文界革命"势在必行；后者是梁启超流亡期间阅读日本作家德富苏峰的政论时评文章有感而发，说明"文界革命"直接受"东瀛文体"启发，是任公居东时期打通西学东来通道之后，东西洋文明碰撞交会的产物。

1900 年孟春时节，梁启超在《清议报》第三十六册刊登的《汗漫录》续篇中，提出中国的"文界革命"问题。其言曰："读德富苏峰所著《将来之日本》及《国民丛书》数种。德富氏为日本三大新闻主笔之一，其文雄放隽快，善以欧西文思入日本文，实为文界别开一生面者，余甚爱之。中国若有文界革命，当亦不可不起点于是也。"③其所谓"欧西文思"，指的是欧洲文明思想；而要将欧洲近世文明思想播种到中国士夫和民众头脑中，实现改良群治、新民救国的思想启蒙目标，就要做到善以"欧西文思"入"中国文"。梁启超心目中的"文界"，主要是指以报章文体为主的著译之业。在国势危急、民族被难之时，著译之业当以"维新吾国，维新吾民"为第一要务，著译者当以"述其所学所怀抱者，以质于当世达人志士，冀以为中国国民遒铎之一助"④为首要选择。

梁启超为中国的"文界革命"设置的目标，首先是"革其精神"，其次才是文体形式与审美风格等方面的问题，这就涉及传播近世西洋文明思想所绕不过去的"新名词"。就语体而言，梁启超主要立足于改良文言，选择的是一种向俗语、外来语开放的浅近文言；就审美风格而言，梁氏推崇"雄放隽快"。1902 年初，梁启超在《新民丛报》创刊号"绍介新著"专栏推介严复译著《原富》时，重提"文界革命"话题，以为"欧美、日本诸国文体之变化，常与其文明程度成比例"，中国知识精英所从事的"著

---

① 任公：《汗漫录（续）》，《清议报》第三十六册，1900 年 2 月 20 日。
② 《中国各报存佚表》，《清议报》第一百册，1901 年 12 月 21 日。
③ 任公：《汗漫录（续）》，《清议报》第三十六册，1900 年 2 月 20 日。
④ 梁启超：《三十自述》，载氏著：《饮冰室合集·饮冰室文集之十一》，中华书局，1936，第 19 页。

译之业，将以播文明思想于国民也，非为藏山不朽之名誉也"；批评严复译著"文笔太务渊雅"，倡导著译之业应采用"流畅锐达之笔"；以浅近易晓、从众向俗的语体文体，最大限度地实现"播文明思想于国民"的思想启蒙功效。[①] 作为一位有着强烈的政治情怀的文学家，梁启超对近世东西洋各国文体变化趋势及其动因有着敏锐观察，从而将"文界革命"的重要性，上升到关乎一个国家和民族的国民文明程度的高度来认识，服务于国民思想启蒙和民族精神再造的文化启蒙目标，同时促成了中国语言文学和文章体式的近代转型。

晚清文学界革命时期，梁启超等人称谓的"文界"和"新文体"，并不限于新体散文，亦兼及新诗、新小说、改良新戏等文学门类。1902 年初，《新民丛报》刊登《饮冰室文集》广告称："饮冰室主人，为我国文界革命军之健将"；其所谓"文界"，包括文章和韵文，韵文又包括诗、词、曲、诗话、骈文，总之囊括了"著者数年来之文字"。[②] 1903 年秋，狄葆贤在《新小说》发文指出："今日中国之文界，得百司马子长、班孟坚，不如得一施耐庵、金圣叹。"[③] 同期，梁启超在《饮冰室诗话》中称赞《新小说》"杂歌谣"专栏所刊珠海梦余生《新解心》数十章为"绝世妙文"，誉这位新粤讴作者为"文界革命一骁将"。[④] 1905 年，二我在《黄绣球》评语中评曰："小说者，觉世之文也。"[⑤] 这些说法，见证了"过渡时代"新派文人文体分类的含混状态，从中可见梁式"新文体"对报章文体和所有文学门类的辐射性影响。

晚清"文界革命"和"新文体"的兴起，既有着西学东渐和西学东来的国际文化背景，又有着维新变法、新民救国、民族民主革命等国内政治气候，还得益于中文报章兴起之后所带来的思想与文学传播方式的近代化变革。西学东渐与救亡启蒙，是近代中国语言文学因时而变的催化剂与原动力；近代报章的兴起与文学传播方式的改变，则是"文界革命"得以迅猛开展的重要媒介，也是梁启超"新文体"广为流布、成为社会上最有势力的文字的关键环节。随着"文界革命"思想的深入人心，以输入"欧西文思"为精神导向、语体力求浅近、大量采用源自日本的"新名词"、文风追求"雄放隽快"、体现出文体解放精神和求新求变时代趋势的"新文

---

① 《绍介新著·原富》，《新民丛报》第一号，1902 年 2 月 8 日。
② 《新会梁任父先生著、香山何天柱编〈饮冰室文集〉》，《新民丛报》第一号，1902 年 2 月 8 日。
③ 楚卿：《论文学上小说之位置》，《新小说》第七号，1903 年 9 月。
④ 饮冰子：《饮冰室诗话》，《新民丛报》第三十八、三十九号合刊，1903 年 10 月 4 日。
⑤ 二我：《黄绣球》第一回批语，《新小说》第十五号，1905 年 4 月。

体"大行其道，掩映一时文坛，在社会上形成了很大的势力，对有清一代居于文坛正统和正宗地位的桐城派古文，以及万千举子习用的八股文，形成了巨大冲击。

20世纪初年，"文界革命"和"新文体"在新知识界和新文坛的兴起，不仅一举将桐城派古文推上旧派的位置，而且逐渐将其由社会文化的中心位置挤向边缘地带。当维新派和革命派知识分子，怀抱创造历史的英雄意识和敢为天下先的冒险精神，以高昂的热情和激进的姿态，写下一篇篇裹挟着时代风雷的惊世警世醒世之文的时候，晚期桐城派文人正预感着传统文化幕落花凋的末运，在人心日非、世衰道丧的慨叹中艰难地守望着日益惨淡的古文家业。1905年，清政府下令废除科举制度。科举取士制度的废除，以及作为其附庸的传统书院的急剧萎缩，直接危及到了桐城派文家的生存空间。随着新式学堂的推广普及和西学课程的普遍开设，桐城派文人失去了昔日在传统书院拥有的独尊地位，逐渐沦为新式学堂中无足轻重的配角。

第二节　梁启超报章"新文体"的特征与影响

作为一个文学史和学术史概念，"新文体"是梁启超在《清代学术概论》中对他本人《清议报》《新民丛报》时期文章体式的总结性称呼，也是其所倡导的"文界革命"思想的创作实践的结晶。作为晚清"文界革命""诗界革命""小说界革命""戏剧界革命"的旗手和精神领袖，梁启超本人曾身体力行于各种文体的创造与写作。然而，诗歌、小说、戏曲等文体的写作，对饮冰主人来说只是一种客串和示范。以"中国之新民""新民子"自诩的梁任公，真正视为当行本色、舍我其谁的名山事业，则是其"新文体"创造与写作的成绩。

1920年季秋时节，梁启超在成书的《清代学术概论》中描述《清议报》《新民丛报》时期"新文体"写作的情况道：

> 自是启超复专以宣传为业。为《新民丛报》《新小说》等诸杂志，畅其旨义，国人竞喜读之。清廷虽严禁不能遏。每一册出，内地翻刻本辄十数。二十年来学子之思想，颇蒙其影响。启超夙不喜桐城派古文，幼年为文，学晚汉魏晋，颇尚矜炼。至是自解放，务为平易畅达，时杂以俚语韵语及外国语法，纵笔所至不检束。学者竞效之，号"新

文体"。老辈则痛恨，诋为野狐。然其文条理明晰，笔锋常带情感，对于读者，别有一种魔力焉。[①]

这段话实际上指出了"新文体"改良文言文体语体的基本路径。其语体层面，体现为在浅易文言中杂以俚语（白话）、韵语、外来语和外国语法，主要指向浅近化、白话化和欧化（近代化）；其所追求的文体表达效果，是平易畅达、条理明晰、笔锋常带感情，主要指向通俗性、条理性和情感性。这些因素结合起来，使得梁式"新文体"具备了开放性、近代性、思想性、情感性和文学性的特质，其与此前文体的时代差异非常显著。

平易畅达、条理明晰、言文杂糅、中西兼采、汪洋恣肆、饱蘸情感，确是梁启超创造的"新文体"的突出特征。这种文体，因应了西学东渐、救亡启蒙的时代潮流，顺应了新兴报章传播媒介面向全体国民发言的时代需求，打破了自古以来一切文章的门派家法，在传统的抒写个人情志的文人之文和以经术为本源的述学之文之外，创造出一种会通中外、融合古今、热情奔放、自由抒写、流畅锐达、浅近易晓的文章新体，属于一种与时俱进的近代化的改良文言文体。

梁启超"新文体"在文体文风方面有着"平易畅达"的大众化基本导向，同时又兼具"条理明晰"和"笔锋常带情感"的双向特征。条理明晰，主要表现为讲求行文的条理性、逻辑性，擅长条分缕析，层次清晰，说理周密；笔锋常带情感，主要表现为感情丰沛且不受羁绊，元气淋漓，富有摧魂撼魄的移情力量；情与理的碰撞交织，爱国情感与启蒙思想的珠联璧合，再加上大量生动形象的辟喻排比，这也是"新文体"独有的文字"魔力"。

我们选一段《少年中国说》中的文字：

使举国之少年而果为少年也，则吾中国为未来之国，其进步未可量也；使举国之少年而亦为老大也，则吾中国为过去之国，其渐亡可翘足而待也。故今日之责任，不在他人，而全在我少年。少年智则国智，少年富则国富，少年强则国强，少年独立则国独立，少年自由则国自由，少年进步则国进步；少年胜于欧洲，则国胜于欧洲；少年雄于地球，则国雄于地球。红日初升，其道大光；河出伏流，一泻汪洋；潜龙腾渊，鳞爪飞扬；乳虎啸谷，百兽震惶；鹰隼试翼，风尘翕

---

① 梁启超：《清代学术概论》，载氏著：《饮冰室合集·饮冰室专集之三十四》，中华书局，1936，第62页。

张……纵有千古，横有八荒；前途似海，来日方长。美哉我少年中国，与天不老！壮哉我中国少年，与国无疆！①

作者以诗文合一的富于激情和热力的滚烫的语言，向国人描绘了一幅壮美的少年中国的愿景，对一代代为中华之崛起而读书的爱国有为青年产生了持久的影响力，百载之后仍感动着亿万中国少年。

黄遵宪极言《新民丛报》文字"惊心动魄""虽铁石人亦应感动""从古至今文字之力之大，无过于此者"；②严复苛责任公东渡之后"言破坏，则人人以破坏为天经；倡暗杀，则党党以暗杀为地义"；③胡适叹服少年时代所读"梁先生的文字，明白晓畅之中，带着浓挚的热情，使读的人不能不跟着他走，不能不跟着他想"④；郑振铎盛赞任公《清议报》《新民丛报》时期"以其沛沛浩浩若有电力的热烘烘的文字鼓荡着，或可以说是主宰着当时的舆论界"；⑤等等。说的都是其文字移易人心的思想与情感魔力。

梁启超"新文体"产生了全国性影响，可说是无远弗届，"海内观听为之一耸"⑥，学者竞相仿效，引领和改变了一代文风。1902年，黄遵宪致函任公称："中国四五十家之报，无一非助公之舌战，拾公之牙慧者，乃至新译之名词，杜撰之语言，大吏之奏折，试官之题目，亦剿袭而用之。"⑦史家李剑农指出："到辛丑年科举程式改变，废弃八股，改用策论后，一班应考的秀才童生们，骤然失了向来的揣摩工具，《清议报》和《新民丛报》就变成了他们的'小题文府''三山合稿'了；政府尽管禁止，国内却是畅销无滞；千千万万的'士君子'，从前骂康、梁为离经叛道的，至此却不知不觉都受梁的笔锋驱策，作他的学舌鹦鹉了。"⑧在朝廷推行新政、提倡西学、科举改试策论，终至1905年废科举的时代背景下，梁式"新文体"不仅夺占了八股时文之席位，让昔日万千举子热衷的时文迅速沦为

---

① 任公：《少年中国说》，《清议报》第三十五册，1900年2月10日。

② 黄遵宪：《致梁启超书》，载氏著：《黄遵宪集》，天津人民出版社，2003，第490页。

③ 《严几道与熊纯如书札节钞（二十五）》，《学衡》第十二期，1922年12月。

④ 胡适：《四十自述》，亚东图书馆，1941，第100页。

⑤ 郑振铎：《梁任公先生》，《小说月报》第二十卷第二号，1929年2月。

⑥ 《严几道与熊纯如书札节钞（二十五）》，《学衡》第十二期，1922年12月。

⑦ 黄遵宪：《致梁启超书》，载氏著：《黄遵宪集》，天津人民出版社，2003，第512页。

⑧ 李剑农：《最近三十年中国政治史》，太平洋书店，1930，第80页。1902年底，积极备考的湖北士子朱峙山在日记中写道："午后将郑宅借来之《新民丛报》《中国魂》二种，一一阅读之，习其文体，是为科举利器。今科各省中举卷，多仿此体者。"恰可印证李剑农的论断。参见朱峙山：《朱峙山日记（1893—1919）》，华中师范大学出版社，2011，第103页。

时代之弃履，而且使得桐城派古文在新式学堂培养的新一代青少年学子眼中渐成古董，"打倒了恹恹无生气的桐城派的古文、六朝体的古文，使一般的少年们都能肆笔自如，畅所欲言，而不再受僵死的散文套式与格调的拘束"；正因如此，郑振铎言其为五四时期"文体改革的先导"。①

梁启超创造的基于改良文言的"新文体"，在"过渡时代"充当了"播文明思想于国民"的文学"利器"，成为晚清民国时期以政论见长的报章文体的典型代表，影响了晚清和五四两代知识分子。这种影响是多向度和多方面的，既涵盖思想、情感、学行、人格、志节、气魄等"革其精神"层面，亦包括语言、文体、风格等"革其形式"层面。1929 年，郑振铎在《梁任公先生》一文中，赞誉"他在文艺上，鼓荡了一支像生力军似的散文作家，将所谓恹恹无生气的桐城文坛打得个粉碎"，断言"许多的学者们，文艺家们，其影响与势力往往是狭窄的，限于一部分的人，一方面的社会，或某一个地方的，然而梁任公先生的影响与势力，却是普遍的，无远不届的，无地不深入的，无人不受到的——虽然有人未免要讳言之"。② 指出了梁启超的新体文章在晚清中国知识界和社会上无所不在、至广至大的影响力。1936 年，钱基博在"增订四版"《现代中国文学史》中，述及梁启超"新民体"的巨大影响道："迄今六十岁以下四十岁以上之士夫，论政持学，殆不无为之默化潜移；可以想见梁启超文学感化力之伟大焉！"③ 说的也是这层意思。十年后，吴其昌在《梁启超》一著中断言："就文体改革的功绩论，经梁氏等十六年来的洗涤与扫荡，新文体（或名报章体）的体制、风格，乃完全确立，国民阅读的程度一日千里，而收到神州文字革命成功之果了。"④ 从"文体改革"角度，对梁启超"新文体"的"成功"大加肯定。

民国时期，对于梁启超一代文学革命前驱的历史功绩敢于仗义执言的，还有文学史家吴文祺。1936 年，吴文祺在《新文学概要》中指出："梁氏的文章，虽然有许多毛病，但他究竟是第一个冲破古文的藩篱的人，他的新文体影响了近三十年来的文坛，故钱玄同曾说：'鄙意论现代文学之革新，必数及梁先生。'"⑤ 正是在这种意义上，吴文祺进一步断言："新文学的胎，早孕育于戊戌变法以后，逐渐发展，逐渐生长，至五四时期而始

---

①　郑振铎：《梁任公先生》，《小说月报》第二十卷第二号，1929 年 2 月。
②　郑振铎：《梁任公先生》，《小说月报》第二十卷第二号，1929 年 2 月。
③　钱基博：《现代中国文学史》，商务印书馆，2017，第 449 页。
④　吴其昌：《梁启超》，胜利出版社，1944，第 86 页。
⑤　吴文祺：《新文学概要》，中国文化服务社，1936，第 4 页。

呱呱坠地。胡适之、陈独秀等不过是接产的医生罢了。"①话虽说得有些绝对，却说出了大多数新文化阵营中人不敢说出的大实话，道出了部分历史事实。

第三节　晚清报章"新文体"家族的主要门类

1901 年底，梁启超盘点出满一百册的《清议报》时，对自己此期的议论文字下了一句精到的断语："开文章之新体，激民气之暗潮。"②从"革其形式"和"革其精神"两个层面，总结了作为"文界革命"写作实绩的"新文体"的历史功绩。晚清时期，随着报章之兴与"文界革命"的蓬勃开展，以作为大众传媒的连续出版物——报刊为传播媒介的新体散文，迎来了一个百舸争流、百花齐放的"过渡时代"，产生了形形色色带有试验性质和探索意义的文章新体。以"中国之新民""新民子""少年中国之少年""饮冰子"自诩的梁"任公"，在这一亘古未有的文界剧变中，充当了"文界革命"的吹鼓手和"新文体"的创造者。梁启超一代知识先驱发起的"文界革命"，冲破了旧思想和旧文体因循守旧的桎梏，晚清时期的"新文体"充当了国民思想启蒙和民族精神再造的文化利器。

晚清"文界革命"时期，梁启超一代新文学作家所开创的"文章新体"，成绩较著、影响较大、形成规模乃至创作潮流者，至少有以下六个门类：其一是放言高论、慷慨悲壮、耸动天下、掩映一时文坛的报章政论文学；其二是源自泰西而借道日本，或基于改良文言，或立足改良白话，介于晚清"文界革命"与"史界革命"、白话文运动的交叉地带，蔚为大观，20 世纪初年形成了创作繁荣局面的新体传记——评传；其三是以考察欧美政俗为旨归，体现了"文界革命"的革新方向与精神气度的长篇游记文学；其四是以针砭时弊、改造国民性、唤起国魂和民族魂为旨归，兼具议论性、抒情性和形象性，"或用文言，或用俚语，惟意所之"③的新体杂文；其五是以小说理论批评为大宗的文艺批评文体；其六是以西方理论观照、发明中国传统学术的述学文体。上述新体文章门类，构成了作为

---

① 吴文祺：《新文学概要》，中国文化服务社，1936，第 12 页。
② 任公：《本馆第一百册祝辞并论报馆之责任及本馆之经历》，《清议报》第一百册，1901 年 12 月 21 日。
③ 梁启超：《自由书·叙言》，载汤志钧、汤仁泽编：《梁启超全集》第一集，中国人民大学出版社，2018，第 41 页。

"文界革命"创作实绩的"新文体"的主要分支，引领了新体散文和著述文体的近代化演进方向。

晚清民国时期，以报刊为传播媒介的政论文学极为兴盛。在中国古代文学史上，政论文章一向是散文家族中的重要成员，自先秦以来历代不衰，有着悠久的历史和辉煌的传统。清代文史学家章学诚曾高度评价贾谊《过秦论》、班彪《王命论》、曹冏《六代论》、陆机《辨亡论》诸篇，言其深具"诗人讽谕之旨"，"情深于《诗》《骚》"，从中可体会到作者的精神面貌，富于形象性和情感力量。①19世纪末与20世纪初，随着维新变法思潮和民族民主革命运动的兴起，以近代报刊为主要传播媒介和舆论阵地的政论文学，迎来了中国历史上的又一个兴盛时期。其中，梁启超创造的以"新民体"为代表的报章政论文学，成为20世纪初年政治思想界、新闻舆论界和文坛的宠儿，引领了时代潮流。而他同时代的师友们则开其端绪，推波助澜，共同演绎了一首有声有色、众声喧哗的过渡时代政治与文学变奏曲。政治、文学与近代传媒的相互倚重，造成了双赢和多赢的局面，既有力地推动了维新变法运动、新民救国运动、民族民主革命运动的蓬勃开展，又极大地提高了政论文的社会影响力和文学地位。

晚清时期，以梁启超创作的长篇人物评传《南海康先生传》《李鸿章》为开端，作为舶来品的新体传记——评传体——被引进中国并开花结果。梁启超躬身撰著的大量中外名人传记作品，绝大多数属于师法欧西的新体评传；其传记作品及理论倡导，典型地代表了中国传统传记文体向现代新体评传转型的轨迹与方向，带起了一个以报章为中心的传记文学兴盛的时代。

晚清时期，康有为、梁启超两位维新派政治领袖撰著的《欧洲十一国游记》《新大陆游记》等长篇记游作品，在"革其精神"层面体现了以考察欧美政俗为旨归的时代特征，在"革其形式"层面亦有诸多语体文体新变特征，体现了20世纪初年走出国门的一代新知识者域外游记的创作实绩与文体特征，成为风行一世的"新文体"的又一重要支脉。五四时期，梁启超《欧游心影录》则采用白话语体，在文学革命的道路上表现出甘与"新青年"为伍的进取姿态。

晚清时期，梁启超创作的一批兼具议论性、抒情性和形象性的报章新体杂文，以及同时期大量问世的报刊"时评"文章，包括白话报刊刊发的以议论见长的白话小品文，初步具备了作为现代"论说"文体的杂文的基

---

① 参见章学诚：《诗教上》，载氏著：《文史通义》卷一，辽宁教育出版社，1998，第17页。

本特征，开五四之后成熟于鲁迅之手的现代杂文之先河。晚清时期，有着西学东学知识背景的梁启超、王国维、周树人等新文化人尝试的文学批评文体，则标志着一种不同于中国古代文学批评体式的近代批评文体的诞生。

晚清时期，梁启超《论中国学术思想变迁之大势》、王国维《红楼梦评论》《宋元戏曲史》等的问世，标志着一种以西洋之理审视发明中土思想、学术、文学的新的述学文体的诞生。这种新的述学文体，在中国古代学者所采用的单篇论说、笺证疏义、读书札记、传承表等传统述学文体式之外，提供了一种师法欧西的崭新的学术论文和文学史、学术史写作范式。

晚清一代新文化人所开创的文章新体，除了立足于改良文言的"新文体"，还包括着眼于改良白话的白话文体。需要特意指出的是，晚清时期，梁启超不仅是"文界革命"的有力倡导者和身体力行者，还是白话文运动的理论先驱和白话文体的践行者。他较早认识到实现"言文合一"，是世界各国建立现代民族国家的必要条件；较早认识到"俗语文学"替代"古语文学"，是全世界各民族国家语言文学发展的大趋势；近代以来的欧洲各国和日本都是这么走过来的，中国自然不能例外。[①] 在"言文合一"道路上，晚清以降的白话报人和白话文作者，也是一股不可小觑的力量。

晚清时期，大量问世的白话报刊形成了一股时代潮流，白话文作者和白话文数量颇为可观，白话文种类亦相当丰富。《中国白话报》主人白话道人林獬及其主笔刘光汉、《警钟日报》主编主笔蔡元培、《安徽俗话报》主人陈独秀、《竞业旬报》主编主笔胡适、《教育今语杂志》主笔章太炎等，都在白话文创作园地留下了或深或浅的足迹。晚清白话文的题材包罗万象，文体五花八门，风格上流派纷呈。在开启民智、开通风气、民族民主革命等启蒙旗帜下，报刊白话论说文、游记文、小品文、人物评传、述学文等新体白话文纷纷问世。

从中国近现代白话文体嬗变的角度考察，一些现代散文文体已在清末民初报刊中孕育、萌芽、生长。以白话报刊节令"演说"为代表的一批文学色彩浓厚的演说文，开现代小品文之滥觞。大量白话报刊杂文体演说文和"时评"文章，则构成了"杂文"这一现代论说文体的源流之一。以《中国白话报》《河南白话科学报》为代表的晚清白话报刊发的一批白话地理游记文，开现代地理游记文和文艺性科普文之先河。晚清时期，刘光汉

---

① 参见饮冰：《小说丛话》，《新小说》第七号，1903 年 9 月。

和章太炎分别依托上海《中国白话报》和东京《教育今语杂志》发表的一批白话述学文，开近代中国知识分子运用白话文体述学之先河，对当时及其后白话述学风气及白话述学文体的形成，产生了重要影响。

第八章　梁启超与新体传记的兴盛

晚清时期，梁启超依托报章着力开创的"文章新体"，首推作为新民救国"利器"的政论文章，其次要数作为"文界革命"和"史界革命"共同产物的新体传记。20世纪第一个十年，梁启超以极大的写作热情留下了近百万言的名人传记作品，其文体几乎涵盖了古今中外新旧传记的各种类型；其所开创的中国现代评传体式，成为"新文体"家族中又一重要门类，构成了"文界革命"创作实绩不可或缺的组成部分，引领了新体传记创作的时代潮流。在晚清革命派阵营的传记文作家中，柳亚子和刘师培的创作成绩突出，且标示着两种不同的传记文写作范型与趋向。柳亚子的文言体传记文，可视为梁氏新体传记文的普及版；刘师培的白话体传记文，文体形式上亦属于源自西洋的评传体，标示着白话评传的新方向。晚清"文界革命"和白话文运动双重影响下出现的白话评传文体，成为现代传记文学的萌芽。

第一节　梁启超的传记理论与创作实践

20世纪初年，梁启超依托《清议报》《新民丛报》等报刊，在开展"文界革命"的同时，发表《新史学》等论著，揭橥"史界革命"旗帜，开新史学先河。梁启超躬身创作的大量传记作品，既秉承"史界革命"理论宗旨，亦符合"文界革命"的革新精神与方向，成为梁氏"新文体"家族中仅次于政论文的重要品种，构成了"文界革命"和"史界革命"的重要创作实绩。

1901年仲秋，梁启超在《清议报》发表《中国史叙论》，以西洋近世史家书写历史的标准和方式来衡量古代中国史家，对中国旧史作出了近乎全盘否定的评判："前者史家，不过记载事实；近世史家，必说明其事实之关系与其原因结果。前者史家，不过记述人间一二有权力者兴亡隆替之事，虽名为史，实不过一人一家之谱牒；近世史家，必探察人间全体之运动进步，即国民全部之经历，及其相互之关系。以此论之，虽谓中国前者未尝有史，殆非为过。"① 梁启超将史学的派别，分为正史、编年、纪事本末、政书、杂史、传记、地志、学史、史论、附庸十种，传记属于史学的一个门类。

1902 年孟春，梁启超在《新民丛报》创刊号发表《新史学》一文，揭橥"史界革命"旗帜，高度肯定泰西史学在促进欧美民族国家文明进程中所发挥的重要作用。其言曰，"史学者，学问之最博大而最切要者也，国民之明镜也，爱国心之源泉也。今日欧洲民族主义所以发达，列国所以日进文明，史学之功居其半焉"；进而以笔锋常带情感的文字呼吁"史界革命"："今日欲提倡民族主义，使我四万万同胞强立于此优胜劣败之世界乎？则本国史学一科，实为无老无幼无男无女无智无愚无贤无不肖所皆当从事，视之如渴饮饥食，一刻不容缓者也。然遍览乙库中数十万卷之著录，其资格可以养吾所欲给吾所求者，殆无一焉。呜呼！史界革命不起，则吾国遂不可救。悠悠万事，惟此为大！"② 在梁启超看来，新史学应当发挥"国民之明镜"和"爱国心之源泉"的社会功用，这也是他对传记文写作宗旨的基本体认。

作为"史界革命"的发轫之作，梁启超《新史学》还专门探讨了史著的"书法"问题。该文第五章题为"论书法"，作者在批评中国传统史著的"春秋笔法"的同时，旗帜鲜明地标举两部泰西史著作为师法对象。第一部是罗马帝国时代古希腊史学家布尔特奇（Plutarch，今译普鲁塔克）所著的《英雄传》，第二部是英国近代史学家吉朋（Edward Gibbon，今译吉本）所著的《罗马帝国衰亡史》。中国之新民曰：

> 吾非谓史之可以废书法，顾吾以为书法者，当如布尔特奇之《英雄传》，以悲壮淋漓之笔，写古人之性行事业，使百世之下，闻其风者，赞叹舞蹈，顽廉懦立，刺激其精神血泪，以养成活气之人物；而必不可妄学《春秋》，侈衮钺于一字二字之间，使后之读者，加注释数千言，犹不能识其命意之所在。吾以为书法者，当如吉朋之《罗马史》，以伟大高尚之理想，襃贬一民族全体之性质，若者为优，若者为劣，某时代以何原因而获强盛，某时代以何原因而致衰亡，使后起之民族读焉，而因以自鉴曰：吾侪宜尔，吾侪宜毋尔；而必不可专奖

---

① 任公：《中国史叙论》，《清议报》第九十册，1901 年 9 月 3 日。
② 中国之新民：《新史学》第一章，《新民丛报》第一号，1902 年 2 月 8 日。

励一姓之家奴走狗，与夫一二矫情畸行，陷后人于狭隘偏枯的道德之域，而无复发扬蹈厉之气。①

套用梁启超的说法：布尔特奇"所作《英雄传》，传凡五十人，皆希腊罗马之大军人、大政治家、大立法家"，"实传记中第一杰作也。其感化人鼓舞人之力最大。近世伟人如拿破仑、俾士麦，皆酷嗜之。拿破仑终身以之自随，无一日不读，殆与罗兰夫人等也"；②"吉朋者，英国之良史也。所著《罗马兴亡史》，欧洲有井水饮处匪不诵之"。③梁启超的史学理论和新体传记创作，显然受到欧洲史学和传记文学的启迪。"以悲壮淋漓之笔，写古人之性行事业"的英雄主义情结，"以伟大高尚之理想，褒贬一民族全体之性质"的近世泰西良史之情怀，对梁启超的新体传记创作无疑产生了重要影响。

1901年，是梁启超酝酿发起"史界革命"之年；也是在这一年，任公的传记文写作实现了由承继中国传统的纪传体式到取法西洋的评传体式的转型。这恐怕不是一种偶然的巧合，而是一种从理论到实践的自觉。此前，梁启超亡命东瀛含泪泣血写作的《殉难六烈士传》，采用的是中国古代正史体裁中的列传体例，继承的是司马迁《史记》以降的纪传体传统。其中的名篇《谭嗣同》，形神兼备，脍炙人口，流传甚广，代表着梁启超传统纪传体人物传记的创作实绩。1901年冬，梁任公以"四十八点钟"的超高效率撰成《南海康先生传》，洋洋两万五千言，迅疾刊登在《清议报》第100册终刊号上。与此同时，饮冰主人那部洋洋十余万言的长篇传记《李鸿章》亦杀青付梓，由横滨清议报馆印刷出版。这两部名人传记的问世，是这位中国之新民告别传统纪传文体、开启师法泰西的评传体式的转捩点，标志着中国具有现代意义的新体传记——评传——的诞生。

长篇评传《南海康先生传》，是梁启超的传记文写作转宫换调后的首场成功演出。我们只消浏览一下各章的标题，便不难知晓其体例与传统纪传体的迥然不同。第一章，时势与人物；第二章，家世及幼年时代；第三章，修养时代及讲学时代；第四章，置身国事时代；第五章，教育家之康南海；第六章，宗教家之康南海；第七章，康南海之哲学；第八章，康南海之中国政策；第九章，人物及其价值。作者开篇先拈出"应时人物"与"先时人物"两个历史人物评价标准，以为"应时之人物者，时势所造之

① 中国之新民：《新史学》第五章，《新民丛报》第十六号，1902年9月16日。

② 中国之新民：《近世第一女杰罗兰夫人传》，《新民丛报》第十七号，1902年10月2日。

③ 沧江：《中国前途之希望与国民责任（续）》，《国风报》第二年第七期，1911年4月9日。

英雄；先时之人物者，造势时之英雄也"，将乃师康有为定位在"其理想之宏远照千载，其热诚之深厚贯七札，其胆气之雄伟横一世"的先时人物。该文的主体部分，先以三章的篇幅分期记述传主的生平，再以四章的篇幅分述传主的教育、宗教、哲学和政治思想，经纬交织，逻辑结构非常严谨。作者在篇末对传主作出定评曰："一言蔽之，则先生者，先时之人物也。如鸡之鸣，先于群动；如长庚之出，先于群星，故人多不闻之不见之。且其性质亦有实不宜于现时者乎，以故动辄得咎，举国皆敌。无他，出世太早而已。"[①] 并引用英国名相克林威尔呵责某画工之言"Paint Me as I Am"，借以表白著者对传主所采取的不隐恶、不溢美的公正立场，信誓旦旦地宣称："吾为康南海传，无他长，惟自信不至为克林威尔所呵。"[②] 作者是否溢美乃师另当别论，但就传记体式而言，实开 20 世纪中国新体评传先河。

长篇评传《李鸿章》成书于 1901 年 12 月。梁启超在《序例》中明言："此书全仿西人传记之体，载述李鸿章一生行事，而加以论断，使后之读者，知其为人。"[③] 晓告世人此传乃师法泰西传记文体之作。一个多月后，《新民丛报》创刊号"绍介新著"专栏，刊登了绍介"饮冰室主人著、横滨清议报馆印、新民丛报社发售"的《李鸿章》一书的告白。其言曰：

> 此书以泰西传记新体，叙述李鸿章一生经历而论断之，其体例实创中国前此所未有……此编非徒为李鸿章作行状，盖以李鸿章时代之历史，实为中国数千年来未有之变局，而一国之事，几无不与李鸿章有关系。故此书又名《四十年来大事记》云。其论李也，于常人所共非谤者而讼直之，于常人所共不察者而责备之，处处皆有特识，而于数千年来群治之积习，及数十年来朝政之失宜，所以造成今日之结果者，尤三致意焉。思想伟大，而笔力足以达之，诚近今之鸿著也。[④]

这则新书出版广告语言堪称精警，评述可谓客观，颇能切中肯綮。著者在该书《绪论》中，言传主为"中国近四十年第一流紧要人物"，将李鸿章定位为"时势所造之英雄"；整部评传以李鸿章的事功作为传主履历的分

---

① 任公：《南海康先生传》，《清议报》第一百册，1901 年 12 月 21 日。
② 任公：《南海康先生传》，《清议报》第一百册，1901 年 12 月 21 日。
③ 梁启超：《中国四十年大事记》（一名《李鸿章》），载汤志钧、汤仁泽编：《梁启超全集》第二集，中国人民大学出版社，2018，第 388 页。
④ 《绍介新著·李鸿章》，《新民丛报》第一号，1902 年 2 月 8 日。

段标识，从"李鸿章之家世""兵家之李鸿章""洋务时代之李鸿章""中日战争时代之李鸿章""外交家之李鸿章""投闲时代之李鸿章""李鸿章之末路"等方面，对传主展开历时性和共时性的立体描写与评述，布局谋篇经纬交织，体现了评传体便于作者议论抒情的文体特点与优长。

自1902年《新民丛报》创刊，梁启超对古今中外名人评传的写作兴趣一发而不可收，数年间几乎包揽了该刊的"传记"专栏，发表了一大批新体传记作品，诸如《匈加利爱国者噶苏士传》《张博望班定远合传》《意大利建国三杰传》《近世第一女杰罗兰夫人传》《新英国巨人克林威尔传》《大哲斯宾塞略传》《黄帝以后第一伟人赵武灵王传》《明季第一重要人物袁崇焕传》《中国殖民八大伟人传》《祖国大航海家郑和传》等。1908年，近二十万言的人物评传《王荆公》完篇；次年，近七万言的历史评传《管子传》问世。光宣之际，梁启超迎来了传记文创作的丰收期，也带起了一个以报刊为中心的新体传记鼎盛的时代。

第二节 "维新吾民"之旨与"悲壮淋漓"之笔

作为一位有着强烈的政治情怀的启蒙思想家，梁启超创作的人物评传，其思想立场与政治态度超然的史学家和文学家迥然有别，"启蒙主义"是其基本指针和创作目的。《新民丛报》所标榜的"欲维新吾国，当先维新吾民"的办刊宗旨，[①] 也是中国之新民梁启超撰著历史人物评传的根本动机。在维新吾民、维新吾国的总方针下，梁启超的新体传记写作，构成了以改良群治、新民救国为目标的思想启蒙运动的重要组成部分。

梁启超的人物评传的创作题旨，鲜明地体现在其对古今中外传主的选择上。任公后来在清华讲授《中国历史研究法》时，对他心目中理想的"专传"（即人物评传）特意作过交代："我的理想专传，是以一个伟大人物对于时代有特殊关系者为中心，将周围关系事实归纳其中；横的竖的，网罗无遗。比如替一个大文学家作专传，可以把当时及前后的文学潮流分别说明。此种专传，其对象虽止一人，而目的不在一人。择出一时代的代表人物，或一种学问一种艺术的代表人物，为行文方便起见，用作中心。"[②] 饮冰主人所选定的传主，涉及中外古今著名的思想家、政治家、军事家、外交家、文学家等，均系"对于时代有特殊关系"的"造时势之英雄"或

---

① 《本报告白》，《新民丛报》第一号，1902年2月8日。

② 梁启超：《中国历史研究法》，东方出版社，1996，第194页。

"时势所造之英雄"。这些历史人物，要么对全社会产生过关系全局的重大影响，传主的命运与国家之命运戚戚相关；要么是在某一领域做出过特殊贡献的杰出人物，或在传主专力经营的事业中建树了不朽的功勋。这一"专传"选材标准与创作旨趣，既体现了梁启超对史学作为"国民之明镜"和"爱国心之源泉"①的基本定位，又符合作者倡导的"觉世之文"的作文路径和"文界革命"的精神意绪。

梁启超最为青睐的传主，是近世西洋各民族国家诞生的杰出的政治家、革命家和民族英雄，如泰西近世第一女杰、法兰西大革命之母罗兰夫人，意大利建国三杰玛志尼、加富尔、加里波的，匈加利爱国者噶苏士，新英国巨人、"盎格鲁-撒逊民族独一无二之代表"克林威尔②等；他们都是赤诚的爱国者，为各自的民族国家之独立自由和政治革命做出过重大贡献者。梁启超创作这批西洋历史名人传记，意在通过阐扬传主高洁的爱国情怀、高远的政治理想、高超的政治智慧、大无畏的英雄气概、百折不挠的奋斗精神，及其为民族独立富强而献身的大无畏牺牲精神，唤起中国民众的合群意识、尚武精神、爱国主义思想情感和近代民族国家观念。

梁启超《意大利建国三杰传》篇首开宗明义道：

> 欧洲近数百年，其建国之历史可歌可泣可记载者，不一而足；其爱国之豪杰为吾生平所思所梦所崇拜者，不一而足。而求其建国前之情状与吾中国今日如出一辙者，莫如意大利；求其爱国者之所志所事，可以为今日之中国国民法者，莫如意大利之三杰。之三杰者，其地位各不同，其怀抱各不同，其才略各不同，其事业各不同，其结局各不同，而其所以使昔日之意大利成为今日之意大利者，则无不同。无三杰则无意大利；三杰缺一，犹无意大利。三杰以意大利为父母为性命，意大利亦以三杰为父母为性命。吁嗟乎危哉，今日之中国！其乌可无如三杰其人者！……人人勉为三杰之一，人人勉为三杰之一之一体，则吾中国之杰出焉矣！则吾中国立焉矣！作意大利建国三杰传。③

梁启超型塑的"意大利建国三杰"，代表了晚清中国新知识界对近世欧洲具有样板意义的民族国家意大利建国英杰典范的理解与认知，蕴含着作者强烈的现实诉求，期冀中国的"玛志尼""加富尔""加里波"的早日出现。

---

① 中国之新民：《新史学》第一章，《新民丛报》第一号，1902年2月8日。
② 中国之新民：《新英国巨人克林威尔传》，《新民丛报》第二十五号，1903年2月11日。
③ 中国之新民：《意大利建国三杰传》，《新民丛报》第九号，1902年6月6日。

梁启超历史人物评传的另一取材热点，是中国历代知名的政治家、改革家、思想家、民族英雄等，如春秋时期齐国大政治家、军事家管子，战国时期实行"军国民主义"的一代伟人赵武灵王，西汉时期出使西域使西汉"开亚欧交通之机""完中国一统之业"的张骞，[①] 东汉时期平定西域的黄汉民族大英雄班超，北宋大改革家王安石，明代大航海家郑和，明季第一重要人物袁崇焕，二十世纪中国"先时之人物"康有为，晚清中国"时势所造之英雄"李鸿章等。他们或对一个时代的内政外交、国民思想产生过重大影响，或为外御强敌、拓土封疆的民族英雄。作者着意发掘传主的开拓精神、英雄气概、改革思想、聪明才智和爱国情怀，以此激发中国民众的民族自豪感，增强民族自信力和凝聚力。

梁启超《张博望班定远合传》开篇写道："欧、美、日本人常言：支那历史，不名誉之历史也。何以故？以其与异种人相遇辄败北故。呜呼！吾耻其言……读张博望、班定远之轶事，吾历史亦足以豪矣！"[②] 流露出"以悲壮淋漓之笔，写古人之性行事业"[③] 的显著用意。《管子传》开篇交代写作动机道：

> 今天下言治术者，有最要之名词数四焉：曰国家思想也，曰法治精神也，曰地方制度也，曰经济竞争也，曰帝国主义也。此数者皆近二三百年来之产物，新萌芽而新发达者。欧美人所以雄于天下者，曰惟有此之故；中国人所以弱于天下者，曰惟无此之故。中国人果无此乎？曰：恶，是何言！吾见吾中国人之发达是而萌芽是，有更先于欧美者。谓余不信，请语管子。[④]

作者为两千多年前的古人作传，其出发点乃在回应当下中国面临的切要的现实问题，希冀通过从中国本土历史资源发掘可资借鉴的文明思想，激发国人的民族自信心与爱国情感。

梁启超将其传主分为"应时人物"和"先时人物"两类。应时人物，即时势造就的英雄，多为政治家、军事家、实干家；先时人物，则为造时势之英雄，多系在精神界为推动社会进步做出过原创性贡献的思想家。李

---

① 中国之新民：《张博望班定远合传》，《新民丛报》第八号，1902 年 5 月 22 日。
② 中国之新民：《张博望班定远合传》，《新民丛报》第八号，1902 年 5 月 22 日。
③ 中国之新民：《新史学》第五章，《新民丛报》第十六号，1902 年 9 月 16 日。
④ 梁启超：《管子传》，载汤志钧、汤仁泽编：《梁启超全集》第六集，中国人民大学出版社，2018，第 501 页。

鸿章和康有为，恰为近代中国应时人物和先时人物的典型代表。梁启超之所以为"负谤于中国甚矣"的李鸿章作传，看重的是其近四十年来中国第一流紧要人物的关键位置，意在通过为这位关系全局的"满清之柱石，华夏之功臣"作传，全面透视近代中国政治史、军事史、洋务史和外交史，使国人明白中国近四十年来的朝局，知晓造成目前国家危亡局面的根本原因。他为"为举国之所嫉视"的康有为立传，看重的是这位先时人物为社会提供的思想原动力。在梁启超看来，"为社会计，则与其得十百应时之人物，无宁得一二先时之人物"。① 正因如此，他赞佩康有为超越常人的宏远的理想、深厚的热诚、雄伟的胆气，谓其为"先时人物所最不可缺之德性"；他表彰康氏"大刀阔斧，开辟事业"的勇气魄力和冒险精神，断言"他日有著二十世纪新中国史者，吾知其开卷第一页，必称述先生之精神事业，以为社会原动力之所自始"；他感叹先时之人物因超越了自己所处的时代，从而造成命运多舛的悲惨遭际，"其所志无一不拂戾，其所事无一不挫折，而其及身亦复穷愁潦倒，奇险殊辱，举国欲杀，千夫唾骂，甚乃身死绝域，血溅市朝"；他坚信"二十世纪之中国，必雄飞于宇内"，以为"今日中国所相需最殷者，惟先时人物而已"。② 以"少年中国之少年""中国之新民"自诩的思想启蒙先驱梁任公，又何尝不以"先时人物"自期呢？

　　新体评传区别于传统纪传体的一大特点，是著者自作主见的议论成分显著增加。以政论见长的梁启超，驾驭起这种文体来，可谓得心应手。梁氏新体传记，具备"新文体"平易畅达、时杂以俚语韵语及外国语法、纵笔所至不检束、条理明晰、笔锋常带情感等特征，尤以议论精警和激情澎湃著称，明显受到了无所不在的政论文风的濡染。其引人入胜之处，往往是作者针对现实和历史人物有感而发的议论文字。这些语言精警、元气淋漓、同歌同哭、激情飞扬的议论文字，往往形成了吸引读者眼球的"文眼"。除了开篇点题和结尾总括式的精辟议论，文中亦时见随感而发的评论文字，乃至动辄千言的长篇大论。

　　传诵一时的《近世第一女杰罗兰夫人传》开篇议论道：

　　　　"呜呼！自由自由，天下古今几多之罪恶，假汝之名以行！"此法国第一女杰罗兰夫人临终之言也。罗兰夫人何人也？彼生于自由，死于自由。罗兰夫人何人也？自由由彼而生，彼由自由而死。罗兰夫

---

① 任公：《南海康先生传》，《清议报》第一百册，1901 年 12 月 21 日。
② 任公：《南海康先生传》，《清议报》第一百册，1901 年 12 月 21 日。

人何人也？彼拿破仑之母也，彼梅特涅之母也，彼玛志尼、噶苏士、俾士麦、加富尔之母也。质而言之，则 19 世纪欧洲大陆一切之人物，不可不母罗兰夫人。19 世纪欧洲大陆一切之文明，不可不母罗兰夫人。何以故？法国大革命，为欧洲 19 世纪之母故。罗兰夫人，为法国大革命之母故。①

以"悲壮淋漓之笔"，极力渲染法兰西大革命之母罗兰夫人"生于自由，死于自由"的悲剧命运，启人心智，意味深长。

《意大利建国三杰传》开篇的议论文字同样精彩：

> 梁启超曰：天下盛德大业，孰有过于爱国者乎？真爱国者，国事以外，举无足以介其心，故舍国事无嗜好，舍国事无希望，舍国事无忧患，舍国事无怨憝，舍国事无争竞，舍国事无欢欣；真爱国者，其视国事无所谓艰，无所谓险，无所谓不可为，无所谓成，无所谓败，无所谓已足；真爱国者，其所以行其爱国之术者不必同，或以舌，或以血，或以笔，或以剑，或以机；前唱于而后唱喁，一善射而百决拾，有时或相歧相矛盾相嫉敌，而其所向之鹄，卒至于相成相济而罔不相合。梁启超曰：今国于世界者数十，其雄焉者不过十之一。彼其鼓之铸之缔造之歌舞之庄严之者，孰有不从一二爱者之心之力之脑之舌之血之笔之剑之机而来哉？②

以悲壮淋漓之笔发抒作者满腔爱国之情和报国之志，借传主之酒杯浇著者之块垒，充溢着一股发扬蹈厉之气，读之令人热血沸腾，感奋不已。其结尾议论道：

> 要而论之，彼三杰之人格，自顶至踵，无一指一发而无可以崇拜之价值。此五端者，不过对吾侪之缺点，而举之以相劝勉相警励云尔。呜呼，我辈勿妄菲薄我祖国，勿妄菲薄我眇躬，苟吾国有如三杰其人者，则虽时局艰难，十倍于今日，吾不必为祖国忧。彼意大利之衰象困象险象，夫岂在吾下也！苟吾躬而愿学三杰其人者，则虽才力聪明远下于彼等，吾不必为眇躬怯。舜何人？予何人？有为者，亦若是也。抑意大利有名之三杰，而无名之杰尚不啻百千万。使非有彼无名之杰，

---

① 中国之新民：《近世第一女杰罗兰夫人传》，《新民丛报》第十七号，1902 年 10 月 2 日。
② 中国之新民：《意大利建国三杰传（完）》，《新民丛报》第二十二号，1902 年 12 月 14 日。

则三杰者又岂能以独力造此世界也？吾学三杰不至，犹不失为无名之杰。无名之杰遍国中，而中国遂为中国人之中国焉矣。[①]

如此有着强烈的现实指向的"新史氏曰"，与《史记》中盖棺论定式的"太史公曰"，显然并非一途。

篇中有感而发插入的议论文字，我们举《黄帝以后第一伟人赵武灵王传》为例。当作者引述《史记》史料略次显示赵武灵王盖世武功的年表后，禁不住插入一番议论：

> 吾述武灵王之伟业，有欲求读者注意深察者一事，曰：王之兵力所加，皆在异种而非同种是也。王所侵略者，曰中山，曰林胡，曰楼烦。楼烦在今代州北三十里，即匈奴所居地。林胡在今陕西榆林镇东北四百五十里，种以胡名。此两者之为异族，众所共知也。若中山，即春秋时之鲜虞，为白狄别种，春秋末最强，晋屡伐之不得志。武灵王以十余年全国之兵力，仅乃灭之，于是今保定、大同、宣化诸地，始隶内版。使无赵武灵王，则冒顿平城之祸或不待汉高之时，而已见于中国，盖未可知耳。唐人诗云："若使龙城飞将在，不教胡马度阴山。"吊古抚今，感慨系之矣。[②]

如此着意强调赵武灵王所"侵略者"属于"异种"而非"同种"，表现出近代民族革命思潮高涨时期梁启超内心深处浓重的民族主义情结，字里行间流露出汉民族的自豪感，充溢着"发扬蹈厉之气"。

再看《新英国巨人克林威尔传》篇中，作者围绕"国民不可不崇拜英雄"话题而生发的宏论：

> 征诸古今东西之历史，凡一国家一时代社会之污隆盛衰，惟以其有英雄与否为断，惟以其国民之知崇拜英雄与否为断。吾于法国大革命，而见无英雄之时代也。奈何其以惊天动地之大事业，卒以恐怖武人政治为终局，龙其头而蝎其尾也？吾于苏格兰之清教徒，而见无英雄之时代也。奈何其以同志而自相践踏，卒被敌人征服之于梦梦泯乱之间也？然则吾将皇皇焉求英雄梦英雄。吾以环游地球之目，旅行于

---

① 中国之新民：《意大利建国三杰传（完）》，《新民丛报》第二十二号，1902 年 12 月 14 日。
② 慧广：《黄帝以后第一伟人赵武灵王传》，《新民丛报》第四十、四十一号合刊，1903 年 11 月 2 日。

数千年历史中……若夫政治之雄，战阵之雄，其姓名错错落落于历史上，大者小者正者奇者成者败者，殆不下百数十，而直使吾侪有崇拜之价值者，几何人哉？自罗马大帝康士但丁以后，历一千六百年，大小二百八十余战，人民为治乱之牺牲，土地为政府之坟墓，举汗牛充栋之历史，殆可一括以"相斫书"三字。虽然，遂不获见一义战，遂不获见一英雄。彼以帝王之名而战者果何物？彼以宗教之名而战者果何物？抑彼以人民之名而战者果何物？伪善之世，黑暗之代，万事皆一戏剧耳。所谓仁君，所谓忠臣，所谓侠士，所谓热信，一旦洗落其涂画之假脸，剥去其优孟之衣冠，则除兽性野心之外，一无复存者。吾旅行于昏昏长夜中者千余年，吾乃遇克林威尔，吾安得不拜？吾安得不拜？①

作者的历史观和英雄观，在议论风发的文字中得到精彩的展现。"此等爱国名人传记，最足发扬精神，著者才笔纵横，感人尤切，欲教少年子弟以文学者，最宜以此等书为读本，胜于寻常教科书万万也"。②如其宣传文字所言，"才笔纵横，感人尤切"，确是梁启超新体名人传记的显著特征。

从文学视角来看，梁启超创作的名人传记，存在明显缺陷。由于著者偏重以史家身份记述史实，疏于对传主进行必要的形象塑造和性格刻画，形成了重事不重人的特点，在很大程度上影响了传记文的生动性、形象性与可读性。

第三节　新体传记的兴盛与白话评传的萌芽

在梁启超的理论倡导和创作实践的影响下，人物评传在 20 世纪初年蔚然成风。清末民初问世的大量报刊，纷纷开辟"传记""史传"等专栏，刊发了数以百计的古今中外名人传记作品，形成了一股传记文学创作潮

---

① 中国之新民：《新英国巨人克林威尔传》，《新民丛报》第二十五号，1903 年 2 月 11 日。
② 《少年读本世界人豪第一种〈意大利建国三杰〉》，《新民丛报》第二十二号，1902 年 12 月 14 日。

流。[①]

维新派和革命派传记作家，出于政治宣传和思想启蒙的现实动因，多选择古今中外著名的政治家、思想家、民族英雄等为传主，借以激发国族思想、革命精神与英雄气概。而一批政治立场相对保守、学术眼光却颇为深邃的精英知识分子，出于教育救国的思想动机，以报刊为传播阵地，组织撰写和编译了许多西方哲学家、教育家、艺术家、文学家的传记文，其著例是罗振玉发起创办、王国维主编主笔的《教育世界》半月刊。该刊自1904年2月第69号开设"传记"栏，至1908年1月第166号，刊发外国人物传记约40篇，[②] 弗兰克林、尼采、雅里大德勒、海尔巴脱、叔本华、苏格拉底、柏拉图、廓美纽司、卢骚、休蒙、霍布士、汗德、脱尔斯泰、莎士比、培根等近代西方文化名人均在其列。这批西哲名人传记，或译或著，其文体采用评传，其语体运用欧化的改良文言。

阿英在谈及辛亥革命时期传记文学的发展状况时，言"传记文学在当时，几乎成为绝大多数革命刊物不可缺少的部分"，称其"通过人物的介绍与论评，获得了很大的宣传效果"。[③] 为激发种族思想，唤起民族自信，宣扬排满主张，鼓舞革命斗志，革命派知识分子纷纷为黄帝、大禹、陈

① 如1901年创刊的《教育世界》，1902年创刊的《新民丛报》《新世界学报》《大陆报》等，1903年创刊的《湖北学生界》《直说》《浙江潮》《童子世界》《广益丛报》《江苏》《觉民》《中国白话报》等，1904年创刊的《女子世界》《安徽俗话报》《武备杂志》《萃新报》《二十世纪大舞台》《福建白话报》等，1905年创刊的《直隶白话报》《浙源汇报》《民报》等，1906年创刊的《潮声》《复报》《云南》《竞业旬报》等，1907年创刊的《中国新女界》《学报》等，1909年创刊的《砭群丛报》《陕西》等，1910年创刊的《中国实业杂志》，1911年创刊的《民国报》，1912年创刊的《云南教育杂志》，1913年创刊的《国民月刊》等，均设有"传记"或"史传"专栏。

② 晚清时期，王国维主编的《教育世界》发表的外国名人传记，有《美国弗兰克林自传》《美国教育家玛利丽蓉女史传》《德国文豪格代希尔列尔合传》《幼稚园创始者弗烈培传》《德国教育学大家裴奈楷传》《德国文化大改革家尼采传》《希腊大哲学家雅里大德勒传》《德国教育学大家海尔巴脱传》《德国哲学大家叔本华传》《希腊圣人苏格拉底传》《希腊大哲学家柏拉图传》《德国教育家廓美纽司传》《英国教育大家洛克传》《法国教育家卢骚传》《弗兰楷传》《巴瑟德传》《德国教育界有功者哀森传》《美国教育家巴嘉传》《德国神学大家休来哀摩谐传》《教育家孟德尼传》《英国哲学大家休蒙传》《教育家之希尔列尔》《英国哲学大家霍布士传》《德国哲学大家汗德传》《贝斯达禄奇事迹》《荷兰哲学大家斯披洛若传》《英儒斯迈尔斯传》《汗德详传》《脱尔斯泰传》《戏曲大家海别尔》《雍格传》《英国小说家斯提逢孙传》《名士修学谈》《近世教育之母科迈纽斯传》《莎士比传》《培根小传》《英国大诗人白衣龙小传》《日本教育家术家传略》等，计约40篇。

③ 阿英：《传记文学的发展》，载吴泰昌编：《阿英文集》，生活·读书·新知三联书店，1981，第835—836页。

涉、岳飞、郑成功、文天祥、史可法、朱元璋等作传。[①] 革命派作家不仅藉宣扬汉民族历史上的英雄豪杰的丰功伟绩以鼓民气，而且径直为当下的英模作传，以激发国人的革命思想。章士钊 1903 年化名"黄中黄"撰著的《沈荩》及其编译的《大革命家孙逸仙》，章太炎 1905 年撰著的《邹容传》等，便是其中的著例。1911 年 11 月创刊于上海的《民国报》，在"传记"栏推出了"光复伟人传"系列，传主有黎元洪、黄兴、黄一欧、孙君武、胡侠魂、刘元栋、陈天华、刘道一、吴樾、赵声等革命英杰；无论是活着的英雄，抑或是牺牲的鬼雄，凡为革命事业做出重要贡献者，均纳入传主之列，以此为辛亥革命摇旗呐喊。

晚清时期，革命派传记文作家以柳亚子和刘光汉成绩较著，且代表了两种不同的传记文写作范型。柳亚子《郑成功传》《中国革命家第一人陈涉传》《花木兰传》等历史人物评传，明显效仿梁启超的传记新文体，属于梁氏开创的人物评传体的普及版。白话道人林獬、刘光汉为《中国白话报》撰写的一批历史人物传记，语体为白话体，文体为新式评传，开现代白话评传先河。

1903 年，上海爱国学社学员柳亚子所撰《郑成功传》，高张"民族主义"旗帜，为"能排异种以殖新地"的"汉种"大英雄郑成功歌功颂德，以激发国人的"民族精神"。其开篇《叙论》道：

> 横览五洲，纵览廿纪，六物如球，众生如虱，其英雄之大舞台乎？以渺渺一欧罗巴，地不满四千，人不满四亿，率其所谓民族主义、民族帝国主义者，以凭凌于世界。风潮磅礴，日月惨淡，异类殊族，低首帖耳，夷为欧隶。大地转抟，益将为掀天揭地之大洪水所沦陷焉。何以故？唯英雄故，唯英雄能排异种以殖新地故。[②]

作者痛感"中国人之无民族精神"，而"我皇汉"排外大英雄郑成功所建立的不朽功业，足以与华盛顿、玛志尼、噶苏士、加里波的、加富儿、俾斯麦等泰西"排异种之英雄"及哥仑布、立温斯敦、侃顿曲、麦塞郎、克

---

① 如 1903 年至 1904 年间《中国白话报》所刊白话道人（林獬）《黄帝传》《大禹传》及光汉（刘师培）《中国革命家陈涉传》《中国排外大英雄郑成功传》《攘夷实行家曾襄闵公传》，《湖北学生界》所刊《中国民族主义第一人岳飞传》，《浙江潮》所刊匪石《中国爱国者郑成功传》，《江苏》所刊亚卢（柳亚子）《中国革命家第一人陈涉传》《郑成功传》和汉儿《为民族流血史可法传》，《觉民》所刊观自在室主人《为种流血文天祥传》，《安徽俗话报》所刊善之《明太祖朱元璋传》等。

② 亚卢：《郑成功传》，《江苏》第四期，1903 年 7 月 24 日。

雷飞、哈士丁斯等欧洲"殖新地之英雄"相比肩；其立意在于"焕扬我祖国之荣光"，热切呼唤"排异种与殖新地"的"汉种"大英雄的出现。

1904 年，柳亚子《中国革命家第一人陈涉传》，通过为"推倒政府，普救国民，留绝大纪念于吾祖国之大英雄大豪杰"陈涉立传，热烈地讴歌革命，呼唤革命风暴的到来。其《绪论》写道：

> 吾读欧洲史，吾无端而生一感情；吾读欧洲史，吾又无端而生一联想。吾见夫西欧大陆，自十八世纪下半期之前，以至十九世纪上半期之后，其间若政治、法律、学术、风俗种种有名无名之事物，莫不划然分一大鸿沟，如大风折木，黄尘蔽天，毒雾妖云，漫漫长夜，忽焉而曙光一线，升自东陆，大千世界，普照光明，发其炎炎万丈之热火。噫！此何事？此何事？则十九世纪茫茫欧海掀天揭地之革命军为之原动力也。夫"革命"二字，实世界上最爽快、最雄壮、最激烈、最名誉之一名词也；实天经地义，国民所一日不可无之道德也；实布帛菽麦，人类所一日不可缺之生活也。彼欧洲列国，政治之所以平等者在此，法律之所以自由者在此，学术之所以进步者在此，风俗之所以改良者在此，一切有名无名之事物所以能增长发达者亦在此。[①]

作者将"诛无道秦""去暴隋""驱胡元""排满清"列为"自三代以降君民相争"之四大"活剧"，歌颂"亡秦时代之中国革命家第一人陈涉"，意在鼓动民众的民族革命思想，"为黄帝民族"再放"光明"。

柳亚子的人物传记，服务于反帝爱国、排满革命的宗旨，形式上表现出重事不重人、重议论不重描写、重抒情不重叙事的特征，有着此期受梁式名人评传文风濡染的新体传记文的通病。但由于鼓吹民族革命，笔端充溢着激越的爱国情感，感染力和煽动性很大，受到章太炎赞誉，称其"智勇参会，飚起云合"。[②]

近代白话评传，萌蘖于林獬的《黄帝传》，时在 1903 年 12 月，刊于上海《中国白话报》创刊号"传记"专栏。开白话评传先河的《黄帝传》，着意凸显黄帝"一片爱中国汉种的心"，[③] 极力表彰"黄帝能够替百姓除异族的德政"；[④] 篇末卒章显志道："你们列位不愿做黄帝的子孙便罢，倘然

---

① 亚卢：《中国革命家第一人陈涉传》，《江苏》第九、十期合本，1904 年 3 月 17 日。
② 西狩：《致□君书（癸卯九月）》，《复报》第五期，1906 年 10 月 12 日。
③ 白话道人：《黄帝传》第三章"黄帝的本领"，《中国白话报》第一期，1903 年 12 月 19 日。
④ 白话道人：《黄帝传》第四章"黄帝的德政"，《中国白话报》第三期，1904 年 1 月 17 日。

要做黄帝的子孙，读了我这《黄帝传》，倒要替我祖宗黄帝争些志气，赶紧大家想法把异族赶逐净尽，恢复了我这汉土。"① 林獬所撰《大禹传》的宗旨同样是张扬民族主义，着力渲染大禹爱民的仁政和令诸侯归顺、苗夷臣服的威德，篇末点题道："禹的父子，千辛万苦，赔了身命，替中国平了水患，本是替我们汉族效忠的，那晓得洪水既平，如今中国又遭了陆沉之祸，犬羊贱族，占据中华，这种夷祸，却比洪水猛兽还要厉害。你们看报的各位，可能够学着大禹，赶快出来把这洪水平一平，把这猛兽驱一驱么？"② 白话道人的两篇白话评传，拟想读者为中下社会民众，语言通俗而拉杂，说教成分很多，字里行间洋溢着狂热褊狭的民族情绪。

　　1904 年 4 月始，刘光汉主《中国白话报》"传记"栏笔政，先后为孔子、陈涉、郑成功、曾铣作传。《孔子传》分总论、孔子的世家、孔子的学术来源、孔子的新学术、孔子的事业、孔子的教育、孔子的身后七章，是一篇典型的白话评传。该文试图还原孔子本来面目，言孔子学术"顶完全的地方"，是"兼有师儒的长处"和"把体用合成二致"；谓"孔子学术的坏处"，一是"泥古"，二是"迂阔"，三是"迷信"，四是"唯我独尊"；批判康有为"以古书附会西学"、说"孔子是注重民权的"以及"把孔教共耶教并言"，斥其为"邪说"。③《中国革命家陈涉传》认为陈涉"是个先时的人物，又是个造时势的英雄"，④ 通过总结这位"失败"的"革命的大英雄"的功业与教训，为革命党人正在从事的革命斗争提供正反两方面的镜鉴。《中国排外大英雄郑成功传》《攘夷实行家曾襄闵公传》均未完稿，因《中国白话报》停刊而成了残篇。前者通过罗列郑成功保种的功业、辟地的功业、没有奴隶的性质、实行家族的革命、晓得内政、晓得外交等"特色"，推尊郑氏为中国历史上空前绝后、百折不挠的"真排外的大英雄"，以为在当下"能够排外，自然就能够革命"，民族"光复"大业便有希望。⑤ 后者的传主曾襄闵公，系前明嘉靖年间兵部侍郎和三边总督，为抗击蒙古、保卫边疆做出过重大贡献。"中国革命家""中国排外大英雄""攘夷实行家"，排满革命的写作宗旨，从三篇传记文的标题中一望而知。

　　刘光汉的四篇人物传记，文体属于新体评传，语体属于通俗白话，语

① 白话道人：《黄帝传》第七章"结论"，《中国白话报》第六期，1904 年 3 月 1 日。

② 白话道人：《大禹传》第八章"结论"，《中国白话报》第八期，1904 年 3 月 31 日。

③ 光汉：《孔子传》第四章，《中国白话报》第十三期，1904 年 6 月 23 日。

④ 光汉：《陈涉传》第六章"结论"，《中国白话报》第十九期，1904 年 8 月 20 日。

⑤ 光汉：《中国排外大英雄郑成功传》，《中国白话报》第二十期，1904 年 8 月 30 日。

汇语法体现出鲜明的口语表达特征。大体而言，其语体接近模拟官话写作，语汇丰富多样，冶古语、俗语、外来语为一炉，平易而深长。适量运用文言语汇，为白话文平添了文采；善用比喻说理，使得行文活泼，形象生动；引证古书时又尽量改文言为白话，以平浅代艰深。排满革命的宣传家的激烈，思想敏锐的学问家的识见，根柢深厚的文章家的笔力，共同建构了刘光汉集思想性、知识性、趣味性于一炉的白话新体传记文。白话道人在评述刘光汉的歌谣体长诗《昆仑引》时，言"其富于历史之知识，种族之思想，字字有根据，而复寓论断于叙事中"。[①] 这一论断移用于刘师培的白话评传作品，亦堪称允当。

1908 年，主上海《竞业旬报》笔政的中国公学学生胡适，也开始用白话写作人物传记。胡适是白话报刊《竞业旬报》中后期台柱子，为该刊社说、论说、传记、小说、歌谣、丛谈、札记等专栏写过大量白话文稿。胡适此期发表的人物传记，有《姚烈士传》《中国第一伟人杨斯盛传》《世界第一女杰贞德传》《中国爱国女杰王昭君传》诸篇。《姚烈士传》为纪念蹈江殉国的中国公学庶务员姚洪业烈士而作，分四部分：一、绪论；二、姚烈士之事迹；三、姚烈士之办学；四、结论。一望而知采用的西方的评传体式，而非传统纪传体。《世界第一女杰贞德传》亦分四部分：一、开篇；二、百年大战；三、贞德本传；四、完结。作者在篇末借题发挥议论道：

> 我们中国如今的时势，危险极了，比起那时法国的情形，我们中国还要危险十倍呢！那时法国只和英国一国打仗，如今中国倒有几十个强国，环绕境上，可不是危险十倍么？我很望我们中国的同胞，快些起来救国，快些快些，不要等到将来使娘子军笑我们没用，我又天天巴望我们中国快些多出几个贞德，几十个贞德，几千百个贞德，等到那时候，在下便抛了笔砚，放下书本，赶去做一个马前卒，也情愿的，极情愿的。唉！在下现在恐怕是做梦罢！哈哈！[②]

可谓卒章显志，流露出强烈的忧患意识和救国情怀。胡适早期人物评传习作，从命名到篇章结构都明显受到梁启超的名人传记的影响，文体上属于新体评传，但却通篇采用传统说书人口吻，整体上来看语言显得贫乏而拉杂，离缜密、漂亮的书面白话还有一段不小的距离。那原因，在于胡适此时尚不会说官话，且不善于吸纳文言语汇，其白话主要是从明清章回小说

---

① 刘光汉：《昆仑引》篇末附白话道人"识"，《中国白话报》第四期，1904 年 1 月 31 日。
② 适之：《世界第一女杰贞德传》，《竞业旬报》第二十七期，1908 年 9 月 16 日。

中学来的缘故。

从创作实绩和社会影响层面来看，胡适早期人物传记文学性不强，数量不多，篇幅不长，文笔稚嫩，成绩不大，影响甚微，难以在近代文学史上留名。但少年胡适这段有意识的练笔，却培养了其传记文学写作兴趣。胡适终其一生的"传记热"，起步于斯，奠基于斯。五四之后，胡适的传记理论和传记文学创作实践，亦明显受到梁启超的影响。

第九章　康有为、梁启超等的域外游记

　　晚清时期，一批批中国读书人先后漂洋过海，亲历西洋"文明"国度和明治维新时期的日本，开始了用自己的双脚"走向世界"的历程。这批率先走出国门"开眼看世界"的旅行者、外交官和政治流亡者，留下了大量域外记游文字。其中，作为政治流亡者、启蒙思想家、政论家、学者兼报人的王韬、康有为、梁启超的域外游记，在传播近世西洋文明思想的同时，表现出对泰东古老文明思想的创新性理解与批判性省思，兼具思想性、抒情性与文学色彩，体现了语体革新精神和文体解放气度，并借助近代报章传播媒介广为流布，产生了巨大的社会影响。从晚清到五四，从王韬到梁启超，从《漫游随录》《新大陆游记》到《欧游心影录》，从崇尚西洋文明到讴歌东方文明，从立足于改良文言文体到着眼于改良白话文体，几代亲历西方世界寻求救国救民真理的先进的中国人留下的域外游记，见证了近代中国文人走向世界的精神情感历程，从中亦可见渊源有自的中国记游文体的近现代嬗变轨迹。

第一节　域外游记：从王韬到梁启超

　　鸦片战争后，随着门户开放政策的实施和中西人员往来的日益频繁，一批近代中国知识分子先后走出国门，他们或属个人游历，或为官派出使，或为政治流亡，将出洋期间所见所闻所思所想载诸笔端，留下了大量记游作品。这些域外游记构成了中国人走向世界、接触近代西洋文明的另一通道，梁启超在《西学书目表》中将其视为中国人所著的"西学书"。^①近代域外游记为国人打开了一扇认识西方世界和西洋文明的窗口，也提供了反观中国社会、华夏文明和国民根性的重要参照物，大都有着强烈的爱国主义思想、民族本位立场和改良中国社会、重振中华文明的显著用意，一些作品具有浓郁的文学意味，形成了近代散文变革与发展史上一道亮丽的风景。

晚清时期，亲历西方世界且留下记游文字的中国人大体分三类，一为个人谋生者，二系政府派遣者，三是政治流亡者。

第一类游历者走出国门时间较早，为数寥寥，且系市井出身，略通翰墨而无功名，其记游文字的思想见解、文学价值和社会影响都很有限。如1847年"受外国花旗聘舌耕海外"的福州人林鍼写作的《西海纪游草》^②，用骈体文记录下游历"花旗国"的新奇印象，留下了中国人远赴美洲新大陆"测海窥蠡"的最早记录，题材虽新，而观念、形式、旨趣、气味仍旧。再如1854年"搭花旗国火船游至日本"的广东人罗森写作的《日本日记》，见证了"花旗国与日本相立合约之事"，^③通过道咸之际一位中国译员的视角，对"幕末"时期日本的时事政治留下了颇有价值的观察与记述，却未在近代中国社会泛起一点涟漪，其在文学界的影响更是微乎其微。

第二类游历者为清政府派出的外交使节和出洋考察政教法律的专使及

---

① 1896年，梁启超在《西学书目表》第四卷《西学书目表附卷》中，将五类"中国人所著书"——魏源《海国图志》、黄遵宪《日本国志》等"地志"书，松筠《绥服纪略》、夏燮《中西纪事》等"交涉"书，郭嵩焘《使西纪程》、王韬《漫游随录》等"游记"书，冯桂芬《校邠庐抗议》、薛福成《筹洋刍议》等"议论"书，马建忠《法国海军职要》、王韬《弢园西学辑存》等"杂录"书——亦视为"西学书"。其中，"游记"类共计49种，分别为张鹏翮《奉使俄罗斯日记》，图理琛《异域录》，钱良择《出塞纪略》，丁寿祺《海隅从事录》，李鼎元《使琉球记》，斌椿《乘槎笔记》，宜垕《初使泰西记》，郭嵩焘《使西纪程》，刘锡鸿《英轺私记》，张德彝《航海述奇》《使英杂记》《使法杂记》《使俄杂记》《随使日记》《使还日记》，陈兰彬《使美纪略》，何如璋《使东述略》，曾纪泽《出使英法日记》，钱德培《欧游随笔》，孙家穀《使西书略》，李凤苞《使德日记》，徐建寅《欧游杂录》，李圭《美会纪略》《东行日记》，蔡钧《出使琐记》，黄懋材《西輶日记》，陈家麟《东槎闻见录》，李小池《环游地球新录》，王韬《漫游随录》《扶桑游记》，袁祖志《谈瀛录》，吴广霈《南行日记》《游历笔记》《三洲游记》，王咏霓《道西斋日记》，谭乾初《古巴杂记》，邹代钧《西征纪程》，缪祐孙《俄游日记》，曹廷杰《西伯利亚探路记》，崇礼《奉使朝鲜日记》，薛福成《出使英法义比四国日记》，崔国因《出使美日秘国日记》，王之春《东輶日记》《使俄草》，宋育仁《泰西采风记》，马建忠《适可斋纪行》《金轺筹笔》《五次答问节略》等。

② 钟叔河：《从坐井观天到以蠡测海》，载钟叔河编：《走向世界丛书（修订本）》第一册，岳麓书社，2008，第15页。

③ 钟叔河：《日本开国的见证》，载钟叔河编：《走向世界丛书（修订本）》第三册，岳麓书社，2008，第11页。

其随员，如斌椿、志刚、何如璋、郭嵩焘、黎庶昌、曾纪泽、薛福成、戴鸿慈、载泽、单士厘等；这些体制内官员及随员留下的大量游记日记材料，构成了近代域外游记的大宗，其中不乏文学佳作，如黎庶昌《西洋杂志》、薛福成《出使英法义比四国日记》等；然而，身为清廷派出的外交使臣呈送总理衙门的考察日记，本属"命题作文"，禁忌繁多，难以放言，语言文体亦受拘束，少数流露赞扬泰西政教修明立场的记游文字——如郭嵩焘《使西纪程》——当时还遭到毁版的厄运，[①] 绝大多数未能借助作为大众传媒的近代报刊广为流布。这一类记游文字，20 世纪 80 年代经由钟叔河编辑出版的"走向世界丛书"集中推出后，引起了很大的社会反响。然而在当时，这批纪游文字或呈送总理衙门后被束之高阁，或私自留存手稿而秘不示人，只有少数有幸刻板印行流传到社会上，其在晚清社会和文坛产生的实际影响亦很有限。

　　第三类为受清廷通缉的政治流亡者，以王韬、康有为、梁启超声名最著，其人兼具启蒙思想家、学者、政论家、文学家、报人的身份、素养与才情，其游记文字敢于放言，直抒胸臆，少受拘束，兼具思想性、政论性和文学性，借助近代报章广为流传，在当时产生了巨大的社会影响，引领了时代潮流。其中，梁启超晚清时期问世的《新大陆游记》和五四时期问世的《欧游心影录》，均在思想文化界和文坛产生了重要影响，具有无与伦比的代表性。从文学史角度观之，前者在当时（晚清时期）的首要意义在"革其精神"，主要表现在作者对西洋文明思想的大力推介；后者在当时（五四时期）的首要意义在"革其形式"，主要表现在通篇采用白话语体，以创作实践表明了对胡适倡导的"文学革命"的支持；两部作品，都曾发挥了时代风向标作用。

　　王韬自幼在乡里负文名，二十出头从太湖之滨来到华洋杂处的通商口岸上海，入英国新教传教士创办的墨海书馆助译西书，三十三岁时因上书太平军献策事发而被迫出逃海外，先后推出一部记录泰西都市文明镜像的《漫游随录》，一部记录明治维新时期快速西方化的日本观感的《扶桑

---

① 清政府派出的第一位高级外交使臣郭嵩焘，于光绪二年（1876）奉命出使英国后，将自上海至伦敦五十一天行程中的日记加以整理，寄呈总署后以《使西纪程》书名刻板刊行。这部两万来字的小书，因对"英夷"流露出"法度严明，仁义兼至，富强未艾，寰海归心"的立场，引起满朝士夫的公愤，御史何金寿上疏参奏其"有二心于英国，欲中国臣事之"，遂引来毁版的命运。一年后，郭嵩焘从公使任上被撤回，从此未再起用。他出使期间写下的五十余万字日记手稿，生前秘不示人，只到 20 世纪 80 年代才由钟叔河过录编次印行，题为《伦敦与巴黎日记》。参见钟叔河：《论郭嵩焘》，《历史研究》，1984 年第 1 期。

游记》，以一位中国新型口岸知识分子的眼光，书写着西洋东洋新兴市民阶层的日常生活形态，为国人了解西方世界的风俗文化、人际关系、政治制度、城市文明、工业文明等，提供了形象的文字记录和饶有意味的个人观感。

王韬《漫游随录》在近代中国最早的一批域外游记中颇具文采。欧游三年，使名士风流的王韬"眼界顿开，几若别一世界"；他自言"经历数十国，往来七万里，波涛助其壮志，风雨破其奇怀，亦足豪矣"，自信"尤足快意肆志者，余之至泰西也，不啻先路之导，捷足之登，无论学士大夫无有至者，即文人胜流亦复绝迹"。① 《漫游随录》的记游兴趣，首先在泰西文明景象。在《制造精奇》一节中，作者介绍英国社会崇尚"实学"的情状道：

> 英国以天文、地理、电学、火学、气学、光学、化学、重学为实学，弗尚诗赋词章。其用可由小而至大。如由天文知日月五星距地之远近、行动之迟速，日月合璧，日月交食，彗星、行星何时伏见，以及风云雷雨何所由来。由地理知万物之所由生，山水起伏，邦国大小。由电学知天地间何物生电，何物可以防电。由火学知金木之类何以生火，何以无火，何以防火。由气学知各气之轻重，因而创气球，造气钟，上可凌空，下可入海，以之察物、救人、观山、探海。由光学知日月五星本有光耀，及他杂光之力，因而创灯戏，变光彩，辨何物之光最明。由化学、重学辨五金之气，识珍宝之苗，分析各物体质。又知水火之力，因而创火机，制轮船火车，以省人力，日行千里，工比万人。穿山、航海、掘地、浚河、陶冶、制造以及耕织，无往而非火机，诚利器也。②

重"实学"而"弗尚诗赋词章"，是英国社会与中国士夫的根本不同之处；重科学而轻文学，是泰西诸国文明发达之基。王韬的域外游记，体现出放眼全球的开放精神和"借法以自强"的思想导向，以及眷念祖国、奋发图强的思想情感，文体上体现出不受门派家法羁绊的解放精神。

王韬《扶桑游记》，是作者光绪五年（1879）季春至孟秋时节在东瀛游历期间留下的记游文字。当是时，正在发生剧变的近邻日本的情况尚未

---

① 王韬：《漫游随录·自序》，载陈尚凡、任光亮校点：《漫游随录·扶桑游记》，岳麓书社，1982，第31页。
② 王韬：《漫游随录·扶桑游记》，岳麓书社，1982，第122页。

引起中国朝野士夫的关注。王韬这部游记，对日本明治维新初期的山川地理、风俗人情、政治制度、经济贸易、文化交流、学校教育、文坛面貌等，有着较为形象的记录。日本朝野上下涌现的学习西方的社会潮流，使得幕府时代在东瀛备受尊崇的儒学遭受到冷落。王韬以"孔子庙改为书籍馆"为题，记录下明治维新初年日本社会发生的这一令人惊诧的变化：

> 按：旧幕盛时，事孔圣礼极为隆盛。每岁春、秋二丁释菜，三百藩侯皆有献供。所奏乐器，金石咸备。维新以来，专尚西学，此事遂废。后就庙中开书籍馆，广蓄书史，日本、中华、泰西三国之书毕具，许内外士子入而纵观。①

明治五年日本国都实行的废孔子庙而改立书籍馆的举措，被触角敏锐的王韬即时摄入笔端；尽管新设立的书籍馆中土书籍（90345 册）在馆藏数量上远超西洋书籍（14670 册），但西风压倒东风的态势已不可改变。日本社会的这些变化，刺激着中国口岸知识分子王韬的神经，其记游作品在看似不经意间潜隐着一种传统文人的文化危机感和民族危机感。王韬《扶桑游记》骈散相兼，文笔灵动，颇有文采。王韬头脑中的日本印象及其笔下的日本形象，影响了晚清时期中国人的日本观。

晚清时期，康有为《欧洲十一国游记》、梁启超《新大陆游记》等长篇欧美游记，与此期高度繁荣的政论文学、蓬勃发展的传记文学一道，成为 20 世纪初年新体散文家族中不可或缺的重要成员，构成了表征"文界革命"创作实绩的"新文体"的又一显著分支。五四时期，欧游归来的梁任公，以高调发表长篇白话游记《欧游心影录》的独特方式，在学术思想上为新文化阵营掀起的激进的反传统潮流降温，在语体文体上则助力于胡适倡导的文学革命和白话文运动。

第二节　康有为《欧洲十一国游记》

晚清时期，亲历西方世界且投入巨大的热情与精力认真经营游记文字的中国文人，要数康有为、梁启超成绩最著，影响最大，声名最为显赫，因而最具代表性。两位维新派政治领袖撰著的以《欧洲十一国游记》《新

---

① 王韬：《漫游随录·扶桑游记》，岳麓书社，1982，第 250 页。

大陆游记》为代表、以考察欧美政俗为旨归的长篇记游作品，体现了 20
世纪初年域外游记的创作实绩与文体特征，成为风行一世的"新文体"的
又一重要支脉。

自戊戌政变至民国初年，康有为出亡海外十六年，"三周大地，游遍
四洲，历三十余国，行六十万里，其考察着重于各国政治风俗，及其历
史变迁得失，其次则文物古迹"，①留下了几十万字的记游文字。1904 年
仲夏时节，康有为自香港启程，远渡重洋赴欧洲考察，游历了意大利、瑞
士、奥地利、匈牙利、丹麦、荷兰、比利时、德意志、法兰西、英吉利等
十一国，历时半年；出于记欧美政教风俗、与国人分享游历心得及宣传其
救国主张的强烈动机，南海先生发愤撰著《欧洲十一国游记》。是年冬至，
他在加拿大温哥华作《欧洲十一国游记序》，迫不及待地宣布其欧洲游记
写作计划。序曰：

> 英帝印度之岁，南海康有为以生，在意王统一之前三年，德、法
> 战之前十二年也。所遇何时哉？汽船也，汽车也，电线也。之三者，
> 缩大地促交通之神具也。汽船成于我生之前五十年，汽车成于我生之
> 前三十年，电线成于我生之前十年。而万物变化之祖为瓦特之机器，
> 亦不过先我生八十年。凡欧美之新文明具，皆发于我生百年内外耳。
> 萃大地百年之英灵，竭哲巧万亿之心精，奔走荟萃，发扬飞鸣，磅礴
> 浩瀚，积极光晶，汇百千万亿之泉流而成江河湖海，以注于康有为之
> 生世，大陈设以供养之，俾康有为肆其雄心，纵其足迹，穷其目力，
> 供其广长之舌，大饕餮而吸饮焉。自四十年前，既揽掬华夏数千年之
> 所有。七年以来，汗漫四海，东自日本、美洲，南自安南、暹罗、柔
> 佛、吉德、霹雳、吉冷、爪哇、缅甸、哲孟雄、印度、锡兰，西自阿
> 剌伯、埃及、意大利、瑞士、奥地利、匈牙利、丹墨、瑞典、荷兰、
> 比利时、德意志、法兰西、英吉利，环周而复至美。嗟乎！康有为虽
> 爱博好奇，探赜研精，而何能穷极大地之奇珍绝胜，置之眼底足下，
> 揽之怀抱若此哉！缩地之神具，文明之新制，不自我先，不自我后，
> 特制竭作，以效劳贡媚于我。我幸不贵不贱，无所不入，无所不睹。
> 俾我之耳目闻见，有以远轶于古之圣哲人，天之厚我乎，何其至也！②

---

① 康文珮：《康南海先生年谱续编·序》，载氏著：《康南海先生遗著彙刊·康南海先生年谱
续编》，宏业书局，1987，第 1 页。

② 康有为：《欧洲十一国游记序》，载氏著：《欧洲十一国游记·第一编》，广智书局，1905，
第 1—2 页。

康有为自认二十年来负载了"为先觉以任斯民"的责任，"天纵之远游者，乃天责之大任"，"令其揽万国之华实，考其性质色味，别其良楛，察其宜否，制以为方，采以为药"；是上天安排他充任周游世界、遍尝百草的"耐苦不死之神农"，为的是寻找到医治中国沉疴的"神方大药"，好让四万万同胞"起死回生，补精益气"。[①]

尽管康有为《欧洲十一国游记》晚清时期仅成书两种，即《意大利游记》和《法兰西游记》；[②]但这丝毫不影响著者打着《欧洲十一国游记·第一编》（1905）和《欧洲十一国游记·第二编》（1907）的旗号出书。1905年仲冬，《欧洲十一国游记·第一编》甫一问世，《新民丛报》便刊登广告大力鼓吹道：

> 康南海先生近年著述甚少，海内外人士识与不识，莫不欲一接其言论以为快。此书乃先生去年游历欧洲所至者，凡意大利、瑞士、澳地利、匈牙利、德意志、法兰西、丹麦、瑞典、比利时、荷兰、英吉利十一国，随笔感记，于各国政治教学之本原，精细观察，而以卓绝之识想评骘之，又以祖国过去现在之情状比较辨析，而取定法之方针，实救时第一良药也。其价值尚远在饮冰主人《新大陆游记》之上。至于与前此寻常纪行之作，有若霄壤，更无待言。本局幸承将原稿见贻，速付梓人以公诸世。今第一编已印成，并插图画六十余幅。有志之士，

① 康有为：《欧洲十一国游记序》，载氏著：《欧洲十一国游记》第一编，广智书局，1905，第3页。
② 康有为的域外游记文，可追溯到1899年5月发表在《清议报》第二十五册的《游加拿大记》，全文六百余字，写景记事，述异炫奇，尚无明显的"考政治"动机。1901年底成书的《印度游记》，仅留下手稿和油印本，社会影响极微。1904年冬，康氏规划的《欧洲十一国游记》总目录，分编首、正编、附录三部分；编首为《海程道经记》，正编11篇依次为《意大利游记》《瑞士游记》《澳地利游记》《匈牙利游记》《德意志游记》《法兰西游记》《丹墨游记》《瑞典游记》《比利时游记》《荷兰游记》《英吉利游记》，附录《欧土政俗总论》《中西比较论》《物质救国论》三篇。1905年，上海广智书局推出《欧洲十一国游记》第一编《意大利游记》，附编首，配有六十六帧图像；1907年，广智书局又推出《欧洲十一国游记》第二编《法兰西游记》，附录《法国之形势》《法国创兴沿革》《法国大革命记》三篇。1904年所作《德国游记》《丹墨游记》《挪威游记》《瑞典游记》《比利时游记》《荷兰游记》《英国游记》等，存有手稿；《澳地利游记》《匈牙利游记》等文稿，则已佚失。1907年至1908年间，康氏所作《补法国游记》《西班牙游记》《葡萄牙游记》《瑞士游记》《补比利时游记》《补奥游记》等，留下了手稿；《满的加罗游记》《补德国游记》《欧东阿连五国游记》《希腊游记》等篇，曾节刊于《不忍》杂志。从其代表性和影响层面考虑，《欧洲十一国游记》第一编、第二编，为康有为域外游记之范本。

度无不先睹为快也。①

著者为游历欧洲十一国的保皇党领袖，新著实乃"救时第一良药"；这则言简意赅的新书告白，可说是吊足了读者的胃口。次年孟冬时节，横滨新民报社又刊登广告，声称"我国第一流政治家"康南海先生《欧洲十一国游记》"第二编、第三编原稿陆续寄到，即将第二编之《法兰西游记》迅速付梓，顷已装订成帙"，指出"本编于法国专制王权时代政治之若何腐敝，大革命时代国势之若何变迁，皆能深探其原因，穷极其结果，而还以反证诸我中国，使现在之政府及民党，皆可藉此为当头一棒，以确定我国今后政海之方针"，赞其为"救时之圣药"。②其著述目的和拟想读者，依然侧重于政治思想界而非文坛。

康有为《欧洲十一国游记》二种，通过现身说法，着意打破国人头脑中"其地若皆琼楼玉宇，视其人若皆神仙才贤"的神话，展示西方世界"放辟邪侈，诈盗遍野"的一面，意在增强民族自信心。著者虽也肯定近世欧洲物质文明和政教文明的优胜之处，但更喜欢在中西两大文明比较中，扬中华之长，杀泰西威风。他有一段名言：

> 吾国人不可不读中国书，不可不游外国地。以互证而两较之，当不至为人所恐吓，而自退处于野蛮也。日本著书多震惊欧美者，此在日本之小岛国则然，岂吾五六千年地球第一文明古国，而若此之浅见寡闻乎？③

于是，在这位自矜自重的保皇党政治领袖眼中，欧美之宗教、道德、政治、法治、风俗、地理、膳食、服装、建筑、浴室等，皆有不及中国之处，表现出高度的宗教自信、道德自信、地理自信、礼法自信等；一言以蔽之曰：文化自信。

康有为《欧洲十一国游记》，以"考政治"为"专业"，属于典型的政治家游记，时时处处藉记游之名行论政之实，推销的是"孔子之大道"和君主立宪政治主张，欲在此基础上铸造理想的"新中国"。考宗教，言意

---

① 《南海先生新著〈欧洲十一国游记〉第一编》，《新民丛报》第三年第二十二号（原第七十号），1905 年 12 月 11 日。

② 《康南海先生著〈欧洲十一国游记〉第贰编出版》，《新民丛报》第四年第十九号（原第九十一号），1906 年 11 月 16 日。

③ 康有为：《欧洲十一国游记》第一编，广智书局，1905，第 53 页。

国天主教权以黑暗蔽世界，佛教、耶教为天堂地狱以诱民，其教主多以异术耸人心，独孔子不语神怪，不尚迷信，教以仁让务民之义，儒教于人道之条理无不备，优于佛、耶诸教，孔子于今日犹为大医王。考伦理道德，以为道德无新旧，仁义礼智忠信廉耻乃普世道德，父慈子孝、兄友弟恭、君仁臣忠、夫义妇顺、朋友有信乃恒久伦常；今日新学者嚣嚣然昌言的法兰西人道之义和博爱、平等、自由之说，实为中国所固有，可谓家有锦衣而宝人敝屣；法国妇女好自立淫乐而不愿产子，此乃天下伦常之大变，其种族不待人灭之而自灭绝；所谓泰西新道德，实不如中国旧道德。考建筑，以为罗马宫室土木恶劣，拙如山西富人窑洞；法王路易十四之宫殿，夸为世界第一者，然比之吾国紫禁城之宏壮，相去尚十百倍；以秦宫之大，汉宫之美，秦汉宫室文明程度，过于罗马不可以道里计。考议院之制，以为欧洲数千年前就有国会制度，实乃地中海形势使然，因其海港汊沍纷歧，易于据险而分立国土，故多小国寡民，王权不尊，民会乃能发生；中国自古无议院政体，也是地形使然，因亚洲皆大陆广海，小国难以独存，故而亘古一统，无从产生希腊、罗马的议院制，此非国人不智，而是地势所限，故而不可责之先民；当今世界，议院政体势在必行，中国若能移植此政体，定能后来居上，超迈欧美。康有为以公羊"三世"之法眼，观今日欧美社会道："吾昔者视欧美过高，以为可渐至大同，由今按之，则升平尚未至也。"[1] 其对欧美诸强国的观察角度，已由未出国门之前的仰视，调整为平视乃至俯视，且不时流露出鄙夷之态，显示出对祖国固有之道德文明和制度文明的无比自信。

康有为《法兰西游记》开篇述"巴黎观感"道：

> 往闻巴黎繁丽冠天下，顷亲履之，乃无所睹。宫室未见瑰诡，道路未见奇丽，河水未见清洁。比伦敦之湫隘，则略过之。遍游全城，亦不过与奥大利之湾相类耳。欧洲城市，莫不如此。且不及柏林之广洁，更不及纽约之瑰丽远甚。其最佳处仅有二衢。[2]

康氏对巴黎的观感，整体印象一般，以为"巴黎博物院之宏伟繁夥，铁塔之高壮宏大，实甲天下；除此二事，无可惊美焉"。至于其声色之观、园囿之美、歌舞之乐、妓业之盛、车马如织、士女如云、戏院酒楼之多，以及女子衣裳之新丽、冠佩之精妙、几榻之诡异、香泽之芬芳、花色之新

---

① 康有为：《欧洲十一国游记》第一编，广智书局，1905，第 1 页。
② 康有为：《欧洲十一国游记》第二编，广智书局，1907，第 5 页。

妙，凡此所谓巴黎独冠欧美、称号繁丽者，康圣人则视为行乐之具，而非强国之谋，根本不值得艳羡。

康有为在《法兰西游记》之《法国之形势》篇，论及中国饮食衣服之美道："中国饮食衣服之美实冠万国，他日必风行万国。凡美者，人情之所爱。丝服之美，自在优胜劣败之例，不能以欧人一日之强而见屈也。"锋芒所向，乃在批判晚清中国处处"舍己从人"、事事"无耻媚外"之风，并由此提出谁为"地球主人翁"的重大问题：

> 欧美百年之横于大地，如飘风暴雨之不能终朝耳，何足畏乎？以吾国辟地之广大，殖种之繁庶，教化之深厚，生质之聪敏，无在非具为地球主人翁之资。欧美人虽强盛，不过百年，资吾先驱耳。横览大地，吾何有焉？皇皇神州，惟吾国乃能保存吾固有，以化大地，而何事自乔入谷，以媚外苟存乎？ ①

康氏以为：当竞争之世，只有使人敬畏，无使人怜悯；他对"堂堂数千年文明之中国，抚有天产吾丝文章之美而自弃之，以俯从深林后起日耳曼之毡服"的现状表痛惜，声色俱厉地发出"以中国地大人多，驾乎万国，何不志在使人师我，何事舍己从人耶"的质问。②这一世纪之问，百年之后，仍值得国人反思。

康有为《法兰西游记》附三《法国大革命记》，意在通过设身处地讲述法兰西大革命的悲剧史，希冀为晚清中国提供镜鉴，对革命党人发出警钟棒喝，得出"中国不当谬倡革命"的结论。康氏描述"大革命杀戮之惨"的情状道：

> 当恐怖时，始则刑贵族、大僧，中则及地主、富室，终则及于缝衣、理发、靴匠、农民。但其他乡市，遇人即杀，见物即焚；刀所不及，以火补之。全法人民，人人不保其生。其最反异者，日揭博爱、自由、平等为徽，乃假博爱之名以为屠队，用自由之义以为囚狱，假平等之说以杀夺富资、剪除才望，称自然之美而纵淫盗。一时之才子佳人、名宝古物，皆泛扫净尽，比之黄巾、黄巢之祸，尚远过之。而饰绝美之名，以行其凶残之实。而人或信之，至今吾国人尚妄称法之

---

① 康有为：《欧洲十一国游记》第二编，广智书局，1907，第70页。
② 康有为：《欧洲十一国游记》第二编，广智书局，1907，第69页。

自由平等，而欲师之。此则其欺人之甚，而天下之人果易欺者也。①

　　然而，康有为关于中国二千年来人人平等、民享自由、无封建压制之说，在革命派知识分子看来，无异于痴人说梦；其所渲染的大革命给法兰西民族带来的大破坏、大屠杀、大毁灭的惨状，虽在晚清中国万千读者脑海中留下深刻印象，却未能阻挡住浩浩荡荡的民族民主革命的时代洪流。

　　清季十余年间，亡命海外的康有为留下的大量域外游记和域外诗，构成了其后期诗文创作的主体部分，是透视康氏流亡期间政治思想和文学成就的一面镜子。藉记游考察政治和风俗，藉述史阐扬政见和思想，是康有为自成体系的欧洲游记作品的显著特征。康有为《欧洲十一国游记》二种，配有近百幅精美影像，主要为欧洲古建筑和风景名胜，大半有康氏题签的文字，给人以身临其境之感。

　　康有为的域外游记文，以国别分类，喜为长篇巨制，文笔恣肆豪健，语体属于浅近平易、自由活泼的改良文言体，融会大量外来语，表现出兼容并包的开放姿态。康氏论诗有云："新世瑰奇异境生，更搜欧亚造新声。"② 以此来评价他的欧洲游记，亦堪称允当。

第三节　梁启超《新大陆游记》

　　20世纪初年，梁启超有过两次赴美洲新大陆的游历计划，第一次未能走到，留下未完篇的《汗漫录》；第二次游历了大半年时间，留下一部《新大陆游记》。梁启超癸卯年撰著的《新大陆游记》，折射出其政治立场由革命共和转向君主立宪的心路历程与复杂思绪，采用的是半文半白、中西兼采、浅近通俗、丰于情感的"新文体"。

　　梁启超的域外游记写作，并非始于《新大陆游记》，而是肇端于《汗漫录》。1899年底，梁氏应美洲华侨之邀，从横滨出发赴北美作汗漫游，在《清议报》特辟"汗漫录"专栏，专刊其记游文字。孰料在檀香山淹留半年，新大陆之游未能成行，其游记文《汗漫录》刊三期而止，身后收入《饮冰室合集》时，被编者更名为《夏威夷游记》。

　　19世纪与20世纪之交，乘香港丸号客轮航行在茫茫太平洋上的梁任

---

① 康有为：《欧洲十一国游记》第二编，广智书局，1907，第138页。
② 康有为：《论诗示菽园、兼寄任公、孺博弟》，载氏著：《万木草堂诗集》，上海人民出版社，1996，第188页。

公，为"将适全地球创行共和政体之第一先进国"而心潮澎湃，为几年来由"梦梦然不知有天下事"的"乡人"与"国人"，一变而为放眼全球的"世界人"而感奋不已；于是，自言"素不能诗"的饮冰主人禁不住诗兴大发，三日成诗三十余首，论诗则首揭"诗界革命"旗帜，提出著名的"新意境""新语句"和"古文之风格"三长纲领，复又发愿戒诗；戒诗之后，日以读书消遣，读德富苏峰所著《将来之日本》及《国民丛书》数种，顿生"文界革命"之念，并将表现"欧西文思"作为"文界革命"的关键环节。① 梁启超此次夏威夷之游，乃美洲新大陆之游的前奏与序曲，其在《汗漫录》中渲染的对全球创行共和政体第一先进国美利坚合众国的憧憬之情，为三年后的《新大陆游记》提前做了宣传；其所提出的"诗界革命"和"文界革命"口号，则因被后世文学史家反复征引，从而使《夏威夷游记》广为人知，其原名《汗漫录》则几被遗忘。

1903 年初，梁启超应美洲保皇会之邀赴北美考察，历时十个月，写下大量记游文字。孟冬时节返回日本后，以两旬之力重理盈尺丛稿，于1904 年初以《新大陆游记节录》之名，由横滨新民丛报社以临时增刊形式洋装出版发行，配有三十六帧人物风景精美图像，国内由上海广智书局经售，一时风靡。至 1907 年，该书已再版三次，广智书局为其广而告之曰：

> 此书与寻常游记不同，其风景游宴琐碎杂事记录甚希，所记者皆政治上生计上军事上社会上最大最要之问题。著者游览所感触随时录之，加以最敏锐最精确之评论。现美国为世界中突飞进步之国，骎骎乎握廿世纪之牛耳，故吾国人欲周知世界大势，不可不先知美国。读此记一过，则美之所以立国，及其现在之进步，与夫将来之地位，皆了然矣。至海外华商之情状，尤为中国前途一问题。苟欲知之，舍此书未由。其附录之《记华工禁约》一篇，纪其历史及其现在将来，加以决论，亦空前之作也；《美国游学指南》一篇，为卜技利大学游学生某君所著，其惠我学界不少。全书三百余页，凡百余章，卷首插画三十余幅。②

这则新书出版告白，道出了梁启超新大陆游记不同于寻常游记之处，以及此书的核心内容与宗旨所在。任公在《凡例》中亦称："中国前此游记，多纪风景之佳奇，或陈宫室之华丽，无关宏旨，徒灾枣梨。本编原稿中亦

---

① 任公：《汗漫录》，《清议报》第三十五册、第三十六册，1900 年 2 月 10 日、2 月 20 日。
② 《新大陆游记（三版）》，康有为：《欧洲十一国游记》插页，广智书局，1907。

所不免。今悉删去，无取耗人目力，惟历史上有关系之地特详焉。"①作为保皇党第二号人物，饮冰主人此次新大陆之行完全是一次政治旅行，使命是促进北美"中国维新会"的建设；其记游文字，着眼点在于考察北美政治风俗与华人生活情状，宗旨在于为祖国的文明进化和新民救国之道提供镜鉴，以此尽自己的一份国民义务。

梁启超游历北美期间，政治立场和文化观念发生了微妙变化，《新大陆游记》正反映了著者此期思想上的深刻矛盾与嬗变过程。戊戌时期，梁氏以鼓吹变法维新和全盘西化论而扬名于世；其心目中理想的西化模式，是中国近邻日本的明治维新。作为政治流亡者长住日本后，因与革命党人交游，梁氏思想愈来愈激进，逐渐对模拟明治维新失去了兴趣，倾向"排满革命"，向往西方的民主革命和共和政体，令康有为大伤脑筋。然而北美十个月的见闻，使他的政治立场再次转向。在《新大陆游记》中，梁启超一方面以亲历者耳闻目睹的客观事实，描述了美国革命独立一百多年来物质文明——尤其是城市工商业文明和科技文明——取得的惊人成就，感叹"成功自是人权贵，创业终由道力强"，②承认人权民主和共和制度是其创业成功的根本保证，显示了美国民主共和制度的巨大优越性与强大生命力；另一方面又强调民主共和制度只适用于美国，在中国则行不通，以为此乃国情使然。其政治立场，正由革命共和转向君主立宪。

梁启超游历繁华都会纽约后，描述从乡人到世界人眼界凡四变的情状道：

> 从内地来者，至香港、上海，眼界辄一变，内地陋矣，不足道矣。至日本，眼界又一变，香港、上海陋矣，不足道矣。渡海至太平洋沿岸，眼界又一变，日本陋矣，不足道矣。更横大陆至美国东方，眼界又一变，太平洋沿岸诸都会陋矣，不足道矣。此殆凡游历者所同知也。至纽约，观止也未？③

在目睹"繁盛之纽约"的同时，梁启超也洞察到"黑暗之纽约"，以为"天下最繁盛者莫如纽约，天下最黑暗者殆亦莫如纽约"；全世界最富有的商业家云集于此，全球最大的托拉斯集团诞生于此，二三十万衣服褴褛

---

① 梁启超：《新大陆游记节录·凡例》，载氏著：《饮冰室合集·饮冰室专集之二十二》，中华书局，1936，第1页。

② 梁启超：《新大陆游记节录》，载氏著：《饮冰室合集·饮冰室专集之二十二》，中华书局，1936，第80页。

③ 梁启超：《新大陆游记节录》，载氏著：《饮冰室合集·饮冰室专集之二十二》，中华书局，1936，第36页。

的各色贫民亦蜗居于此，"二十世纪全世界生存竞争之活剧"日日在这里
上演，杜甫诗中描绘的"朱门酒肉臭，路有冻死骨"的景象再现于纽约街
头，以至于著者禁不住发出"观纽约之贫民窟，而深叹社会主义之万不可
以已"的由衷感叹。[①]这一情不自已的由衷之言，显然背离了该书温和缓
进的政治立场。

梁启超眼中的华盛顿，乃"新大陆上一最闲雅之大公园"；国会大厦
的宏丽庄严与白宫的素朴渺小形成的极大反差，让他对美国平民政治质素
之风和民主国政府的国民公仆精神有了切身的感受。他以"卢梭"式的民
主自由的文明眼光与尺度，观察与衡量北美华人社会状况，得出中国人只
有"族民资格"而无"市民资格"，只有"村落思想"而无"国家思想"
的结论，进而断言中国人"只能受专制不能享自由"；非但如此，在梁氏
看来，中国人更缺乏造成泰西精神文明发达之根本的"高尚之目的"，诸
如"好美心""社会之名誉心""宗教之未来观念"等。其言曰：

> 夫自由云，立宪云，共和云，是多数政体之总称也。而中国之多
> 数大多数最大多数，如是如是。故吾今若采多数政体，是无异于自杀
> 其国也。自由云，立宪云，共和云，如冬之葛，如夏之裘，美非不美，
> 其如于我不适何。吾今其毋眩空华，吾今其勿圆好梦。一言以蔽之，
> 则今日中国国民，只可以受专制，不可以享自由。吾祝吾祷，吾讴吾
> 思，吾惟祝祷讴思我国得如管子、商君、来喀瓦士、克林威尔其人者
> 生于今日，雷厉风行，以铁以火，陶冶锻炼吾国民二十年三十年乃至
> 五十年，夫然后与之读卢梭之书，夫然后与之谈华盛顿之事。[②]

梁启超在《新大陆游记》中为中国政治变革指明的路线图，实为十年后孙
中山"建国三阶段论"的先驱。然而，从居东时期一度"日倡革命排满共
和之论"，[③]到游历美洲新大陆后主张保皇立宪和"开明专制"，梁启超政
治思想的再度转向，无疑是逆时代潮流而动的保守姿态，从而不可避免地
受到革命派知识分子的讥讽与抨击。

1903 年，梁启超在北美考察期间，虽然其政治思想发生了很大转变，

---

① 梁启超：《新大陆游记节录》，载氏著：《饮冰室合集·饮冰室专集之二十二》，中华书局，
1936，第 39 页。

② 梁启超：《新大陆游记节录》，载氏著：《饮冰室合集·饮冰室专集之二十二》，中华书局，
1936，第 124 页。

③ 梁启超：《清代学术概论》，上海古籍出版社，1998，第 72 页。

但其文化立场仍然以西化为根本导向，对中国传统思想和国民性弱点的批判不遗余力，这一点在《新大陆游记》中有着鲜明的表现。任公通过行路、讲话比较西人与中国人之性质道：

> 西人行路，身无不直者，头无不昂者。吾中国则一命而伛，再命而偻，三命而俯。相对之下，真自惭形秽。西人行路，脚步无不急者，一望而知为满市皆有业之民也，若不胜其繁忙者然。中国人则雅步雍容，鸣琚佩玉，真乃可厌。在街上远望数十丈外有中国人迎面来者，即能辨认之，不徒以其躯之短而颜之黄也。西人数人同行者如雁群，中国人数人同行者如散鸭。西人讲话，与一人讲，则使一人能闻之；与二人讲，则使二人能闻之；与十人讲，则使十人能闻之；与百人千人数千人讲，则使百人千人数千人能闻之；其发声之高下，皆应其度。中国则群数人坐谈于室，声或如雷；聚数千演说于堂，声或如蚊。西人坐谈，甲语未毕，乙无僭言。中国人则一堂之中，声浪稀乱，京师名士或以抢讲为方家，真可谓无秩序之极。孔子曰：不学诗，无以言；不学礼，无以立。吾友徐君勉亦云：中国人未曾会行路，未曾会讲话。真非过言。斯事虽小，可以喻大也。①

从走路的姿态队形和讲话的声音分寸，觇一国文明程度和国民素质，以小喻大，见微知著。揭出病苦的目的在于疗救，其药方依然主要采自西洋。然而，梁启超这一以西洋为师的思想导向，在十六年后撰著的另一部域外游记中，又发生了带有根本意义的变化。那时，五四新文化运动和文学革命已经轰轰烈烈地开展起来，梁启超已经在文化思想更为激进的一代新青年眼中遭落伍之讥。

---

① 梁启超：《新大陆游记节录》，载氏著：《饮冰室合集·饮冰室专集之二十二》，中华书局，1936，第 126 页。

第四节　长篇白话游记《欧游心影录》

1919 年，梁启超有过一次欧洲之游，次年春发表了长篇游记《欧游心影录》，宣告了西方盛行一时的"科学万能"论的破产，采用的是言文合一、平易畅达的语体文。晚清时期，作为政治家的梁启超撰著的《新大陆游记》，可视为一部告别"革命"的宣言书，显示出由激进趋于温和的政治转向；五四时期，作为文化学者的梁任公以白话体撰著《欧游心影录》，既表现出对激进的西化论者和反传统思潮的批判立场，又表现出向新文化阵营示好的文学革命姿态。

1919 年晚秋时节，梁启超在巴黎近郊白鲁威寓居，以白话体撰著长篇游记《欧游心影录》。次年春夏之际，《欧游心影录》同时在北京《晨报》副刊和上海《时事新报》连载。该著以游记方式，记录下欧游所见所闻所思所想，寄托了著者的思想怀抱及对人类终极问题的思考；其记游重心，在于考察游欧途中各国政治、文化、风俗、历史与社会概况，描述欧战给欧洲各国造成的空前灾难及世界影响。梁氏通过亲历亲见的欧人之口，宣告了欧洲人"科学万能"大梦的破灭，主张通过中西方异质文化的互补化合来复兴东方精神文明，进而承担起"中国人对于世界文明之大责任"，在中国思想文化界引起巨大震动，引发了五四后中国思想界关于东西文明的长期论战，对胡适、陈独秀倡导的文学革命运动亦产生一定影响。

从整体上来看，《欧游心影录》主体部分文学色彩并不突出，甚或不能归为严格意义上的游记文学，而更像是来自遥远东方的政治观察员和媒体评论员对欧战前后欧洲舆情与国际形势的调查报告。不过，从篇章片段来欣赏，倒也有一些文学色彩相当浓郁的文字，部分片段堪称美文。如开篇描写欧北气候和欧战以来巴黎市郊物质匮乏窘况道：

> 欧北气候，本来森郁，加以今年早寒，当旧历重阳前后，已有穷冬闭藏景象。总是阴霾霾的，欲雨不雨，间日还要涌起濛濛黄雾。那太阳，有时从层云叠雾中瑟瑟缩缩闪出些光线来，像要告诉世人说，他还在那里。但我们正想要去亲炙他一番，他却躲得无踪无影了……欧战以来，此地黑煤的稀罕就像黄金一样，便有钱也买不着。我们靠着取暖的两种宝贝，就是那半干不湿的木柴和那煤气厂里蒸取过煤气的煤渣。那湿柴煨也再煨不燃，吱吱的响，像背地埋怨说道，你要我中用，还该先下一番工夫，这样生吞活剥起来，可是不行的。那煤渣

在那里无精打采的干炙，却一阵一阵的爆出碎屑来，像是恶很很的说道，我的精髓早已榨干了，你还要相煎太急吗？①

虽是白话体，语言却堪称雅洁；写景状物，形象生动，感情细腻，文笔灵动，极富想象力和文学韵味，体现出作者浓厚的文人气质与文学才情；透过这样的记游文字，我们可以从中一窥梁任公驾驭白话文的娴熟技巧，堪称五四时期胡适所倡导的"文学的国语，国语的文学"之范本。

梁启超《欧游心影录》第一部分评述欧人"科学万能之梦"在欧战后的境况时，有一段精警的文字：

> 当时讴歌科学万能的人，满望着科学成功，黄金世界便指日出现。如今功总算成了，一百年物质的进步，比从前三千年所得还加几倍。我们人类不惟没有得着幸福，倒反带来许多灾难。好像沙漠中失路的旅人，远远望见个大黑影，拼命往前赶，以为可以靠着他向导，那知赶上几程，影子却不见了，因此无限凄惶失望。影子是谁？就是这位"科学先生"。欧洲人做了一场科学万能的大梦，到如今却叫起科学破产来。这便是最近思潮变迁一个大关键了。②

从1903年游历美洲后，在《新大陆游记》中仰慕美国物质文明之发达和科技进步之不可思议，并以西人为参照系鞭笞"中国人之性质"，到1919年游历欧洲后，在《欧游心影录》中借欧人之口诅咒"科学万能"论，宣告西洋文明的破产，通过欧洲学者推重"可爱可敬"的"东方文明"——十几年间，梁启超对中西文明的态度变化之大，再次印证了其自言的"不惜以今日之我，难昔日之我"的善变思想性格。③任公青年时代醉心西化，将西洋文明视作人类大同的未来楷模；人到中年强调"中国人对于世界文明之大责任"，掉过头来讴歌先前曾激烈否定过的"东方文明"，讥笑欧洲的"科学先生"——人们不禁要问：这位五四时期的"老少年"，葫芦里究竟卖的是什么药？

梁启超《欧游心影录》发表之时，正值陈独秀、胡适领衔发起的新文

---

① 梁启超：《欧游心影录节录》，载氏著：《饮冰室合集·饮冰室专集之二十三》，中华书局，1936，第2页。
② 梁启超：《欧游心影录节录》，载氏著：《饮冰室合集·饮冰室专集之二十三》，中华书局，1936，第12页。
③ 梁启超：《清代学术概论》，上海古籍出版社，1998，第72页。

化运动和文学革命如日中天之际。在新文化阵营高张"德先生"和"赛先生"之帜，新青年们将从欧洲迎来的"民主先生"和"科学先生"奉若神明，"打倒孔家店"的呼声一浪高过一浪之际，欧游归来的梁任公却告诉国人：这位"科学先生"正被欧人视为罪恶的渊薮，百年来被"科学万能之梦"催眠的欧洲人如今大梦初醒，迷失了前行的方向，正等着我们把东方文明输送过去拯救他们。此番言论，对倡导全盘西化的新文化人来说，无疑是兜头一瓢凉水。

梁启超《欧游心影录》所表现出的文化守成思想倾向，显然与以全面反传统为思想特征的新文化思潮背道而驰，在当时起到了一定的文化制衡与思想纠偏作用，却为以胡适为代表的新文化阵营中人所不悦。在思想革命和如何对待中国传统文化的重大时代命题上，梁启超与胡适等新文化人之间有着巨大的思想鸿沟和重大的理论分歧。

饶有意味的是，梁启超写作《欧游心影录》时，有意放弃业已驾轻就熟的言文杂糅的新文体，而特意选择运用起来并不那么得心应手的白话文体。这一举动背后的文化意味和文学立场，明眼人一望而知。梁任公通过在北京和上海知名报刊同时刊载长篇白话游记《欧游心影录》的方式，以创作实践表明了对言文合一的白话文学发展方向的认同与支持，回应了社会各界对其文学立场的种种猜测，客观上声援了胡适倡导的"文学革命"运动。在"文学革命"和"言文合一"的道路上，两位新文化先驱最终走到了一起。

第十章　晚清报刊杂文和文学批评文体

　　晚清时期，随着以报刊传播媒介为主阵地的文界革命的迅猛展开，梁启超等思想启蒙先驱"开文章之新体"的散文创作实践，除了作为"新民"之"利器"的政论文章和人物评传，还有一批兼具议论性、抒情性和形象性的新体杂文，以及大量报刊文学理论批评文章。这种以报刊为主要传播媒介、以改良文言文体为主流的新体杂文和文学理论批评文体，有着鲜明的时代特征和显著的西学东学背景，构成了晚清"新文体"家族的重要分支。王国维以《红楼梦评论》为代表的早期哲学美学文学研究文章，则标志着一种有近代西方理论眼光和科学体系，具有文体开创意义的文学批评"新文体"的诞生。

第一节　梁启超文界革命时期的新体杂文

　　晚清文界革命时期，梁启超刊诸《清议报》《新民丛报》等报刊的新体杂文，题目或大或小，篇幅或长或短，要皆以改造国民性、唤起民族魂为旨归，同样服务于新民救国运动，语体和文体表现出中西兼采、文白夹杂的特点，初步具备了作为现代论说文体的杂文的基本特征，无论是从精神题旨层面，还是从文体形式层面，均开五四之后成熟于鲁迅之手的现代杂文先河。

　　提及梁启超的新体杂文，文学史家大都举《饮冰室自由书》为例。事实上，由于杂文文体包容性极强，弹性很大，梁氏许多报章之文存在文体杂糅现象，其新体杂文并不限于《饮冰室自由书》。带有政论色彩的《爱国论》《少年中国说》《论中国国民之品格》《过渡时代论》《呵旁观者文》《说希望》《说常识》《说幼稚》等一批篇幅较长、流布甚广的报章论说文，因其并非针对具体的政治问题而发，而是源于对中国现实社会的总体认知而发抒的带有普遍性的文明批评和社会批评，且具有很强的抒情性和形象性特征，因而有别于一般政论文，可归入兼具文学性的新体杂文之列。

梁任公篇幅较长的新体杂文，往往以澎湃激越的情感贯穿全篇，以咄咄逼人的气势统摄全文，充斥着大量生动形象的譬喻及层层叠叠的排偶句式，再加上骈散杂糅的行文方式和音韵铿锵的文字节奏，"新文体"的显著特征在其新体杂文中得到了充分体现。脍炙人口的《少年中国说》，早已为人们所熟知——时至今日，亿万华夏儿女吟咏着这篇感情炽烈、气贯长虹的经典名文，度过了自己的青少年时代，一代又一代华夏儿女在这位百年前定格为"少年中国之少年"的赤诚爱国之士迸发的强烈的民族忧患意识和乐观进取精神感召下，立志为中华之崛起而读书，为实现"中国梦"而绽放青春——其文字的情感力量之大之久，由此不难体会，兹不赘举。

我们看一段《过渡时代论》中的文字：

> 过渡时代者，希望之涌泉也，人间世所最难遇而可贵者也。有进步则有过渡，无过渡则无进步。其在过渡以前，止于此岸，动机未发，其永静性何时始改，所难料也；其在过渡以后，达于彼岸，踌躇满志，其有余勇可贾与否，亦难料也。惟当过渡时代，则如鲲鹏图南，九万里而一息；江汉赴海，百千折以朝宗；大风泱泱，前途堂堂；生气郁苍，雄心乔皇。其现在之势力圈，矢贯七札，气吞万牛，谁能御之？其将来之目的地，黄金世界，荼锦生涯，谁能限之？故过渡时代者，实千古英雄豪杰之大舞台也，多少民族由死而生，由剥而复，由奴而主，由瘠而肥，所必由之路也。美哉过渡时代乎！[①]

以"鲲鹏图南"和"江汉赴海"喻"过渡时代"难以阻遏的"进步"的历史步伐，以"大风泱泱，前途堂堂；生气郁苍，雄心乔皇"壮大文章气势，以"千古英雄豪杰之大舞台"鼓励同时代人为国家民族的美好未来而奋斗，似这般朗朗上口的文字和丰沛的情感，着实令读者对作为"希望之涌泉"的"过渡时代"充满憧憬，极富感染力。

再看《呵旁观者文》中的一段文字：

> 天下最可厌可憎可鄙之人，莫过于旁观者。旁观者，如立于东岸，观西岸之火灾，而望其红光以为乐；如立于此船，观彼船之沉溺，而睹其凫浴以为欢。若是者，谓之阴险也不可，谓之狠毒也不可。此种

---

① 任公：《过渡时代论》，《清议报》第八十三册，1901 年 6 月 26 日。

人无以名之，名之曰无血性。嗟乎！血性者人类之所以生，世界之所
以立也；无血性则是无人类、无世界也。故旁观者，人类之蟊贼，世
界之仇敌也。①

文中所痛斥的"天下最可厌可憎可鄙之人"——"旁观者"，就是二十年
后鲁迅《〈呐喊〉自序》中写到的日俄战争期间围观被日军砍头示众的中国
同胞而"显出麻木的神情"的看客。梁启超对这种隔岸观火以为乐、见
死不救以为欢的"无血性"的"旁观者"痛加挞伐，以惯常的过甚其辞的
愤激之语斥其为"人类之蟊贼，世界之仇敌"，并从关系"国家之盛衰兴
亡"的高度，发出"国人无一旁观者，国虽小而必兴；国人尽为旁观者，
国虽大而必亡"的精警之论，表现了作者对国家命运的深深忧虑和对国民
性弱点的清醒认知。

　　梁启超 1900 年刊于《清议报》的《呵旁观者文》，是中国近代知识分
子对国民性弱点的首次集中认真的剖析和严肃有力的批判。此后不久，围
绕这一话题而展开的报章之文不胜枚举，其文体大多可归入杂文之列。如
《清议报》1900 年所刊伤心人（麦孟华）《说奴隶》、1901 年所刊公奴隶力
山（秦力山）《说奴隶》等，《大陆报》1903 年所刊《粘液质之支那国民》，
《浙江潮》1903 年所刊通界《说憨》，《江苏》1903 年所刊壮游（金松岑）
《国民新灵魂》和佚名《民族精神论》，《国民日日报》1903 年"社说"栏
所刊《箴奴隶》，《中国白话报》1904 年所刊激烈派第一人（刘师培）《论
激烈的好处》等，或暴露批判中国人的奴隶根性，或发掘弘扬中国人的优
秀品质，均从不同侧面论及国民性改造问题。

　　作为梁启超短篇杂文总集的《饮冰室自由书》，在其新体杂文中占据
着重要位置。1899 年 8 月，梁启超在《清议报》第 25 册开辟"饮冰室自
由书"专栏，至 1901 年底第 100 册终，共刊出 16 期，刊发了近 50 篇短
文。②1902 年出版的《清议报全编》第二集卷六"名家著述第三"，辑录
的就是《饮冰室自由书》，除叙言外收文 46 篇；是年推出的《饮冰室自由
书》单行本，收录的也是这批杂文。至 1902 年初《新民丛报》创刊，"饮
冰室自由书"作为"名家谈丛"和"谈丛"栏目下的一个二级专栏，又时
断时续地坚持了 8 期（至 1905 年 4 月第 67 号终止），刊出短文约 20 篇。

---

　　①　任公：《呵旁观者文》，《清议报》第三十六册，1900 年 2 月 20 日。
　　②　《清议报》第二十五册刊出的 6 则和第二十六册刊出的 9 则，均未加小标题，以自然段
　　　　划分为数则；收入《清议报全编》时，编者才将其合并且加了小标题；自第二十七册始，
　　　　"饮冰室自由书"专栏下的各短文才加标题。

　　梁启超《饮冰室自由书》开篇交待其写作的缘起道："自东徂以来，与彼都人士相接，诵其诗，读其书，时有所感触，与一二贤师友倾吐之，过而辄忘。无涯生曰：'盍撮而记之？'自惟东鳞西爪，竹头木屑，记无补于天下。虽然，可以自验其学识之进退，气力之消长也，因日记数条以自课焉。每有所触，应时援笔，无体例，无次序，或发论，或讲学，或记事，或钞书，或用文言，或用俚语，惟意所之。"①这一带有随感录和读书笔记性质的不拘形式、率性而为的短文，是典型的杂文写法。

　　梁启超《饮冰室自由书》看起来内容庞杂，其实所思所想、所笔所书在在围绕作者新民救国的政治理想。批判现实之腐败、反思国民劣根性、倡言破坏主义、呼唤牺牲精神、畅谈理想、崇拜英雄、鼓吹自信力、批判强权、宣扬民主观念、倡导自由精神，如此等等，题旨都不离改造国民性、唤起中国魂之大方向和"新民"以救国的根本目标。20 世纪初年大为流行的"破坏主义"，就出自《饮冰室自由书》。我们看其中一段文字：

　　　　甚矣，破坏主义之不可以已也！譬之筑室于瓦砾之地，将欲命匠，必先荷锸；譬之进药于痞痟之夫，将欲施补，必先重泻。非经大刀阔斧，则输俉无所效其能；非经大黄芒硝，则参苓适足速其死。历观近世各国之兴，未有不先以破坏时代者。此一定之阶级，无可逃避者也。②

不容置疑的口气，生动形象的譬喻，酣畅淋漓的文字，骈散相间的节奏，极富感染力和鼓动性，又具形象性和说服力。

　　《饮冰室自由书》之《傀儡说》，是一篇极为精警的杂文小品。文章由剧场上的傀儡谈起，说到人的傀儡和国的傀儡，声言"人而傀儡，时曰不人；国而傀儡，时曰不国"，进而揭露"西后以皇上为傀儡""荣禄以西后为傀儡""俄人以中国政府为傀儡"等怪现状，满腔激愤地抨击了帝国主义列强对中国的侵略并吞，鞭挞了清王朝的腐朽无能。作者揭露今之列强"灭人国"的手段及今之中国乃"一大傀儡场"的状况道：

　　　　嗟夫！今之灭国者与古异。古者灭人国，则潴其宫，虏其君。今也不然，傀儡其君，傀儡其吏，傀儡其民，傀儡其国。英人之灭印度，土酋世其职者尚百数十年，傀儡其土酋也；六国之胁突厥，突厥之政

---

① 任公：《饮冰室自由书》，《清议报》第二十五册，1899 年 8 月 26 日。

② 任公：《饮冰室自由书·破坏主义》，《清议报》第三十册，1899 年 10 月 15 日。

府不废，傀儡其政府也。埃及傀儡于英，越南傀儡于法，高丽傀儡于俄。中国者，傀儡之颀而硕者也，一人之力不足以举之，则相率而共傀儡之。此蚩蚩者犹曰：我国尚存，我国尚存。而岂知彼眈眈者，已落其实而取其材，吸其精而盬其脑，官体虽具，衣冠虽备，岂得目之曰人也哉？嗟呼！必自傀儡，然后人傀儡之。中国之傀儡固已久矣，及今不思自救，犹复傀儡其君，傀儡其民，竭忠尽谋，为他人效死力，于是我二万方里之地，竟将为一大傀儡场矣！　①

眼光敏锐，思虑深远，感情激愤，文笔犀利，力透纸背，至今读来仍觉如芒在背，爱国救亡之念顿生，新民救国之志顿起。

《饮冰室自由书》之《慧观》篇，亦是一篇妙趣横生的奇文。同一种书，考据家、好作灯谜酒令之人、词章家、经世家的阅读所得判然有别；同一人群，商贾家、江湖名士、求宦达者、怀不平者的观察所见迥乎不同；他们都为各自的先见和眼界所限，未能做到"善观"和"慧观"。如何才能做到"慧观"呢？作者在篇末写道：

> 人谁不见苹果之坠地？而因以悟重力之原理者，惟有一奈端。人谁不见沸水之腾气？而因以悟汽机之作用者，惟有一瓦特。人谁不见海藻之漂岸？而因以觅得新大陆者，惟有一哥仑布。人谁不见男女之恋爱？而因以看取人情之大动机者，惟有一瑟士丕亚。无名之野花，田夫刈之，牧童蹈之，而窝儿哲窝士于此中见造化之微妙焉；海滩之僵石，渔者所淘余，潮雨所狼藉，而达尔文于此中悟进化之大理焉。故学莫要于善观。善观者，观滴水而知大海，观一指而知全身，不以其所已知蔽其所未知，而常以其所已知推其所未知，是之谓慧观。②

其所谓"慧观"，既可理解为一种观察和认识世界、社会、人生的独特的眼光，亦可理解为一种读书治学的门径。

最为奇特也最有特色的是那篇由四则寓言组成的《动物谈》。作者"隐几而卧"，邻室有甲、乙、丙、丁四人"呫呫为动物谈"，乃倾耳听之。甲曰：

> 吾昔游日本之北海道，与捕鲸者为伍。鲸之体不知其若干里也，其背之凸者，暴露于海面，面积且方三里。捕鲸者刳其背以为居，食

---

① 任公：《傀儡说》，《清议报》第九册，1899 年 3 月 22 日。
② 任公：《饮冰室自由书·慧观》，《清议报》第三十七册，1900 年 3 月 1 日。

于斯，寝于斯，日割其肉以为膳，夜燃其油以为烛，如是者殆五六家焉。此外鱼虾鳖蚝贝蛤，缘之嘬之者，又不下千计。而彼鲸者冥然不自知，以游以泳，偃然自以为海王也。余语渔者：是惟大故，故旦旦伐之，而曾无所于损，是将与北海比寿哉？渔者语余：是惟无脑气筋故，故旦旦伐之，而曾无所于觉。是不及五日，将陈于吾肆矣。①

这头"无脑气筋"的多处受创的大鲸，无疑是晚清政府统治下的老大帝国的隐喻。仗着块头大（地大物博），虽遭五六家蚕食（被列强瓜分），却"冥然不自知"，反以华夏大国傲视四邻，"偃然自以为海王也"。乙曰：

吾昔游意大利，意大利之历啤多山有巨壑，厥名曰兀子。壑黑暗，不通天日，有积水方十数里，其中有盲鱼，孳乳充斥。生物学大儒达尔文氏解之曰：此鱼之种，非生而盲者。盖其壑之地，本与外湖相连，后因火山迸裂，坼而为壑，沟绝而不通。其湖鱼之生于壑中者，因黑暗之故，目力无所用。其性质传于子孙，日积日远，其目遂废。自十数年前，以开矿故，湖壑之界忽通。盲鱼与不盲者复相杂处，生存竞争之力，不足以相敌，盲种殆将绝矣。

这些长期生活在暗无天日的巨壑中的目力退化的盲鱼，无疑是长期实行闭关锁国政策的晚清帝国现实处境的隐喻。当门户在列强的坚船利炮轰击下被迫大开时，因闭目塞听已久，各方面均缺乏与列强竞争的能力，面临灭种的民族危机。丙曰：

吾昔游于巴黎之市，有屠羊为业者。其屠羊也，不以刀俎，不以笠缚，置电机，以电气吸群羊。羊一一自入于机之此端，少顷自彼端出，则已伐毛洗髓，批窾析理，头胃皮肉骨角，分类而列于机矣。旁观者无不为群羊怜，而彼羊者，前追后逐，雍容雅步，以入于机，意甚自得，不知其死期之已至也。

这些"意甚自得，不知其死期之已至"的群羊，隐喻的是在亡国灭种危机面前依然缺乏近代民族国家观念、灵魂麻木的国人。唤醒民众的爱国热忱，铸造新时代的"中国魂"，就是"以觉天下为己任"的"梁启超"们

---

① 任公：《动物谈》，《清议报》第十三册，1899 年 4 月 30 日。以下引文均为同一出处，兹不赘注。

的"觉世之文"所要担负起的历史责任。丁曰：

> 吾昔游伦敦。伦敦博物院，有人制之怪物焉，状若狮子，然偃卧无生动气。或语余曰：子无轻视此物，其内有机焉。一拨捵之，则张牙舞爪，以搏以噬，千人之力，未之敌也。余询其名，其人曰：英语谓之佛兰金仙。昔支那公使曾侯纪泽，译其名谓之睡狮，又谓之先睡后醒之巨物。余试拨其机，则动力未发，而机忽坼，螫吾手焉。盖其机废置已久，既就锈蚀，而又有他物梗之者。非更易新机，则此佛兰金仙者，将长睡不醒矣。惜哉！

伦敦博物馆中那只机关锈蚀的"佛兰金仙"，无疑是肌体腐朽、"无生动气"、运转不灵的老大帝国中国的隐喻。要想使这头"睡狮"重振雄风，必须实行政治体制改革，建立崭新的师法欧西的政权机构，否则"将长睡不醒矣"。

梁启超《动物谈》第一则寓言中受创的大鲸，隐喻列强瓜分形势下面临亡国危机的中国；第二则寓言中退化的盲鱼，隐喻长期闭关锁国政策下面临灭种危机的晚清帝国；第三则寓言中被送入屠宰机而不自知的羊群，隐喻人为刀俎、我为鱼肉形势下灵魂麻木的中国民众；第四章寓言中机关锈蚀的"睡狮"，隐喻肌体腐朽糜烂的老大帝国。而重重深重危机下的老大帝国，从政府到民众，仍然浑浑噩噩、闭目塞听、灵魂麻木、腐朽糜烂，上上下下一片麻木，如此下去，真可说国亡无日了。

梁启超《饮冰室自由书》并没有统一的文体格式，但它引入了一种报章写作方式。相对于报刊打头的正规"论说"而言，这种相对自由的写作方式属于"短论"。这种短篇杂文没有了"梁启超"式的长篇大论的浮华之气，语言和内容相对精炼。从文体层面考量，这自然是一种进步。

更为重要的是，梁启超《饮冰室自由书》中的一些篇章，其拟想读者已经不是作者居高临下进行启蒙的大众，而是指向作者内心的自我言说，所发抒的更多的是个人的自我感触。如《理想与气力》一文写道："饮冰子曰：理想与气力兼备者，英雄也；有理想而无气力，尤不失为一学者；有气力而无理想，尤不失为一冒险家。我中国四万万人，有理想者几何人？有气力者几何人？理想气力兼备者几何人？嗟乎！国于天地，必有与立。一念及此，可为寒心！"[①] 这种较为个人化的写作虽不多见，但作为梁

---

① 任公：《饮冰室自由书·理想与气力》，《清议报》第二十八册，1899年9月25日。

氏新体杂文中一种或有意或无意的试验与探索，却为报章论说文的个人化写作提供了可能性。

第二节　梁启超、周树人的文学批评文体

晚清小说界革命时期，随着多元化的域外文学观念的次第输入和不同题材、类型、风格的域外文学作品的不断译介，以及大量报刊新著小说的问世，以小说理论批评为主流的文学、美学、诗学理论批评文章应运而生。晚清报刊文学理论批评文章，或输入泰西近世文学思想，或扬弃泰东古典文学传统，或高扬"启蒙主义"的文学旗帜，或标举超功利的审美文学思想，或宣扬消闲娱乐的"兴味"文学观念，在试图开启新风气、引领新风尚、纠正不良文学倾向的同时，产生了一种不同于中国古代文学批评体式的近代批评文体。其中，梁启超《论小说与群治之关系》、王国维《红楼梦评论》和周树人《摩罗诗力说》尤具代表性。考察中国文学理论批评观念和文学批评文体的近代转型，这三篇文学批评文章，可说是具有里程碑的意义。

1902 年，梁启超在横滨创办《新小说》杂志，揭橥"小说界革命"旗帜，发表政治小说《新中国未来记》，小说界革命运动正式发端。嗣后，以上海租界为中心，掀起了一个创办小说期刊和著译新小说的热潮，新小说批评文体亦随之发展长育。作为梁启超发起"小说界革命"的纲领性文章，《新小说》创刊号冠首刊发的《论小说与群治之关系》雄文，不仅在思想观念和小说理论层面极大地提升了小说的社会文化地位和文体地位，由此带起一个著译新小说繁荣的局面，而且在全球化格局和崭新的文学批评视野、样式和文体语体等方面，也有着筚路蓝缕以启山林的开拓性贡献。

梁启超《论小说与群治之关系》一文，分四个自然段：第一段提出"欲新一国之民，不可不先新一国之小说"的观点，原因在于"小说有不可思议之力支配人道"；第二段通过层层解答"人类之普通性，何以嗜他书不如其嗜小说"，得出"小说为文学之最上乘"的结论；第三段阐发"小说之支配人道"的"四种力"，即熏、浸、刺、提，强调小说既有"可爱"的一面，又有"可畏"的一面；第四段列举"小说之陷溺人群"之种种表现——诸如"吾中国人状元宰相之思想何自来"？"吾中国人佳人才子之思想何自来"？"吾中国人江湖盗贼之思想何自来"？"吾中国人妖巫狐

鬼之思想何自来"? 回答都是："小说也。"——推导出小说乃"吾中国群治腐败之总根原"的结论，篇末水到渠成地提出"故今日欲改良群治，必自小说界革命始；欲新民，必自新小说始"的理论命题。^①尽管梁启超对于中国古代小说近乎全盘否定的观点失之于偏执，但其欲借助"新小说"作为国民思想启蒙利器，以"小说界革命"服务于"改良群治""新民救国"文化大业的思路，却获得了巨大的社会反响。

中国传统的文学批评样式主要有两类：一是诗话、词话、文话、小说评点之类，是一种重直觉、经验、感悟的批评样式；二是实证性的考据、注疏、索隐文体样式。这两种传统的文学批评样式，自有其独到的特色和优长，但与西方近代文论相比，却也存在零散、随意、缺乏抽象分析以及逻辑思辨和系统的理论体系等不足。1901 年，喜读新学之书和中外小说的孙宝瑄对金圣叹的小说评点有一番观感："金圣叹善批小说，世称其才之大，然余观其语多枝叶，正如长林丰草，有天行而无人治。"^②形象地道出了其观点散乱随意而缺乏理论体系的特点。梁启超《论小说与群治之关系》一文，初步具备了现代批评论文的基本质素与形态，其立论虽然存在论证不足甚至以偏概全、强词夺理之处，但无疑有着西方理论背景，运用了西方文论术语，属于一种具有系统性、条理性、逻辑性、阐述性的文学批评样式，在中国文学理论批评文体由传统到现代的转型过程中，充当了筚路蓝缕的开路先锋。

1908 年春，周树人的文学批评论文《摩罗诗力说》，分两期刊登在中国同盟会河南支部机关刊物《河南》杂志上。全文分九节，两万余言。作者抱定"别求新声于异邦"的信念，盛赞"力足以振人，且语之较有深趣"的"摩罗诗派"，言其特征是"立意在反抗，指归在动作，而为世所不甚愉悦"，其早期代表诗人为英国的裴伦（今译拜伦）和修黎（今译雪莱），"余波流衍，入俄则起国民诗人普式庚，至波阑则作报复诗人密克威支，入匈加利则觉爱国诗人裴象飞"，张扬了反抗权威的革命精神和不屈不挠的自由意志，高标"独立、自由、人道"之帜，篇末大声呼吁中国的"精神界之战士"的出世。^③照当事人周作人的说法，该文介绍的是"别

<hr>

① 《论小说与群治之关系》，《新小说》第一号，1902 年 11 月。
② 孙宝瑄：《忘山庐日记》，上海古籍出版社，1983，第 437 页。
③ 令飞：《摩罗诗力说》，《河南》第二期（1908 年 2 月）、第三期（1908 年 3 月）。

国的革命文人""反抗权威，争取自由的文学"。① 周树人重点介绍的英、俄、波兰、匈牙利等国的八位浪漫派诗人，在文中分别被表述为"摩罗诗人""复仇诗人""爱国诗人"，大部分属于"异族压迫之下的时代的诗人"；② 这些浪漫诗豪，"无不刚健不挠，抱诚守真；不取媚于群，以随顺旧俗；发为雄声，以起其国人之新生，而大其国于天下"。③ 留日期间毅然选择弃医从文之路的文艺青年周树人，从一开始就高举"启蒙主义"文学旗帜，将国民精神启蒙视为挽救民族国家危亡的根本救治之方，显示出宏阔的世界文明视阈和中西文化比较视野；其所秉持的输入近世西洋思想新源以振古老之邦的信念，以及将文学和诗学问题与国家民族的命运紧密联系起来考量的理路，与梁启超提出的通过"新一国之小说"以达"新一国之民"之效，通过"新一国之民"实现"救国"理想的启蒙理念与路径，可谓一脉相承。

周树人《摩罗诗力说》又是一篇意蕴丰富的比较诗学理论批评文章，其在中国诗学的现代性建构方面所具有的开拓性、原创性、系统性和启蒙意义，是一个值得重新审视评估的课题。有论者指出：中国诗学现代转型的首要条件，就是能否站在世界文学背景之下反思民族文学的现状与出路，这正是青年鲁迅写作《摩罗诗力说》的出发点。鲁迅是第一个从本土文化语境出发系统谈论欧洲诗歌的中国人，该文是作者对中国诗学现状、前景与出路的一次深刻反思和充分发言，是鲁迅站在人类文化和文明史的高度，以文化批判的眼光去认识文学的开端，体现出西方近现代哲学高度与理性批判精神，从而对中国传统诗学的哲学基础构成了某种真正的威胁和颠覆。④ 由于青年鲁迅写作此文时参阅了大量日本报刊书籍，文章的许多观念或许并非鲁迅原创，而是对日本学者的观点材料采取"拿来主义"方针而有所取舍的结果；尽管如此，该文在近现代中国诗学和比较文学研究领域的开拓性贡献，仍然不容低估。

---

① 周作人晚年回忆鲁迅刊发表在《河南》杂志上的文章道："鲁迅的文章中间顶重要的是那一篇《摩罗诗力说》，这题目用白话来说，便是'恶魔派诗人的精神'，因为恶魔的文字不古，所以换用未经梁武帝改写的'摩罗'。英文原是'撒但派'，乃是英国正宗诗人骂拜伦、雪莱等人的话，这里把它扩大了，主要的目的还是介绍别国的革命文人，凡是反抗权威，争取自由的文学便都包括在'摩罗诗力'的里边了。时间虽是迟了两年，发表的地方虽是不同，实在可以这样的说，鲁迅本来想要在《新生》上说的话，现在都已在《河南》上发表出来了。"参见周启明：《鲁迅的青年时代》，中国青年出版社，1957，第 44 页。

② 鲁迅：《〈奔流〉编校后记》，《鲁迅全集》第七卷，人民文学出版社，2005，第 193 页。

③ 令飞：《摩罗诗力说》，《河南》第三期，1908 年 3 月。

④ 李震：《〈摩罗诗力说〉与中国诗学的现代转型》，《中国社会科学》，2009 年第 3 期。

周树人《摩罗诗力说》语体上具有鲜明的欧化特征，大量新名词充斥其间，而且笔锋常带情感，忧愤深广，亦歌亦哭，纵笔所至不检束，与当时流行的"新文体"有着相同的时代风格。佛典语、耶教语、老庄语、儒家经典语，西文、日本文、中国传统文言，在该文中新旧杂陈、中西荟萃、融会贯通。就新名词而言，仅西方作家就有尼佉（通译尼采，德国思想家）、加黎陀萨（古印度诗人）、加勒尔（苏格兰批评家）、但丁、鄂戈理（通译果戈里，俄国作家）、裴伦（通译拜伦，英国诗人）、爱伦德（通译阿恩特，德国诗人和历史学家）、台陀开纳（德国诗人和戏剧家）、道覃（通译道登，爱尔兰诗人）、约翰穆黎（通译约翰·穆勒，英国哲学家）、爱诺尔特（英国文艺批评家）、鄂谟（通译荷马，古希腊诗人）、司各德（英国作家）、苏惹（英国诗人）、修黎（通译雪莱，英国诗人）、穆亚（爱尔兰诗人）、遏克曼（德国作家）、朋思（英国诗人）、契支（英国诗人）、戈德文（英国作家）、斯宾塞（英国诗人）、普式庚（通译普希金，俄国诗人）、莱尔孟多夫（通译莱蒙托夫，俄国诗人）、勃阑兑思（丹麦文学批评家）、芘宾（俄国文学史家）、来尔孟斯（苏格兰诗人）、波覃勖迭（德国作家）、密克威支（波兰诗人）、斯洛伐支奇（波兰诗人）、克拉旬斯奇（波兰诗人）、摩契阿威黎（意大利作家）、裴象飞（通译裴多菲，匈牙利诗人）、伟罗思摩谛（匈牙利诗人）、阿阑尼（匈牙利诗人）、凯罗连珂（俄国作家）等，范围之广，一时无两。

从字面上讲，"摩罗"译自梵文，意为"恶魔"，意近耶教中的魔鬼撒旦；"摩罗诗力说"，意谓"论恶魔派诗歌之力量"。从文章内容看，其所谓"摩罗诗人"，指以裴伦为代表的浪漫主义诗人。作者对以"天纵之才""发为雄声，以起其国人之新生，而大其国于天下"的近世欧洲摩罗诗人的尽情赞美，对"立意在反抗"的中国"精神界之战士"的热切呼唤，表现出青年鲁迅作为一名新文化、新文学战士的激情澎湃的一面。就"诗力"而言，该文对"美伟强力""雄杰伟美""善美刚健""伟大壮丽"等审美倾向的崇尚，也使文章充满力度和热度，显示出 20 世纪初年中国"精神界之战士"的革命精神与启蒙姿态。

如果说，梁启超《论小说与群治之关系》最大的历史贡献，在于从思想观念层面极大地提升了小说文体的社会文化地位和文学地位，引发了新小说著译和新小说批评热潮；周树人《摩罗诗力说》最大的历史功绩，在于站在近世欧洲哲学高度引入理性批判精神，通过系统评判泰西摩罗诗人和比较中西哲学诗学观念之差异，以先觉者姿态率先发出"别求新声于异邦"的时代呼声——两者的理论贡献远大于其文体开创意义，那么，王国维《红楼梦评论》的问世，则标志着兼具近代批评思维方法启蒙和文体开创意义的文学批评新文体的诞生，中国文学批评的现代学术范式自此开启。

第三节　王国维与文学批评文体的现代化

1904 年前后，正当维新派和革命派知识分子以文学为启蒙救亡"利器"，掀起一场文学界革命和民族民主革命运动之际，执教于江苏通州和苏州师范学堂的独学时代的王国维，正醉心于康德、叔本华哲学美学，依托上海《教育世界》发表了一系列卓尔不群的哲学美学教育论文，运用德国哲学美学思想，阐扬超功利的文学本体论和"第二形式之美"说，探讨美之性质和文学之起源，标举"天才"论，倡导"游戏说"，强调独创性，发明"境界"说，在批评中国"近数年之文学，亦不重文学自己之价值，而唯视为政治教育之手段"①的同时，从人生观和审美的纯文学视角，将传统中国视为小道的小说戏曲的文体地位提升到与诗歌并列的"美术"之"顶点"的高度，②从迥异于时流的纯粹哲学美学立场，回应了梁启超关于"小说（含戏曲）为文学之最上乘"的时代命题。王国维以《红楼梦评论》为代表的早期文学批评文章，开创了以欧洲哲学美学思想和理论方法研治中国文学的范例，标志着一种有西洋近代理论眼光和科学体系，具有批评思维方法启蒙意义和文体开创意义的文学批评新文体的诞生。

晚清时期，有着西学东学知识背景的王国维，政治立场虽然保守，学术思想却颇具开放意识和超前眼光，其语文观念和文体实践亦富有先锋意义和探索性质。王国维高标思想自由、学术独立、美术（含文学）独立，以为学无中西、学无新旧、学无有用无用，断言"异日发明光大我国之学术者，必在兼通世界学术之人，而不在一孔之陋儒"，③表现出融合中西、超迈千古的学术眼界与大家气象。他主张以学术、美术为目的而非为手段，视文学为"天才游戏之事业"，④视小说戏曲为"纯文学"，呼吁学界重视其"纯粹美术上之目的"。⑤他表彰"为文学而生活"的专门的文学家，批

----

① 王国维：《论近年之学术界》，《教育世界》第九十三号，1905 年 2 月。

② 王国维：《红楼梦评论》，《教育世界》第七十六号，1904 年 6 月。

③ 王国维：《奏定经学科大学文学科大学章程书后》，《教育世界》第一百一十八号，1906 年 2 月。

④ 王国维：《文学小言》，《教育世界》第一百三十九号，1906 年 12 月。

⑤ 王国维：《论哲学家与美术家之天职》，《教育世界》第九十九号，1905 年 5 月。

评"以文学得生活"的职业的文学家；反对"餔餟的文学"和"文绣的文学"，视其为以文学为手段的"模仿的文学"，而非对文学有"固有之兴味"而创作的文学。① 在他看来，"政治家与国民以物质上之利益，而文学家与以精神上之利益"，"物质上之利益，一时的也；精神上之利益，永久的也"，故而"生百政治家，不如生一大文学家"。② 王国维将一国之"言语"视为国民"思想之代表"，以为要输入新思想，必须输入新学语；他对日源新名词持虚心接受态度，以为日本学者已定双字四字之学语，其精密程度优于侯官严氏偏爱单字而语意难解的古语创名，故而主张"沿用之"。③ 他用叔本华哲学解读《红楼梦》，得出了石破天惊的学术见解，创造了一种崭新的文学批评文体。

　　1904 年问世的《红楼梦评论》，是王国维运用叔本华哲学美学思想解析中国小说文本的一次大刀阔斧的文学批评实践，新文学史家将其追认为"现代批评的开篇"。④ 全文约一万五千字，分五章：第一章，人生及美术之概观；第二章，《红楼梦》之精神；第三章，《红楼梦》之美学上之价值；第四章，《红楼梦》之伦理学上之价值；第五章，余论。该文以生活之欲解释生活本质，以为"欲"乃人生苦痛根源，艺术之美可使吾人暂离生活之欲，获得解脱之道，《红楼梦》正是这样一部"描写人生之苦痛与其解脱之道"的"宇宙之大著述"，其思想大背于吾国人"乐天之精神"，是一部"彻头彻尾的悲剧"，一部表现"人人所有之苦痛"的"悲剧中之悲剧"；要之，"《红楼梦》一书，实示此生活此苦痛之由于自造，又示其解脱之道不可不由自己求之者也"。⑤

　　王国维认为《红楼梦》的精神是"厌世"与"解脱"，其美学价值在于揭示"通常之道德、通常之人情、通常之境遇"中的普通人的人生悲剧，其伦理学价值在于示人以解脱之道，故而是哲学的、宇宙的、文学的与理想的，是一部属于全人类的"绝大著作"。以西洋理论审视中国文本，以庄严崇高的德国哲学美学思想解析传统中国被视为小道乃至诲盗诲淫的白话章回小说，王国维以极具现代性的审美批评眼光与中西比较视野，一举打破旧红学拘泥的"考证之眼"，取得了令人惊诧的学术成就，开创了红学研究的新时代。

① 王国维：《文学小言》，《教育世界》第一百三十九号，1906 年 12 月。

② 王国维：《教育偶感》，《教育世界》第八十一号，1904 年 8 月。

③ 王国维：《论新学语之输入》，《教育世界》第九十六号，1905 年 4 月。

④ 温儒敏：《中国现代文学批评史》，北京大学出版社，1993，第 1 页。

⑤ 王国维：《红楼梦评论》，《教育世界》第七十六、七十七、七十八、八十、八十一号，1904 年 6 至 8 月。

　　王国维《红楼梦评论》，首次站在近世西洋哲学美学高度，系统探讨标志着中国小说创作最高成就的《红楼梦》的审美价值与思想价值，其观点虽不无牵强附会之处，然而其文学思想则具有超前的审美现代性启蒙意义，其理论批评思维与逻辑结构体系具有现代学术研究的方法论意义，其文学批评文体亦具有开创新范式的划时代意义。

　　从文学思想看，王国维《红楼梦评论》意在以《红楼梦》为典型例证，来阐述文学的本质与作用；其所揭示的《红楼梦》的精神、美学价值与伦理学价值，其所标榜的超功利的纯文学观念与悲剧观，提高了一个时代对中国文学的根本精神与审美价值的认识水准。从学术范式与文体创造等层面看，王国维所运用的西方理论批评思维方法，所建构的严整理论框架与现代学术论文的逻辑结构体系，均具科学性、开放性与现代意义。从语体上看，《红楼梦评论》运用的是浅近的欧化的改良文言，其句法大体基于单音节"之乎者也"虚词系统，却又大量运用双音节的"新学语"，杂以成分复杂的欧化句式，并吸收部分白话语汇乃至白话虚词和句法，表现出融会中西、贯通文白、雅俗共赏的文体追求和语体特征，读起来有一种陌生化与新异感，充满思辨性、批判性与探索性，亦不乏情感性、活泼性与文学色彩。

　　我们选第三章中的片段看看：

> 　　吾国人之精神，世间的也，乐天的也，故代表其精神之戏曲小说，无往而不著此乐天之色彩：始于悲者终于欢，始于离者终于合，始于困者终于亨……故《桃花扇》之解脱，他律的也；而《红楼梦》之解脱，自律的也……故《桃花扇》，政治的也，国民的也，历史的也；《红楼梦》，哲学的也，宇宙的也，文学的也。[①]

这种天马行空式的白话虚词"的"与文言虚词"也"混搭的奇特句式，反映出过渡时代一位天才学者率性而为的语体风格。

　　王国维《红楼梦评论》是尝试用西方理论阐释中国文本的"跨文化阐释"的典范之作。《红楼梦评论》的问世，宣告了中国传统文学批评时代的终结，拉开了中国现代古典文学研究的序幕。

---

① 王国维：《红楼梦评论》，《教育世界》第七十八号，1904 年 7 月。

第十一章　梁启超、王国维等的述学文

20世纪初年，随着西方学术思想与论理述学方式方法及新术语、新语法的引进，梁启超、王国维等率先尝试的师法欧西的近代论学新文体，逐渐取代传统汉学家的考据之文和理学家的语录之文，日益成为中国新知识者重要的述学立说工具，显示出会通中西、讲究学理、重知性分析、走向科学化和逻辑化而又自成一体的学术论著，对于以印象批评、评点式批评为主的古代著作之文的文体严密性与优越性，成为中国文章体式近代化演进过程中的关键环节之一。梁启超的中国学术史论著和王国维的《宋元戏曲史》，从思想内容到语言文体都显示出鲜明的现代性特征，成为晚清至五四时期学术论著新文体的重要成果；刘师培、章太炎的白话述学文，则开现代白话述学文体先声。

第一节　梁启超述学文体的开创意义

五四以降，由胡适《五十年来中国之文学》首开其端，文学史家和批评家大都从政论文章层面评述梁启超的新文体，将其定位在"应用的古文"，[①] 在很大程度上遮蔽了其文学性。胡先骕更是称其"纯为报章文字，几不可语乎文学"，但却肯定梁氏"研究学术之著作"，言其"能传诸久远"。[②] 如果说，梁启超创作的大量更富文学意味的传记文、游记文和新体杂文（如《少年中国说》《饮冰室自由书》等），丰富了人们对其新体散文的文学性的认知的话，那么，其见诸《新民丛报》的《论中国学术思想变迁之大势》等早期述学论著，则宣告了一种迥异于中国古代学者之文的近代著作文体的诞生，开启了以西方学术精神、知识谱系与著述体例重理中国学术思想的新阶段。

---

① 胡适：《五十年来中国之文学》，申报馆，1924，第2页。
② 胡先骕：《评胡适〈五十年来中国之文学〉》，《学衡》第十八期，1923年6月。

    1902 年初问世的《新民丛报》，以阐发"新民"之道为办刊宗旨，主编兼主笔梁启超以"中国之新民"和"新民子"自命。中国之新民在《新民说》中阐述"新民"之义道："新民云者，非欲吾民尽弃其旧以从人也。新之义有二：一曰淬厉其所本有而新之，二曰采补其所本无而新之。"[①] 梁启超在《新民丛报》"学术"专栏连载的《论中国学术思想变迁之大势》长文，正是本着淬厉中国固有学术思想精华而发扬光大之意，并希冀二十世纪中国学者通过采补欧美学术思想，孕育出兼有泰东文明与泰西文明之长的"宁馨儿"，从而"恢复乃祖乃宗所处最高尚最荣誉之位置，而更执牛耳于全世界之学术思想界"。[②] 可谓放眼全球，立意高远，文化新民，责任在肩，出言豪壮，信心满满。

    梁启超纵观泰西泰东各国历史发展大势，以为"新学术"乃"新民""新国"的利器与基础，故而将其列为当务之急："有新学术，然后有新道德、新政治、新技艺、新器物；有是数者，然后有新国、新世界。"[③] 在撰著《论中国学术思想变迁之大势》前，梁氏先期推出为之张目的《论学术之势力左右世界》一文，以为"智慧"与"学术"乃"天地间独一无二之大势力"，条论泰西近世"十贤"之学术贡献——哥白尼之天文学，倍根与笛卡尔之哲学，孟德斯鸠之政法学，卢梭之天赋人权说，弗兰克令之电学，瓦特之汽机学，亚丹斯密之理财学，伯伦知理之国家学，达尔文之进化论——以及奈端之重学，康德之纯全哲学，黑拔（今译赫尔巴特）之教育学，约翰弥勒之论理学、政治学与女权论，斯宾塞之群学等，言"今日光明灿烂、如荼如锦之世界"，"实则诸贤之脑髓之心血之口沫之笔锋，所组织之而庄严之者也"；法国福禄特尔（今译伏尔泰）、日本福泽谕吉、俄国托尔斯泰等启蒙思想家与文豪，则以"清高之思，美妙之文"将他国文明新思想移植于本国，造福于其同胞，同样有"伟大而不可思议"之势力；篇末"敬告我国学者"：即便不能成为倍根、笛卡尔、达尔文，也要争当中国的福禄特尔、福泽谕吉、托尔斯泰，以促进中国国民的文明之化，乃至通过左右中国而收"使我国左右世界"之效。[④] 既充满历史使命感，又充溢民族自信力。

    梁启超《论中国学术思想变迁之大势》开篇总论"学术思想"道：

---

① 中国之新民：《新民说一》，《新民丛报》第一号，1902 年 2 月 8 日。
② 中国之新民：《论中国学术思想变迁之大势·总论》，《新民丛报》第三号，1902 年 3 月 10 日。
③ 中国之新民：《近世文明初祖二大家之学说》，《新民丛报》第一号，1902 年 2 月 8 日。
④ 中国之新民：《论学术之势力左右世界》，《新民丛报》第一号，1902 年 2 月 8 日。

"学术思想之在一国，犹人之有精神；而政事、法律、风俗及历史上种种现象，则其形质也。故欲觇其国文野强弱之程度如何，必于学术思想焉求之。"① 学术思想是展示一个国家文明程度的窗口，也是民族国家强盛之基；中华文明是世界上唯一没有中断的文明，以世界眼光淬厉祖国固有文明，可以激发国民爱国思想，凝聚民族向心力。任公以为：上世史和中世史时代，中华学术思想皆为世界第一；惟近世史时代，泰东文明落伍于泰西文明；当此过渡时代苍黄不接之际，欲唤起同胞爱国心，除了积极输入西洋学术思想，更要发明祖国学术思想。

梁启超将中国学术思想分为八个时代："一胚胎时代，春秋以前是也；二全盛时代，春秋末及战国是也；三儒学统一时代，两汉是也；四老学时代，魏晋是也；五佛学时代，南北朝、唐是也；六儒佛混合时代，宋元明是也；七衰落时代，近二百五十年是也；八复兴时代，今日是也。"② 中国历史上两次学术思想大放光明的时代，都是两个异质文明交合的结果——"我中华当战国之时，南北两文明初相接触，而古代之学术思想达于全盛；及隋唐间与印度文明相接触，而中世之学术思想放大光明。"如今则赶上泰西泰东两大文明交会时代："盖大地今日只有两种文明：一泰西文明，欧美是也；二泰东文明，中华是也。二十世纪，则两文明结婚之时代也。吾欲我同胞张灯置酒，迓轮俟门，三揖三让，以行亲迎之大典，彼西方美人，必能为我家育宁馨儿以亢我宗也。"③ 雄放隽快，慷慨淋漓，典型的"新民体"风格。

以西方学术精神发明中国学术思想，是梁启超早期述学文章最为显著的思想特征。西哲达尔文的生物进化学说和斯宾塞尔的普遍进化理论，倍根的格物学说，笛卡儿的穷理学说，滋养了梁启超的进化史观、怀疑精神与实证理念，造成了一种学术著述的科学精神与科学方法；东洋学者所撰《支那学术史纲》，则在理论方法与学术史体系上给任公以启迪。正因如此，梁氏《论中国学术思想变迁之大势》尽管虎头蛇尾，且中间部分章节付之阙如，却创造了一种迥异于古代学者惯用的笺证疏义、读书札记、单篇论说的著述体例，为 20 世纪中国开启了一种会通中西的崭新的学术史写作范式。

①　中国之新民：《论中国学术思想变迁之大势·总论》，《新民丛报》第三号，1902 年 3 月 10 日。

②　中国之新民：《论中国学术思想变迁之大势·总论》，《新民丛报》第三号，1902 年 3 月 10 日。

③　中国之新民：《论中国学术思想变迁之大势·总论》，《新民丛报》第三号，1902 年 3 月 10 日。

　　强烈的中西、北南对比意识，是梁启超早期述学文章的突出特点。梁氏通过先秦学派与希腊学派之对比，得出我国学术思想全盛时代优于他邦之处，诸如国家思想之发达、生计问题之昌明、世界主义之光大、家数之繁多、影响之广远等；以及中国之缺点，诸如伦理（逻辑）思想之缺乏、物理实学之缺乏、无抗论别择之风、门户主奴之见太深、崇古保守之念太重、师法家数之界太严等——"语其长，则爱国之言也；语其短，则救时之言也"。①他以北地苦寒谋生不易，解释"北方多忧世勤劳之士，孔席不暖，墨突不黔，栖栖终其身"现象，揭示先秦时期北派形成的"常务实际，切人事，贵力行，重经验，而修身齐家治国利群之道术最发达"的学术思想特点；通过南地气候和、土地饶、谋生易等地理特征，解释"南方则多弃世高蹈之徒，接舆、丈人、沮、溺，皆汲老、庄之流者"，揭示"探玄理，出世界，齐物我，平阶级，轻私爱，厌繁文，明自然，顺本性"的南派学术精神之成因。②其言人群进化第一期必经神权政治阶段，从他国之神权以君主为天帝之化身，中国之神权以君主为天帝之雇役，得出中国古代思想以神权为形质、以民权为精神的结论；其言贵族阶级最为文明之障碍，而衰周之际列国国君渴求人才，贵族阶级被摧荡廓清，布衣卿相之局遂起，从而得出中国破此界最早的结论，以此为祖国历史之光；其论先秦学派南派支流许行学说，言其颇与希腊柏拉图之共产主义及近世欧洲之社会主义相类，将其政论主张定位为放任主义之极端，并举西洋之例，言卢梭为放任主义之宗师，格兰斯顿为放任主义实行家等，均体现出宏通的中西比较眼光。

　　梁启超早期述学文章，以富有爱国启蒙精神和新颖的学术识见著称；其文长于议论，善于条论，注重比较，讲求科学，章节结构谨严，文体上已属于现代意义上的学术论著。其语体言文杂糅、中西兼采、骈散不拘，其文笔流畅锐达、雄放隽快、慷慨淋漓；其文字则趋于简洁条畅，不复有同期政论文章常见的空泛、堆砌与繁冗，且部分章节颇见文采。如第三章开篇描述中国学术思想全盛时代的情状道："全盛时代，以战国为主，而发端实在春秋之末。孔北老南，对垒互峙；九流十家，继轨并作。如春雷一声，万绿齐茁于广野；如火山乍裂，热石竞飞于天外。壮哉盛哉！非特

---

① 中国之新民：《论中国学术思想变迁之大势》第三章第四节，《新民丛报》第七号，1902年5月8日。

② 中国之新民：《论中国学术思想变迁之大势》第三章第二节，《新民丛报》第四号，1902年3月24日。

中华学界之大观，抑亦世界学史之伟迹也。"[①] 讲究思想性、科学性与文学性的统一，注重章节之谐与文辞之美，显示出文、学合一的努力与追求。

梁启超早期述学文章，属于以"欧西文思"入"中国文"的"新民体"，在引进新思想、新观念、新术语、新语法的同时，创造了一种与西洋接轨的崭新的述学文体。概而言之，其所开启的，是一种以进化论为基本史观、以西方学术思想为参照系、以新民新国为鹄的、讲究科学精神与理论方法、具有现代性的学术史写作新范式。

梁启超病逝后，郑振铎在《梁任公先生》长文中总结其居东时期在学术界的"劳绩"道："他在学问上，也有了很大的劳绩，他的劳绩未必由于深湛的研究，却是因为他的将学问通俗化了，普遍化了。"[②] 述及任公《新民丛报》时期"运用全新的见解与方法以整理中国的旧思想与学说"的述学文章，郑振铎指出："这样的见解与方法并不是梁氏自创的，其得力处仍在日本人的著作。然梁氏得之，却能运用自如，加之以他的迷人的叙述力，大气包举的融化力，很有根柢的旧学基础，于是他的文章便与一班仅仅以转述或稗贩外国学说以论中国事物的人大异。他的这些论学的文字，是不黏着的、不枯涩的、不艰深的，一般人都能懂得，却并不是没有内容；似若浅显袒露，却又是十分的华泽精深。他的文字的电力，即在这些论学的文章上，仍不曾消失了分毫。"[③] 并高度评价任公《论中国学术思想变迁之大势》，言"在梁氏以前，从没有过这样的一部著作发见过"，盛赞"她是这样简明扼要的将中国几千年来的学术加以叙述、估价、研究，可以说是第一部'中国学术史'（第二部至今仍未有人敢于着手呢），也可以说是第一部的将中国的学术思想有系统的整理出来的书"。[④] 以借道日本的西方学术思想为参照系，用西方学术方法研治中国学术思想，将中国传统学术思想研究引向近代化、通俗化和普遍化的新径，是打通西学东来通道的"新民子"梁启超所开创的具有普遍意义的崭新的学术范式；迷人的叙述力、大气包举的融化力、富有魔力的文字的电力，则是这位"中国之新民"的述学文章特有的个性魅力。

1920 年，梁启超撰著《清代学术概论》，运用的是他熟悉的简洁明快的改良文言新文体，延续了晚清"新民体"的余韵；四年后，他撰著《中

①　中国之新民：《论中国学术思想变迁之大势》第三章第一节，《新民丛报》第四号，1902年3月24日。

②　郑振铎：《梁任公先生》，《小说月报》第二十卷第二号，1929年2月。

③　郑振铎：《梁任公先生》，《小说月报》第二十卷第二号，1929年2月。

④　郑振铎：《梁任公先生》，《小说月报》第二十卷第二号，1929年2月。

国近三百年学术史》，则采用拟演说式的白话文体。这两部寓论于史的学术史著作，既有学术史的价值，亦具思想史的意义，都成了经久不衰的学术名著。对于梁启超"第二期著述时代"问世的这两部学术史著作的共同点，郑振铎将其风格总结为"恬淡平易"，言其虽然"不复如前之浩浩莽莽，有排山倒海的气势、窒人呼吸的电感力了"，但却是一种"醇正的论学文字，其所重在内容而不在辞章"；对于两者在"文章体裁"方面的差异，郑振铎指出："从前他是用最浅显流畅的文言文、自创一格的政论式的文言文，来写他的一切著作的；在这个时代，他却用当代流行的国语文，来写他的著作了。此可见梁氏始终是一位脚力轻健的壮汉，始终能随了时代而走的。"[①] 不过，即便是 20 世纪 20 年代，梁启超对于文言和白话，也采取了两条腿走路的方针。

1902 年，梁启超撰著《论中国学术思想变迁之大势》时，正醉心西化，热衷于输入泰西近世文明思想，故而将清代学术视为衰落时代；1920 年，当他欧游归来撰著《清代学术概论》时，正值近代西洋文明破产，转而对古代东方文明青眼相加，故而将清代学术视为中国的"文艺复兴时代"。[②] 在问世近百年后，《清代学术概论》依然风行，令人读来忘倦；个中原委，除了著者标榜的超然客观精神与洞幽发微的天才论述外，恐怕也与其言文杂糅、中西兼采、平易畅达、雅俗共赏的著述文体有关，见证了梁氏新文体绵长的历史效应。时至今日，梁启超采用改良文言新文体的《清代学术概论》，其在学界的知名度和社会影响力并不亚于采用白话文体的《中国近三百年学术史》，反证了胡适将晚清改良文言视为"半死文字"的论断经不起历史检验。

梁启超居东时期的述学文章，对少年时代在上海求学的胡适产生了重要的思想启迪与学术影响。胡适在《四十自述》中回忆道，"《新民说》诸篇给我开辟了一个新世界，使我彻底相信中国之外还有很高等的民族，很高等的文化；《论中国学术思想变迁之大势》也给我开辟了一个新世界，使我知道《四书》《五经》之外中国还有学术思想"；言其"第一次用历史眼光来整理中国旧学术思想，第一次给我们一个'学术史'的见解"，故而"最爱读这篇文章"，并坦承个人所受该著最大恩惠是埋下了"后来做

---

① 郑振铎：《梁任公先生》，《小说月报》第二十卷第二号，1929 年 2 月。

② 梁启超：《清代学术概论·自序》，载梁启超撰，朱维铮导读：《清代学术概论》，上海古籍出版社，1998，第 1 页。按：梁启超 1904 年游历新大陆后写作《中国学术思想变迁之大势》第八章清代学术时，已改变两年前关于清代学术为"衰落时代"之说，言其为中国之"古学复兴时代"；1920 年写《清代学术概论·自序》时，将其误记为"文艺复兴时代"。这一细节，反映出任公欧游归来后文化立场与话语方式的变化。

《中国哲学史》的种子"。① 胡适 1919 年问世的《中国哲学史大纲（卷上）》，则在梁氏开创的基于改良文言的述学新文体的基础上又向前迈进了一步，采用基于改良白话的现代述学文体。全国最高学府的哲学史讲义居然用白话文来撰著，这在当时的学术界引起不小的轰动，产生重要的示范效应。至此，现代白话文的述学优势得到彰显，其全面进军著作之文领域的时代脚步，已是势不可挡。

第二节　王国维《宋元戏曲史》的文体开创性

　　1911 年辛亥革命爆发后，王国维随罗振玉避居日本。辛亥岁末，王国维完成了集多年戏曲研究之大成的《宋元戏曲史》。民国二年（1913）季春至次年仲春时节，王国维《宋元戏曲史》以分章连载的方式，在商务印书馆创办的大型学术期刊《东方杂志》发表；民国四年（1915），由商务印书馆出版了单行本；1922 年，上海六艺书局出版时，改题为《宋元戏曲考》。这部仅有五万余言的"小书"，却是晚清民国易代之际，中国第一流学者以西方学术观念和科学的学术著作体例，研治中国戏曲的具有划时代意义的绝大著作。这部以西学之理发明创造中学之见的自成体系的自著之书的问世，不仅一举确立了宋元戏曲独立而独特的文体意义，成为中国戏曲史的开山之作，而且更新了传统中国文学的价值观念、审美观念、批评方式与著作体例，标志着中国文学史的研治工作步入了现代学术研究阶段。

　　1907 年，年届而立的王国维将学术兴趣转向戏曲。是年，他在《三十自序》中阐述研治戏曲的学术动机道："余所以有志于戏曲者，又自有故。吾中国文学之最不振者，莫若戏曲。元之杂剧，明之传奇，存于今日者，尚以百数。其中之文字，虽有佳者，然其理想及结构，虽欲不谓至幼稚至拙劣，不可得也。国朝之作者，虽略有进步，然比诸西洋之名剧，相去尚不能以道里计。此余所以自忘其不敏而独志乎是也。"② 王国维有感于西洋名剧在欧美文学界有着很高的地位，独中国戏曲在中国文学中地位卑下的现实境况，发愿通过打捞中国古代戏曲作品，以西学之光发明中国文学的伦理、美学价值，重塑中国戏曲史形象的努力，实现振兴中国戏曲的

①　胡适：《四十自述》，载欧阳哲生编：《胡适文集》第一册，北京大学出版社，2013，第66—67 页。

②　王国维：《自序二》，载周锡山编校：《王国维文学美学论著集》，北岳文艺出版社，1987，第 245 页。

凤愿。王国维发力数载，以"扎硬寨，打死仗"的学术精神步步为营，先后撰成《曲录》《戏曲考原》《宋大曲考》《优语录》《古剧角色考》《曲调源流表》等；在大量文献考据功夫奠定的坚实地基上，王国维最终撰成其中国戏剧研究的集大成之作《宋元戏曲史》。

王国维《宋元戏曲史》，第一章略论上古至五代时期的戏剧，搜罗先秦以来史籍中所载"戏剧"史实与现象，从中探寻中国戏剧的渊源。第二章至第七章，阐述宋金戏剧的概貌；前三章分述"宋之滑稽戏""宋之小说杂戏"和"宋之乐曲"，为宋金杂剧探源；后两章分述"宋官本杂剧段数"和"金院本名目"，主要研究宋金杂剧与院本。第八章至第十二章讲述元杂剧，是为该书的核心部分，从元杂剧的渊源、时地、存亡、结构与文章等方面分而述之，其中尤以"元剧之结构"和"元剧之文章"两章最具学术创见，对后世影响最大。第十三章至第十四章研究的是南戏，分述"南戏之渊源及时代"和"南戏之文章"。从著述体例上看，《宋元戏曲史》是一部运用西方哲学美学思想和史学家的考据法研究中国戏剧，以西方近代学术著作和中国传统考据型著作为参照系，既有西学眼光，又有中学意识，其体例超越了中国传统的学案体、文案体、文苑传等，是一部以新法撰著的中国文学史著作，具有发凡起例和开创学术范式的现代意义。正因如此，傅斯年将其定位为一部"近代科学的文学史"。①

王国维运用西方悲剧美学理论观照元剧，发现"其最有悲剧之性质者，则如关汉卿之《窦娥冤》，纪君祥之《赵氏孤儿》，剧中虽有恶人交构其间，而其蹈汤赴火者，仍出于其主人翁之意志"，从而得出"即列之于世界大悲剧中，亦无愧色也"的结论。他以超功利的"美术"之眼透视元杂剧，得出"元曲之佳处"在于"自然"的结论，指出"古今之大文学，无不以自然胜，而莫著于元曲"。何也？"盖元剧之作者，其人均非有名位学问也；其作剧也，非有藏之名山，传之其人之意也。彼以意兴之所至为之，以自娱娱人。关目之拙劣，所不问也；思想之卑陋，所不讳也；人物之矛盾，所不顾也。彼但摹写其胸中之感想，与时代之情状，而真挚之理，与秀杰之气，时流露于其间。故谓元曲为中国最自然之文学，无不可也"。他用其富有创见的"意境"理论观照"元剧之文章"，得出富有卓识

---

① 傅斯年：《宋元戏曲史》，《新潮》第一卷第一号，1919年1月。傅文称："研治中国文学，而不解外国文学，撰述中国文学史，而未读外国文学史，将永无得真之一日。以旧法著中国文学史，为文人列传可也，为类书可也，为杂抄可也，为辛文房唐才子传体可也，或变黄全二君学案体以为文案体可也，或竟成《世说新语》可也；欲为近代科学的文学史，不可也。文学史有其职司，更具特殊之体制；若不能尽此职司，而从此体制，必为无意义之作。今王君此作，固不可谓尽美无缺，然体裁总不差也。"

的学术创见："元剧最佳之处，不在其思想结构，而在其文章。其文章之妙，亦一言以蔽之，曰：有意境而已。何以谓之有意境？曰：写情则沁人心脾，写景则在人耳目，述事则如其口出是也。"他用隐含进化论观念的"新"的语言观和文体观透视"元剧之文章"，得出"元剧实于新文体中自由使用新言语"的结论，言其"在我国文学中，于《楚辞》、内典外，得此而三"；从文学史的高度肯定元曲"辄以许多俗语或以自然之声音形容之"的"衬字"的语体革新意义，以发展的眼光看待元曲带来的文体新变，称其为"自古文学上所未有"。①

王国维对该著的学术独创性颇为自负，言"凡诸材料，皆余所搜集；其所说明，亦大抵余之所创获也"，称"世之为此学者自余始"。②陈寅恪将王国维研治中国文学的学术方法，归纳为"取外来之观念与固有之材料互相参证"，言其学术创见和学术范式"足以转移一时之风气，而示来者以轨则"。③可谓知言。

王国维在清宣统与中华民国易代之际避居日本东京期间撰著的《宋元戏曲史》，其所体现出的悲剧观、文学观、审美观和文学史观，在民国初年具有超越时代的先锋性，显得曲高和寡；而其政治立场却又逆时代潮流而动，这就使得该著更加不合时宜，因而在问世之初并未在社会文化界引起广泛关注。学术界纷纷对该著表推崇，新文化界和新文学界也对其送上赞美之辞，是在《宋元戏曲史》问世十年之后。此时，王国维已在甲骨文、金文、商周史等领域取得令人惊诧的卓越成就，先后应聘为北京大学国学门函授导师和清华国学研究院导师，誉满京华。1924 年，梁启超撰著的《中国近三百年学术史》最后一章讲述"清代学者整理旧学之总成绩"述及"乐曲学"时，对王国维取得学术成绩颇为激赏："最近则王静安国维治曲学，最有条贯，著有《戏曲考原》《曲录》《宋元戏曲史》等书。曲学将来能成为专门之学，静安当为不祧祖矣。"④又过了二十多年，作为进步文化界旗帜性人物的郭沫若，将王国维《宋元戏曲史》与鲁迅《中国小说史略》相提并论："王先生的《宋元戏曲史》和鲁迅先生的《中国小说史略》，毫无疑问，是中国文艺史研究上的双璧；不仅是拓荒的工作，前无古人，而且是权威的成就，一直领导着百万的后学。"⑤

---

① 王国维：《宋元戏曲史》，上海古籍出版社，2011，第 98—102 页。

② 王国维：《宋元戏曲史》，上海古籍出版社，2011，第 1 页。

③ 陈寅恪：《王静安先生遗书序》，载周锡山编校：《王国维文学美学论著集》，北岳文艺出版社，1987，第 434 页。

④ 梁启超：《中国近三百年学术史》，东方出版社，1996，第 440 页。

⑤ 郭沫若：《鲁迅与王国维》，《文艺复兴》第二卷第三期，1946 年 10 月。

第三节 刘光汉、章太炎的白话述学文

晚清时期，两位举世公认的有学问的革命家刘光汉、章太炎，分别依托上海《中国白话报》和东京《教育今语杂志》，相继发表了一批白话述学文章，有意无意间提升了白话书写语言的学术含量与文化地位，对晚清白话述学之风和白话述学文体的形成起到了垂范作用。五四时期，论学文章之采用白话文体，是白话文运动在文化教育领域全面推进和深入发展的标志之一，也是新文化运动取得重大突破的关键环节。在此意义上，重新审视晚清时期革命派阵营以"二叔"并称的两位革命文豪的白话述学文体，考察其在白话书面语逐渐取代文言成为有效的述学工具的历史进程中发挥的先导作用，无疑有着不可轻忽的学术史价值。

一、刘光汉的白话述学文

刘师培论文，持守以"偶词俪语"为"文"的文学观念，视骈文为文体正宗，言宋儒"以语录为文"的义理之文"词多鄙倍"，近儒"以注疏为文"的考据之文"文无性灵"，桐城派文"空疏"而"囿于义法"，近岁输入中国的"日本文体"则"冗芜空衍，无文法之可言"，以为凡此"咸不可目之为文"。① 他对梁启超式的新文体不以为然，以为"矜夸奇博，取法扶桑，吾未见其为文也"；但同时又认识到，"就文字之进化之公理言之，则中国自近代以来，必经俗语入文之一级"，以为"以俚语之文，著之报章，以启瀹愚氓，亦为觉民之一助"，主张"近日文词"分途而治，"一修俗语，以启瀹齐民；一用古文，以保存国学"。② 晚清时期，刘师培的述学论政之文有两副笔墨。他发表在《国粹学报》《民报》上的论学之文，以"保存国学"之名，阐扬排满复汉和反君主专制思想，文体则步武齐梁，追求沉思翰藻之风，鄙弃新学界"醉心欧化"倾向和"东瀛文体"；其见诸《中国白话报》的40余篇白话文，③ 以"讲国学""讲民族""主激烈"为

---

① 刘师培：《论近世文学之变迁》，《国粹学报》第二十六期，1907年3月。

② 刘光汉：《论文杂记》，《国粹学报》第一期，1905年2月。

③ 1904年，刘光汉见诸《中国白话报》的白话文，除20余篇述学文，政论文有《论列强在中国的势力》《论中国沿海的形势》《军国民的教育》等，传记文有《孔子传》《中国革命家陈涉传》《中国排外大英雄郑成功传》《攘夷实行家曾襄闵公传》，游记文有《长江游》《西江游》等，杂文有《论激烈的好处》《论责任》《说君祸》《讲民族》《说立志》，等等。

宗旨，[①] 文类有述学文、政论文、传记文、游记文、杂文等，文体则定位在面向普通民众的觉世之文。其中，尤以白话述学文为多，也最具代表性。

1904 年自春徂秋，刘光汉见诸《中国白话报》"学说"栏的《中国理学大家颜习斋先生的学说》《黄黎洲先生的学说》《王船山先生的学说》《刘练江先生的学说》《中国思想大家陆子静先生学说》《泰州学派开创家王心斋先生学术》《西汉大儒董仲舒先生学术》等"学说"述学文，见诸"历史"栏的《学术》《兵制》《田赋》《刑法》《宗教》《教育》《中国历史大略》《上古期》等历史述学文，见诸"地理"栏的《论中国地理的形势》《讲地理的大略》《说运河》《论山脉》等地理述学文，以及见诸"传记"栏的《孔子传》等传记体述学文，均为白话述学文章，署名"光汉"。刘师培的白话述学文，题材题旨围绕发扬国粹、采撷西学、文化再造、排满革命、民族复兴的思想主旋律，均非为学术而学术之文，有着藉述学论政的显著特征。

刘光汉系列白话述学文，有着整体规划和一以贯之的指导思想。其《学术》篇，演述中国历代学术大略，提出当下学术发展的宗旨，总领其余各篇；其余各篇，命题立意围绕讲国学、讲民族、主激烈三大宗旨；体例上分两大类：一类主要演述古代大学问家的学术思想与学术精神，一类主要探讨某种专门学问的历史与现状。《学术》篇将西人学术日有进步和中国学术日有退步之因，归结为思想、言论、出版三大自由权之有无；把中国历代的学术分作八期：第一期为神学盛兴时代，第二期为官学盛兴时代，第三期为诸子竞争时代，第四期为儒学专制时代，第五期为老释杂兴时代，第六期为理学盛兴时代，第七期为考证学大兴时代，第八期为西学输入时代。述各家各派学说，见源知流，鞭辟入里。以不足五千字篇幅，容纳如此丰富的学术知识和思想见解，将中国历代学术大略演述得原原本本，足见作者白话述学的功力。

刘光汉《学术》篇的可注意之处，还在于其卒章所显之"志"：

中国到了现在，那守旧的人，不晓得看新书，又不能发挥旧学的大义；这维新的人，得一点儿新学的皮毛，无论甚么旧学，他都一概看不起。把中国固有的学术，就弄得一点没有了。所以现在中国的学术，就共种田的遇着青黄不接的时候一般。这学术一门，真真是不能不懂的了。但现在弄学问的人，新学固然是要紧，由我看起来，还要

---

① 光汉：《学术》，《中国白话报》第九期，1904 年 4 月 16 日。

立三个宗旨：一桩是讲国学，一桩是讲民族，一桩是主激烈。中国弄学问的人，果能抱定这三个宗旨，中国的前途，就渐渐的可以有望了。①

正是基于对中国学术不振之现状的深刻反思，刘光汉左右开弓，对新、旧两派痛下针砭。与此同时，他对症下药，高调标出当前从事学术建设所应遵循的三大宗旨：讲国学、讲民族、主激烈。这"两讲一主"三大指针，可说是解读刘师培白话述学文的"九字真经"。

刘师培白话述学文，所演述与阐扬的颜习斋、黄黎洲、王船山、刘练江、陆子静、王心斋、董仲舒诸先贤的学说，所讲述与剖析的中国历代学术、兵制、田赋、刑法、宗教、教育及历史之大略，乃至以"学术"栏之名行"警语录"之实的《论责任》《说君祸》《讲民族》《说立志》诸篇，题材上属于"讲国学"范畴，思想上不离民族民主革命立场，文风文气发扬蹈厉，显示出"激烈派第一人"的为文风格。其"讲国学"的根本动机，在于发明中国本土学术资源中蕴含的民族思想和民权观念，为其探源析流，使其发扬光大。他演述黄宗羲的学说，着力表彰其民族气节，发掘其民权思想、独立精神及法制观念。他高度评价董仲舒的学术思想，言其窥破《繁露》的大旨，不外限制君权"，其策略是"以天统君"与"以民统天"，其精神实质是"伸民权"。②他视陆子静为"中国思想大家"，发扬的是其学术思想中自立、自强、平等的精神，表彰其强立、主动、贵刚的进取意识，批判国人思想中因循、退弱、主静、贵柔的惰性因子。

刘光汉的述学文亦堪称"讲民族"的样本。《中国白话报》第十四期"学术"专栏《讲民族》一文，可说是集中国历代大学问家"讲民族"言论之大成，从中见出民族主义思想观念在中国本土学术史上源远流长。他褒扬王夫之，看重的是其作为"排外大家"的一面，言其"一生的学问，都是攘夷的宗旨"；演述船山先生的学说，着意阐发的是其"攘夷宗旨"的两个层面：攘夷的道理和攘夷的法子，称其为"王先生顶大的学问"。③他阐发《春秋公羊传》之大旨，称"大半都是言内夏外夷的"，"所以夷狄乱华，是董子最伤心的事情"，"可见董子的宗旨，还是主张攘斥夷狄的"。④

① 光汉：《学术》，《中国白话报》第九期，1904 年 4 月 16 日。
② 光汉：《西汉大儒董仲舒先生学术》，《中国白话报》第二十一至二十四期合刊，1904 年 10 月 8 日。
③ 光汉：《王船山先生的学说》，《中国白话报》第七期，1904 年 3 月 17 日。
④ 光汉：《西汉大儒董仲舒先生学术》，《中国白话报》第二十一至二十四期合刊，1904 年 10 月 8 日。

至于其论政之文和讲史之文中体现出来的强烈而狭隘的民族主义思想观念，更是不胜枚举。

刘光汉《刘练江先生的学术》一文，则是践履其"主激烈"宗旨的范文。他追封明朝万历年间的扬州同乡刘练江为"中国激烈派"和"绝大的学问家"，言其平生以"恨人平和""恨人中立"为宗旨，举凡乡愿、中庸、圆通、持平、模棱等态度，都是他痛恨和反对的，视之为患得患失、趋利避害的表现。①以"中国激烈派第一人"自诩的刘光汉最后发挥道："这种没有知识的人，叫做下等动物；这种没有热心的人，叫做凉血动物；这种没有风骨的人，叫做无肌骨动物。现在的中国，都不外这三种的人，哪里能够独立呢？"②守旧派、维新派与革命派，官场与学界，被其一口骂尽，全是些下等动物、凉血动物和无肌骨动物。如此偏执乃至于狂妄之论，诚不愧"中国激烈派第一人"之封号！"光汉"时期的刘师培，大张革命排满之帜，主张激烈的"破坏主义"。在他看来，"中国的事情，没有一桩不该破坏的：家族上的压抑，政体上的专制，风俗、社会上的束缚，没有人出来破坏，是永远变不好的"。③

刘光汉讲中国历代之"学术"，将其分为神学盛兴时代（上古）、官学盛兴时代（西周）、诸子竞争时代（东周）、儒学专制时代（秦汉）、老释杂兴时代（六朝隋唐）、理学盛兴时代（宋明）、考证学大兴时代（清）、西学输入时代（近代）八期；演中国历代"田赋"制度，将其分为井田盛行时代（三代）、井田既废时代（秦汉至六朝）、均田渐行时代（隋唐）、官民分田时代（宋元明）、地丁归并时代（清）五期；述中国历代之"刑法"，将其分为三代、秦汉、魏晋六朝、隋唐两宋、金元、前明共满清六期；评中国历代之"宗教"，将其派别分为鬼神教、道教、佛教、邪教、杂教共回教、耶教六大派，"大抵中国古代，是鬼神教大行时代；六朝以来，是个佛教大行时代；元明以后，是个邪教盛行时代；到了现在，又是耶教侵入时代"；④析中国历代之"教育"，将其分为官学大兴时代（三代）、官私分教时代（东周秦汉）、师儒握权时代（隋唐以后）三期；览"中国历史大略"，采用西人新历史的体裁，将华夷的界限、民权的申屈、朝代的长短、地方的分合、战争的大略等视为当注意之处，把中国历史分为上古（汉族增势的时代）、中古（汉族扩张的时代）、近古（汉族衰弱时代）、

①　光汉：《刘练江先生的学术》，《中国白话报》第九期，1904年4月16日。
②　光汉：《刘练江先生的学术》，《中国白话报》第九期，1904年4月16日。
③　中国激烈派第一人来稿：《论激烈的好处》，《中国白话报》第六期，1904年3月1日。
④　光汉：《宗教》，《中国白话报》第十四期，1904年7月3日。

近世（异族窃占时代）四个时代——如此等等，均显出这位出生于三代传经之家的扬州学派传人独到的学术眼光和思想见解。

刘光汉的白话述学文，以思想精警、眼光独到、学有根柢、言词激烈而著称。他从源远流长的中国本土学术宝库中着力打捞的，是那些仍然充满思想活力，能够适应新时代之需的思想资源，藉西学发明中学，藉昌明国学光大民族精神，服务于民族民主革命的政治理想与目标。虽然其观点不无偏颇，议论爱走极端，但其见解卓特，举重若轻，深入浅出，形象生动，言简意赅，思想富有冲击力，文字具有感染力。刘光汉的白话述学文，在整体上有着全盘的布局。《学术》篇演述中国历代学术之大略，提出当下学术发展的三大宗旨，总领其余各篇；其述学文大体围绕讲国学、讲民族、主激烈三大宗旨展开；体例上分两类：一类以古代大学问家为考察中心，一类以各种专门问题为研讨中心。以人物为中心者，先联系当下中国学术界存在的问题，再着意发掘演述对象学术思想中符合时代发展潮流的合理内核，在反思现实中重新审视传统文化资源，凭借本土学术资源提出因应之道。以各种专题为中心者，或梳理各种专门问题的发展大略，或辑录历代学问家对某一问题的种种言论，要皆围绕发扬国粹、采撷西学、排满革命、文化再造、民族复兴之思路。

刘光汉是清末白话文运动的理论先驱之一。他着力打破雅俗界限，循"天演之例"力倡"言文合一"的主张，以及考察中外语言文学发展历史后得出的"文字之进化之公理"，[①] 客观上助长了清末蓬勃发展的白话文运动。既有放眼全球的文化视野和西哲的理论武器，又有"三代传经"的荣耀光环和深湛的旧学根柢，刘师培的"俗语入文"主张及其白话文写作实践，其社会反响就非同一般了。刘师培的白话文极富时代气息和批判精神，种类多样，内容丰富，思想进步，语体开放，依托《中国白话报》流布甚广，对中国近现代诸种白话文体的试验与探索有着筚路蓝缕之功。其白话述学文并非演讲稿，却有着拟演说口吻，其述学宗旨与文体形式，与其后章太炎东京讲学期间留下的一批白话述学文同调。

二、章太炎的白话述学文

自言与刘氏"学术素同，盖乃千载一遇"[②] 的章太炎，于刘光汉依托上海《中国白话报》尝试以白话书面语述学两年后，在东京创立"国学讲习

---

① 刘光汉：《论文杂记》，《国粹学报》第一期，1905 年 2 月。

② 章太炎：《再与刘光汉书》，载氏著：《章太炎全集（四）》，上海人民出版社，1985，第157 页。

会"，以有声的口语白话为留学生讲述国学，此后又多次开班授学，却没有留下白话演说稿或记录稿。直到 1910 年春，章氏主办的《教育今语杂志》创刊，才陆续公开发表了一批基于拟演说稿或演说记录稿的白话述学文，整理与编辑者为钱玄同。五四前后的国语运动骨干分子黎锦熙，较早从史的角度注意到了章氏白话述学文："章太炎出了满清的监狱在日本就办过一种《教育今语杂志》，用白话写学术性的文章。白话文在这时已由文艺作品推广到社会教育界，并不是十几年后的胡适才提倡出来的。"①

章太炎在《国故论衡》中曾对文士与学者两类风格不同的文章作出过分辨，以为"持论之难，不在出入风议，臧否人群，独持理议礼为剧。出入风议，臧否人群，文士所优为也。持理议礼，非擅其学莫能至"。② 在他看来，文章家的说理之文，可分为"论学"与"论政"两途，而学者"持理议礼"的论学之文，非擅其学者莫能至，其难度与魅力均在论政之文之上。章氏重学者论学之文而轻文士论政之文，称其为雅俗所知的数首论事之文"其辞取足便俗，无当于文苑"，而自矜自重其论学之文《訄书》和《国故论衡》，自诩"文实闳雅"，称得上"博而有约，文不奄质"，以此为文章正途。③ 章氏文言体论学之文，向以文字古奥、博雅渊深著称，那是要藏之名山传之其人的，故而眼光向上；其白话体述学文，则以留日学生和海外华侨为国学启蒙对象，且要符合《教育今语杂志》"提倡平民普及教育"的办刊宗旨，④ 故而眼光下移，"以极浅显的白话，说最精透的学理，可以作为白话文的模范"。⑤

章太炎见诸《教育今语杂志》的白话述学文计六篇，分别刊于第一、二、三、四册"社说"栏和第二册"群经学"栏、第三册"诸子学"栏，署名"独角"。第一篇讲述"中国文化的根源和近代学术的发达"，第二篇讲述"常识与教育"问题，第三篇题为《论教育的根本要从自国自心发出来》，第四篇讲述"留学的目的和方法"，第五篇题为《论经的大意》，第六篇题为《论诸子的大概》。谈论文字，以为"我国文字发生最早，组织最优，效用亦最完备，确足以冠他国而无愧色"，将文字视为"国民之表旗"，谓拼音化论者废除汉字之说是"自亡其国"。⑥ 谈论历史，从"孔

---

① 黎锦熙：《汉语规范化的基本工具：从注音字母到拼音运动》，江苏人民出版社，1957，第 21 页。

② 章太炎：《论式》，载氏著：《国故论衡》，大共和日报馆，1912，第 118—119 页。

③ 章太炎：《与邓实书》，载汤志钧编：《章太炎政论选集》，中华书局，1977，第 495 页。

④ 参见《刊行教育今语杂志之缘起》，《教育今语杂志》第一册前内封，1910 年 3 月。

⑤ 吴齐仁：《编者短言》，载章太炎：《章太炎的白话文》，上海泰东书局，1921，第 1 页。

⑥ 《教育今语杂志章程》，《教育今语杂志》第一册，1910 年 3 月。

子宣布历史"讲起，讲述中国历史的发达和"教历史的法子"，其用心乃在"期邦人诸友发思古之幽情，勉为炎黄之肖子"。① 谈论教育，强调教育的根本要以民族文化为基础，"自国的人，该讲自国的学问，施自国的教育"；② 主张德育、智育、体育并重，以为求智就要打破各种迷信，尤其是盲目崇洋的迷信；要在吸收外国学问的基础上，锻造具有自己民族特色的新的学问。③ 谈论经学，围绕"六经皆史"立论，以为读经典"是使人增长历史的知识，用意在开通人"，批驳"现在一班讲今文学的"言论之"荒唐"，痛斥"废弃经典的妄论"。④ "提奖光复，未尝废学"的太炎先生讲授国学的根本宗旨，在于强调中国学术思想自有其不可磨灭的光彩与价值，批判民族悲观主义与虚无主义，树立民族自尊心和自信心，表现出鲜明的民族主义思想和朦胧的民主革命精神。

章太炎的白话述学文，大抵属于带有演说风的拟演讲稿，拟想"听众"主要是留日学生和海外华侨。在此语境下，太炎先生在运用今语系统讲述国学经典常识的同时，还要考虑如何加强演说的现场效果，故而借题发挥之处颇多，涉及中国现实政治和学术思潮以及日本社会乃至汉学界的现状等。这样，其白话述学文就形成了谈学术而兼及社会批评的特点，既有国学和教育领域的专门知识的讲述，又穿插了不少风趣的政治、社会和文化批评材料。而其语言风格，则是平易、活泼而不失幽默的。我们看一段介绍伏羲、仓颉、孔子、老子的文字：

> 中国第一个开化的人，不是五千年前的老伏羲么？第一个造文字的人，不是四千年前的老仓颉么？第一个宣布历史的人，不是二千四百年前的孔子么？第一个发明哲理的人，不是二千四百年前的老子么？伏羲的事，并不能实在明白，现存的只有八卦，也难得去理会它。其余三位，开了一个法门，倒使后来不能改变；并不是中国人顽固，其实也没有改变的法子。⑤

将四位上古圣贤当做了普通人，他们不过是年长的长者，闻道在先的可爱的老先生，亲切中不失尊敬，拉近了古代圣贤与今人的距离。同时，也使

---

① 《教育今语杂志章程》，《教育今语杂志》第一册，1910 年 3 月。
② 独角：《论教育的根本要从自国自心发出来》，《教育今语杂志》第三册，1910 年 5 月。
③ 独角：《庚戌会衍说录》，《教育今语杂志》第四册，1910 年 6 月。
④ 独角：《论经的大意》，《教育今语杂志》第二册，1910 年 4 月。
⑤ 独角：《社说》，《教育今语杂志》第一册，1910 年 3 月 10 日。

得文章的风格活泼而有风趣。

《教育今语杂志》对清末民初新知识界产生过重要影响，蔡元培、周氏兄弟、吴虞等五四新文化人都曾受过它的熏陶。鲁迅不仅是其忠实读者，而且是热情宣传者，将其介绍给周建人等亲友。[①] 被胡适誉为"'四川省只手打孔家店'的老英雄"[②] 吴虞，1918 年旧历正月初九安葬老太爷之后，"阅《教育今语》，独角著《社说》二篇"，赞其"极合予心，论机会致用尤妙"。[③] 至于五四时期拈出"选学妖孽""桐城谬种"著名口号的"疑古玄同"，乃《教育今语杂志》编辑，其发刊辞和章程就是由他起草的。那篇因收入《章太炎的白话文》一书而惹来众多非议的《中国文字略说》一文，就出自钱氏手笔，署名"浑然"。钱玄同倡导白话文的思想种子，早在编辑《教育今语杂志》时期就已播下。

晚清时期，章太炎怀着"保存国粹，振兴学艺，提倡平民普及教育"的宏愿，将国学的种子、民族的自尊、不迷信权威的科学精神及自强不息的信念，播撒给青年一代。五四时期，章门弟子参与其中且起到引领风潮作用的伦理革命运动和白话文运动，其思想之激进、反传统之彻底，却超出了章氏所能接受的心理底线。新道德与旧道德、新文学与旧文学、白话与文言，已经发展到你死我活的全面对抗之途，这殊非太炎先生所愿；然而他开启的"订孔"与白话述学之风，确曾起到过垂范后生的历史作用。

1921 年，正当白话文运动和文学革命的势焰如日中天之际，寓居上海的章太炎在看似不经意间将十多年前发表的白话述学文，交给泰东书局的年轻编辑张静庐重新包装，公然打出"章太炎的白话文"旗号，推出了《章太炎的白话文》小册子，其用意颇耐寻味。但不管出于何种动机，这部充满戏剧性的《章太炎的白话文》的出版，无疑用事实晓告世人：太炎先生早在十年前就经营过"白话文的模范"。[④] 这位新文学批评家眼中的"复古的文家"和"古文学"的收束人物，[⑤] 原来曾经是白话文的开路先驱。

① 参见裘士雄：《陶成章与鲁迅》，载胡锡财主编：《绍兴文史资料选辑（第六辑）》，中国文史出版社，1987，第 61 页。
② 胡适：《〈吴虞文录〉序》，《晨报副刊》，1921 年 6 月 21 日。
③ 吴虞：《爱智戊午日记》，载中国革命博物馆整理：《近代历史资料专刊·吴虞日记》，四川人民出版社，1984，第 372 页。
④ 吴齐仁：《编者短言》，载章太炎：《章太炎的白话文》，上海泰东书局，1921，第 1 页。
⑤ 胡适：《五十年来中国之文学》，申报馆，1924，第 43 页。

下编
白话文运动与言文合一之路

第十二章　晚清白话报刊与白话文运动

在 20 世纪相当长的一个历史时期，人们提及"白话文运动"总是言必称"五四"。时至今日，尽管白话文运动并非五四之特产已在学界达成共识，然而主流学界对晚清白话文运动的历史意义，仍然存在不小的偏见。晚清时期发生的颇具声势的白话报潮流和白话文运动，不仅是研究中国政治、社会、文化、语言与文学近代化演进过程不可忽视的矿藏资源，也是追溯五四白话文运动的历史渊源时不可绕过的重要环节。

第一节　晚清白话文运动的理论倡导

从 1887 年黄遵宪在《日本国志》中提出"言文合一"思想，到 1898 年裘廷梁通过《中国官音白话报》标榜"白话胜于文言"，再到 20 世纪初年刘师培着力打破语言雅俗界限，循"天演之例"倡"语言文字合一"之说，晚清白话文运动先驱者体现出近代白话书写的理论自觉意识。1903 年，梁启超在《新小说》发文指出俗语文学必将取代古语文学的文学进化史观，以及俗语文体必将被"凡百文章"普遍采用的语言文学发展观。晚清思想启蒙先驱提倡白话，逐渐从启蒙教育扩大到文学革新领域，有识之士已认识到古今中外语言文学发展史莫不循着"言文合一"趋向演进，"古语之文学"变为"俗语之文学"是包括中国在内的世界文学进化发展的"一大关键"和必然趋势。

早在 1887 年，曾任中国驻日参赞的外交官黄遵宪，就在已经成书的《日本国志》中，参照日本国语运动经验，明确提出言文合一主张，"盖语言与文字离，则通文者少，语言与文字合，则通文者多，其势然也"；他综览西洋各国及东洋日本语言文字和文学变革发展之大势，敏感地意识到语、文合一是中国语言文字发展的一条路径，并寄希望于他日"变一文体为适用于今、通行于俗者"，其用意在于"欲令天下之农工商贾妇女幼稚皆能通文字之用"。① 如果说黄遵宪此处所言的"适用于今"提出了文体语体的近代化变革要求的话，那么，"通行于俗"则指出了文章语言变革的社会化路径。黄氏著《日本国志》具有强烈的用世之志，意欲借助史书形式记述日本明治维新成就，曲折表达自己的救时思想。然而，该著迟至 1895 年秋冬之际才刊行于世。《日本国志》的问世，对于甲午败绩、马关签约之后，民族自信力遭受重创，渴望了解日本而苦于无籍可考的国人来说，不啻是渴逢甘泉，一时风行天下，在知识界起到左右风会的巨大作用。黄遵宪提出的言（口头语）文（书面语）必须合一、行文必须"适用于今、通行于俗"的要求，亦因此受到了时人和后世史家的普遍关注，开晚清和五四白话文运动之理论先声。

1896 年仲秋时节，梁启超在刊诸《时务报》的《沈氏音书序》一文中，将"民智"视为"国强"之根基，将言文合一当作开民智之必要手段与途径。梁氏以为："古者妇女谣咏，编为诗章，士夫问答，著为辞令，后人皆以为极文字之美，而不知皆当时之语言也。"他对"后之人弃今言不屑用"现象和起于秦汉以后的"文言相离之害"痛下针砭，认为这是"中国文字能达于上"而"不能逮于下"的症结所在。② 这是在为提高"今言"的社会文化地位寻找历史根据。梁氏意欲在"美观而不适用"的"文"和"适用而不美观"的"质"之间，寻求一条"文质两统不可偏废"的语文革新路径。他对黄氏语、文合一主张深表赞同，对沈学等人所从事的以普及致用为目标的语文改革事业表赞赏，断言"文与言合，而读书识字之智民可以日多矣"。③ 在"公车上书"事件中崭露头角的梁启超，此时已登上晚清政治和社会舞台，梁文也借助风行一时的《时务报》广为流布。

戊戌变法期间，江苏举人裘廷梁在无锡《中国官音白话报》发表《论白话为维新之本》一文，提出"崇白话而废文言"的激进口号，标志着白话文运动进入理论自觉阶段。裘氏将国家危亡之因归结为国无智民，将民智不开之因归结为"文言之为害"；他从语言文字发展史角度说明"文字之始，白话而已"，指出文字诞生时本与语言一致，后人不明祖先创造文字为实际应用的初衷，一味摹仿古人言语，致使"文与言判然为二，一人之身，而手口异国，实为二千年来文字一大厄"。④ 文章列举白话"省日

---

① 黄遵宪：《日本国志》卷三十三《学术志二·文学》，上海古籍出版社，2001，第 346—347 页。

② 梁启超：《沈氏音书序》，《时务报》第四册，1896 年 9 月 7 日。

③ 梁启超：《沈氏音书序》，《时务报》第四册，1896 年 9 月 7 日。

④ 裘廷梁：《论白话为维新之本》，《中国官音白话报》第十九、二十期，1898 年 8 月 27 日。

力""除骄气""免枉读""保圣教""便幼学""炼心力""少弃才""便贫民"八大益处，将近世泰西诸国人才盛横绝地球之因归结为"用白话之效"，将明治维新时期日本之崛起亦归结为"用白话之效"，从而得出结论："愚天下之具，莫文言若；智天下之具，莫白话若"；"文言兴而后实学废，白话行而后实学兴"。①裘文以激进姿态对两千年来"文言之为害"进行首次清算，正式揭开了20世纪文言与白话之争的序幕。他把"白话"提高到"维新之本"的政治高度来认知，将"兴白话而废文言"与民族国家兴亡联系起来，可谓"白话文运动急先锋"。②他标榜"白话胜于文言"，把言文一致、朴质天然的白话提高到语言美高度来认识，在一定程度上触及文学层面。其名文《论白话为维新之本》发表在"百日维新"高潮期，后被《苏报》《清议报》转载，得到了维新派阵营的认可与支持，对白话文运动的兴起和发展影响甚巨。

1902年仲夏时节，梁启超《新民说》在《新民丛报》连载至《论进步》一节，对"言文分"之害痛下针砭，将"言文分而人智局"列为"中国群治濡滞"的五大要因之一，以为欲求群治进化，必须考虑"言文合"；如此，"则但能通今文者，已可得普通之知识，其古文之学，待诸专门名家者之讨求而已"。③这是梁任公言文合一主张另一版本的明确表述。在这位"中国之新民"看来，"今文"与"古文"适用范围不同，"言文合"的"今文"适用于大众，"古文之学"留待少数专家研究即可。

晚清时期，天津《大公报》主人英敛之也是白话文的积极倡导者和重要实践者。1904年仲春时节，英氏在《大公报》白话"附件"专栏发表《开通民智的三要策》一文。第一要策是"通行白话"，提出"凡是蒙小学堂的教科书，全用白话编成，不必用文话；就是中学堂大学堂的文理，也当改格，但求明白显豁，不必远学周秦"；第二要策是"通行新字"；第三要策是"实施强迫的教育"。英敛之预言，"有办此事之权的，倘照这三个法子办去，将来的功效，必有不可思议的"；"用不了十年，国家文明进步，必不可限量"。④1920年初，国民政府教育部颁令，凡国民学校低年级国文课教育必须统一运用语体文。而英敛之的倡议，比国民政府这一政令早了十六年。

1903年前后，梁启超通过《新小说》杂志，大力倡导"小说界革命"，

①　裘廷梁：《论白话为维新之本》，《中国官音白话报》第十九、二十期，1898年8月27日。

②　谭彼岸：《晚清的白话文运动》，湖北人民出版社，1956，第6页。

③　中国之新民：《论进步》，《新民丛报》第十号，1902年6月20日。

④　英敛之：《开通民智的三要策》，《大公报》，1904年3月26日。

躬身创作政治小说，推出《小说丛话》专栏；在《小说丛话》中，梁氏用进化史观审视各国文学史，对中国语言文学发展进化之大势作出大胆断言：

> 文学之进化有一大关键，即由古语之文学，变为俗语之文学是也。各国文学史之开展，靡不循此轨道。……寻常论者，多谓宋元以降，为中国文学退化时代。余曰不然。……自宋以后，实为祖国文学之大进化。何以故？俗语文学大发达故。……苟欲思想之普及，则此体非徒小说家当采用而已，凡百文章，莫不有然。①

在梁氏看来，"俗语之文学"必将取代"古语之文学"，小说如此，凡百文章也是如此。他所持的文学进化史观和语言文学发展观，与五四时期胡适所标榜的"历史进化的文学观念"和"白话文学正宗观"，不仅理路一致，而且说法相近。

1904 年前后，刘光汉不仅在上海《中国白话报》发表四十余篇白话文，而且在《警钟日报》发表《论白话报与中国前途之关系》等文，在《国粹学报》发表《论文杂记》等文，站在古今中外语言文学发展史高度，针对中国长期以来形成的文言为雅、白话为俗的正统观念提出了针砭，总结中国语言文字及文体演变之历史规律，倡导"语言文字合一"之说。其言曰：

> 英儒斯宾塞有言：世界愈进化，则文字愈退化。夫所谓退化者，乃由文趋质，由深趋浅耳。及观之中国文学，则上古之书，印刷未明，竹帛繁重，故力求简质，崇用文言。降及东周，文字渐繁。至于六朝，文与笔分。宋代以下，文词益浅，而儒家语录以兴。元代以来，复盛兴词曲。此皆语言文字合一之渐也。故小说之体，即由是而兴，而《水浒传》《三国演义》诸书，已开俗语入文之渐。陋儒不察，以此为文字之日下也。然天演之例，莫不由繁趋简，何独于文学而不然？故世之讨论古今文字者，以为有深浅文质之殊，岂知此正进化之公理哉！②

在刘氏看来，宋儒语录和元代词曲之兴盛，都是中国语言文学演进过程中"语言文字合一"发展趋势日益滋长的征兆；至于明清兴起的小说，更是

---

① 饮冰：《小说丛话》，《新小说》第七号，1903 年 9 月。
② 刘光汉：《论文杂记》，《国粹学报》第一期，1905 年 2 月。

"开俗语入文之渐"。他不仅援引英儒斯宾塞时髦的语言进化理论，而且从古代文学中找来"语言文字合一"的历史依据，进而痛斥轻鄙小说的读书人为头脑冬烘的无知"陋儒"。既有放眼世界的全球化视野和泰西圣哲的先进理论根据，又有"三代传经"的荣耀光环和无人敢小觑的深湛的旧学根柢，学贯中西的刘师培关于"俗语入文"的主张，其社会反响和影响力之大就非同一般了。

梁启超等人的言文合一见解和文学发展观，说明晚清白话文（学）倡导者不仅体现出白话书写的理论自觉，而且有了初步的白话文学理论自觉意识。晚清有识之士之提倡白话，已由启蒙教育扩大到文学革新领域，"俗语"不只是在普及和实用方面优于文言的启蒙下层社会的必要的语言工具，而且是一种具有审美价值的文学表现手段。在文学界革命旗手梁启超看来，文体涵盖凡百文章，包括宋元以降的戏曲小说在内的俗语文学，不仅与古语文学一样具有审美价值，而且是包括中国在内的世界文学进化发展之关键和大势。在刘光汉看来，宋儒语录、元代词曲和明清小说之兴盛，"皆语言文字合一之渐"，"中国自近代以来，必经俗语入文之一级"，此乃"天演之例"和"文字之进化之公理"。其"文学"概念，已经接近明治时期在日本得到普及的"literature"一词的译语。近代意义上的"文学"概念和文学进化史观的形成，标志着中国文学观念与世界的接轨。晚清白话文运动和文学界革命先驱者，尽管还没有明确打出"白话文学"这面旗帜，但显然已经清醒地认识到白话文学必将取代古语文学的历史发展趋势。

第二节　白话报刊阵地与中心位移

晚清时期出现了280多种白话报刊，以《中国日报》《大公报》《警钟日报》等为代表的40余种文话报刊辟有白话栏目或赠阅白话附张；[①] 另外尚有300种以上文字浅易的蒙学报、浅说报、女报、配有白话解说的通俗画报等，加上几十种以刊载小说戏曲作品为主的文艺杂志和形形色色的白话教科书，形成了一场声势浩大的白话文运动。白话报刊成为晚清白话文运动的主阵地，白话报人则在这场波及社会各阶层的文化启蒙运动中扮演了主要角色。

---

① 参见胡全章：《清末白话文运动》，中国社会科学出版社，2015，第236—248页；胡全章：《清末民初白话报刊研究》，中国社会科学出版社，2011，第438—442页。

甲午战后，维新派知识分子在借助文言报刊宣扬维新变法思想的同时，也将眼光瞄向了中下社会，创办白话报刊以开启民智、开通风气。1897年孟冬，章伯初、章仲和主编的《演义白话报》在上海问世，是为维新派人士组织的第一家白话报，以开民智为宗旨的白话报刊由此肇端。同年问世的《俗话报》，创办者陈荣衮亦是著名的维新派人士。《演义白话报》创刊号刊登的《白话报小引》交代了创刊缘起："中国人要想发愤立志，不吃人亏，必须讲求外洋情形，天下大势；要想讲求外洋情形，天下大势，必须看报；要想看报，必须从白话起头，方才明明白白。"有鉴于此，该报主编制定了施行办法："把各种有用的书籍报册，演做白话，总期看了有益。"①

无锡是近代中国开"白话风气"最早的地方之一。甲午之后，无锡开明士绅阶层就认识到开启民智的重要性，举人（裴廷梁、吴稚晖、宝士锑、高翔、杜嗣程、杨寿棫、俞复、许士熊、华申祺等）、贡生（如秦瑞玢）、廪生（如秦宝钟）、秀才（如蔡樾、顾祖玑、祝简、华文祺等）们纷纷付诸行动，"都要拣天下有用的书做成白话"，并在无锡白话报馆刻印。②1898年孟夏，裴廷梁创办《无锡白话报》五日刊，是为维新变法时期影响最大、最具典范意义的白话报刊。《无锡白话报》序曰："谋国大计，要当尽天下之民而智之，使号为士者、农者、商者、工者，各竭其才，人自为战，而后能与泰西诸雄国争胜于无形。欲民智大启，必自广学校始。不得已而求其次，必自阅报始。报安能人人而阅之，必自白话报始。"③这一表述，在晚清白话报刊中颇具代表性。此后的白话报刊，无一例外地将"开启民智"作为不可移易的办刊宗旨。百日维新初期，裴廷梁"又以报首冠'无锡'二字，恐阅者或疑本为无锡而设，尚虑不足于号召宇内"，④遂自第五期起更名为《中国官音白话报》，成为第一份产生全国性影响的白话报刊。《无锡白话报》开启了晚清白话报由文言"演"白话的取范路径，坚持重西学、西政、西艺而不废中国圣经贤传的文化立场，并有意识地引介蕴含启蒙思想的西洋小说。

1898年6月11日，光绪皇帝颁布"明定国是"诏书，"百日维新"拉开序幕。倡办近代报刊是新政的内容之一，上海、常州、广州、长沙、西安等地纷纷创办了白话报刊。这一"同声相应"的大好形势，使《中国

---

① 《白话报小引》，《演义白话报》第一号，1897年11月7日。
② 《无锡新闻·白话大行》，《无锡白话报》第一期，1898年5月11日。
③ 《〈无锡白话报〉序》，《时务报》第六十一册，1898年5月20日。
④ 《报馆告白》，《无锡白话报》第四期，1898年5月25日。

官音白话报》主笔深受鼓舞，欣慰地宣称："今日白话风气，渐渐的推广出来。"①9 月 21 日，慈禧太后发动政变，废除各项新政，接连下达查禁报馆、严拿主笔之上谕，内地报纸遂寥若晨星。

庚子国变后，亡国灭种危机空前严重，清廷颠顸面目暴露无遗，知识阶层对民智不开酿成的恶果有了切肤之痛，志士仁人则更加认定了政府不足与图治，于是革命风潮大盛。许多革命志士以白话文（学）为载体，以报刊为阵地，以激进的姿态助长了白话文运动的时代潮流。晚清白话报人清醒地认识到："计算我中国的人，不识字的占一多半；识字的人，不通文理的占一多半。如今要开通风气，印书不如印报，印文话报不如印白话报。"②于是，南方地区很快掀起了一个创办白话报刊的热潮。声名较著者，有《杭州白话报》《中国白话报》《安徽俗话报》《竞业旬报》等。

1903 年仲冬创刊于上海的《中国白话报》，为革命派知识分子林獬所创办，刘师培是其主要撰稿人，存世近一年，出刊 24 期，产生了全国性影响。报馆主人在《发刊辞》中宣称"我们中国最不中用的是读书人"，将启蒙眼光转向"种田的、做手艺的、做买卖的、当兵的，以及孩子们、妇女们"，③对劳动阶层寄予厚望，宣扬反帝爱国思想和民族民主革命道理。《中国白话报》栏目丰富，尤重历史、学术和文艺门类，成为同时期成就最著、影响最大、最为激进的白话报刊。林白水、刘师培以白话报刊为传播媒介，以白话文为载体，以民族、民权、科学意识为主要内容进行启蒙宣传，为五四思想启蒙运动和白话文运动作了先导。

1904 年仲春，陈独秀在芜湖创办的《安徽俗话报》，是一家具有同人性质的半月刊。该报以浅显之学问、通行之俗话，冀达开通民智、救亡图存之目标；立足本省，胸怀天下，宣传爱国、民主和科学思想，撒播新文化、新思想火种，上至湘鄂，下及宁沪，发行网络遍大江南北，成为当时为数不多的产生了全国性影响的白话报刊。

1906 年季秋，《竞业旬报》创刊于上海，系同盟会外围组织竞业学会的机关刊物，由中国公学一班热衷于国家民族事业、趋向革命新潮的进步青年所组织。其《发刊词》明确反对"务为艰深之文，陈过高之义"，提倡"国语"。傅君剑、张无为和胡适先后主其事。据胡适后来回忆，该刊标榜的振兴教育、提倡民气、改良社会、主张自治四项宗旨，其实"都是

①　《无锡新闻·同声相应》，《中国官音白话报》第九、十期，1898 年 7 月 9 日。

②　彭翼仲：《本报忽遇知己》，《京话日报》，1904 年 10 月 28 日。

③　《〈中国白话报〉发刊辞》，《中国白话报》第一期，1903 年 12 月 19 日。

门面话，骨子里是要鼓吹革命"。① 《竞业旬报》的特殊意义，在于它是胡适其后成长为五四新文化运动和白话文运动领军人物的重要起点，这一时段的系统全面的白话文体"训练"对胡适而言是不可或缺的宝贵经历。

彭翼仲创办的《京话日报》问世于 1904 年 8 月 16 日，标榜"为输进文明，改良风俗，以开通社会多数人之智识为宗旨"，② 目标是"叫人人知道爱国，叫人人知道发愤图强"。③ 京津白话报界对该报开风气之先的历史地位，有着客观的评价："自《京话日报》发现于都门，中下社会，方知读白话报。"④ 《京话日报》不畏权势，主持公道，热心公益，价格低廉，1905 年后逐渐打开局面，销量由数千而逾万，"流布北方各省，大为风气先导。东及奉、黑，西及陕、甘，凡言维新爱国者莫不响应传播。而都下商家百姓于《京话日报》则尤人手一纸，家有其书，虽妇孺无不知有彭先生"，⑤ "对于北京社会乃至广大北方社会起着很大推动作用"。⑥ 此后的两三年里，京津地区迅即掀起一个创办白话报刊的热潮。1905 年前后，京津地区已经取代南方成为晚清启蒙白话报刊的中心，白话文运动的主要阵地已转移到以京津为中心的华北地区。

至 1906 年 9 月 28 日被查封，《京话日报》坚持了两年多时间。一个半月后，回族志士丁宝臣在北京创办《正宗爱国报》，聘请原《京话日报》主笔文益堂主笔政。在其后的八年时间里，以"白话报中最有思想、最有精神者"⑦ 自诩的《正宗爱国报》，替代《京话日报》执京津地区白话报界之牛耳。民国二年（1913）仲夏，《正宗爱国报》出至两千号时，"发行之数，已逾二万"；报馆主人对该报取得的成绩有着高度的自信："以北京的白话报纸而论，《爱国报》可称是最大新闻纸；以政治时代而论，乃是由帝政时代延续进于共和时代的报纸。将来在新闻的历史上，自然占一定的位置。"⑧ 民国三年（1914）初，更是达到创纪录的"日出两万四千五百份有零"；主笔杨曼青颇为自负地宣称："以北京城一方面说起，谁要提起白

① 胡适：《四十自述》，载欧阳哲生编：《胡适文集》第一册，北京大学出版社，2013，第71页。

② 《请看〈京话日报〉》，《大公报》，1904 年 8 月 14 日。

③ 彭翼仲：《本报忽遇知己（续）》，《京话日报》，1904 年 10 月 30 日。

④ 哑铃：《白话报今昔不同》，《白话捷报》第十号，1913 年 8 月 12 日。

⑤ 梁漱溟：《桂林梁先生遗书·年谱》，载中国文化书院学术委员会编：《梁漱溟全集》第一卷，山东人民出版社，2005，第578页。

⑥ 梁漱溟：《记彭翼仲先生》，载中国文化书院学术委员会编：《梁漱溟全集》第七卷，山东人民出版社，2005，第79页。

⑦ 王子贞、丁宝臣：《请看〈正宗爱国报〉》，《大公报》，1906 年 12 月 16 日。

⑧ 《爱国报二千号祝辞》，《正宗爱国报》，1912 年 7 月 12 日。

话报来，大概不知有《爱国报》的少罢"；"从先白话报纸，总该数《京话日报》为第一；而今呢，有人说必是《爱国报》"。① 至 1913 年 7 月 27 日被袁世凯派人查封，《正宗爱国报》顽强地生存了七年零八个月，是清末民初存世时间最长、知名度最高的白话报之一。

晚清民国时期，杨曼青主持的《北京新报》(1908—1913)、陆泽、陆悲庵等主办的《群强报》(1912—1932)、马太朴创办的《爱国白话报》(1913—1922)，以及《京话实报》(1906—1911)、《白话北京日报》(1908—?)、《京都日报》(1908—1912)、《天津白话报》(1909—1913)、《白话晨报》(1912—1928) 等，都是京津地区存世时间较长、销路不错、影响较大的白话日报。

20 世纪初，日本东京成为维新志士和革命党人活动的大本营，他们也创办了一批白话报刊。如 1903 年创办的《新白话》《江西白话报》，1904 年创办的《白话》杂志，1905 年创办的《第一晋话报》《鹃声》，1908 年创办的《滇话》，1910 年创办的《教育今语杂志》等。其中，章太炎、陶成章主持的《教育今语杂志》问世最迟，却独树一帜，影响深远。该报创办之时，正值太炎先生退处讲学、潜心教育之际。《教育今语杂志》秉持"保存国故，振兴学艺，提倡平民普及教育"② 的宗旨，以白话述学文为主要文体形式，以传授国学知识为主要内容，兼及群经学、诸子学、中国文字学、历史学、地理学诸门类，眼光深邃而深入浅出，具有重要的学术史价值和文体意义。

晚清时期的白话报大都是小型纸张，时称"白话小报"；与之相对的，是纸型较大的文言报，时称"文话大报"。在白话报人看来，"文话大报专对上等人说话"③，"文话报警的是高雅人"④。庚子国变后，创办白话报成为一股社会潮流，开通之士越发意识到"白话演说报的力量，比文话报的功效格外大"。⑤ 与此同时，天津《大公报》《国闻报》、香港《中国日报》、北京《顺天时报》、上海《俄事警闻》《警钟日报》《国民日日报》《神州日报》等文话报也顺应时代潮流，或开辟白话栏目，或推出随报附送的白话附刊。"中国华文之报附以官话一门者，实自《大公报》创其例，以其说理平浅，最易开下等人之知识，故各报从而效之者日众"。⑥ 以《大

① 杨曼青：《说报》，《正宗爱国报》，1913 年 2 月 9 日。
② 《教育今语杂志章程》，《教育今语杂志》第一期，1910 年 3 月。
③ 《本京新闻·如是我闻》，《正宗爱国报》，1908 年 3 月 15 日。
④ 左臣：《白话报纸之利益》，《京话实报》，1910 年 11 月 1 日。
⑤ 彭诒孙：《山西白话演说报的祝词》，《京话日报》，1905 年 7 月 23 日。
⑥ 《本馆特白》，《大公报》，1905 年 8 月 20 日。

公报》为代表的五十余种文话报开辟的白话专栏与赠阅的白话附张，成为晚清白话文运动蓬勃开展的重要阵地。

1902 年仲夏，天津《大公报》创刊伊始，报馆主人英敛之听从"西友"意见，辟出"附件"栏目，"演一段白话附在报上，为便文理不深之人观看，未尝非化俗美意"。[①] 其所采用的是"官话"，原则是"但求浅、俗、清楚，不敢用冷字眼儿，不敢加上文话、成语"，目的是"开民智"，预设对象是"对着平等人说法"。[②] 主笔刘孟扬在《开民智法》一文中现身说法道："予尝见有粗识字而阅《大公报》者，置前几页而不观，单择其后页附件之白话读之，高声朗诵，其得意之态直流露于眉宇之间，予是以知白话之最足开人智也。"[③] 基于上述认识，《大公报》同人逐渐加强了白话"附件"板块。1904 年季春，英敛之从《大公报》"附件"栏所刊白话文中选辑一个小册子，名曰《敝帚千金》，内容分开民智、辟邪、合群、劝戒缠足、寓言五大类，初集面世后很受欢迎，一个月后又印出第二集。1905 年 8 月 20 日，《大公报》改版，决定扩大白话文版面，"于附张中纯用官话，印成书式四板，阅者可汇存装订。其宗旨以无背真理、普益国民为标准；其名称仍沿本馆刊行最脍炙人口之《敝帚千金》四字，向阅本报者逐日附送，不取分文"。[④] 纯用白话的《敝帚千金》附张，每天刊 2 篇至 4 篇白话文，并定期装订成册单独出售。这种局面一直持续到 1907 年旧历年底，装订本《敝帚千金》也出了 30 册，其白话文超过了 1200 篇，作者主要有英敛之、刘孟扬、丁竹园等。《敝帚千金》的推出，标志着《大公报》在晚清白话文运动中并非敲边鼓的次要角色，而是以京津为中心的华北地区独当一面的主力军。

晚清时期问世的三百多种文字浅易的蒙学报、浅说报、女学报、通俗画报等，是白话报刊的重要同盟军，其中一部分属于白话报刊，一部分半文半白者可视为准白话报刊。蒙学报是晚清启蒙思潮的产物，对象是少年儿童和粗通文字的普通民众。蒙学报不仅可以充当各地小学生的教学辅助材料，而且兼及农、工、商各界和女界，肩负起对普通民众普及常识的社会责任。浅说报以浅易文言为主，文白夹杂，文意浅显，多为通俗小报，宗旨在普及知识、开通风气，读者定位介乎文话报和白话报之间。"浅说"属于白话化的文话，或文话化的白话，是一种"言文参半"的俗语文体，

---

① 《附件》，《大公报》，1902 年 6 月 22 日。

② 《附件·说大公报》，《大公报》，1902 年 7 月 20 日。

③ 津门清醒居士：《开民智法》，《大公报》，1902 年 7 月 21 日。

④ 《本馆特白》，《大公报》，1905 年 8 月 20 日。

是向"言文一致"阶段过渡的一种权宜之计。

女学报的出现，是启蒙思潮扩展至女界的产物。首开风气者，是1898年7月24日在上海创刊的《女学报》旬刊。该报系中国女学会会刊，康有为长女康同薇、梁启超夫人李惠仙、裘廷梁侄女裘毓芳等妇女界社会名流编撰，以官话为著文标准，以宣传变法维新、提倡女学、争取女权为宗旨。清末民初创办的女学报有50余种，其中，以浅易文言为主或文白错杂者，集中在上海、广东和日本东京，纯用白话者则集中在北京。

近代画报可以追溯到1877年创刊于上海的《瀛寰画报》，而有着鲜明的开民智、新民德、鼓民力宗旨的启蒙通俗画报的问世，大约始于1902年6月彭翼仲在北京创办的《启蒙画报》。该报参考中西教育课程，分伦理、地舆、掌故、格致、算数、动植等门类，分绘为图；"本报浅说，均用官话，久阅此报，或期风气转移"。① 资料显示，清末民初创办的画报有一百多种，② 其中大多属于启蒙通俗画报。

据不完全统计，自甲午战后至宣统三年，晚清十余年间问世的白话报刊总数在280种以上。从地域上看，直隶、江苏、浙江、河南、安徽、山东、湖北、湖南、山西、陕西、江西、福建、广东、广西、四川、贵州、云南、西藏、新疆、吉林、奉天、黑龙江、蒙古等省区都有白话报刊。其情形确如《竞业旬报》记者铁汉所言："各省有省会的白话报，各府也有一府的白话报，甚至那开通点的县城里、市镇里，亦统有白话报。"③

入民国后，"人民有言论著作刊行之自由"明确写入《临时约法》，"一时报纸，风起云涌，蔚为大观"，④ 白话报刊也迎来了又一个创办高潮。据不完全统计，1912年全国新创白话报刊43种，然而绝大多数旋生旋灭。"癸丑报灾"后，幸存下来的白话报刊，多是远离政治、以娱乐消闲为宗旨的通俗小报。其较著者，有《群强报》《爱国白话报》《京话日报》《白话晨报》《实事白话报》等。

五四白话文运动兴起之后，清末民初延续下来的一批老牌白话报（如《京话日报》），与五四时期主要在新青年群体中传播的白话报刊，却并未形成对接——它们已经志不同而道不合了。长江后浪推前浪，曾经是晚清白话报人的陈独秀、胡适，此时已成长为新文化运动和文学革命的领袖人

---

① 《〈启蒙画报〉缘起》，《启蒙画报》第一册，1902年6月23日。

② 参见《中国近代画报简介》，载丁守和主编：《辛亥革命时期期刊介绍》第四集，人民出版社，1986，第656—679页。

③ 铁汉：《论开通民智》，《竞业旬报》第二十六期，1908年9月6日。

④ 戈公振：《中国报学史》，中国新闻出版社，1985，第147页。

物，引领了新时代的文化文学变革潮流；而那些未能与时俱进的老牌白话报人，无论是从思想观念上还是从语言文学观念上，都成了时代的落伍者。

第三节　晚清小说界革命与白话文运动

晚清时期，白话文运动不仅掀起了一场波及社会各个阶层的白话思潮，同时还与相继兴起的小说界革命等文学革新思潮一道，以风行一时的白话文学创作实绩，形成了一股浩荡的白话文学潮流。陈平原论及小说界革命时期白话与文言小说理论之争时言："白话小说之所以在理论上占优势，更得力于晚清白话文运动的推波助澜。"① 其实，二者的关系也可以反过来说：晚清白话文运动之所以形成如此浩大的声势，亦得力于小说界革命的推波助澜。晚清白话文运动掀起的白话思潮，切实提高了白话书写的社会文化地位，扩大了白话书写的适用范围；这一范围自然包括文学领域，尤其是以白话见长的小说戏曲领域。小说界革命将作为"俗语文学"的白话小说的文体地位提升到"文学之最上乘"，极大地动摇和改变了国人头脑中根深蒂固的轻鄙白话文学的观念。小说界革命与白话文运动互为呼应，相辅而行，合力促成了白话文学思潮的迅速升温。

梁启超是晚清白话文理论先驱，更是小说界革命的领袖人物。启蒙救亡是晚清一代知识先驱发起白话文运动的原动力，新民救国则是梁启超发起小说界革命的出发点，两者同服膺于晚清时期的国民思想启蒙运动。晚清白话文运动先驱者之提倡白话，很快就扩展至整个思想文化界，文学是其中非常核心的版块，小说领域则是文学变革的先行试验场域。1903 年，梁启超指出的"文学之进化有一大关键，即由古语之文学变为俗语之文学"的重要论断，其适用范围不仅包括小说界和整个文学界，而且包括非文学体裁在内的"凡百文章"；在梁氏看来，"苟欲思想之普及"，"凡百文章"都应采用"俗语文体"。② 梁启超提出这一理论观点，虽然主要基于古今中外文学发展演进之大势，但其适用范围显然超出了文学领域，可纳入白话文运动的重要理论建树之列。在梁启超倡导的语言文学进化发展观念影响下，以新小说为代表的白话文体风行一时，白话文学思潮呈一时之盛。

1902 年，梁启超在《论小说与群治之关系》一文中明言："在文字中，

---

① 陈平原：《二十世纪中国小说史》第一卷，北京大学出版社，1989，第 192 页。
② 饮冰：《小说丛话》，《新小说》第七号，1903 年 9 月。

则文言不如其俗语，庄论不如其寓言。"① 这一文体导向，为新小说创作指示了白话路径。次年，他又进一步指出："小说者，决非以古语之文体而能工者也。"② 印证了其对白话为小说文体正宗地位的体认。然而在写作实践中，梁启超却深感"纯用俗话"译书"甚为困难"，"参用文言，劳半功倍"，为"贪省时日，只得文俗并用"。③ 1903 年，周树人在翻译科学小说《月界旅行》时也遇到了同样的困境："初拟译以俗语，稍逸读者之思索，然纯用俗语，复嫌冗繁，因参用文言，以省篇页。"④ 当是时，梁启超和周树人均非本色当行的白话小说家，他们在运用白话翻译域外小说的过程中遭遇的尴尬情状，对于晚清时期接受了传统教育、惯于文言写作，同时又处于非官话区的知识分子来说，具有相当的普遍性。

倡白话而不薄文言，是晚清白话论者的普遍观点。白话与文言各取所需，各擅其用，和而不同，和平共处。小说界革命时期的小说期刊，大都兼刊白话小说和文言小说。《新小说》标榜"文言、俗语参用"，⑤ 《新新小说》也坚持"文言、俚语兼用"。⑥ 既创作白话小说又兼写文言小说的新小说家，在晚清也不乏其人。于是，晚清新小说界出现了白话小说与文言小说双峰并峙、并驾齐驱的局面。

晚清时期，能够娴熟驾驭白话小说文体且名噪一时的著名小说家，当推南亭亭长李伯元、我佛山人吴趼人、洪都百炼生刘铁云、东亚病夫曾孟朴，其代表作《官场现形记》《二十年目睹之怪现状》《老残游记》《孽海花》等长篇白话小说，最初都是以报刊连载的方式出现的，其社会影响既快又广。从时代反响来看，职业小说家李伯元、吴趼人的《官场现形记》《二十年目睹之怪现状》最为火爆，引领潮流；而以艺术水准而论，并非职业小说家的刘鹗、曾朴的《老残游记》《孽海花》反倒技高一筹，更能行远，在数以千计的新小说作品中堪称翘楚。以白话小说为主流的晚清新小说，展现了新的时代内容，丰富了小说的品种类型，开拓了小说的表现范围，改变了传统的传播与接受方式，明确了师法欧西小说的大方向，在小说叙事模式和艺术表现手法等方面显示出从传统向现代的转化趋势。

晚清白话报刊也刊载了大量新小说，产生了广泛的社会影响。《中国

---

① 《新小说》第一号，1902 年 11 月。

② 饮冰：《小说丛话》，《新小说》第七号，1903 年 9 月。

③ 少年中国之少年：《十五小豪杰》译后语，《新民丛报》第六号，1902 年 4 月 22 日。

④ 《〈月界旅行〉辨言》，载陈平原、夏晓虹编：《二十世纪中国小说理论资料》第一卷，北京大学出版社，1997，第 68 页。

⑤ 《中国唯一之文学报〈新小说〉》，《新民丛报》第十四号，1902 年 8 月 18 日。

⑥ 侠民：《〈新新小说〉叙例》，《大陆报》第二卷第五号，1904 年。

白话报》所刊白话道人《玫瑰花》,《进化报》所刊蔡友梅《小额》,《正宗爱国报》所刊徐剑胆"庄言录"系列小说等,都曾风行一时。1908 年,作为白话小说写手的少年胡适也在白话报刊上练过笔,其短篇小说《东洋车夫》《苦学生》等和长篇社会小说《真如岛》,均于当年见诸《竞业旬报》。清末民初,以京津白话报刊为主阵地形成了一个通俗小说作家群,刊发了数以千计的新小说作品。成就较著者,有徐剑胆、蔡友梅、市隐、冷佛、耀臣等。由于当时的小说期刊集中在上海,京津地区白话小说的刊载和出版发行,就由当地的白话报馆承担,知名度较高者有《京话日报》《正宗爱国报》《京话时报》《爱国白话报》《白话国强报》《竹园白话报》《天津白话报》等。白话报刊和白话报馆,成为清末民初重要的新小说园地。这批数量和影响都堪称巨大的白话小说,不仅是研究清末民初华北地区社会思潮、民间组织、市井文化、乡风民俗、语言形态等领域的鲜活的历史材料,更是研究中国白话小说从传统到现代转型链条中不可或缺的重要一环。①

晚清时期,白话文运动先驱和新小说(批评)家一道,从理论层面提升了白话文(学)的社会文化地位和文体地位,从创作层面提高了白话书写的表现力,二者合力开创了一个白话小说繁盛的时代。白话文运动推动了小说界革命,小说界革命反过来又提升了白话文学的地位,将白话文运动引向文学革新领域。小说界革命的兴起,使得以新小说为代表的俗语文学获得了长足的生长空间,白话书写也在大量著译新小说中得到广泛的试验和锤炼。晚清白话文运动和小说界革命相互推动,相辅相成,共同服务于新民救国的思想启蒙目标,同时也加快了中国语言文学的近代化进程。

第四节　五四新文化人的早期白话报活动

五四新文化运动和文学革命的领袖人物及得力干将,如蔡元培、陈独秀、胡适、钱玄同等,晚清时期都曾有过白话报活动和白话文实践经验。考察五四新文化人的早期白话报活动与白话文写作,可以为五四白话文运动寻找其近在咫尺的历史渊源。

1902 年前后,蔡元培已关注到晚清的白话报和拼音化浪潮,认识到"秦汉以来,治文字不治语言,文字画一而语言不画一,于是语言与文字

① 参见胡全章:《清末民初白话报刊研究》第七章,中国社会科学出版社,2011,第277—310 页。

离，于是识字之人少，而无以促思想之进步"。[1] 正是有了这样的认知，蔡氏 1903 年至 1904 年间主《俄事警闻》《警钟日报》笔政期间，便将白话启蒙工作付诸实践，身体力行地写作了一批白话论说文。

1903 年 12 月 15 日问世的《俄事警闻》日刊，由蔡元培等在上海组织的"对俄同志会"发起，王季烈主编。该报图文并用，文白兼采。创刊号"现势"栏刊登的那幅著名的《瓜分中国图》，配以白话解说文，警告大众"外国人就要来瓜分了"，[2] 令人顿生亡国危机迫在眉睫之感，影响了不止一代人，极大地激发了国人的民族情感。该报非常重视白话文宣传，面向全国征文，尤其是白话"告"体文。照主编的设想，其主要征文对象是"社说"，分"文言社说"和"白话社说"两大类，并拟定了《普告国民》等 64 篇"告"文题目，29 篇为文言，35 篇为白话。其中，《普告国民》由文言、白话共同承担；文言承担"告"政府、外务部、各省疆臣、领兵大员、驻各国大臣、驻俄国公使、拒俄会会员、义勇队、和平变法派、州县官、各新闻记者、留学生、中国教育会、各书局之编译者、身任教育者、学生社会、保皇会、立宪党、革命党、守旧党、厌世派、科举家、各省绅董、村塾师、道学先生、文人墨客、洋务人员、幕友之责任；白话则承担"告"全国父老、全国儿童、全国女子、农人、工人、商人、寓南洋及美国商人、寓日本商人、各会党、马贼、捐官者、候补官、各省富民、出家人、吃洋饭者、教民、仇教者、盗贼、江湖术士及卖技者、将弁兵丁、小工、娼优、无业游民、乞丐、媚神佞佛者、作善举者、阔少等人群之责任；"告"东三省居民、满人、蒙古及西藏人须用官话，"告"北京人用京话，"告"湖南人用"湖南白"，"告"广东人用"广东白"。从中可见《俄事警闻》同人针对不同人群采用不同语言进行爱国宣传的匠心。该报出至 73 号之后更名《警钟日报》（1904 年 2 月 26 日），成为革命派在上海创办的产生了全国性影响的重要报纸，蔡元培是其灵魂人物。

蔡元培主持的《俄事警闻》《警钟日报》，社论文章文白兼用，且考虑到各地不同的方言问题。蔡氏后来回忆道："民元前十年左右，白话文也颇流行，那时候最著名的白话报，在杭州是林獬、陈敬第等所编，在芜湖是独秀与刘光汉等所编，在北京是杭辛斋、彭翼仲等所编，即余与王季同、汪允宗等所编的《俄事警闻》与《警钟》，每日有白话文与文言文论

---

① 蔡元培：《学堂教科论》，载氏著：《蔡元培全集》，浙江教育出版社，1997，第 337 页。

② 《告诉大众》，《俄事警闻》，1903 年 12 月 15 日。

说各一篇。"①据马鉴回忆，独立支撑《警钟日报》期间，蔡"先生每晚总须撰写两篇论文——一篇文言，一篇白话"，"那时先生右手冻疮溃裂，肿得好似馒头一般"，"先生右手套了半截露指手套，将左手放在大衣袋里取暖，仍旧冷冰冰的坐在那里工作"。②然而，由于这两种刊物除读者来稿外一般不署名，哪些文章出自蔡氏手笔已难以辨别，因而蔡元培文集均未收录。时至今日，当事人均已故去，蔡元培早期白话论说文的历史面貌，也就更加难以查考了。

1904 年，蔡元培还用白话创作了近万言的政治小说《新年梦》，连载于《俄事警闻》"社说"栏，借"中国一民"之梦境描述了一个"新中国"乌托邦，其中谈及对语言文字理想状况的期待：

> 国内铁道四通，又省了许多你的、我的那些分别词，善、恶、恩、怨等类的形容词，那骂詈恶谑的话，更自然没有了。交通又便，语言又简，一国的语言统统画一了；那时候造了一种新字，又可拼音，又可意会，一学就会；又用着那言文一致的文体著书印报，记的是顶新的学理，顶美的风俗，无论那一国的人都欢喜学，又贪着文字的容易学，几乎没有一个人不学的。从文字上养成思想，又从思想上发到实事。③

从中不难发现晚清白话文运动和拼音化运动先驱者倡导的"语言统一"和"言文一致"思想，蔡元培对这一语言文字变革趋势的兴趣与信念，由此可见一斑。

陈独秀不仅是提倡国语教育和小说戏曲改良的理论先驱者，还是脚踏实地的白话报创办者和白话文（学）实践者。1904 年，陈氏创办的同人性质的《安徽俗话报》，不仅注重以通行之俗话传播西洋科学精神和民族民主革命思想，而且白话文艺栏目创作成绩突出，成为晚清刊发"旧瓶新酒"的改良戏曲和"俗曲新唱"的白话歌诗的报刊重镇。他与苏曼殊合作的著译参半的政治小说《惨社会》，成为"小说界革命"旗帜下以"豪杰译"方式积极译介西洋小说的先驱。而他创作的一批白话文、白话歌诗以及章回体白话小说《黑天国》，则构成了晚清思想启蒙运动、白话文运动

① 蔡元培：《中国新文学大系·总序》，载蔡元培等著：《中国新文学大系导论集》，岳麓书社，2011，第 7 页。

② 马鉴：《纪念蔡孑民先生》，《东方杂志》第三十八卷第八号，1941 年 4 月。

③ 《新年梦（续稿）》，《俄事警闻》第七十三号，1904 年 2 月 25 日。

和文学界革命思潮的有机组成部分。

据蔡元培事后披露，陈独秀主办的《安徽俗话报》所做的是"表面普及常识，暗中鼓吹革命的工作"；[①] 其在中国近代革命史和报刊史上的重要地位，业已为学界肯定和认知。陈氏以"三爱"笔名，撰写了近五十篇白话文，洋溢着爱国思想和民族民主革命精神，感情充沛，明白晓畅，其中涉及国语教育、戏曲改良、国民性批判等直接与五四文学革命相通的重大理论命题与思想主题。

1904 年孟夏，陈独秀在《国语教育》一文中提出了"国语"概念，认识到国语教育可以统一全国语言，"全国地方大得很，若一处人说一处的话，本国人见面不懂本国人的话，便和见了外国人一样，那里还有同国亲爱的意思呢"！有鉴于此，他劝告"徽宁二府的人，要是开新学堂，总要加国语教育一科"，起码"要请一位懂得官话的先生，每天教一点钟的官话"；"若是采择小孩子所懂得的古今史事、中外地理、人情物理、嘉言善行，用各处通行的官话，编成课本，行销各处，这更是顶好的法子了"。[②] 在近代国语运动和白话文运动史上，陈氏都堪称开风气的先锋人物。

1904 年仲秋，陈独秀在《安徽俗话报》发表白话版《论戏曲》一文，纠正国人头脑中根深蒂固的"把唱戏当作贱业"的旧观念，称演戏活动"可算得是世界上第一大教育家"，宣称"戏馆子是众人的大学堂，戏子是众人大教师"，指出戏曲在开通风气方面比办学堂、做小说、开报馆更为快捷和有效，言其可以达到"便是聋子也看得见，瞎子也听得见"的成效，赞其为"开通风气第一方便的法门"，对改良戏曲所能承担的启蒙责任寄予厚望。[③] 半年后，文言版《论戏曲》在横滨《新小说》刊出，成为晚清戏曲改良理论的经典文献。

陈独秀主持的《安徽俗话报》对戏曲改良事业非常重视，辟有"戏曲"专栏，刊登了《康茂才投军》《睡狮园》《薛虑祭江》《胭脂梦》《新排瓜种兰因班本》《团匪魁》等闪烁着陈氏戏曲革新精神的新剧本，成为清末刊发改良戏曲作品的重要阵地。这批改良戏曲作品，或借古讽今，或借洋刺中，或直写时事，或直斥时弊，或批判国人奴隶根性，或鞭挞沙俄杀害我同胞的残酷暴虐，或弘扬尚武精神、呼吁团结御侮，乃至宣扬"驱逐鞑虏，光复中华"之题旨，奏响的是民族民主革命的主旋律。其上焉者，称得上

---

① 蔡元培：《〈独秀文存〉序》，载氏著：《蔡元培全集》第七卷，浙江教育出版社，1997，第 428 页。

② 三爱：《国语教育》，《安徽俗话报》第三期，1904 年 5 月。

③ 三爱：《论戏曲》，《安徽俗话报》第十一期，1904 年 9 月。

郑振铎所言的"激昂慷慨，血泪交流，为民族文学之伟著，亦政治剧曲之丰碑"。[①] 其在语言和形式上，亦与传统戏曲有着明显差异，表现出近代化革新趋向。戏曲语言的通俗化和口语化，形制的简短化，人物的精简化，是其突出表现与特征。

《安徽俗话报》"小说"栏连载的《痴人说梦》《黑天国》《自由花弹词》三部未完篇的章回小说，都是典型的"政治小说"，寄寓着作者的政治思想与社会理想。无论是以晚清社会现实为背景展开作者的政治理想，还是借揭露沙俄黑暗残暴的专制统治藉以警醒国人，抑或拿宋元易代之际的历史人物说事，均围绕宣传民族民主革命思想这一主旨。陈独秀创作的《黑天国》，以俄国反专制革命志士荣豪为主人公，写其在平沙万里、人烟稀少的"黑天国"——西伯利亚矿洞——做苦工所闻见的"种种可恨可叹可哭可怜的惨事"及其经历的"极痛快极有情致的趣事"；[②] 虽取材域外故事，却立足中国现实。可惜，这部"经以国事，纬以美人"模式的政治小说刚写到"美人"——能智姑娘——出场，便戛然而止，仅写了四回。政治小说所要求的"新小说之意境"与章回小说所采用的"旧小说之体裁"之间的矛盾与冲突，同样困扰着对于小说创作来说本非本色当行的革命志士陈独秀，从而注定了该著是一部难以继续写下去的政治小说。将《黑天国》置于拒俄运动历史背景下考量，自可理解为拒俄运动之产物；将其置于"小说界革命"脉络来观察，亦汇入了新小说创作的时代洪流。

晚清时期，文言为雅、白话为俗的观念尚未真正打破，启蒙先驱的白话文写作的确主要针对中下社会普通民众，而士夫阶层乃至接受了新思想的知识群体为诗作文，仍然惯用文言。白话尚不足以替代文言，承担起所有表达功能。胡适谓晚清白话文作者的致命缺陷是思想观念上仍然存在着"我们"与"他们"的分别，两者泾渭分明，乃至壁垒森严，可说是道出了部分历史真相，但也不无以偏概全之嫌。晚清报刊白话文的拟想读者，从一开始就并非仅仅定位在中下社会民众，陈独秀和他主持的《安徽俗话报》就是一个很好的例子，其所刊载的许多白话文，叙述人都是对着全体乡人国人言说。陈氏谈论"安徽的矿务"，开口"我们中国人""我们安徽人"，闭口"我们是断断不依的"，与之相对应的"他们"，则是贪官污吏和卖国贼之流；[③] 讲述"中国历代的大事"，则站在"中国人"的民族立场

① 郑振铎:《晚清戏曲录·叙》，载阿英编:《晚清戏曲小说目》，上海文艺联合出版社，1954，第4页。

② 三爱:《黑天国》第一回，《安徽俗话报》第十一期，1904年9月。

③ 三爱:《论安徽的矿务》，《安徽俗话报》第一期，1904年3月。

乃至"我们汉人"的种族立场上言说。①《说国家》则从"我十年以前在家里读书的时候，天天只知道吃饭睡觉"说起，进而反思"我越思越想，悲从中来：我们中国何以不如外国"？②叙述人是第一人称，拟想读者则是全体国民。它如《恶俗篇》《亡国篇》《国语教育》诸篇，其叙述人要皆站在全体国民立场言说，为中国的根本利益和前途鼓与呼。

《安徽俗话报》创刊伊始，即辟出"诗词"专栏，名称虽雅，刊发的作品首先是民间流行的能够歌唱的通俗的时调歌谣体，其名目有《叹五更》《醉江东》《送郎君》《闺中叹》《十杯酒》《湘江郎调》《十送郎》《十二月想郎》《叹十声》《女儿叹》《鲜花调》《秋之夜调》等，其次是中西合璧、雅俗共赏的学堂唱歌。正是陈氏的有意经营，使得该刊成为晚清时期刊发通俗歌诗最为集中、影响最大、最具代表性的白话报刊。《安徽俗话报》"诗词"栏之"俗曲新唱"，唱响的是启蒙救亡的主旋律，重在揭露和批判社会现实及国民性弱点，提倡合群尚武、爱国反帝、独立自强、风俗改良、妇女解放乃至宣扬民族民主革命思想。陈氏创作的《醉江东（愤时俗也）》，重在批判四万万同胞头脑中普遍存在的"自了汉"思想，通过解剖国家面临被列强瓜分的危亡局势下国人的灵魂麻木与奴隶根性，触及国民劣根性问题。其词云：

> 眼见得几千年故国将亡，四万万同胞坐困。乐的是，自了汉；苦的是，有心人。好长江各国要瓜分，怎耐你保国休谈，惜钱如命。拍马屁，手段高，办公事，天良尽。怕不怕他们洋人逞洋势，恨只恨我们家鬼害家神。安排着洋兵到，干爹奉承，奴才本性。③

照十多年后胡适的"白话诗"标准来衡量，这首明白如话的《醉东江》无疑属于"白话诗"。自然，这是"散曲化"的白话诗。胡适最初尝试的缠着裹脚的"白话诗"，走的也是"词化"和"曲化"的路子。

五四前夕，蔡元培决意聘陈独秀为北京大学文科学长，与陈氏晚清时期勉力办白话报的坚忍不拔精神有着直接的关系。据蔡氏回忆："我对于陈君，本来有一种不忘的印象，就是我与刘申叔君同在《警钟日报》服务时，刘君语我：'有一种在芜湖发行之白话报，发起的若干人，都因困苦及危险而散去了，陈仲甫一个人又支持了好几个月。'现在听汤君的话，

---

① 三爱：《中国历代的大事》，《安徽俗话报》第三期，1904 年 5 月。
② 三爱：《说国家》，《安徽俗话报》第五期，1904 年 6 月。
③ 三爱：《醉江东（愤时俗也）》，《安徽俗话报》第一期，1904 年 3 月。

又翻阅了《新青年》，决意聘他。"[1] 清末创办白话报的共同经历，冥冥之中竟成了蔡、陈诸君在五四前夕聚首北京大学、共襄文化盛举的历史机缘。而陈独秀在投身晚清政治运动、白话文运动和文学界革命中所积淀下的丰富的人生阅历与写作经验，尤其是其早期的白话报活动和白话文（学）实践经验，则为他多年以后成为五四新文化运动和文学革命的闯将与主帅，作了必不可少的历史铺垫。

与蔡元培相比，胡适晚清时期的白话文训练时间更长，也更为全面。1906 年至 1908 年间，胡适担任上海《竞业旬报》主笔时期的白话报活动和白话文写作经历，经由他自己的回顾与总结，已是尽人皆知。当是时，作为上海中国公学的少年才俊，兴趣广泛的胡适担任过《竞业旬报》的编者、作者和记者，用白话写过社说、论说、传记、小说、歌谣、丛谈、札记等稿件，是该刊中后期名副其实的台柱子。胡适早期小说创作，当时并未产生多大社会反响，对文学界的影响更是可以忽略不计，然而由于他在五四时期的杰出表现及其后无法忽视的中国新文坛和新学界的领袖地位，考察其初登文坛时稚嫩的白话文写作状况，就并非一件可有可无的事情了。

上海《竞业旬报》自第 24 期（1908 年 8 月）至第 40 期（1909 年 1 月），由中国公学学生胡适出任编辑兼主笔，胡适由此成为该刊后期的台柱子。据胡适后来回忆："我做了一个月的白话文，胆子大起来了，忽然决心做一个长篇的章回小说。"[2] 这便是自《竞业旬报》第 3 期（1906 年 11 月）连载的社会小说《真如岛》。时年不满 15 周岁的少年胡适，拟好了四十回题目，便开始写下去。但小说载至第六回，《竞业旬报》就于 1907 年初停刊一年多。1908 年孟秋时节，《真如岛》才自《竞业旬报》第 24 期起接续下去，此时胡适已全面接编该刊；至 1909 年孟春停刊，写至第十一回。自诩"天下第一伤心人"[3] 的少年胡适的小说创作观念，不脱"破除迷信，开通民智"[4] 之大旨，弹奏的是晚清白话报界和新小说界流行的启蒙主义的主旋律，采用的是传统章回小说体式，说书口吻夹杂着报刊白话演说文体常用的说教腔调，沾染上由于政治小说之流行给新小说带来的具有普泛效应的议论化倾向。除了少量较为细腻的内心叙事，其情节叙写与人物刻画乏善可陈。初登文坛的少年胡适，虽有创作改良社会的长篇小说的雄心，

① 蔡元培：《我在北京大学的经历》，载氏著：《蔡元培选集》，中华书局，1959，第 288 页。
② 胡适：《四十自述·在上海（二）》，载欧阳哲生编：《胡适文集》第一册，北京大学出版社，1998，第 73 页。
③ 铁儿：《真如岛》第十回，《竞业旬报》第三十五期，1908 年 8 月 27 日。
④ 胡适：《四十自述·在上海（二）》，载欧阳哲生编：《胡适文集》第一册，北京大学出版社，1998，第 73 页。

却难以做到本色当行。

如果说胡适的长篇小说创作是一次并不成功的尝试，那么，他依托上海《竞业旬报》初试身手的三个短篇小说，却有出手不凡之处。《东洋车夫》选取西洋叫花子在虹口公园门口叫东洋车和下车后不给钱两个场景，尖刻地讽刺了以东洋车夫为典型的包括"中国的官儿、商儿、绅儿"在内的国人的"媚外"心理。① 《新侦探谭》上篇截取"侦探"老牛在上海北境三家庄一座楼房里的自我标榜和顺手牵羊的行窃场景，下篇截取第二天晚上老牛在四马路一家妓院里摆花酒、"打房间"、被抓捕的活现象，讽刺上海社会丑恶怪现状。② 《苦学生》笔墨更为经济，通篇只有五百来字，几句人物对话，一张大字报，一段行动速描，便勾勒出两个公学学生在学校经费竭绌、万分危难之际，发动大家当物捐助、共渡难关的感人情景。③ 三篇小说均属速描式的超短篇，截取社会生活中几个精彩的横断面，笔墨减省，中心突出，深得短篇小说之要领。可见，胡适对短篇小说艺术要旨颇有领悟，别具慧根。

1918 年仲春，胡适在北京大学国文研究所小说科做了题为《论短篇小说》的精彩讲演，首次用西方小说观念对短篇小说进行了科学的界定，认为"用最经济的文学手段，描写事实中最精采的一段或一方面"，是"真正"的短篇小说所必备的两大要素。④ 这一独到见解，对五四时期的短篇小说创作起到了重要的理论先导作用。而他这一颇具现代意味的短篇小说理念，早在其十年前的短篇小说创作实践中，便已显露端倪。

关于这段白话报活动和白话文写作经历对胡适其后成长为五四白话文运动领军人物的深远影响，还是他自己的总结最为清楚明白，也最有说服力："这几十期的《竞业旬报》，不但给了我一个发表思想和整理思想的机会，还给了我一年多作白话文的训练……我不知道我那几十篇文字在当时有什么影响，但我知道这一年多的训练给了我自己绝大的好处。白话文从此成了我的一种工具。七八年之后，这件工具使我能够在中国文学革命的运动里做一个开路的工人。"⑤

五四白话文运动和文学革命的另一健将钱玄同，在晚清时期亦有白话报活动经历和白话文写作实践。1904 年，钱氏作为发起人之一创办的《湖

① 适广：《东洋车夫》，《竞业旬报》第二十七期，1908 年 9 月 16 日。
② 蝶儿：《新侦探谭》，《竞业旬报》第三十二期，1908 年 11 月 4 日。
③ 铁儿：《苦学生》，《竞业旬报》第三十三期，1908 年 11 月 14 日。
④ 胡适：《论短篇小说》，《新青年》第四卷第五号，1918 年 5 月 15 日。
⑤ 胡适：《四十自述·在上海（二）》，载欧阳哲生编：《胡适文集》第一册，北京大学出版社，1998，第 85 页。

州白话报》半月刊，以"反对清朝封建帝制，拥护共和政体，反对列强侵略，发扬爱国精神"为宗旨，设有论说、纪事、历史、地理、理科、小说、文苑、杂俎等栏目，全用官话演述，鼓吹民族民主革命。[①]1910 年初，章太炎、陶成章等与同盟会分裂，重组光复会，在东京创办白话报刊《教育今语杂志》为通信机关，钱玄同担任编辑，其发刊辞和章程就是他起草的。钱氏自言，"我对于白话文的主张，实在根植于那个时候，大家都受章先生的影响"，"我得了这古今一体、言文一致之说，便绝不敢轻视现代的白话，从此便种下了后来提倡白话文之根"。[②]

　　蔡元培、陈独秀、胡适、钱玄同等新文化人在晚清时期的白话报活动与白话文实践，使得白话观念深入其骨髓，并在写作实践中对白话书面语的优缺点有了切身体会，为他们五四时期思想经历了螺旋式上升之后在一个更高的历史起点和更高的文化层面上提倡与改造白话文（学），埋下了思想的根源，奠定了良好的基础。

---

① 参见《浙江省新闻志》，浙江人民出版社，2007，第 155 页。
② 熊梦飞：《记录玄同先生关于语文问题谈话》，载姚奠中、董国炎：《章太炎学术年谱》，山西古籍出版社，1996，第 195 页。

第十三章　晚清报刊白话文的文体探索和语体特征

晚清报刊白话文数以万计，数量庞大，文类众多，其中尤以演说文为大宗，杂文、游记文、传记文、述学文等文类亦有不俗表现，开现代白话文体先河。晚清报刊白话文，表现出鲜明的通俗化和口语化特征。随着社会文化环境的变化和白话报刊拟想读者定位的调整，白话书写语言的文话化和书面化成为普遍倾向和社会潮流；与此同时，报章白话书写语言的欧化和近代化，也成为一种不可逆转的发展演进趋向。

第一节　晚清报刊白话文的文体探索

晚清报刊白话文数量巨大，题材丰富，风格多样，文体不一，林林总总，蔚为大观，蕴含着至今尚未引起语言史家和文学史家重视的丰富的矿藏资源。从中国白话文体古今演变的角度考察，一些现代散文文体已在晚清报刊白话文写作实践中孕育、萌芽、生长。

一、晚清白话报刊演说文

1904 年，彭翼仲创办的《京话日报》参照文话大报"论说"专栏，别出心裁地辟出与之对应的"演说"专栏。自此，"演说"作为京津白话报刊的主打栏目被固定下来，一篇七八百字（一个版面）的"演说"文，成为各白话报主笔每日必修的功课。1905 年后，在《京话日报》带动下，京津掀起了创办白话报的高潮，仅 1905 年至 1906 年间就有 39 种白话报问世，基本上都是日出一大张的报纸。晚清时期，京津地区创办的几十家白话报纸，培养了数以百计的演说文主笔，刊发了数以万计的演说文，演说文遂成为清末民初报刊白话文中最为庞大的一族。大量涌现的白话报刊演说文充当着启蒙利器与消闲小品，行使着社会批判和文明批评的文化职责；其内容包罗万象，文体五花八门，风格上流派纷呈，一时间众声喧哗，呈现出一派热闹景观。

在开启民智、开通风气的启蒙旗帜下，各白话报演说文主笔各显神通。趋新派畅谈新政治、新道德、新学术、新思想、新知识、新社会、新事业、新气象、新文明，为革新政治、改良风俗、新民救国呐喊助威。述古派历数古代圣贤英杰之丰功伟业与高风亮节，借古鉴今，对旧道德、旧秩序、旧风俗与旧文化中的积极因素多有回护。庄言者正面演述爱国合群、尚实尚武、保国强种、文明进化、民主科学等颠扑不破之公理，或慷慨激昂，或沉痛悲怆。讲史者广罗古今中外圣贤豪杰、民族英烈，诸如始祖黄帝、大禹传、赵武灵王、愚公移山、孔夫子、陈涉传、漆室女、垓下叹、郑成功、岳飞传、马志尼、华盛顿、圣女贞德、花木兰、秋瑾女士等，要皆宣扬爱国节操、尚武精神与民族情感。游历者介绍各地山川形势、历史沿革、风土人情、文化遗迹、物产矿藏等，足迹遍及名山大川、通都大邑、名镇要塞——从黄河源头说到黄海之滨，从长江源头说到吴淞口，从嘉峪关说到山海关，从繁华的通商口岸说到荒凉的塞外大漠，从中原没落的文化名城说到西北历史名胜燕然山……可谓心忧祖国，胸怀天下。寓言者托物言志，隐喻讽世，举凡破船、烂根子树、大宅院、苍蝇、蚊子、屎壳郎……不嫌琐碎，不厌其烦；或寓规诫，或藏讥讽。

清末民初白话报人丁子瑜，将京津白话报刊"演说"主笔分为六派："一述古派，二直论派，三趋新派，四海说派，五寓言派，六滑稽派。"[①]照丁氏的说法，述古派论调较为平和，立言大旨不外将今比古，无不切合时事，颇为社会上老成持重人士看重；直论派则崇尚激烈，对政府失政行为及不良风俗痛切陈词，对开通社会、唤醒同胞有大力焉；趋新派旨在革新政治、改良社会，凡欧美先进国之政俗文化，皆欲使我国踵行；海说派则漫无限制，时而大声疾呼，时而冷嘲热骂，时而痛哭流涕，时而自解心颜，却并无一定宗旨和目的；寓言派每遇一事，皆以喻言比其得失，或寓规诫，或寓讥讽，且多不伤雅道；滑稽派每论一事，即能令人解颐，颇为普通社会欢迎。这一当事人的现身说法与冷眼观察，分类标准虽不一定科学，却道出了清末民初京津白话报刊演说主笔的多样风格与多副笔墨，从中可见彼时白话演说文流派纷呈的热闹景观。

在流派纷呈的白话演说文中，节令演说文是京津各白话报主笔每年必

---

① 子瑜：《说演说》，《爱国白话报》，1920 年 1 月 24 日。

写的"应景"题材，也是文艺性较强的一个门类，其中的上乘之作堪称熔思想性、知识性与趣味性于一炉的散文小品。自 1904 年彭翼仲创办的《京话日报》首开其端，每当节令临近，白话报主笔们总要写上一篇节令演说文来烘托节日气氛。破除迷信、改良风俗，是晚清白话报人一贯的启蒙宗旨；为吸引读者阅读兴趣，白话报主笔总要对节令习俗或详或略地描述一番。这些风俗叙写，构成节令演说文的文字精华部分。节令演说文之题目，可谓俯拾皆是。举凡蟠桃宫、妙峰山、清明节、会神仙、放风筝、三月三、说乞巧、秋风叹、腊八粥、逛天坛、九皇会、蟋蟀感、城隍庙、颐和园、关东糖、兔儿爷、白塔寺、重阳节、连阴雨、三月雪、送寒衣、过新年等，京津白话报主笔们随手拈来，洋洋洒洒，娓娓道来。传统文士出身的白话报主笔们，在描摹世代相沿的时令节气和风俗民情时，总有一种天然的亲切感和情不自禁的审美欲求，很多应景文写得颇具文采，语言则是地道的京白，开现代文艺小品先河。

在众多白话报刊演说文主笔中，《正宗爱国报》主笔文龇龥、梦梦生，《北京新报》主笔杨曼青、郁郁生、勋荩臣、小巫、隐鸣，《爱国白话报》主笔懒侬、旁观、亚甸、谔谔声、杨瑞和、秋蝉，《白话捷报》泪墨生、蛰厂、哑铃，《白话国强报》蔡友梅、江薇痴、泪痴，等等，称得上节令文的写作能手。我们选文益堂（龇龥）《月饼》一文的片段来看看：

> 近来北京的食物，全讲应时当令。一进六月初间，直到八月十五，正是月饼兴扬儿哩。也有买来自食的，也有拿他送礼的。至于月饼的款式，也有翻毛咧、硬皮儿咧、奶皮儿咧，论斤论套，自来白、自来红，大大小小的分别。再说月饼的馅儿，不过山楂桂元、白糖枣泥儿一类。因为北京所好的口味，无非或甜或酸，没有苦辣的馅儿。到了八月初间，大家争前恐后的去买。就便实在没钱，那不买上三块两块的，也可治一治馋痨。所以每年这等时候，这般点心，也算一种专行的营业。好象没有此物，大家不能过节似的，岂不奇绝！①

《京话日报》和《正宗爱国报》首席主笔文龇龥的白话文，走的是"话怎样说，就怎样写"的路径；作为老北京，他对八月十五前爱吃月饼、仿佛无月饼不能过中秋节的习俗的描写，如数家珍，绘声绘色。该文对老北京月饼的款式、馅儿和老北京人口味的记录与渲染，既具民俗学意义，又有

---

① 龇龥：《月饼》，《正宗爱国报》，1909 年 8 月 25 日。

文学色彩。

旗人杨曼青是清末民初京津地区著名的白话报人和白话文大家，曾任《京师公报》《进化报》《北京新报》《北京晚报》《正宗爱国报》《群强报》《京都日报》等白话报主笔，也是节令演说文的写作老手。宣统三年旧历年底，杨曼青写了一篇题为《年景儿》的节令演说文，共三段。首段道：

> 早先北京的年景儿，一进腊月就忙合起，腊八粥算是年景儿的催头。腊八儿粥吃完，接连着就说扫房，讲究的主儿，摆佛手木瓜水仙，以及各种熏花儿。行常住户，种些个麦子青蒜，大萝卜白菜头，听门口儿大嚷约乾葱、红头绳儿、山药钴子、松木枝儿、芝麻秸儿，供花儿拣样儿挑。若赶到年前立春，左不是春盒儿、薄饼、酸菜，从此仿佛就要下桥子。封印之期，刻字铺也要揽多少号儿写门封的买卖，其余刻名戳儿、印名片、代书春联，至到颜料铺的桐油，都要多卖的。到了二十三祭竈，瓜儿饼儿，南糖关东糖。太平年头儿，竟鞭爆就响多半夜。三十儿夜里接神更不用说了，所以火儿烛儿的，不免常有火警的事。①

地道的京白，大量的儿化音，京味十足，读来清脆、洗练、俏皮、幽默。篇幅不长，却将北京人忙年景儿的种种习俗，叙写得栩栩如生，头头是道，充满生活气息和民间味道，堪称散文小品文的佳作。

南方白话报刊亦有上佳的白话节令演说文。1908 年 4 月 4 日《杭州白话报》所刊《说清明》一文，署名"牖"，共分四段。中间两段道：

> 世界上的物事，最清的莫如水。我们杭州地方，第一条大水要算钱塘江。第二就是西湖。看到钱塘江的水，浩浩荡荡，澎澎湃湃，不知不觉发起一股雄伟的气概来。看到西湖里的水，平平稳稳，融融滟滟，不知不觉引起一番优美的思想来。这是什么缘故？这是钱塘江的水有个清健的现象，西湖的水有个清秀的现象的缘故。我们过到清明，看到清明的清字，应该要人品、行为统统是同水一样清才好。

> 世界上的物事，最明的莫如月。从古以来，赏秋月的很多，赏春月的很少。但是，春天的太阳不是很明的吗？常听见人说，月亮没光，是借太阳的光。这春日顶光明的吗！二三月的天气，早晨起来，开窗

---

① 杨曼青：《年景儿》，《北京新报》，1912 年 2 月 21 日。

一望，那桃红柳绿中，映着一轮刷亮的日光，好不华丽，好不绚烂，分明一幅天然文明的图画。想到那寂寞寒冷的境界，如同黑暗地狱，真是要凄凉煞人呢。虽则春天的日光，原不专照着杭州，但是杭州地方，总在春日笼罩的里面。我们过到清明，看到清明的明字，应该要人品、行为更加是同日一样明才好。

这篇不满千字的《说清明》，既有对乡风旧俗的点染与批判，又有对美好品行的提倡与赞美，文笔优美，层次清晰，堪称一篇兼具思想性和文学性的文字洗练的白话美文。

杂文体演说文也是晚清白话报刊主笔们的拿手好戏，产生了大批具有批判精神和战斗锋芒的语体杂文。《正宗爱国报》主笔文啙痵、谔谔声、梦梦生，《北京新报》主笔杨曼青、勋荩臣、郁郁生，《京话实报》主笔因时子，《白话北京日报》主笔荫棠，《京都日报》主笔泪痴、秋蝉，《群强报》主笔瘦郎、玉公，《爱国白话报》主笔一鹤、钓叟，《白话捷报》主笔愚公、泪墨生、呆呆，后期《京话日报》主笔灌夫，等等，都是语体杂文写作高手。语体杂文介于"应用之文"与"文学之文"交界地带，内容上着意于社会文明批评和道德批判，题材多样，文笔辛辣，惯用讽刺手法，可谓喜笑怒骂皆成文章。五四之后颇为兴盛的现代"杂文"文体，在清末民初白话报刊杂文体演说文中，已显露端倪。

清末民初一些京津白话报亦辟有"时评""闲评"栏目，如《白话北京日报》《天津白话报》之"闲评"，《官话正报》《群强报》之"时评"，《爱国白话报》之"时评"与"闲评"等，都是其常规性栏目。白话报刊之"时评""闲评"，往往以简短的文字，"随感"的行文方式，鲜明的批判精神，内容上的政治批判、社会批评与文明批评，评说时的个人立场和特定视角，显示出诸多现代文体的表达质素，从而为现代杂文的诞生作了一个鲜为人知的铺垫。

1912 年仲春，《官话正报》刊发啸天的《时评》。全文如下：

借外款！借外款！！借外款！！！

此三字在前清时代，传了不是一年，实行了不是一次。可是把国家的利益，国民的权利，断送了也是不计其数。所以才惹起人民的恶感，引起军民的革命。

现在共和成立，自然是以挽回国家利权，拥护国民权利，为唯一无二的要义。

乃南政府借外款！北政府借外款！各都督借外款！！近且北京地方团体亦借外款！！！

噫噫！难说这东亚新共和国，除了这借外款三个大字，竟自没有理财的妙法了吗？

选取的并非当下发生的最重大的事件，而是啸天个人有感而发，立足个体立场就"借外款"问题发为议论，属于抒发个人感触的自我言说体杂文。开篇三句感叹号的运用，层次分明的段落分划，已显出现代文体的表达因素。该文眼光犀利，语含讥刺，文风泼辣，大近五四之后的"鲁迅风"。

二、晚清白话报刊游记文

20 世纪初年，随着白话文运动的蓬勃开展，近代意义上的科学地理知识被视为普通国民必备的基本素养受到白话报人的青睐，"地理问答""地理"成为晚清白话报刊的常规专栏。"光宣年间的中国地理研究主要是围绕中国地理大势、长江、黄河和各省乡土地理展开的"，[①] 晚清白话报刊开辟的"地理"专栏也以此为主要内容。其中，以地理游记形式出现的一批白话文，文学色彩较浓，篇章结构亦佳，开现代白话游记文和文艺性科普文之先河。

1903 年旧历年底，白话道人发表在上海《中国白话报》"地理"栏的《黄河游》一文，是晚清白话游记文的肇端。这篇白话记游文以第一人称叙述人口吻叙写游历行程与见闻，发抒议论与情怀，尽可能保持限制叙事视角，这一写法为其后白话地理游记文普遍沿用。该文兼顾知识性、思想性和文学性，属于晚清启蒙思潮的产物。介绍黄河及其流经地域的地理知识，是白话道人《黄河游》一文的基本内容；激发国人的爱国情感，则是题中应有之义，同时不忘宣传民族主义和反帝爱国思想。至于用生动形象的语言加强趣味性的地方，文中也很不少。如描叙黄河出长城外复又折回长城内的情形时道："黄河既流到外面，又不高兴，打一个折，又折转来，直到甘肃灵州地方"；说到渭水汇入黄河的景象，将其比喻为黄河的"姘头"，"黄河得了这个姘头，那水越流得高兴哩"。[②]

1904 年，刘光汉的白话游记文《长江游》《西江游》，相继在《中国白话报》"地理"栏推出。光汉《长江游》沿用志同道合的合伙人白话道人《黄河游》从源头说起的写法，从青海昆仑山麓，说到西藏境内的布璺

---

① 郭双林：《西潮激荡下的晚清地理学》，北京大学出版社，2000，第 121 页。

② 白话道人：《黄河游》，《中国白话报》第三期，1904 年 1 月 17 日。

楚河、云南境内的金沙江，接着对长江流经的省份及其重镇重庆府、夔州、宜昌、沙市、岳州、汉口、武昌、汉阳、黄州、田家镇、九江府、安庆府、芜湖、江宁府、镇江、江阴、吴淞等，一一道来，叙写其主要历史沿革、地理军事乃至商贸形势、物产风俗等，丰富的地理、历史、风俗、文化常识任其驱遣，冶为一炉。没有证据表明刘光汉实地游览过其所描写到的长江流域的所有市镇，与白话道人一样，他不过是面对地图，调动自己从书本中学来的相关地理历史知识，结合其所了解的各地风土人情，来写作这些白话游记文。与《黄河游》相比，《长江游》可称道之处，在于其取材更为集中，篇章结构意识有所提高，语言更为洗练，以及注重地理特征与风物习俗、人民性格之形成之间的关系等。至于语言的素朴与洗练，相对于刘师培同期的骈体文，可说是铅华洗尽，显示出朴拙而凝练的白话语体特征。

刘光汉的白话游记文《西江游》，托言刚从贵州、云南、广西、广东过来的四位朋友的"说话"，将西江流经四省的地理情状一一道来。《西江游》的反帝爱国议论，比《黄河游》和《长江游》大为增强，那是因为中国的南部和西南是英法等列强觊觎已久的重要地域，到处可见殖民主义势力对当地交通、矿产等经济命脉的控制与渗透；对清政府的抨击更烈，民族主义情绪更浓，那是因为明清易代之际，这一地区的抗清斗争坚持最久，战斗尤为惨烈，出了不少汉族"大英雄"，以"光汉"自励的刘师培自然要多花些笔墨。何况，五十年前"光复了十几省"的"几个绝大的英雄"洪秀全、杨秀清等，就在浔州旁边的金田村起兵。[①]不过，思想性的强化，挤压了地理知识的文字介绍。这一强化思想性而牺牲知识性的做法，是启蒙时期和革命时代常有的现象。

刘光汉的游记文以时间为序，以空间转换为线索，随着游踪采用移步换形法，层次清晰，井然有序。所到之处，举凡当地地理沿革、名胜古迹、历史名人、军事交通、乡风民俗、物产商贸等材料，顺手拈来，穿插其间，颇富知识性和趣味性。摹景状物，虽非表现重心和兴趣所在，却也时有点染，莫不形神兼备。山川形胜和重镇名城的自然风光，并非作者着意描画的重点；悠久的历史、灿烂的文明与山河破碎、异族侵凌、主权沦丧、国家危亡、生灵涂炭的现实之间的强烈反差所激发的忧患意识、种族思想、反帝倾向、排满情绪、革命精神、爱国情怀，才是革命志士刘光汉的白话地理游记文的灵魂所在。丰富的知识性和鲜明的思想性，为其质朴

---

① 光汉：《西江游》，《中国白话报》第八期，1904 年 3 月 31 日。

浅白、铅华洗尽的白话语言，平添了几分厚重与凝练。

四年之后，作为河南省的两等小学堂辅助教材经营的《河南白话科学报》，在存世的近两年时间里刊发的七十余篇白话地理游记文，更好地兼顾了思想性、知识性和文学性，渗透着浓烈的爱国主义情感，蕴含着深厚的民族传统文化情结，同时又具有浓厚的文学色彩，很多片段堪称美文，不少篇章允称佳构，具有较高的文类价值，是晚清报刊白话文中不可多得的上乘之作。

《河南白话科学报》以两等小学堂师生为拟想读者，其"地理科"专栏刊发的 72 篇白话地理游记文，形成了两册用于小学地理教学的文艺科普范文。时至今日，我们已经很难考证这批未署名的白话地理游记文的作者的真实身份，不过，他们对中华地大物博的地理文明和源远流长的精神文明的赞美之情，一如《中国白话报》同人，而其政治思想倾向却相当正统。该刊"地理科"专栏的整体设计，基于如下认识："咱们中国的行省，统共有三个流域：一是黄河流域；一是扬子江流域；一是珠江流域。编地理教科书的，率依着做个编次。"[①] 第 1 期至第 35 期"地理科"为第一册，分为 35 课，游览的是扬子江（长江）流域，从吴淞溯江而上，每经一省，先概略介绍其地理形势，再选沿江重镇及名胜之地依次记游。第 36 期至第 72 期"地理科"为第二册，记游的地域大体属于黄河流域；不过作者出嘉峪关之后一路西行，到新疆各地尽情畅游去了，其游踪遂不限于黄河流域。

《河南白话科学报》所刊地理游记文属于白话语体，但表现出鲜明的书面化和雅化趋向与特征，白话语言简洁洗练，绝无彼时报刊白话文常见的琐碎啰唆的通病。且看《洞庭湖》对岳阳楼的一段描写文字：

> 岳州府域的西楼，便是岳阳楼。这楼自古以来得大名，因着洞庭湖全部的风景，都收在这一座楼中。古今诗词歌赋，题咏不少，大约以范仲淹《岳阳楼记》和杜工部"昔闻洞庭水，今上岳阳楼"一首诗为压卷。登楼一望，水波上下，风帆往来，时见沙岛屿在若有若无、若隐若现间，洵不愧岳阳楼的大观。中国五湖中，推为第一，也是名不虚传。[②]

再看一段游览洞庭湖的情景：

---

① 《吴淞》，《河南白话科学报》第三期，1908 年 8 月 11 日。
② 《洞庭湖》，《河南白话科学报》第二十一期，1908 年 11 月 8 日。

一出湖口，弥望水连天、天连水，也莫辨有几千几百顷。据船户说，宽处有九十里路，长处有一百八十里。推开船窗一望，前面有座君山，是湘君寄跡之所，故而又叫"湘山"，《道书》称他十二福地。上有轩辕黄帝铸鼎台，洞庭湖所以有"鼎湖"的古名。下有石穴，通吴地的包山，郭景纯所称"巴陵地道"的便是。过君山约五六十里，又是鸡子团山。从前马伏波渡湘水，征五溪蛮，道经此地，其上有伏波庙的古迹。到湖的西半边，便是赤沙湖了。再绕而南，又叫青草湖，可见全湖是随处易名的。想起范蠡乘扁舟游五湖的时节，这洞庭湖的住宅，还有他的钓鱼台。如今满湖三三两两，都是浮家泛宅的渔户。把这件事问他起来，全个儿都不知道，满口的在那儿说《水浒》上岳武穆在青草湖水战杨么的那件故事。正经书反不如小说的感人，于此可见一斑了。[①]

即景抒情，夹叙夹议，旁征博引，兼顾思想性、知识性和形象性，语体是典雅洗练的白话，可谓质量上乘的小学生白话读物。阅读到这样的白话游记文，不禁让人联想起刘鹗《老残游记》中老残畅游济南大明湖的著名片段，以及俞平伯《桨声灯影里的秦淮河》的古朴凝练。此等白话游记文，置诸五四之后的中国现代游记文学之林，亦毫不逊色。

清光宣之际，《河南白话科学报》"地理科"系列白话游记文，对鄱阳湖、九江府、汉口镇、武昌府、开封府、嘉峪关、大戈壁、哈密厅、莎车府、疏勒府、库伦等地自然风光、地理形势、历史掌故、风土人情、物产商贸等的描绘，均形神兼备，笔墨减省。限于篇幅（每篇两版七百余字）和体例（文艺性地理科普文），自然无法展开细致的描写和细腻的抒情。然而作者在许可的范围内，已经将科学宣传与文学描写很好地结合起来。由于每一课集中记游一个地方，取材相对集中，结构也不似一般报刊演说文那么散漫，因而《河南白话科学报》之地理游记文亦有一批在篇章上堪称佳构者。如《洞庭湖》一篇，第一段先写登临岳阳楼俯瞰湖光山色之胜景，次写觅舟飞棹向湖区进发；第二段先写出湖口之后的浩渺景致，次写君山、鸡子团山两处名胜，其间穿插一些历史传说；第三段记写出游途中遭遇风暴，急忙避入舵捍洲，有惊无险，篇末议论道："人到得意时，须防意外风波。莫说行船，平地何尝不如此呢？"[②]将这次意外经历升华到人生哲理层面，颇能显出作者布局谋篇的匠心。

---

① 《洞庭湖》，《河南白话科学报》第二十一期，1908 年 11 月 8 日。

② 《洞庭湖》，《河南白话科学报》第二十一期，1908 年 11 月 8 日。

晚清时期，《中国白话报》产生了全国性影响，《河南白话科学报》的读者群则以汴省高初等小学堂师生为主体。晚清白话报刊出现的一批思想性和可读性很强的白话游记文，是一种客观存在的白话文（学）创作实绩，五四之后的新文学史家对晚清白话文潮流的轻视乃至漠视，并不能将其一笔抹杀。晚清白话报界和文坛上出现的白话文（学）潮流，对中国语言文学近代化演进的整体进程而言，或许不起决定作用，却并非可有可无。无论就白话语体试验而言，抑或就白话文体尝试而言，晚清的白话文（学）写作实践都为后来者提供了有益的探索。

第二节　晚清报刊白话文的语体特征

中国白话书写语言的近现代转型肇端于晚清。晚清时期，白话文运动先驱者怀抱言文一致的终极目标，倡导以浅易通俗、妇孺易晓的白话文，达开启民智、开通风气、新民救国之效，拼音化论者和国语论者更将白话书写视为奠定统一而富强的近代民族国家的语言根基。晚清白话报人对各地通行的普通官话的认同与追摩，白话文作者对雅俗共赏的北京官话的推崇与熟练运用，决定了近代报刊白话的通俗化和口语化取向。随着近代学校教育的发展，以及白话报刊拟想读者定位的不断调整，白话文读者的文化素养也在不断提高，从而倒逼白话报人不得不与时俱进；在此情形下，晚清报章白话的文言化和近代化，也就成为一种不约而同的趋向与潮流。

一、晚清报刊白话文的通俗化与口语化

1897 年，上海《演义白话报》把目标定位在"把各种有用的书籍报册，演为白话，总期看了有益"。[①]1898 年，《无锡白话报》拟定了三大项"演白话"的任务："一演古，曰经、曰子、曰史，取其足以扶翼孔教者，取其与西事相发明者。二演今，取中外名人撰述之已译已刻者，取泰西小说之有隽理者。三演报，取中外近事，取西政西艺，取外人论说之足以药石我者。"[②] 可见，将各种文言书籍报册"演为白话"，是早期白话报刊较为通行的做法。周作人所言五四白话文是"话怎样说便怎样写"，而清末白话文"却是由八股翻白话"，[③] 这种情形在早期白话报人那里是存在的。

---

① 《白话报小引》，《演义白话报》第一号，1897 年 11 月 7 日。
② 《〈无锡白话报〉序》，《时务报》第六十一册，1898 年 5 月 20 日。
③ 周作人：《中国新文学的源流》，华东师范大学出版社，1995，第 55 页。

那么，《无锡白话报》所谓的"演古""演今""演报"之文，其语言面貌是一种什么样的形态呢？我们先看一段"演古"之文：

> 孟子在齐国时，有一日，满面的忧愁颜色，抱着庭柱叹气。孟母见了问道："你叹什么气？"孟子答道："轲听说君子要品行端方，不做苟且受赏的事，不贪荣华富贵。如今齐国不能用我，我要想走，因母亲年纪已老，所以我忧愁。"孟母道："妇人年轻时，从父母；出嫁后，从丈夫；丈夫死后从儿子。这是照礼如此。如今你已经成人，我年纪也老了。你既义不容留，我就跟着你走，也是礼当如此！你愁什么呢？"①

再看一段"演今"之文：

> 这一部书，名叫《美利坚自立记》。美利坚就是美国，这"自立"两字，就是自己强起来的意思。二百年以前，这美国的土地，是英国管的。那美国的人，被英国欺侮的了不得。美国人因为受苦不过，大家挣口志气，把自己的国，渐渐自强起来。和英国打仗，因得了胜，所以自此以后，英国不能够管他，如今就成一个大国了。②

最后看一段"演报"之文：

> 中国有住在美国二三十年的一个道台，姓容名闳，号叫纯甫，是广东人。前几年中日两国打仗时，发电报去叫他回来。这个人极有才干，很能办事。不料回到中国后，并没有差使派他。他的言语，中国也没有听他一句。现在德国要在山东省造铁路，从胶州到济南，中国已经允许了。这姓容的想道：山东铁路，若被德国人造成，将来这些外国人，得步进步，今日要在山东，明朝就不止山东了。他想预先在山东济南府附近地方，也造一条铁路。③

三段文字大体上能体现出处在非官话区的早期白话报人所"演"成的白话书面语的语言面貌。第一段口语化程度不高，后两段有意模拟说书口吻，

---

① 金匮裘毓芳演：《孟子年谱卷一》，《无锡白话报》第一期，1898 年 5 月 11 日。
② 宣樊子演：《美利坚自立记》，《杭州白话报》第三册，1901 年 7 月 10 日。
③ 《中外新闻·津镇铁路》，《无锡白话报》第三期，1898 年 5 月 20 日。

口语化程度较高。但总体而言，这是一种接近书面语的并不纯粹的白话，它并非采自生活中的口语，而是以古近书面白话（尤其是白话小说）为学习范本，呈现俗话与官话、文言与白话混杂的状态。

林獬主笔的《中国白话报》，已经标榜"内中用那刮刮叫的官话，一句一句说出来，明明白白"，①属于口语化程度很强的官话写作了。且看其《发刊辞》起首一段：

> 天气冷啊！你看西北风乌乌的响，挟着一大片黑云，在那天空上飞来飞去，把太阳都遮住了。上了年纪的，这时候皮袍子都上身了，躺在家里，把两扇窗门紧紧关住，喝喝酒，叉叉麻将，吃吃大烟，到（倒）也十分自在。唉！倘使你们列位，都看见这几天的《中外日报》《新闻报》中间所载的什么《东省警闻》《俄事要电》，知道奉天已经失守，旅顺口一带兵船几十只往来不断，日本、俄罗斯一旦开了仗，我们中国怎么危险，想到此地，只怕你远年花雕也喝不上口，清一色双台和也忘记碰下来，就是那清陈宿膏广州烟，也吃得没有味道哩！②

的确是用"刮刮叫的官话，一句一句说出来"的，而非"八股翻白话"一句一句"演"出来的，明明白白，干干净净，感情饱满，文气畅达，极富感染力。

陈独秀主编的《安徽俗话报》，通俗化和口语化是其基本语言特征，很多白话文甚至是非常流畅的口语书写。且看《整顿蒙学馆的法子》片段：

> 那班先生也分做两种，一种是全不清问学生的。平时费了九龙二虎的力，托几个朋友，说几多好话，才邀得几个小学生在一堆，只想弄他几个学俸钱。学生们念书不念，背书错不错，他都一概不管。天气阴了，整天的打渴睡，就是睡扁了头，也不知道。天气晴了，穿一件破大褂子，拿一把小洋伞，走到街上去望望，跑到朋友家里谈谈……更有一种，人人都说他是好先生，他也自以为很尽心的。终日里不肯出书房的门一步，一屁股坐在那张太师椅子上，愁着眉儿，瞪着眼睛，黑着脸，好像那阎王待小鬼一般。手上拿着五寸长的小木头，

---

① 白话道人：《中国白话报发刊辞》，《中国白话报》第一期，1903 年 12 月 19 日。
② 白话道人：《中国白话报发刊辞》，《中国白话报》第一期，1903 年 12 月 19 日。

拍来拍去："快些呀！快些呀！"①

房秩五执笔的这篇白话文，形神兼备地刻画了两类具有典型意义的蒙学先生形象，读来栩栩如生，口语化程度很高，走的显然并非"八股翻白话"的路径。

晚清时期，南方文人学士执笔写作白话文，相对于作为家常便饭的文言文来说，是一种新鲜事，也是一种苦差事，运用起来并非那么得心应手，尤其是处在非官话区的白话报人。以《中国白话报》《安徽俗话报》为代表的南方白话报刊，已经摆脱了"文言翻白话"的套路，循着模拟官话写作的路子，贡献出一批质量较高的白话文作品。这种白话文写作在当时不仅难能可贵，而且处于探索者位置和先锋形态。这些文类丰富、文体多样的白话文写作，对扩大白话文的领地，丰富和提升白话的表现能力及文化功能，做出了多方面的尝试。

北方地区白话报人的官话写作，比南方稍晚一些，但其规模和影响却远大于南方白话报刊。以1901年问世的《京话报》为滥觞，以1904年创刊的《京话日报》为里程碑，主要采用北京官话进行口语化书写的北方白话报开始登上历史舞台，并在1905年之后取代南方，成为晚清白话报刊的中心。《京话报》不仅宣称"全用北京的官话写出来"，②而且在《章程》中明确规定"只用京中寻常白话"，"不欲过染小说习气"，原因在于"话报与小说笔墨虽似相近，而体例究竟不同"，并叮嘱"凡我撰述同人皆不可不知"。③作为北方地区白话报之鼻祖，《京话报》同人运用的"京话"，大体以口语官话为根基，既非"八股翻白话"，又"不欲过染小说习气"，与南方白话报刊语言有着不一样的取范路径。

早期北方白话报人特别注意白话语言的浅显平易。《大公报》主人英敛之对其白话"附件"栏目语言有着明确的要求："本报为开民智起见，半是对着平等人说法，但求浅、俗、清楚，不敢用冷字眼儿，不敢加上文话、成语。"④这番话并非英敛之个人独有的识见，而是代表了20世纪初年北方白话报人的共识。《京话报》《京话日报》《正宗爱国报》《官话北京时报》《白话北京日报》等一大批白话报主笔，都大体遵循这一不成文的"规则"。

---

① 《整顿蒙学馆的法子》，《安徽俗话报》第一期，1904年8月20日。该文未署名，通过正文文字可知作者为饬武，即房秩五。
② 《论看京话报的好处》，《京话报》第一回，1901年9月27日。
③ 《创办京话报章程》，《京话报》第一回，1901年9月27日。
④ 《说大公报》，《大公报》，1902年7月20日。

彭翼仲创办的《京话日报》，是北方白话日报鼻祖和龙头老大，其语言标准对京津白话报人有着示范意义和标杆作用。《京话日报》主人彭翼仲和主笔文益堂，不仅是老北京人，而且是旗族，运用北京官话写作有着天然的优越条件。且看一段彭翼仲的白话文：

> 我们这个报，因为卖的便宜，街上的人，就给起了一个名字，叫做"穷看报"。字面儿很挖苦，含着的意思，听到耳里，我们倒很喜欢。穷的都肯看这个报，阔的更不必说了。照例每天印出来，必粘贴在门外一张，让过路的人，息息脚步，随便看一看，总有益处。①

这段文字真真切切做到了"话怎么说就怎么写"，只不过比普通口语要流畅、干净、简洁一点。口语落笔为文字，"白话"经由书写推敲过程变成"白话文"，总要进行一番剪裁和筛选，语言自然要简洁一些。综观彭氏的白话文，虽非篇篇都如此口语化、平易化，偶尔也运用一些文言词汇和成语，但大体以口语白话作底子，始终走着一条口语书写的路子。

《正宗爱国报》（1906—1913）是继《京话日报》之后，北京地区创办得最为成功、销量最大、影响最广的白话报。其首席主笔正是原《京话日报》台柱子文益堂。且看《风筝》一文片段：

> 日前午后三点钟，我在房里闷着。正要写字，忽听半悬空中，攸扬顿挫，好似远远的扬琴声。走到院里一瞧，敢则高树梢头飘飘荡荡的，放起一个沙燕儿。适才那种声响，就是上面的风琴（纸鸢俗名风筝，风筝俗名风琴）。喝！你看呦，此时正在红日西偏，天气很透着清朗，淡淡的云彩，配上这个沙燕儿，别提怎们精神啦！不但放的人高兴，望的人也要高兴。就连那个无情的假象（风筝），也都像是得意洋洋哩！嘿！他还撬尾摇头哪！②

文益堂的白话语言比彭翼仲更具"京味"，更地道，更活泼，很多时候是非常清脆的"京白"，比彭氏的白话文水准要高出一截。这也是他能够成为《京话日报》和《正宗爱国报》这两家清末民初最具影响力的白话报的台柱子的主要原因，属于当时最具代表性的白话文名家。

《北京新报》（1908—1913）是民元前后北京地区销量和影响力最大的

---

① 《穷看报》，《京话日报》，1905 年 1 月 4 日。

② 凿窳：《风筝》，《正宗爱国报》，1909 年 2 月 25 日。

白话日报之一，首席主笔是担任过多家白话报主笔的白话文名家杨曼青。杨曼青的白话文写作以北京官话为根基，不过更加富于文采和风趣，不仅俗语、谚语、歇后语能随手拈来，而且不避文言词汇和成语典故，对新名词也采取拿来主义态度，并不像早期白话报同人那样，对主要来自日本的新名词缺乏好感。我们选其《论演说各有所长》一文的片段：

> 报界中大豪杰，讲究监督政府，能尽天职。那是人家大志士，忠心热学形于笔墨。轮到我呢，我说句不中听的话：政府我也监督不了，不用说天职，连地职我也尽不了（不是那个时代）！反正作篇演说，不出开通民智的范围。看到哈哈一乐，何愁不能引人入胜！自然就能由浅入深，一层一层的，就劝上人喽！若像人家那们爆发火焰似的说法：喝！老头子。我那儿有那们大的魄力，哪儿有那们大的学问哪？所以我才改变作杂八地的笔墨。甚么旧典故咧，新名词咧，白煮鸭子大尾巴蛆，好吃的也有，恶心人的也有。无论怎们说，总离不开劝人的事情，万不会鳖土爷翻跟头——大离板儿！ [1]

这段白话文虽然比前文所举例文文气较重，但显然是以北京口语官话为根柢，只不过个别语句书面化程度高一些，这与作者有意"作杂八地的笔墨"，不避"旧典故"和"新名词"的行文风格有关。

从晚清报刊白话文的主流层面来看，其最为明显的语言特征是通俗化和口语化。早期白话报人和白话教科书编撰者所写的白话文，的确存在周作人所言"由八股翻白话"的现象，但从整体上来看和长时段观察，这种现象既非主流，更非全部；相反，"话怎样说便怎样写"的情况却是常态，尤其是北方地区的白话报刊，比"由八股翻白话"的现象更具代表性和普遍意义。周氏之例证，取自早期的《白话报》和《白话丛书》，而非1904年之后白话报刊创办高潮期出现的《中国白话报》《京话日报》《正宗爱国报》《爱国白话报》等影响更大、受众更多、更具代表性的白话报刊，可谓见木不见林，取粗不取精，以偏概全，实不足充当晚清白话书写语言形态之代表，其结论自然失之偏颇。

二、晚清报刊白话文的文言化与书面化

晚清以降，随着中文报刊这一新型大众传播媒介的出现，以觉世为旨

---

[1] 杨曼青：《论演说各有所长》，《北京新报》，1911年8月29日。

归的报章文体应运而生，对追求传世的传统"文集之文"形成了极大冲击。至梁启超"新文体"风靡一时，"学者竞效之"，报章文体所使用的文言早已不复是传统意义上的古文、骈文、时文之"文言"，而是一种向欧化、古白话、口语白话开放的改良文言。长期以来，文学史家对以"新文体"为代表的报刊文言书写语言的白话化趋向关注较多，评价亦高。陈子展曾将"新文体"之"不避俗谚俚语"的历史意义，上升到"使古文白话化，使文言白话的距离比较接近"的文学史高度赞誉之，给予其"白话文学运动"和"文学革命"之"第一步"的历史地位。① 而晚清最后几年出现的报刊白话书写语言的文言化与书面化趋向，迄今尚未在学界引起足够的重视。

晚清启蒙先驱者之创办白话报刊，非常注意白话书写语言的通俗易懂。《大公报》对其白话"附件"的语言要求——"但求浅、俗、清楚，不敢用冷字眼儿，不敢加上文话、成语"②——有着很强的代表性。然而，几个方面的历史合力，促使晚清最后几年的白话报人不得不"与时具进"，逐渐调整其语言策略，朝着文言化（包括文言语汇及文法增多、文气加重、口语化程度降低、书面化程度提高等方面）方向发展，白话报刊的书面化趋势日益加重。概而言之，促成报章白话渐趋走向文话化之途的时代原因，有白话报人的文人积习和重文轻白的传统观念，白话报刊拟想读者自下而上的调整与受众群体的阅读期待，民元前后风诡云谲的政治气候及文化保守主义势力的抬头等历史因素。民国初年，文白夹杂现象在白话报刊中已相当普遍，乃至成为一种"常态"，出现了以《群强报》为代表的一批兼刊文言文的"白话报"。正如《爱国白话报》主笔谔谔声所言，民元之后，北京地区"各家的白话报"，已经"多半间以文话"。③

早在 1904 年，林獬、刘师培主笔的《中国白话报》就表现出引"文话"入白话文的倾向。对于国学根柢深厚的刘师培来说，在白话文中糅进文言语汇和成语典故，是非常自然的事。事实上，兼采文话和外来词，是刘师培白话文的一贯风格。且不说那些藉讲述国学以宣扬革命排满思想的白话述学文，即便是偏于政论的白话文，也是文白兼采、语贯中西。以耸动一时的《论激烈的好处》为例：

第一桩是无所顾忌。中国的人做事，是最迟缓不过的。这种人有

---

① 陈炳堃：《最近三十年中国文学史》，上海太平洋书店，1930，第 113 页。
② 《说〈大公报〉》，《大公报》，1902 年 7 月 20 日。
③ 谔谔声：《报无大小之分》，《爱国白话报》，1913 年 11 月 18 日。

三种心：一种是恐怖心，一种是罣碍心，一种是希恋心。所以一桩事
情到面前，先想他能做不能做，又想他成功不成功；瞻前顾后，把心
里乱的了不得。到了做事情的时候，便没有一桩能做了。这激烈党的
一派人便共他不同：遇着一桩事情，不问他能做不能做，也不问他成
功不成功，就不顾性命去做了。他就是不成功，也是于世上有影响的。
所以外国人说道："失败者成功之母。"没有失败的事情，那里有成功
的事情呢？①

文中的"恐怖心""罣碍心""希恋心""瞻前顾后""失败者成功之母"
等，并非白话语汇和文法。事实上，如果仅仅使用源自古近书面白话的
"俗语"，来阐发近代民族主义、民主主义思想和革命排满的道理，词汇
显然不够用。从这层意义上来讲，兼采文话、外来语汇和句法，也是势所
必然的。

　　1905 年 3 月 11 日《大公报》白话"附件"栏所刊竹园《论冒险进取》
一文，特意在标题后的括号内注明："为中人以上者言，故用半文半白言。"
我们看看这篇标榜"半文半白"之文上篇片段：

　　　　西人性质好冒险，中国人性质好退缩。聚性质以成风俗，使国与
家皆受其影响。譬如有一个外国人冒险进取，事成，众人必说其志可
嘉；不成，众人亦必说其苦心当谅。若是中国人出一个冒险进取的，
他的结局可就不忍言了。事成，落一个侥幸成功；不成，落一个轻举
妄动。你说这是怎么个缘故呢？数千年政教风俗的习惯，亦不是偶然
养成的。大概中国人的性质，忌妒心多于争胜心。人生在世上，忌妒
的心不可有，争胜的心不可无。自己无成，又不乐人成，此乃忌妒心；
见人之成，自己也想要成，此乃争胜心。中国人的性质，因忌妒养成
退缩；外国人的性质，由争胜激成进取。故此一强一弱，一成一败，
全不是偶然的。

竹园先生所言不虚。该文刻意用"半文半白"语体写就，既非传统的文言
文，亦非近代报章文体或"新文体"，属于文言化的白话文。
　　作为京津报界鼎鼎大名的白话报人和白话文名家，丁竹园并非不擅长
白话文。他之所以在《大公报》白话专栏刻意使用这种"半文半白"语

① 激烈派第一人：《论激烈的好处》，《中国白话报》第六期，1904 年 3 月 1 日。

体，是为了适应《大公报》读者群体的阅读口味，其读者定位系"为中人以上者言"。这一情况，既印证了梁启超所言在白话文（学）写作（或译或著）中"参用文言"可以达到"劳半功倍"效果的普遍性，亦说明了当时属于"中人以上者"的知识阶层的阅读口味——他们对纯"俗语"的白话文，程度不同地存在鄙夷心理，而使用"半文半白"之语体，则可以吸引这部分人的眼球。

晚清白话报人正是为了适应"中人以上者"的阅读口味，以及白话报读者群体文化素养不断提高的现实情况，才不得不逐渐调整其白话书写语言策略，纷纷用文话和文气对报章白话文加以包装，以至于雅化和书面化逐渐发展成一种时代风气，使得原本用于"对中下社会说法"的口语的白话文，渐渐变得难以对普通百姓当众"演说"，充溢着书卷气和书生腔。这一趋势，最初只是细流和潜流；至民国初年，终于在专制政治气候和保守文化氛围的熏染下浮出地表，汇成江河，以至于出现了白话报不得不兼刊文言文、白话文亦半文半白的奇特景观。

1906 年创刊的《正宗爱国报》，早期主笔也是文益堂，其白话文使用的是较为地道的北京官话。梦梦生在该报的主笔阵容里，地位仅次于文益堂。1911 年啬龛先生死后，梦梦生就成了该报的资深"演说"主笔，其白话语体在该报有较强的代表性。梦梦生早期白话文口语化程度较高，进入民国之后，文气渐重。这里选取 1913 年 3 月 16 日该报所刊《古衣冠》片段：

> 天下万物，最足动人感情者，莫若衣冠。
>
> 　纵横九万里，上下五千年，是个人就要着衣冠。可是衣冠断不能一样。百年以上，另有百年以上的老形式；千里以外，又另有千里以外的规模。又搭着朝代变更，服饰不一；殷就尚白，周就尚赤；轮到现在革靴呢□的时代，不知变迁了多少回了。

这种文体自然是"半文半白"。不过，不管梦梦生是否刻意为之，《古衣冠》所体现出的文言与白话的搭配与调和技术，要比八年前竹园那篇"故用半文半白言"的《论冒险进取》娴熟多了。

宣民之际，白话报刊语言的文言化与书面化，成为一种普遍的趋势与特征。那么，报刊白话语言的文言化与书面化趋向，对作为表达工具和文学语言的近代白话的发展来说，是否是一种历史的倒退呢？从接受角度来看，出自口语而又与口语保持一定距离，且高于口语，比口语更精炼，更典雅，更有表现力，更富文采，更有文化底蕴，更含蓄蕴藉，才能得到更多读书人的认可，才更有利于白话地位的提升。因而，文言化和书面化有助于提高口语白话的雅洁程度，有利于提升白话书写的社会文化地位。其对近代白话的成长，不仅无害，反而有益。从这层意义上来说，宣民之际京津报刊白话语言普遍文言化趋势，非但不是历史的倒退，反而具有语言"试验"意义和"先锋"意味。我们看到，文言与白话在近代白话报刊主笔手中经过多年的掺杂、搭配与磨合，逐渐锤炼出一些经验和技巧，使得两者之间的结合不似先前那样生硬。白话报读者经过多年的阅读、接受和濡染，已经对文白夹杂现象见怪不怪，习以为常。

五四时期，鲁迅、周作人等新文学作家，也不约而同地以某种方式吸纳文言，融汇传统。"周作人的提倡晚明小品与鲁迅的表彰唐末杂文，取径自是不同，但在借古文改造白话散文这一点上，二者并没有什么区别"。①1928 年，周作人跋俞平伯《燕知草》云："以口语为基本，再加上欧化语，古文，方言等分子，杂糅调和，适宜地或吝啬地安排起来，有知识与趣味的两重的统制，才可以造出有雅致的俗语文来。"②"借古文改造白话"，成为五四后期以周氏兄弟为代表的现代散文作家的一种自我调整，其中自然包括语体和文体。而在白话语言的文言化和书面化试验方面，清末民初白话报人至少比五四一代白话文作家提前了十多年，从而为其提供了大量写作经验，留下了一笔数量可观的文化遗产。

报刊白话的文言化或雅化现象与趋向，在白话文运动乃至中国近现代语言文学发展史上，有着极为重要的实践意义。报刊白话的文言化，做到了使白话高雅化与书面化，同时也促进了报刊文言文的白话化，同样发挥了"使文言白话的距离比较接近"的历史作用。晚清时期，以"新文体"为代表的白话化的报章文体和文言化的报刊白话文所形成的历史合力，共同促成了白话书写语言的近代转型。五四一代白话文作家无疑借鉴了这一晚清"经验"，承续了这一近代"传统"。

三、晚清报刊白话文的欧化与近代化

晚清时期，受白话报办报宗旨和拟想读者的制约，早期白话报人在语体上走的是一条通俗化和口语化的路子。清宣统与中华民国易代之际，白话报人不得不调整其语言策略，向着文言化和书面化方向演进，报刊白话的"雅化"趋势加重。与此同时，随着以新名词为代表的外来语日益得到

① 陈平原：《中国散文小说史》，上海人民出版社，2004，第 3 页。
② 周作人：《燕知草·周跋》，载俞平伯：《燕知草》，河北教育出版社，1994，第 142 页。

普及，外国语法也逐渐渗透到日常语言之中，报章白话书写语言的欧化与近代化趋向，也就逐渐呈现出来。

相对于"梁启超"式的报章"新文体"而言，晚清白话报人在引入新名词的速度上要慢半拍，对报界和文学界的影响也要小得多。正因如此，至今人们谈起新名词、新语句对中国思想界、报界、语言界和文学界的影响时，几乎无人提及近代白话报刊和白话报人。相反，关于当时对新名词之流布持激烈反对态度者中"不乏白话写作的热心人"的说法，却不时被人提起。[①] 其实，即便是从保存国粹立场出发而从心底里排斥日语影响的林獬和刘师培，1903 年至 1904 年间依托《中国白话报》进行的白话文写作实践，又何尝没有大量运用新名词呢？且看林獬"国民意见书"系列之《说法律》篇中的一段文字：

> 所以中国的法律，断断不能不改革。但现在一种人，一点儿法律思想都没有。看了《民约论》《万法精理》几部书，就要说中国的法律不好；又开口说话，都是这"平权""自由"的名词。由我看起来，这种的人，只晓得野蛮的自由，不晓得文明的自由。既然不肯受一点儿束缚，还要借这种"平权""自由"的名词，遮盖自己的短处。[②]

再看"激烈派第一人"刘师培的白话文名篇《论激烈的好处》之片段：

> 天下的事情，没有破坏，就没有建设。这平和党的人各事都要保全，这激烈派的人各事都要破坏。我明晓得这破坏的人断断不能建设，但是中国到了现在，国里头的政府既坏得不堪，十八省的山河都被异族人占了去。中国的人民不实行革命，断断不能立国。就是"破坏"两字，也是断断不能免的了。你看日本的吉田松阴，意国的马志尼，岂不是破坏的人？法国的巴黎革命，奥国的马加分立，那一国不是破坏的事？况且中国的事情，没有一桩不该破坏的。家族上的压抑，政体上的专制，风俗、社会上的束缚，没有人出来破坏，是永远变不好的。[③]

---

① 参见夏晓虹：《中国现代文学语言的形成》（《文史天地》2000 年第 3 期）、《晚清社会与文化》第五章"白话文运动与文学改良思潮"（湖北教育出版社，2001）、《中国现代文学语言形成说略》（载氏著：《文学语言与文章体式——从晚清到"五四"》，安徽教育出版社，2006）等。

② 白话道人：《国民意见书·说法律》，《中国白话报》第十一期，1904 年 5 月 15 日。

③ 激烈派第一人：《论激烈的好处》，《中国白话报》第六期，1904 年 3 月 1 日。

尽管在政治立场、文化思想和文学观念等方面与梁启超存在严重分歧，对借自日本的新名词存有警戒之心，作为白话报人的林獬和刘师培，落笔为文，还是离不开新名词。

民国初年，白话报人对白话报刊在新名词和新思想的社会化普及方面曾经发挥过的重要作用，已经有了客观的评价。1918年，《白话国强报》主笔燕痴在《论白话报之功效》一文中，总结了近二十年来年来北京地区白话报的社会功效，有一段说辞相当精彩：

> 北京自有白话报以来，社会总算收益不小。如文明、野蛮、权利、义务、爱国、保种、自由、改良、公益、团体等等字样，几于无人不说。以文明论，有文明园、文明戏、文明缎、演唱各种文明曲词……说到义务二字，随处都有，诸如水灾放赈，都叫作义务。要说起爱国两字来，更了不的啦，什么爱国烟、爱国布，除去爱国饼没兴开，样样儿全都卖钱。再如保种一事，有孤儿院、贫儿院、疯人院、贫民院，可称不一而足。论起自由来，实比从前好了。甚么婚姻自由、妓女自由、言论自由、居住自由、书信自由、行动自由，那都算不了一回。至于改良二字，更是喧腾人口，可谓无处不改良，无事不改良。公益则有牌坊路灯、太平水桶、施医施药、茅厕土车。以上所说，无一非白话报鼓吹的力量。①

燕痴此文主要从正面立论，表彰清末民初北京白话报在开启民智、移风易俗方面的突出贡献，从中可见其在新名词和新思想的宣传方面做出的努力。

诚然，晚清白话报人对新名词的心态相当复杂，冷嘲热讽者有之，大体认可或部分接受者亦有之。但无论赞成也好，揶揄也罢；接受也好，抵触也罢；要皆不能避免与新名词打交道。正是在这种不断质疑、讥刺、揶揄和部分赞成、有条件接受的过程中，新名词在白话报人笔下得到了较为广泛的运用，直至成为白话语言的有机组成部分。

清末民初，京津地区大量白话报刊演说文中充斥着新名词，很多报刊文艺栏目亦喜欢拿"新名词"说事。其中，在对联和诗词中大量引入新名词，便是著例。1909年5月20日，《正宗爱国报》"附件"栏刊登了17副"新名词对联"，我们选几联看看：

---

① 燕痴：《论白话报之功效》，《白话国强报》，1918年3月3日。

社会合群国民进化，文明起点宪政萌芽。

国民幸福社会幸福，思想自由言论自由。

由破坏以图成立，行竞争方保和平。

冒险精神宜鼓动，改良主义莫空言。

行见共和政体，勉为立宪国民。

吐纳新空气，屏除愚感情。

这些对联，正面肯定和宣扬了新名词及其负载的新思想。1913年8月，《白话捷报》创刊伊始，便在"文苑"栏连载吟秋《新女界竹枝词二十首》，涉目皆是"新名词"。如第2号所刊"平权世界法三章，抗议峨眉半武装"，"日本皮鞋美国冠，戎装女士厌金鞍。路人莫讶倾城色，娘子军中司令官"等；①第3号所登"国民捐进女儿箱，权利何如义务长"，"西装女士登堂日，垂髫孺婴受课时"等；②第6号所绘"解退红裙换武装，夫人城下列戎行。几多娇小□髻女，腕弱难持毛瑟枪"，"平权言论日纷纷，财富何须羡子云"等；③第9号所状"三迁画荻古贤媛，廿纪新开教育坛。绛帐栽培佳子弟，热心端不让罗兰"，"家庭习惯久相沿，改革全凭女教员。侬爱自由娘压制，愿求法律正人权"等，④时代气息浓郁，读来耳目一新。

民国二年（1913）新年伊始，《爱国白话报》主笔"懒"就"新"字加以发挥，作为新年迎"新"话题：

按近来人人口头的论议，书籍报纸上的文字，凡关于国家社会种种事情，多有用新字形容的地方。类如采取欧美各强国治法，改良一切政治，就叫作"新政治"。民智民德，程度日高，入于完全高尚的境界，叫作"新国民"。世界的学术，日出不穷，随时输入国中，叫作"新学术"。旧道德人不肯守，另发生合宜的道德来，约束人心，叫作"新道德"。在寻常知识以外，又有世界的知识，和科学的知识，叫作"新知识"。人的思想进步，由顽固变为开通，由幼稚变为远大，叫作"新思想"。社会上旧有的汙俗陋习，一律去净，另换一番高尚清明的风气，叫作"新社会"。仿照各国办法，经营有益于人民的事

---

① 吟秋：《新女界竹枝词二十首》，《白话捷报》，1913年8月4日。

② 吟秋：《新女界竹枝词二十首》，《白话捷报》，1913年8月5日。

③ 吟秋：《新女界竹枝词二十首》，《白话捷报》，1913年8月8日。

④ 吟秋：《新女界竹枝词二十首》，《白话捷报》，1913年8月11日。

业，叫作"新事业"。人群渐渐的进化，在旧文明之外，又发生种种文明出来，叫作"新文明"。全国里头，无论那一个社会，那一种事业，内容外表，都焕然改观，叫作"新气象"。①

该文列举了那么多近代中国的新气象和新名词，说明伴随新思想、新事物而来的大量新名词，已经渗透到人们的日常生活之中；《爱国白话报》主笔以浅显易懂的语言对其一一作出解释，进一步推广和普及了新名词。

中国历史上历次语言变革，一般都是鲜活的口语影响相对停滞的书面语；换句话说，是书面语主动吸收日常用语，为其补充了新鲜的血液。然而，到了近代中国，这一情形却倒转了过来。中国语言的近代化变革，是通过书面语言影响了日常语言。大量的新名词最先通过采用改良文言的报章"新文体"输入中国，在思想文化界和普通社会上经过一段时间的运用、磨合、排斥、变异与普及，包括白话报刊的推广宣传，到了口头语言接受了这些新名词之后，再大量运用白话化或口语化了的新名词和外国语法进行写作，就形成了现代白话文。清末民初报刊白话文的文言化、近代化趋向，并未脱离"言文合一"的历史演进轨道。

第三节　拟想读者、受众群体与接受环境

1922 年，胡适在《五十年来中国之文学》中，盘点二十多年来提倡白话报者、白话书者、官话字母者、简字字母者的成绩与缺点时指出："他们的最大缺点是把社会分作两部分：一边是'他们'，一边是'我们'。一边是应该用白话的'他们'，一边是应该做古文古诗的'我们'。我们不妨仍旧吃肉，但他们下等社会不配吃肉，只好抛块骨头给他们吃去吧。"②1932 年，周作人在《中国新文学的源流》中断言五四新文学家"作文的态度是一元的"，清末白话文作者的"态度则是二元的"，古文是为"老爷"用的，白话是为"听差"用的。③1935 年，胡适在《〈中国新文学大系·建设理论集〉导言》中，再次以阶级分野指责晚清知识界文言、白话并存这一主张，是"把社会分作两个阶级，一边是'我们'士大夫，一

---

① 懒：《新》，《爱国白话报》，1914 年 1 月 6 日。
② 胡适：《五十年来中国之文学》，申报馆，1924，第 78 页。
③ 周作人：《中国新文学的源流》，华东师范大学出版社，1995，第 56 页。

边是'他们'齐氓细民"。① 然而，历史的真相恐怕并非如此简单，"我们"
与"他们"之间的界限亦非如此分明，清末民初二十余年白话报人和白话
文作者的读者定位也非一成不变。

早期启蒙白话报的拟想读者，毫无疑问是识字无多的中下层民众和妇
女儿童，然而其实际受众却出乎白话报人的预料，绝大部分白话报刊系中
上社会中人订阅，下流社会订报者少之又少。随着新式学堂的推广和社会
文化事业的发展，普通民众的文化素养在不断提高，白话报人也根据时代
需要不断调整着自己的读者定位。清末白话报刊之读者定位的自觉与不自
觉的变化与调整，既影响到报刊白话文的内容质量及其启蒙效果，也促使
报刊白话文之语言与文体逐渐朝着近代化与规范化方向发展。

1898 年 8 月，裘廷梁在其名文《论白话为维新之本》中有言："谋国
大计，要当尽天下之民而智之。"② "尽天下之民而智之"，是戊戌时期维新
派知识分子的教育理想和启蒙目标。自那时起，知识界一批时代先觉者，
就不再仅仅将目光瞄准高居上位的当国者，而是径直走向学校、报馆和广
场，走近普通民众，广开民智。1901 年，创办于北京的《京话报》在章
程中做出"为中人以下者说法则"的读者定位。③ 此后，"为中人以下者说
法则""为中下社会说法"，成为晚清白话报界的流行语。直到清宣统三年
(1911)，白话报人仍然坚信："地方报之两大天职，厥惟开通民智，改良
社会。而所谓开通改良者，决非仅求一部分之有效而自足，必以大多数人
民咸受炉冶为归。"④ 其所秉承的，依然是白话报先驱裘廷梁所定"尽天下
之民而智之"的信条。民国初肇，文话报和白话报依然有着明确的社会分
工和各自预设的读者群体，"文话报，多销于上等官僚，学堂局所；白话，
是普遍中下社会，妇孺孩童"。⑤

然而，晚清白话报的实际受众却并非尽是"中下社会"和"妇孺孩
童"，实际上，下等社会中人并不具备购报和阅报能力，其真正的阅读对
象以中等以上知识者为主体。启蒙对象与实际受众之间这一明显差距，令
许多白话报馆纷纷调整自己的读者定位。他们不再满足于仅仅为中下社
会说法，而将眼光投向全体国民。1901 年创刊的《京话报》虽然确定了
"为中人以下者说法则"的方针，然而其拟想读者不仅涵盖了全体中国国

① 胡适：《〈中国新文学大系·建设理论集〉导言》，载赵家璧主编：《中国新文学大系·建设
理论集》，上海良友图书印刷公司，1935，第 11 页。
② 裘廷梁：《论白话为维新之本》，《中国官音白话报》第十九期、二十期，1898 年 8 月 27 日。
③ 《创办京话报章程》，《京话报》第一回，1901 年 9 月 8 日。
④ 《本报易名宣言书》，《虞阳白话报》，1911 年 2 月 12 日。
⑤ 平敏：《论白话报不可太无价值》，《群强报》，1913 年 3 月 25 日。

民——声称"就是南方的上中下三等人，皆也不可不看这报"——甚至兼及"在中国传教的洋人以及各国钦差衙门领事衙门的翻译官，各省海关上的洋员，各处的洋商"；其实际受众还包括外国设立的中文学堂学生——"日本一处学中国话的就有数百人，每人都要看一份这个报的"。[①] 坚持"为中人以下者说法则"，却又自觉地调整着其读者定位，《京话报》的现实处境颇具代表性。

晚清时期，英敛之对《大公报》白话栏目读者定位的调整，更具代表性。英敛之不仅在《大公报》创刊伊始就辟出专刊白话的"附件"专栏，而且很快就将其拟想读者从一般白话报定位的"中人以下者"调整到兼顾"上等人"。1904 年初，《大公报》同人注意到："本报后边的一段白话，虽然说是为不通学问的人作的，到底不认得字的人，仍然是不懂得，还得认字的念给大家听。故此这白话，也是常常对着上等人说法的时候多。"[②] 在"文话"属于"上等人"专利的年代，白话为"上等人"所不屑，然而为了让其充当"念给大家听"的中介，作为权宜之计，故而《大公报》白话文作者不得不"常常对着上等人说法"。在英敛之看来，"顶好是对于中等社会用白话"；"要是求下等的社会开化"，顶好的办法"是通行新字"。[③] 可见，《大公报》白话附栏及《敝帚千金》附张的读者定位，实际上以"中等社会"为主体，兼及"上等人"和"下等的社会"。

《中国白话报》的读者定位，亦耐人寻味。1904 年 5 月，该报针对读者来信指责其文义太深辩解道："报馆本有监督国民的责任，这国民的范围大得狠（很）。孩童妇女固然在国民之内，那党派学生何尝不是国民？而且现在识字的人太少，我这报并不是一直做给那般识粗字的妇女们孩子们看的，我还是做给那种比妇女孩子知识稍高的人看，教他看了开通之后，转说把妇女孩子们看，这叫做间接的教育，所以说话不免高些。"[④] 这一辩解与《大公报》的说法不谋而合。由此可见，《中国白话报》两大主笔林獬、刘光汉的白话文的拟想读者，并非发刊词中所言的"种田的、做手艺的、做买卖的、当兵的，以及孩子们、妇女们"，而是那些比他们"知识稍高"、可以使他们接受"间接的教育"的中等知识者。该报刊登在《警钟日报》的一则广告，亦可窥知其实际受众："本报陈说虽浅，立义则高。若非藉同志之媒介得以间接力以及于一般国民之耳目，则恐吾言之徒

---

① 《论创办京话报的缘故》，《京话报》第一回，1901 年 9 月 8 日。
② 《文明野蛮全在有无教育》，《大公报》，1904 年 2 月 25 日。
③ 《开通民智的三要策》，《大公报》，1904 年 3 月 6 日、8 日。
④ 《答常州恨无实学者来函》，《中国白话报》第十一期，1904 年 5 月 15 日。

劳矣。"①原来，其实际读者并非识字无多的"一般国民"，而是知识阶层和革命"同志"。

晚清时期，京津地区最负盛名的《京话日报》所标榜的宗旨，是"开通内地的风气，叫人人都知道天下的大势"，其拟想读者是全体国民；"我这报上，也有上谕，也有戏单子"，此番宣传，显然是为了招揽中上阶层读者。②彭翼仲随后所标榜的"叫人人知道爱国，人人知道发愤图强"，③更是面向全体国民言说。1907 年创办的《官话北京时报》，不仅考虑到"一律官话，以便京外通行"，将拟想读者由北京地区扩大至全国，而且将"留心时事之士庶绅商"均纳入潜在读者范围。④"士"和"绅"显然并非下层社会中人。继《京话日报》之后最具影响力的白话报《正宗爱国报》刊载的一则消息，道出了晚清时期京津白话报刊之实际受众的真实情况："白话报，上等人看的极多，下等人看的也不少。"⑤据《京话日报》行世时的见证人和受益者梁漱溟回忆，该报"原是给一般市民看的，但当时社会的上层人士看的亦不少"。⑥梁先生此言，证实了《正宗爱国报》记者报道的关于白话报"上等人看的极多"的新闻所言不虚。清宣统三年旧历岁末，《北京新报》尤在标榜"识字多的看了不厌，识字少的看了明白"。⑦可见，清末民初的白话报人和白话文作者，不仅要考虑让"识字少的看了明白"，还要考虑让"识字多的看了不厌"；前者要求通俗浅白，后者要求言简意赅，甚至还要有点文采，吸纳文言养分就成为白话文作者的必然选择。

同时期存世的以上海为中心的南方白话报刊，其拟想读者也兼顾到了全体国民。1906 年问世于上海的《竞业旬报》，将宗旨定位在"对于我们四万万同胞，干些有益的事业"，使国人"做一个完完全全的人，做一个完完全全的国民，大家齐来，造一个完完全全的祖国"。⑧1908 年问世于上海的《国民白话报》，创办伊始就发现拟想读者与实际受众之间存在重大错位。该报的宗旨是"开通不能进学堂、不能看书报的多数国民"，但出版两个月后对实际受众的调查结果发现，"定长看的居十之八九，零卖

---

① 《中国白话报广告》，《警钟日报》，1904 年 4 月 5 日。
② 《作京话日报的意思》，《京话日报》，1904 年 8 月 16 日。
③ 《本报忽遇知己》（续昨稿），《京话日报》，1904 年 10 月 30 日。
④ 《官话北京时报出版广告》，《大公报》，1907 年 12 月 8 日。
⑤ 《本京新闻·如是我闻》，《正宗爱国报》，1908 年 3 月 15 日。
⑥ 梁漱溟：《桂林梁先生遗书·年谱》，载氏著：《梁漱溟全集》第一卷，山东人民出版社，2005，第 578 页。
⑦ 朱芷沅：《祝〈北京新报〉三周年词》，《北京新报》，1912 年 2 月 18 日。
⑧ 《本报之大纪念》，《竞业旬报》第二十九期，1908 年 10 月 5 日。

的很少。中上社会定看的，十之九；下等社会定看的，简直就算没有"。① 面对这一现实，报馆同人遂决定将报纸更名为《安徽白话报》，宗旨调整为"开通风气，使人人得有普通之知识"，② 不再着意强调开通"不能进学堂、不能看书报"的底层民众。这一貌似不经意的细微的措辞变化，反映出该报读者定位调整的重要讯息。他们调整了较为激进同时也较为褊狭的办刊方针，回归到裘廷梁标举的"尽天下之民而智之"的信条上来，立足安徽本省，将其拟想读者定位在全体国民而非下等社会。《安徽白话报》的第二条、第三条宗旨是："调查各州县政教风俗之新闻及旅居各省各团体之新闻，使在籍在外之皖人得联声气"；"对于教育普及、地方自治、路矿三大问题极力倡导"。③ 其拟想读者，更是非中上社会中人莫属。

晚清白话报刊的读者群涵盖了各个阶层，尤以开明官僚、士绅、商人、教师和学生为多。以《杭州白话报》为例，在山西省大力推销该报的是开明官绅，④ 在嘉兴热心买报分送的是广智学会的志士，⑤ 在杭州设立分送白话报社的是求是书院和武备学堂的有志青年。⑥ 旨在开通下层劳动阶级之智识的《中国白话报》，其实际受众和热心传播者则"尤以学生社会为多数"。⑦ 属于革命派阵营的《童子世界》《安徽俗话报》《竞业旬报》等白话报刊，其拟想读者的情形亦大体如此。至于章太炎等主持的《教育今语杂志》，则将"保存国故，振兴学艺"放在其宗旨的第一位，其次才是"提倡平民普及教育"。⑧ 其读者定位，主要是留日学生与南洋华侨，大体属于中上社会中人。

清末民初二十余年之中，随着报刊业和出版业的发展，新式学堂教育的推广普及，社会风气的转变，普通国民的文化素养在不断提高；"何况当初瞧文话报的人，因为生计艰难，改为瞧白话报的，所在皆是"。⑨ 由于"看白话报的诸君，知识日进，眼力增高"，⑩ 读者对白话报人的办刊水准和白话文作者的写作水平，自然提出了更高的要求。民国二年（1913），《群

① 《本馆紧要广告》，《国民白话日报》，1908 年 9 月 24 日。
② 《安徽白话报广告》，《国民白话日报》，1908 年 9 月 24 日。
③ 《安徽白话报广告》，《国民白话日报》，1908 年 9 月 24 日。
④ 《山西抚台札饬阅报》，《杭州白话报》第十九册，光绪二十七年十一月五日。
⑤ 《广智学会买报分送》，《杭州白话报》第十九册，光绪二十七年十一月五日。
⑥ 《杭州武备学堂设立分送白话报社》，《杭州白话报》第二十册，光绪二十七年十一月十五日。
⑦ 《敬告阅报诸君》，《中国白话报》第八期，1904 年 3 月 31 日。
⑧ 《教育今语杂志章程》，《教育今语杂志》第一册，1910 年 3 月 10 日。
⑨ 谔谔声：《报无大小之分》，《爱国白话报》，1913 年 11 月 18 日。
⑩ 杨曼青：《白话报》，《群强报》，1913 年 7 月 6 日。

强报》读者平敏对北京白话报界"有越做越土的，有越做越俗的"，从而导致"价值太低"的状况痛下针砭；"上等人也教他爱看，中下人也懂得"，是这位白话报铁杆粉丝对白话报刊的读者定位。[①] 这则耐人寻味的读者来稿，从民国初年的读者阅读期待视域，反证了有识之士对白话报刊之正大宗旨和白话书写之雅俗共赏境界的体认，也大体反映出了民元前后京津几大白话报刊的实际读者定位情况。此时，"他们"与"我们"的界限渐趋模糊，殊难将其截然分开。

随着社会日见进化，清末民初白话报刊的读者眼光日高，白话报和白话文的内容、风格、语言、文体等方面也在发生着变化。民元前后报刊白话书写不约而同出现的"文话"化、书面化趋向，固然有着多方面的原因，但也可以从白话报刊拟想读者的定位逐渐提高的角度来解释。我们举北京白话报界颇具知名度的白话文写作高手杨曼青的一篇白话文为例。1910年9月21日，《北京新报》刊载的杨曼青《说菊》一文写道："尝见今人爱菊，藉着陶渊明为口实。殊不知晋代陶公，满怀是忧时利物之心。不得已归隐故里，以爱菊作为寄托，也似楚国屈子咏赋《离骚》，以美人香草寓意，略舒满腔的忧愤。到了晋时，陶老先生名位与屈子虽不同，那一种忧时的心，我想是一样罢。后人但知渊明爱菊，真冤苦了陶公。陶公生在那等时代，还能一味的傻爱菊，那还够的上五柳先生身分吗？"能够对"陶渊明爱菊"有所了解的"今人"，恐怕不是目不识丁的愚夫愚妇、贩夫走卒。该文的拟想读者，定位在与作者身份差不多的受过教育的读书人；其叙述口吻，基本上是作者叙述人的自我言说。从其叙述姿态和拟想读者来看，均不存在"我们"与"他们"之分。

清末民初，类似的白话文在白话报刊中不胜枚举，民元前后更为明显。且看1914年《白话捷报》主笔文洽贤的一段说理演说文：

> 记者昨天起得很早。起来之后，就在院中散步，看见轻烟淡淡，晓雾蒙蒙，一竿红日，光线刚刚射到地面。院中的草木，才发生了一些嫩绿的萌芽。枝上的花蕊，才带了一些浅红的颜色。景色异常清幽，庭院颇觉清净。记者往来徘徊，吸收了一些新空气，脑筋中忽然一活泼，心思忽然一动，想起了几句书来。记得邵康节先生曾说过几句话，是"一日之计在于晨，一年之计在于春，一生之计在于勤"。我想我今天起的很早，恰恰的正是一个清晨，现时是阳历三月，阴历的二月，

---

① 平敏：《论白话报不可太无价值》，《群强报》，1913年3月25日。

又恰恰的是一个春天。当此清明之气，鼓动精神的时节，断不可不思忖一生的打算。于是我自己就反复盘算起来，盘算了半天，细想我半生潦倒，困顿风尘，到如今年已三十，不过每日里拿着一支毛锥子，向文字中求生活，那不是误在一个"懒"字上了？[①]

作者以自己的人生感悟和生活阅历现身说法，字里行间流露出心酸的人生经历和穷困潦倒的现实境遇。虽然其立意和重心仍不脱"劝人"窠臼，却既无居高临下姿态，又无明显说教口吻；文笔生动，且不乏欣赏轻烟、晓雾、红日、草木、花蕊乃至清幽环境和新鲜空气的闲情逸致与审美欲求。此刻，"他们"就是"我们"，"我们"就是"他们"；"他们"并非什么"听差"，"我们"亦非什么"老爷"，大家都是中华民国的"国民"。

概而言之，早期白话报人写作白话文主要对"他们"宣讲，思想观念上的确存在着"我们"与"他们"之别，但其拟想读者也并非完全不考虑"我们"。随后，白话报人和白话报读者的眼光越来越高。民元前后，白话报刊的读者定位，明显出现了逐渐向中上社会移动的历史趋向，中上社会中人成为白话报刊的主要订阅者和接受群体，"他们"与"我们"早已你中有我，我中有你，其间的界限已很难划定。

晚清时期的白话文运动，是一场面向全体国民的轰轰烈烈的思想启蒙运动和语文革新运动，并与"小说界革命"合力掀起了一股强劲的白话文学思潮。晚清至五四的二十余年间，白话文倡导者和实践者，借助白话报刊、白话教科书和新式学堂，通过贴报、创设阅报处和讲报所等辅助手段，将近代白话观念推广到了社会各个阶层。数以百计的白话报刊，数以千计的白话文作者，数以万计的白话文（学）作品和形形色色的白话教科书，培养了一个庞大的读者群体，从而为五四白话文运动和文学革命的兴起，奠定了至关重要的社会基础和群众基础。没有白话语言观念、白话书写经验、白话文读者基础和社会接受环境的长时间的量变积累，五四文学革命和白话文运动要在短时间内实现质的突变，将会是无本之木、无源之水与空中楼阁。一言以蔽之：没有晚清，何来五四？

[①]　泪墨生：《勤》，《白话捷报》，1914 年 3 月 20 日。

第十四章　文体之变：从改良文言到改良白话

　　晚清至五四时期发生的中国文学变革，语言范式的转型具有关键的标志性意义。晚清时期，梁启超借助《清议报》《新民丛报》《新小说》等报刊阵地发起文学界革命，通过改良文言和化雅向俗的努力，创造出文白杂糅、中西兼采、富有思想张力、笔锋常带情感的新文体，提高了小说戏曲的文化文体地位，促成了中国文学体系和书面语的近代变革。与此同时，改良白话的文体语体实践也在白话报刊和小说期刊次第展开。五四时期，胡适、陈独秀通过《新青年》发动文学革命，推白话文学为正宗，通过改良白话和化俗为雅的努力，创造了适应现代人表情达意需求的新文学和语体文，确立了现代白话文学的新文统。晚清时期言文杂糅的新文体和五四时期言文合一的白话文体，构成了中国文学和书面语现代化演进过程中先河后海的自洽性链接。

第一节　改良文言：晚清新文体的文体选择

　　救亡与启蒙，是晚清与五四两次文学革命的原动力；近代报刊的兴起与思想传播方式的改变，则是两次文学革命运动得以开展的重要媒介。胡适尝言：《时务报》《新民丛报》和《新青年》三个杂志"创造了三个新时代"。① 晚清至五四时期，三份杂志引领了两个启蒙时代的思想与文学变革；这其中，自然包括中国文学的语体文体的近现代变革。梁启超与胡适，则是晚清与五四两个历史时期的文学革命旗手和代表人物。本节所讨论的立足于改良文言的晚清报章新文体，即以梁启超的写作实践为中心和典范。

　　梁启超的报章新文体，起步于变法维新的《时务报》阶段，成熟于流

① 胡适：《与一涵等四位的信》，《努力周报》第七十五期，1923 年 10 月。

亡日本的《新民丛报》时期。戊戌时期，时务文体取得了"举国趋之，如饮狂泉"的时代效应，开启了一个政论报章兴盛的时代。居东时期，梁启超遍览日文报刊和日译西学书籍，借道东洋辛勤为国人采集西洋文明思想的薪火，先后创办《清议报》《新民丛报》《新小说》等刊物，相继发起诗界革命、文界革命、小说界革命和戏曲界革命，掀起了一股强劲的文学变革之风，极大地提升了以小说戏曲为代表的白话文学的文化文体地位，推进了中国语言文学的近代变革。其于文界，则借鉴东瀛文体，创造了一种会通中西、融合古今、半文半白、亦骈亦散、条理明晰、自由抒写、流畅锐达、雄放隽快的文章新体，使之成为传播文明思想、拯救民族危亡的坚车利器。

梁启超"新文体"在语体文体革新方面基于改良文言，在改良文言文体语体方面做出过多种探索与不懈努力。

梁启超"新文体"改良文言的努力，首先体现为浅近化、白话化与不避骈偶的语言表达，以及平易畅达、酣放淋漓的文体风格。从语体层面考察，主要表现有三：其一是从众向俗，为文尽量运用浅近易懂而非艰涩生僻的文言语汇；其二是向俚语开放，吸收谚语、俗话、成语等白话成分，拉近言文之间的距离；其三是不避骈偶，吸收双声叠韵语汇，融会骈文时文的偶句排句，增强音韵之美、节奏之感与整饬之气。从文体层面考察，主要是语言浅近、表达明白所带来的平易畅达的阅读效果，杂以俚语隽语所造成的活泼跳脱的文风，杂以韵语、排比语、偶句所带来的声韵铿锵之调、慷慨淋漓之气与往复顿挫之效。加上作者以情感之笔说理叙事的写作风格，纵笔所至不检束的自由书写理念，使梁式"新文体"具备极强的表现力、极大的容量与自由度。梁氏《新民说》等政论文章，《少年中国说》《呵旁观者文》《过渡时代论》等新体杂文，《南海康先生传》《意大利建国三杰传》《近世第一女杰罗兰夫人传》等新体传记，其文字均有左右人心的巨大魅力。梁启超在《饮冰室自由书》叙言中，称此类随感性的文体是"或用文言，或用俚语，惟意所之"。[①] 胡适《四十自述》回忆读梁启超《新民说》一类文字的感觉是，"明白晓畅之中，带着浓挚的热情，使读的人不能不跟着他走，不能不跟着他想"。[②] 这种自由书写、充满活力的新体散文，更能适应过渡时代新兴大众传媒之需，也更受时人的青睐与追捧。

梁启超"新文体"改良文言的另一途径，是大量借用与中国同文的日

① 梁启超：《自由书·叙言》，载氏著：《饮冰室合集·饮冰室专集之二》，中华书局，1936，第1页。
② 胡适：《四十自述》，亚东图书馆，1941，第100页。

语新词汇，并在行文中杂以欧式语法，体现出向欧化开放的语言策略和文体的近代化趋向。明治维新后，日本语汇中出现了许多西学背景、汉字书写的"新名词"。面对铺天盖地的日本新名词、新学理，梁启超径直采取为我所用的"拿来主义"态度。西学东来学术渠道的建立，给晚清中国带来了一个新名词、新学理大爆炸的时代。时风所向，就连译界泰斗严复"一名之立，旬月踟蹰"的精心之作，如"物竞、天择、储能、效实"等严氏引以为傲、宣称"皆由我始"的译名，[①]也很快淹没在日本名词的滚滚洪流之中。借助日本的新名词、新学理，搭建起近代中国新文体、新学术的框架，被誉为"新民师"的梁任公厥功甚伟。且看梁启超《新民说·论进步》中的一段文字：

> 实则人群中一切事事物物，大而宗教、学术、思想、人心、风俗，小而文艺、技术、名物，何一不经过破坏之阶级以上于进步之途也？故路得破坏旧宗教而新宗教乃兴，倍根、笛卡儿破坏旧哲学而新哲学乃兴，斯密破坏旧生计学而新生计学乃兴，卢梭破坏旧政治学而新政治学乃兴，孟德斯鸠破坏旧法律学而新法律学乃兴，哥白尼破坏旧历学而新历学乃兴，推诸凡百诸学，莫不皆然。而路得、倍根、笛卡儿、斯密、卢梭、孟德斯鸠、哥白尼之后，复有破坏路得、倍根、笛卡儿、斯密、卢梭、孟德斯鸠、哥白尼者。其破坏者，复有踵起而破坏之者。随破坏，随建设，甲乙相引，而进化之运乃递衍于无穷。[②]

新名词背后传递的，是西洋新人物、新思想、新学术、新观念、新气象。无论是思想观念的近代化，抑或是语言文学的近代化，包括革命文学的兴起和革命思潮的传播，都与新名词传播关系极大。晚清时期，以双音的新名词为主体的新语汇在新文体中所占比例之大，外国语法对文言句式和古语文体的欧化改造，已经到了决定其语言风格和文体特征的地步。这一情形，使得陈陈相因的传统文言和模古拟古的古语文体相形见绌，新体散文的语言表现力得到极大拓展与提升，与时俱进的近代改良文言语体文体逐步建立。

晚清文学界革命时期，改良文言的语体文体实践，迅疾在以新派知识分子出版的新型书刊为传播媒介的新文坛全面展开。其中，邹容、章太炎、

---

① 严复：《天演论·译例言》，载王栻主编：《严复集》第五册，中华书局，1986，第 1322 页。

② 梁启超：《新民说·论进步》，载氏著：《饮冰室合集·饮冰室专集之四》，中华书局，1936，第 62 页。

刘师培、林纾、王国维、章士钊、周树人、周作人等是此期具有代表性的作家。晚清新小说家以报刊为主要传播媒介的新小说著译实践，亦可纳入这一维度来考察。

"革命军中马前卒"邹容 1903 年问世的革命政论小册子《革命军》，以"普及四万万人之脑海"①为目标，文白杂糅，恣肆跳踉，喜用排比，平易畅达，其文体属于典型的"梁启超"式的"新文体"，其文风亦酷似《清议报》主笔"少年中国之少年"和《新民丛报》主人"中国之新民"。饶有意味的是，以"有学问的革命家"著称的章炳麟为之作序时，不仅没有"恶其不文"，反而赞其"径直易知"。②何也？时势和时风使然。正因如此，《苏报》主编章士钊赞其为"今日国民教育之第一教科书"。③

为文追蹑秦汉魏晋的革命文豪章太炎，尽管对取法东瀛的新文体看不上眼，然而《驳康有为论革命书》《讨满洲檄》等一批显示其一生革命业绩的"战斗的文章"，文辞却有意"取足便俗"，④文辞犀利，笔无藏锋。章太炎"苏报案"和《民报》时期以排满革命著称的政论文章，虽在晚年自订文集时被视为"无当于文苑"而自行刊落，然而晚清时期却在众多像周树人一样的留东学子脑海中，留下了"所向披靡，令人神旺"的深刻印记，其思想启蒙功效和社会影响力，远大于连章门弟子亦"读不断，当然也看不懂"的《訄书》。⑤何也？时代使然。

论文崇尚骈体的扬州学派传人刘师培，同样瞧不起"梁启超"式的报章新文体，言其"矜夸奇博，取法扶桑，吾未见其为文也"。⑥然而，刘光汉暴得大名的《攘书》及刊诸《警钟日报》《民报》《天义报》的政论文章，包括《〈共产党宣言〉序》，理融欧亚，词驳今古，以单行之语运排偶之词，语体上属于向欧化开放的改良的文言，文体上亦是骈偶化的报章新文体。

古文家林纾风靡一时的"林译小说"，胡适《五十年来中国之文学》以降的文学史著作，大都从"古文"视角透视之定位之。其实，林译小说的文体语体都打破了"古文"义法，根本算不上"古文"，充其量是一种改良文言文体。清末民初"林译小说"之语体，掺杂不少土语、隽语、佛

---

① 《新书介绍·革命军》，《苏报》，1903 年 6 月 9 日。

② 章炳麟：《序革命军》，《苏报》，1903 年 6 月 10 日。

③ 爱读国民军者：《读〈革命军〉》，《苏报》，1903 年 6 月 9 日。

④ 章太炎：《与邓实书》，载舒芜等编撰：《近代文论选》，人民文学出版社，1999，第 450 页。

⑤ 鲁迅：《章太炎先生二三事》，载氏著：《鲁迅全集》第六卷，人民文学出版社，2005，第 565—566 页。

⑥ 刘光汉：《论文杂记》，《国粹学报》第一期，1905 年 2 月。

家语、佻巧语和外来语，[①] 属于一种向古白话、口语白话、外来语开放的松动的文言，一种通俗、浅近、活泼、富于弹性的改良文言。

有着西学东学知识背景的青年王国维，较早响应梁启超倡导的以日本"新学语"入"中国文"的主张，[②] 其刊诸《教育世界》杂志的一大批哲学、美学、文学、教育论文，如《哲学辨惑》《红楼梦评论》《论叔本华之哲学及其教育学说》《论哲学家与美术家之天职》《论新学语之输入》《文学小言》《教育偶感》《论近年之学术界》《古雅之在美学上之位置》《论性》《释理》《原命》等，语体上大量取用日源新学语和欧化句法，甚至创造出"哲学的也""宇宙的也""文学的也"之类横跨文言、白话两大书写系统的独特句式，也是一种中西合璧、文白兼采的改良文言。

清末民初，章士钊名重一时的文理密察的政论文章，在改良文言的欧化道路上走得更远，其句法文法已经属于现代的表达方式，足以与西洋的述学文体相伯仲。胡适将其定性为"欧化的古文"，[③] 罗家伦称其为"逻辑文学"，[④] 钱基博名之为"逻辑文"。[⑤] 新文学批评家和旧派文学史家一致认定其为欧化的"政论文学"之代表，文法的精密严谨和语言的丰富繁复是其显著特征，文体语体都属于充分近代化的改良的文言。

晚清时期，切实将改良文言的欧化实践引向深入的，还有在"小说界革命"影响下走上文学救国道路的周氏兄弟的文学翻译文体。周氏兄弟在西文句法乃至章法方面的欧化试验，使《域外小说集》的改良文言语体文体充满了陌生化、先锋性与现代意味。晚清"新小说"论者和作者在倡导与改造"俗语文体"方面的种种努力，则使得此期著译新小说的语言实践同时在文言白话化、白话文言化、文言与白话都不同程度地欧化的多层面、多向度展开，在很大程度上拉近了文言与白话之间的距离。

晚清至五四前夕，以报刊为主要传播媒介和阵地的文界、诗界、小说戏曲界众多的新派作家，在改良文言语体文体上所做的多方面、多领域实践，是一次非常重要的近代化探索与试验。

从改良群治、启发蒙昧的需要出发，文学界革命的倡导者还抱有言文合一的遐想。黄遵宪 1895 年出版的《日本国志》率先提出"言文合一"思想。戊戌时期的梁启超，也是"言文合一"说的积极倡导者。1903 年，

---

① 参见钱钟书：《林纾的翻译》，载薛绥之、张俊才编：《林纾研究资料》，福建人民出版社，1982，第 309—317 页。

② 王国维：《论新学语之输入》，《教育世界》第九十六号，1905 年 4 月。

③ 胡适：《五十年来中国之文学》，申报馆，1924，第 52 页。

④ 罗家伦：《近代中国文学思想之变迁》，《新潮》第二卷第五期，1920 年 9 月。

⑤ 参见钱基博：《现代中国文学史》，世界书局，1935。

梁启超用进化史观审视各国语言文学演进大势，指出古语文学变为俗语文学乃文学进化之一大关键，泰西泰东各国文学史之开展均遵循这一规律，当今时代想要普及文明思想于全体国民，凡百文章均应采用俗语文体。[①]这一观点，与十五年后胡适标榜的"历史进化的文学观"和白话文学正宗观，理路一致且说法相近。

1903 年，同为康门弟子的狄葆贤，阐发梁启超的语言文学发展观道：

> 饮冰室主人常语余：俗语文体之流行，实文学进步之最大关键也。各国皆尔，吾中国亦应有然。近今欧美各国学校，倡议废希腊、罗马文者日盛。即如日本，近今著述，亦以言文一致体为能事。……故俗语文体之嬗进，实淘汰优胜之势所不能避也。中国文字衍形不衍声，故言文分离，此俗语文体进步之一障碍，而即社会进步之一障碍也。为今之计，能造出最适之新字，使言文一致者上也；即未能，亦必言文参半焉。[②]

梁启超、狄葆贤认识到：白话文学的流行是各国文学演进发展的大趋势，中国社会长期言文分离的状况，是白话文体进步的障碍；白话文体要取得进步，必须吸收文言的养分。所谓"言文一致"，并非只是文言向白话靠拢的单向运动，还包含白话的雅化（文言化）与欧化（西化、现代化），以丰富白话词汇和句法，提升白话书面语的表现力。套用时人的说法："则言文一致者，乃文字改为浅近，言语改为高等，以两相凑合；非强以未经改良之语言，即用为文字也。"[③]无论是改良文言，还是改良白话，其根本方向均指向"言文一致"。

20 世纪初年，作为文学革命的先行者，梁启超等人预测到白话文学大进化大发展的必然趋势，也积极尝试过俗语文体（如政治小说、改良新戏及白话译诗），但深感纯用俗话远不如文话得心应手。[④]在报章文体初兴时期，梁启超更习惯和擅长运用言文杂糅、中西兼采、简洁生动、雅俗共

---

① 饮冰：《小说丛话》，《新小说》第七号，1903 年 9 月。

② 楚卿：《论文学上小说之位置》，《新小说》第七号，1903 年 9 月。

③ 姚鹏图：《论白话小说》，《广益丛报》第六十五号，1905 年 3 月 5 日。

④ 1902 年，梁启超在《十五小豪杰》第四回译后语中感叹："本书原拟依《水浒》《红楼》等书体裁，纯用俗话，但翻译之时，甚为困难。参用文言，劳半功倍。计前数回文体，每点钟仅能译千字，此次则译二千五百字。译者贪省时日，只得文俗并用。明知体例不符，俟全书杀青时，再改定耳。但因此亦可见语言文字分离，为中国文学最不便之一端，而文界革命非易言也。"载梁启超：《饮冰室合集·饮冰室专集之九十四》，中华书局，1936，第 20 页。

赏的新文体，"新文体"担负起传播文明思想的重任。

晚清时期，随着进化论思想的广为传播，思想启蒙运动和文学界革命的蓬勃开展，语言文学复古之风受到抑制，趋新求变成为新的文学风尚，古语文学变为俗语文学被有识之士视为文学演进大势，历来地位卑下的小说戏曲被当作启蒙利器和雅文学，以诗文为正宗的传统文学观念和文学结构遭到强有力冲击，文学各个领域呈现出新气象；报章新文体在推进语体文体革新方面成绩卓著，近代改良文言以迥异于传统文言的时代特征，成为社会上最有势力的文字，传统古文和传统文言的统治地位受到了极大挑战。晚清白话文运动的兴起，使得白话报和白话文的读者群体，成为一股不可轻视的社会力量。民国初年，旧思想和旧文学出现严重回流现象，晚清时期的启蒙主义文学旗帜不见了踪影，骈体文言长篇小说流行一时，《京话日报》《群强报》等老牌白话报变得文白夹杂，文言（文学）为雅、白话（文学）为俗的观念在社会上依然根深蒂固，胡适指出的"我们"与"他们"之间的语言界限依旧泾渭分明。这一情形，预示着中国语言文学的言文合一之路，需要新的披荆斩棘者的出现。

第二节　改良白话：五四新文学的文体选择

五四文学革命是从提倡白话文、反对文言文入手的。胡适之所以选择语言革命作为文学革命的主攻方向，在于他认定"文字是文学的基础，故文学革命的第一步就是文字问题的解决"，"先要做到文字体裁的大解放，方才可以用来做新思想新精神的运输品"。[1] 这一思路的内在逻辑，是对晚清以降思想启蒙先驱和文学界革命者重"革其精神"而轻"革其形式"思维模式的纠正，其突破口是作为新思想、新精神载体的语言工具，意在通过彻底打破精英与大众、雅与俗之间的文化壁垒的努力，实现言文合一理想和播文明思想于全体国民的文化启蒙目标。后世史家将五四文学革命别称为白话文运动，将五四新文学别称为白话文学和语体文，从中可见语言革命之于文学革命和新文化运动的决定性作用与根本意义。

1915 年夏秋时节，胡适已在留美同学圈中酝酿"文学革命"。在与梅光迪、任鸿隽等人的反复辩难中，他认识到"一部中国文学史只是一部文字形式（工具）新陈代谢的历史"，俗话文学是"中国的正统文学"；"中

---

① 胡适：《自序》，载氏著：《尝试集》，亚东图书馆，1920，第 41 页。

国今日需要的文学革命是用白话替代古文的革命，是用活的工具替代死的工具的革命"。廓清上述认识后，至 1916 年 7 月，他与友人争论的焦点，就只剩下"白话是否可以作诗"一条了。胡适据此断言："白话文学的作战，十仗之中，已胜了七八仗。"[①] 一个月后，胡适给陈独秀寄去了那封首揭"文学革命"八事要领的公开信。10 月 5 日，陈氏在复函中希望他"切实作一改良文学论文，寄登《青年》"。[②] 三个月后，当《文学改良刍议》文稿漂洋过海如约而至，谁也没有想到，一场彻底改变中国语言文学和思想文化版图与历史走向的革命风暴，将由这篇冠以"改良"之名的"刍议"文章来引爆。

白话文学正宗观是《文学改良刍议》的最大亮点，也是引爆"文学革命"的导火索。该文卒章显志地宣称："以今世历史进化的眼光观之，则白话文学之为中国文学之正宗，又为将来文学必用之利器，可断言也。"陈独秀加按语道："白话文学，将为中国文学之正宗，余笃信而渴望之。"[③] 这一观点，源于胡、陈对欧洲近世各民族国家国语文学演进大势的研判——"欧洲中古时，各国皆有俚语，而以拉丁文为文言，凡著作书籍皆用之，如吾国之以文言著书也"；至近世，但丁诸文豪起而意大利人始用意国俚语著书作文，路德创新教以德文译《旧约》《新约》而开德语文学先河，英法诸国也经历了以本民族言文合一的俚语为基础创建本国国语文学的过程，"故今日欧洲诸国之文学，在当日皆为俚语。迨诸文豪兴，始以活文学代拉丁之死文学；有活文学而后有言文合一之国语也"。[④] 此后，随着陈独秀《文学革命论》和胡适《历史的文学观念论》《建设的文学革命论》等引领方向的理论文章陆续发表，以及钱玄同、刘半农、傅斯年、罗家伦、周作人、鲁迅等一批新文化人的加盟，胡适关于"文学革命"和"诗国革命"的设想，就从美国几个留学生朋友圈中的课余讨论，演变为一场国内外众多知识精英投身其中的轰轰烈烈的新文学运动。

胡适事后总结道："文学革命的作战方略，简单说来，只有'用白话作文作诗'一条是最基本的。这一条中心理论，有两个方面：一面要推倒旧文学，一面要建立白话为一切文学的工具。"[⑤] 胡适把文言与白话两套语

---

① 胡适：《逼上梁山——文学革命的开始》，《东方杂志》第三十一卷第一期，1934 年 1 月。

② 中国社会科学院近代史研究所中华民国史组编：《胡适来往书信选》上册，中华书局，1979，第 5 页。

③ 胡适：《文学改良刍议》，《新青年》第二卷第五号，1917 年 1 月。

④ 胡适：《文学改良刍议》，《新青年》第二卷第五号，1917 年 1 月。

⑤ 胡适：《中国新文学大系·建设理论集·导言》，载胡适选编：《中国新文学大系·建设理论集》，上海良友图书印刷公司，1935，第 19 页。

言系统视为两个世界：文言表述系统代表少数人的贵族文学，白话表述系统代表最大多数人的平民文学。文言与白话、古语文学与白话文学的二元对立位置，从根本上颠覆了文言高雅、白话低俗的传统价值认定。其最终目标是把长期处于边缘位置的白话文学推上雅文学的宝座，建立以白话文学为正宗的新文统。尽管《新青年》阵营对胡适的白话文学正宗观和文字文学"死活"论有保留意见，但在"改良中国文学，当以白话为文学正宗"这一战略方向上则达成了高度一致；照文学革命急先锋陈独秀的说法："其是非甚明，必不容反对者有讨论之余地，必以吾辈所主张者为绝对之是，而不容他人之匡正也。"①

与胡适偏重于语言文体革命，强调死文字决不能产生活文学不同，陈独秀则着眼于伦理革命，强调以文学革命推进思想革命。陈氏有感于欧洲文艺复兴以来，政治界、宗教界、伦理道德、文学艺术等"莫不因革命而新兴而进化"，反观中国，则国民畏革命如蛇蝎，"故政治界虽经三次革命，而黑暗未尝稍减"；究其本因，"则为盘踞吾人精神界根深底固之伦理、道德、文学、艺术诸端"皆未经历过革命洗礼，而旧文学又"与吾阿谀夸张虚伪迂阔之国民性，互为因果"，故而断言"今欲革新政治，势不得不革新盘踞于运用此政治者精神界之文学"。②在这位新文化运动的主帅看来，文学革命乃伦理革命之前提与基础，而伦理革命又为政治革命之前提与基础；这一思路，与梁启超"欲新道德，必新小说""欲新政治，必新小说""欲新民，必自新小说始"的启蒙主义文学观一脉相承。③他所要推倒的雕琢的阿谀的贵族文学、陈腐的铺张的古典文学、迂晦的艰涩的山林文学，属于胡适所言的少数人的贵族文学、古语文学、死文学；其所要建设的平易的抒情的国民文学、新鲜的立诚的写实文学、明了的通俗的社会文学，则属于胡适所言的多数人的平民文学、白话文学、活文学。

作为文学革命的首倡者和中心人物，胡适是坚定的白话一元论者，认定"死文言决不能产出活文学"，"中国若想有活文学，必须用白话，必须用国语，必须做国语的文学"。④照胡适的设想，白话新文学承继的是传统白话尤其是明清章回小说的语法体系，主要从经典章回小说、宋明语录和日常口语中学习白话语汇，"明白如话"是其基本要求，但"也不妨夹入

---

① 《新青年》第三卷第三号"通信"栏陈独秀答胡适书，1917 年 5 月。
② 陈独秀：《文学革命论》，《新青年》第二卷第六号，1917 年 2 月。
③ 《论小说与群治之关系》，《新小说》第一号，1902 年 11 月。
④ 胡适：《建设的文学革命论》，《新青年》第四卷第四号，1918 年 4 月。

几个明白易晓的文言字眼"；[1] "白话的文法，白话的文字，加入文言中可变为白话的文字"，[2] 是其改良白话、创造新式白话文的基本路径。傅斯年从厘清口语白话与书面白话、国语与俗语之间的关系出发，提出"超于说话的白话文，有创造精神的白话文，与西洋文同流的白话文"的现代白话文创造思路。[3] 傅斯年"欧化的国语"和"欧化的白话文"理论导向，因顺应师法欧西的时代潮流而被新文化阵营普遍接受，新式白话文和新文学的现代化方向与书面语特征亦由此确立。

五四文学革命的根本目标，集中体现在胡适提出的"国语的文学，文学的国语"十字宗旨。胡适从近世欧洲各国国语形成的历史经验中受到启迪，以为"有了国语的文学，方才可有文学的国语。有了文学的国语，我们的国语才可算得真正国语"；断言"中国将来的新文学用的白话，就是将来中国的标准国语，造中国将来白话文学的人，就是制定标准国语的人"；其愿景是"要在三五十年内替中国创造出一派新中国的活文学"。[4] 鉴于国内大多数人"最不肯承认的，就是白话可作韵文的唯一利器"，他决计用"科学家的试验方法"来经营白话新诗。[5] 他抱定"自古成功在尝试"的信念创作的《尝试集》，指示了一条打破一切旧诗词曲形式束缚的自由体白话诗的新径。鲁迅则秉承"启蒙主义"文学观，创造性地吸纳欧洲近代小说体式，创作出堪称现代白话小说经典的《呐喊》《彷徨》。周作人亦延续了晚清形成的"立人"文学思想，着力于建构和造就"人的文学"，在新文学理论建设和散文小品领域做出了开创性贡献，打破了"美文不能用白话"的迷信。五四新文学家在多种文学领域的放胆创造，使新文学获得了实质性内容，极大地推进了国语文学和文学国语的建设工作，逐步确立了白话新文学作为雅文学的文化地位。

五四时期，文学革命与国语运动的合流和相互借力，是其迅速取得重大突破和决定性胜利的至关重要的环节。正是沾了国语运动的光，在国人头脑中带有俚俗意味的"白话文学"，因被正名为"国语文学"而身价倍增；而胡适"文学的国语"理念的提出和国语文学的创作实绩，则为国语运动提供了有力支持。1920 年，中国政府"重演了秦皇、汉武的故事"，干成了两件大事——其一是教育部正式公布《国音字典》，为国语统一奠

---

[1] 胡适：《论小说及白话韵文》，《新青年》第四卷第一号，1918 年 1 月。
[2] 《通信·新文学问题之讨论》，《新青年》第五卷第二号，1918 年 8 月。
[3] 傅斯年：《怎样做白话文》，《新潮》第一卷第二号，1919 年 2 月。
[4] 胡适：《建设的文学革命论》，《新青年》第四卷第四号，1918 年 4 月。
[5] 胡适：《自序》，载氏著：《尝试集》，亚东图书馆，1920，第 41 页。

下了基石；其二是"教育部以明令废止全国小学的古体文，改用语体文，正其名曰'国语'"，承认了白话文的正式书写语资格——据此，国语运动骨干分子黎锦熙将"民国九年"断为四千年国语文学史上"开一新纪元"的关键年份。① 中华民国中央政府权威机关和权力部门的强力推进，加上新文化阵营的理论鼓吹和语体新文学取得的显著实绩，国语运动和文学革命取得了双赢的历史局面，从而一举奠定了白话文学的文坛正宗地位，并为现代白话文争得了正式书写语资格。至此，白话文（学）获得了具有全局意义的不可逆转的胜利。

然而，在如何建设白话新文学和改良白话方面，新文化阵营却有着不同的声音与多向度探索。因提出"人的文学"口号而使新文学有了实质性内容的周作人，其语言文学观却与胡适存在分歧。与胡适将文言与白话置于对立位置不同，周作人则着意调和两者之间的关系；五四之后，周氏声言"把古文请进国语文学里来，改正以前关于国语文学的谬误观念"，以为"古文与白话文都是华语的一种文章语，并不是绝对地不同的东西"。② 与此同时，他大力提倡晚明小品文，写作中也更为自觉地从古文中汲取语言与文化养分，有意识地经营一种"雅致的俗语文"。③ 借古文改造白话，成为一批现代散文作家不约而同的自我调整与语体追求。从语体文体上看，新文学作家自觉吸收融会文言养分改良文学国语的有益尝试，也是一种使白话文学化俗为雅的努力。

五四时期，留学美国和德国攻读文学和语言专业的林语堂，在拥护和支持胡适倡导的白话文学运动的同时，却对经典古文采取了相对开放包容的态度，并致力于探索一条融会古今、中西、雅俗的审美的白话文学创作路径。1920 年 6 月，林语堂在致胡适信中，强调"白话文学运动唯一的正义，只是白话能生出一等文学来"，指出当下"以普及教育为白话文学惟一的目的"的导向"是一句亵渎白话文的话"。④ 林语堂坚持到"古文"里"散步"的理念，⑤ 对"洗炼白话入文"的原则的坚持，⑥ 及其别具一格的雅致隽永的现代小品文的创作实绩，表现出对国语文学的语言艺术性的自

---

① 黎锦熙：《代序——致张陈卿李时张希贤等书》，载胡适：《国语文学史》，文化学社，1927，第 25—26 页。

② 周作人：《国语文学谈》，载氏著：《艺术与生活》，岳麓书社，1989，第 63 页。

③ 周作人：《燕知草·周跋》，载俞平伯：《燕知草》，河北教育出版社，1994，第 142 页。

④ 《林语堂（玉堂）信二十八通》，载耿云志主编：《胡适遗稿及秘藏书信》第二十九册，黄山书社，1994，第 323—324 页。

⑤ 《林语堂（玉堂）信二十八通》，载耿云志主编：《胡适遗稿及秘藏书信》第二十九册，黄山书社，1994，第 308 页。

⑥ 林语堂：《怎样洗炼白话入文》，《人间世》第十三期，1934 年 10 月 5 日。

觉追求，以及以文言丰富白话、改良白话的不懈努力。从晚清时期借白话改造古文以化雅向俗，到五四之后借古文改造白话而化俗为雅，都有着其必然的历史逻辑及其不得不然的历史合理性。

胡适、陈独秀发动的文学革命，其牵扯面远远超出了语言文学领域，关乎整个思想文化界的大是大非，以及中国文化传统改造的战略方向等具有全局性的重大问题。但就语言文学层面来说，五四新文学家所创造的建立在改良白话基础上的新式白话文学，不仅更新了国人对于"白话"和"文学"的理解，由此诞生了与世界文学接轨的内容和形式均具有现代性的真正意义上的中国现代文学，而且与国语运动倡导者一道为白话争得了国语的地位，确立了其正式书写语资格，改变了国人的思想观念、思维方式和书面表达方式，其意义之重大无论如何估量都不算过分。

梁启超对新文学的导夫先路之功，得到了《新青年》阵营有识之士的肯定。1917 年春，钱玄同赞其"实为近来创造新文学之一人"，高度评价"输入日本文之句法，以新名词及俗语入文，视戏曲小说与论记之文平等，此皆其识力过人处"，以为"论现代文学之革新，必数及梁先生"。①1920 年春，欧游归来的梁任公以白话撰文著书，与胡适切磋白话诗词，对新青年降心相从，时号"老少年"。至于文学革命领袖胡适，更是因提倡白话文学而名满天下。1919 年，廖仲恺致函胡适夸奖道："我辈对于先生鼓吹白话文学，于文章界兴一革命，使思想能借文字之媒介，传于各级社会，以为所造福德，较孔孟大且十倍。"②

从晚清到五四，从梁启超到胡适、陈独秀，从文学界革命到文学革命运动，从改良群治、新民救国的文学救世说，到"活的文学""人的文学"的白话文学观，从强调"革其精神"到侧重"革其形式"，从着眼于改良文言到立足于改良白话，从化雅向俗的浅近化到由俗入雅的语体化，从言文杂糅的近代新文体到言文合一的现代新文学，可谓长江前浪与后浪。从梁启超语出惊人地断言"小说为文学之最上乘"，到胡适破天荒地宣告白话文学乃中国文学之正宗；从梁氏呼吁凡百文章均应采用俗语文体，到胡适、陈独秀宣告改良中国文学当以白话为文学正宗——两代"但开风气不为师"的新文化巨匠和文学革命旗手，为实现建立现代民族国家的梦想，在探索"言文合一"的道路上，最终走到了一起。

---

① 《新青年》第三卷第一号"通信"栏，1917 年 3 月。
② 中国社会科学院近代史研究所中华民国史组编：《胡适来往书信选》上册，中华书局，1979，第 64 页。

第三节 言文合一：历史接力与历史合力

晚清一代知识先驱发起的思想启蒙运动、汉语拼音化运动、白话文运动、文学界革命等，为五四一代新文化人提供了多种思想养分、文体试验、语体探索、文字改革方案和多向度的历史选择；而中国新文学历史局面的成功开创，改良的白话作为现代正式书写语地位的逐步确立，则是五四一代新文化人对晚清启蒙先驱提供的诸多历史方案最后抉择的结果。晚清与五四两代新文化先驱，为实现输入新知、开启民智、改良文学、改革文字、教育普及、国语统一的民族国家现代化理想而追求言文合一的语文革新试验，几经山重水复，终见柳暗花明。

无论是晚清立足于改良文言的报章新文体，抑或是五四立足于改良白话的语体新文学，从汉语书面语改革角度来看，都只是时人所谓"文字革命"的一部分。1918 年，留美学生朱经农把当时的"文字革命"主张约略划分四类：第一种是"改良文言"而不"废止文言"；第二种是"改良白话"而"废止文言"；第三种是"保存白话"而以罗马拼音代汉字；第四种是把"文言""白话"一概废了，采用罗马文字作为"国语"。[①] 最终，国语运动和文学革命倡导者形成的历史合力，将清末民初拼音化论者原本以废除汉字为目标的"文字革命"，引到"改良白话""废止文言"一途。而当这一切尘埃落定之后，晚清以来因时而变的古语文学，尤其是立足于"改良文言"的报章新文体在语体文体等方面做出的种种现代性探索，以及被废弃的种种语言文字改革方案，则逐渐隐于历史深处。

五四时期，胡适、陈独秀做出的改良中国文学当以白话为文学正宗的路径选择，一方面从根本上扭转了文言为雅、白话为俗和诗文体尊、小说戏曲体卑的传统文学观念，从而将梁启超 1903 年提出的"凡百文章"均应采用"俗语文体"的语言文体观全面付诸实施，将晚清时期文界、诗界、小说界、戏曲界分头开展的文学界革命，推进到了语言文学冶为一炉的整体意义上的文学革命的新阶段；另一方面也彻底改变了晚清主流白话论者倡白话而不废文言的两条腿走路的方针，从而将裘廷梁戊戌时期提出的"崇白话而废文言"的激进口号付诸实施。将文言与白话、古语文学与白话文学置于你死我活的二元对立位置，推尊白话文学为中国文学之正宗，是五四文学革命论者与晚清文学界革命倡导者及白话论者的根本不同

---

① 朱经农：《新文学问题之讨论》，《新青年》第五卷第二号"通信"栏，1918 年 8 月。

之处。就此而言，五四新文学和语体文与晚清新派文学和白话文的接力关系，既有承继性的"延续"，更有超越性的"开新"；"延续"是循着前人指示的方向继续行进，"开新"是打破前人的观念与格局而寻求更大的发展空间，进而实现历史的飞跃。至此，晚清以降持续二十年的以改良文言为主线使之浅近化、文言与白话并存的格局，开始朝着改良白话使之博雅化、以白话为唯一文学载体的方向发展。

晚清新文体的改良文言与五四新文学的改良白话，在语体文体革新的欧化、大众化两个现代化根本方向上是一致的，体现出两代文学革命先驱调和精英与大众两种文化立场的思想努力，从而在文言与白话两种语言体系的古今演进嬗递过程中形成历史合力，为中国现代文学的发展指明了前行方向。就欧化而言，在新名词和外国语法的引入与推广方面，立足于改良文言的报章新文体充当了先锋队与主力军。需要特意指出的是，在胡适等五四新文化人看来，晚清以降经由报章新文体大量进入"中国文"的借自日本的"新名词"，属于复音的文言语汇，而非白话语汇。1920 年，胡适在《国语的进化》一文中列举了"法律""国民""方法""科学""教育"等"复音的文言字"，以为此类文言语汇自可"尽量收入"。[①] 这些民初报章新文体和早期《新青年》杂志中比比皆是的以双音节为主体的新名词，是中国语言文体现代化的根本标志，自然要全盘吸收进白话系统，使其逐渐变成白话语汇。晚清新文体在改良文言方面所表现出的浅近化、白话化倾向，也是朝着"言文一致"的大方向努力。从努力方向来看，梁启超等人在晚清是破"文言"之雅，使之从众向俗，从而突破"文言"的正宗地位；胡适等人在"五四"则立"白话"而废文言，以"白话"为正宗。表面看来，两者似乎并不搭界，其实是殊途同归，都希望在"言"与"文"之间形成互动，最终目的是达到"言文一致"。这是一种历史合力的突出表现。正因如此，陈子展高度评价"梁启超派的新文体"之"不避俗谚俚语"的历史进步意义，言其作用是"使古文白话化，使文言白话的距离比较接近"，赞其"正是白话文学运动的第一步，也即是文学革命的第一步"。[②]

晚清时期也掀起过一场声势浩大的白话文运动，也有改良白话的语体文体实践，报刊白话文和白话小说的社会影响力均不可小觑；但由于精英知识分子头脑中根深蒂固的文言为雅、白话为俗的语文观，加之晚清书面白话在吸收新名词和欧化句法方面明显比改良文言慢半拍，其影响又主要

① 胡适：《国语的进化》，《新青年》第七卷第三号，1920 年 2 月。
② 陈炳堃：《最近三十年中国文学史》，上海太平洋书店，1930，第 113 页。

及于中下社会而与士大夫阶级无关，且当时的白话深受方言俗语困扰而尚未形成一个统一的标准，因而直到五四文学革命和白话文运动兴起之前，以新文体为代表的改良文言语体文体仍然居于近代报章和中国文学的主流位置，输入和传播西方新思想新文化的语言工具也主要由改良的文言来承担，中国语言文学的现代化发展方向亦由改良的文言文体来代表和引领。晚清的白话文运动，并不能自然而然地发展为五四的白话文运动；晚清的白话文和白话小说，也无法与以西化为主要导向的五四新式白话文学形成无缝对接。从中国文学现代化演进脉络来看，五四文学革命者从晚清前辈手中接过的，主要是以梁启超为精神领袖的文学界革命者传递的历史接力棒。

从长时段考量，晚清至五四时期的中国文学变革、文体之变和语言范式的转型，较之政治思想和文学潮流的更迭，具有更为重要的本体性的意义。晚清与"五四"两代知识精英从改良文言体系到改良白话体系的语言文体变革，是达成中国文学现代化具有根本意义的标志性环节。晚清时期，梁启超改良文言、从众向俗的努力，不仅体现在对传统诗文的文体语体革新，还体现在对以诗文为正宗的传统文学结构和秩序的强有力的冲击与挑战。他倡导的小说戏曲界革命，以"振国民精神，开国民智识"①的名义，将古代中国处于文学结构边缘地带的小说戏曲门类提升至"文学之最上乘"。尽管梁氏过于功利性和政治化的小说救世说不无缺陷，但其对传统文学观念与文学结构的颠覆，对由俗入雅的新小说创作的推动，以及小说在重新建构的新的文学秩序中的中心地位的确立，却功不可没。五四时期，胡适、陈独秀对于白话文学化俗为雅的最大贡献，是在根本的思想观念上，将白话文学树为中国文学之正宗和国语文学之典范，指示了"国语的文学，文学的国语"的努力方向；鲁迅、周作人、朱自清、林语堂等实力派作家，他们汲取文言精华的文学语言艺术追求，则显示了本色当行的新文学作家在融会传统、改良白话方面的深度探索，以及对传统的创造性转化。正是新文学倡导者和实践者的共同努力，最终达成了五四时期以"人的文学"为思想内核的"白话文学"由俗向雅的质的飞跃。因此，从文学现代性角度观之，晚清与"五四"先驱达到了某种耦合，也具有共同的追求方向和目标。

五四时期，胡适对清末民初四派"应用的古文"②予以有限肯定，将

---

① 《〈新小说〉第一号》，《新民丛报》第二十号，1902 年 11 月 14 日。

② 指严复、林纾的翻译文章，谭嗣同、梁启超一派的议论文章，章炳麟的述学文章，章士钊一派的政论文章。

其定位在"古文范围以内的革新运动"，却从根本上否定了其建立在改良文言基础上的语体文体改革思路，批评其"不肯从根本上做一番改革的工夫"，断言其仍旧免不了"死文学"或"半死文学"的评判。① 十多年后，他在《中国新文学大系·建设理论集·导言》中强化了这一观点，指出"在那二三十年中，古文家力求应用，想用古文来译学术书，译小说，想用古文来说理论证，然而都失败了"，断言"古文应用的努力完全失败"。② 以文言和白话判定文字文学之"死活"，并不符合这段文学历史的实际情况。且不说晚清时期文言诗文始终占据社会文化优势地位，即便是到了20世纪40年代，文言文在政界、文化界和社会上依然有着强大的势力，政治性报刊、综合性报刊、政府公文依然是文言的重要势力范围，《大公报》等具有全国性影响的大型日报的新闻通讯稿和社论文章仍然采用改良文言，应用文依然主要由文言来承担。1929年，一位左翼人士评论"报章文字"和"白话文字"的势力道："梁启超《新民丛报》的报章文字倡于先，《新青年》的白话文字继于后，现今我国文学界，可说全是此二种文字的势力。"③ 可见，晚清以降走改良文言路线的报章新文体，在五四之后依然有着顽强的生命力和重要的社会影响力，并非一句"死文字"和"半死文学"所能一笔抹去。

五四时期，胡适对白话的推崇虽以其思想上的西化为前提，但其改良白话的基本导向却是学习古白话和口语白话，意在通过白话文（学）对文言文（学）的全面取代，最大限度地打破精英与大众、雅与俗之间的文化壁垒，实现"言文一致"理想和"最大多数人"的文化启蒙目标。然而，新文化阵营形成的历史合力，却最终将白话界定为一种"欧化的国语"，将白话文引向"欧化白话文"之途，所谓"语体文"变成了欧化的书面语，其后又出现"白话文言化"倾向。这一导向的不良后果之一，是导致部分启蒙文学和书面语充满贵族气和高等洋腔，在很大程度上背离了大众化与化大众的初心，比浅易文言还难懂，以至于被批评者称为"新文艺腔"和"新文言"。20世纪30年代至40年代，语文界又陆续掀起了两场持续多年的全国性的"大众化""大众语"和"民族形式"大讨论，出现了"文言复兴运动""大众语运动"和"民族化运动"。在此情形下，梁启超、胡适致力于调适文白、中西、雅俗的语言文体革新方案与实践，以及由此折

---

① 胡适：《五十年来中国之文学》，申报馆，1924，第2、57页。
② 胡适：《中国新文学大系·建设理论集·导言》，载胡适编选：《中国新文学大系·建设理论集》，上海良友图书印刷公司，1935，第5页。
③ 仲云：《通过了十字街头》，《小说月报》第二十卷第一号，1929年1月。

射出的文化理想与思想立场，都并非只是匆匆的历史过客，而是一个至今仍不失现实意义的有待解决的开放性问题。

追求言文合一的现代白话成为国语，面向普通国民的白话文学跃居文学正宗，是晚清至五四时期的启蒙运动发展的必然结果，亦是晚清与五四两代人的文化事业。着眼于民族未来，以学理服务国家，梁启超一代和胡适一代的语言文学理论与实践选择，使他们在中国近现代文学史上得享大名。胡适自言："白话文的局面，'若没有胡适之、陈独秀一班人'，至少也得迟出现二三十年。"[1] 我们可以接着说：若没有晚清梁启超一班人的文学界革命，胡适、陈独秀一班人的文学革命，也便成为无源之水。

---

[1] 胡适：《中国新文学大系·建设理论集·导言》，载胡适选编：《中国新文学大系·建设理论集》，上海良友图书印刷公司，1935，第 17 页。

主要参考文献

一、报刊

《东西洋考每月统纪传》

《六合丛谈》

《万国公报》

《申报》

《直报》

《时务报》

《湘报》

《湘学报》

《知新报》

《经世报》

《国闻报》

《国闻汇编》

《演义白话报》

《无锡白话报》

《中国官音白话报》

《清议报》

《清议报全编》

《京话报》

《国民报》

《杭州白话报》

《新民丛报》

《启蒙画报》

《游学译编》

《大公报》

《新小说》

《苏报》

《湖北学生界》

《浙江潮》

《江苏》

《国民日日报》

《国民日日报汇编》

《中国白话报》

《俄事警闻》

《警钟日报》

《安徽俗话报》

《时报》

《京话日报》

《国粹学报》

《醒狮》

《教育世界》

《洞庭波》

《复报》

《民报》

《天义报》

《竞业旬报》

《河南白话科学报》

《教育今语杂志》

《政论》

《国风报》

《庸言》

《大中华》

《正宗爱国报》

《群强报》

《北京新报》

《白话捷报》

《官话正报》

《天津白话报》

《爱国白话报》

《白话国强报》

《虞阳白话报》

《民立报》

《东方杂志》

《甲寅》

《新青年》

《新潮》

《小说月报》

《努力周报》

《甲寅周刊》

《制言》

《学衡》

二、著作

龚自珍：《龚自珍全集》，上海人民出版社，1975。

魏源：《海国图志》，岳麓书社，1998。

徐继畬：《瀛寰志略》，上海书店出版社，2001。

王韬：《重订法国志略》，光绪庚寅年松隐庐刊本。

王韬：《弢园尺牍》，中华书局，1959。

王韬：《弢园文录新编》，中西书局，2012。

王韬：《漫游随录》，岳麓书社，1985。

王韬著，陈尚凡、任光亮校点：《漫游随录·扶桑游记》，岳麓书社，1982。

曾国藩：《曾国藩全集》，岳麓书社，1994。

[英]麦肯齐著：《泰西新史揽要》，李提摩太、蔡尔康译，上海书店出版社，2002。

张元济：《张元济全集》，商务印书馆，2010。

[德]花之安：《自西徂东》，上海书店出版社，2002。

陈忠倚辑：《皇朝经世文三编》，扫叶山房，光绪丁酉五月。

苏舆编：《翼教丛编》，上海书店出版社，2002。

黄遵宪：《日本国志》，上海古籍出版社，2001。

黄遵宪：《黄遵宪全集》，中华书局，2005。

张之洞：《劝学篇》，上海书店出版社，2002。

康有为：《欧洲十一国游记》，广智书局，1905。

康有为著，汤志钧编：《康有为政论集》，中华书局，1981。

康有为：《万木草堂诗集》，上海人民出版社，1996。

康有为著，姜义华、张荣华编校：《康有为全集》，中国人民大学出版社，2007。

梁启超：《饮冰室合集》，中华书局，1936。

梁启超著，汤志钧、汤仁泽编：《梁启超全集》，中国人民大学出版社，2018。

梁启超：《清代学术概论》，上海古籍出版社，1998。

严复著，王栻主编：《严复集》，中华书局，1986。

太平洋客：《新广东（附康南海辩革命书)》，横滨新民丛报社，光绪壬寅九月。

章太炎著，汤志钧编：《章太炎政论选集》，中华书局，1977。

章太炎：《章太炎全集》，上海人民出版社，1985。

章太炎著，吴齐仁编：《章太炎的白话文》，上海泰东书局，1921。

光汉子：《中国民族志》，中国青年会，1905。

刘师培著，李妙根编、朱维铮校：《刘师培辛亥前文选》，中西书局，2012。

邹容：《革命军》，中华书局，1971。

章含之、白吉庵主编：《章士钊全集》，文汇出版社，2000。

王国维著，周锡山编校：《王国维文学美学论著集》，北岳文艺出版社，1987。

王国维：《宋元戏曲史》，上海古籍出版社，2011。

金天翮著，陈雁编校：《女界钟》，上海古籍出版社，2003。

孙中山：《孙中山选集》，人民出版社，1981。

吴虞：《吴虞日记》，四川人民出版社，1984。

蔡元培：《蔡元培选集》，中华书局，1959。

蔡元培：《蔡元培全集》，浙江教育出版社，1997。

陈独秀：《独秀文存》，安徽人民出版社，1987。

鲁迅：《鲁迅全集》，人民文学出版社，2005。

胡适：《尝试集》，亚东图书馆，1920 年 3 月初版本。

胡适：《五十年来中国之文学》，申报馆，1924。

胡适：《国语文学史》，文化学社，1927。

胡适著，欧阳哲生编：《胡适文集》（全 12 册），北京大学出版社，2013。

钱基博：《现代中国文学史》，世界书局，1935。

吴文祺：《新文学概要》，中国文化服务社，1936。

黄远庸：《远生遗箸》，商务印书馆，1984 年增补影印版。

周作人讲校、邓恭三记录：《中国新文学的源流》，人文书店，1934。

吴文祺：《新文学概要》，中国文化服务社，1936。

黎锦熙：《国语运动史纲》，商务印书馆，1934。

谭彼岸：《晚清的白话文运动》，湖北人民出版社，1956。

黎锦熙：《汉语规范化的基本工具：从注音字母到拼音运动》，江苏人民出版社，1957。

倪海曙：《清末汉语拼音化运动编年史》，上海人民出版社，1959。

李剑农：《中国近百年政治史》，商务印书馆，2011。

曹聚仁：《中国学术思想史随笔》，生活·读书·新知三联书店，2005。

曹聚仁：《文坛五十年》，东方出版中心，2006。

阿英：《阿英文集》，生活·读书·新知三联书店，1981。

梁漱溟：《梁漱溟全集》，山东人民出版社，2005。

吴其昌：《梁启超》，胜利出版社，1944。

陈子展：《中国近代文学之变迁》，中华书局，1929。

陈炳堃：《最近三十年中国文学史》，上海太平洋书店，1930。

钱基博：《现代中国文学史》，世界书局，1935。

杨世骥：《文苑谈往》第一集，中华书局，1945。

李剑农：《中国近百年政治史》，商务印书馆，2011。

戈公振：《中国报学史》，商务印书馆，1928；上海古籍出版社，2014。

李泽厚：《中国近代思想史》，人民出版社，1979。

萧公权著：《康有为思想研究》，汪荣祖译，新星出版社，2005。

汪荣祖：《康有为论》，中华书局，2006。

温儒敏：《中国现代文学批评史》，北京大学出版社，1993。

陈平原：《中国现代学术之建立》，北京大学出版社，1998。

夏晓虹：《觉世与传世——梁启超的文学道路》，上海人民出版社，1991。

刘纳：《嬗变——辛亥革命时期至五四时期的中国文学》，中国社会科学出版社，1998。

[美] 周策纵：《五四运动史》，岳麓书社，1999。

王尔敏：《晚清政治思想史论》，广西师范大学出版社，2005。

张朋园：《梁启超与清季革命》，吉林出版集团有限责任公司，2007。

连燕堂：《从古文到白话——近代文界革命与文体流变》，中央民族大学出版社，2000。

陈平原：《中国散文小说史》，上海人民出版社，2004。

关爱和：《中国近代文学论集》，中华书局，2006。

夏晓虹、王风等：《文学语言与文章体式——从晚清到"五四"》，安徽教育出版社，2006。

夏晓虹：《晚清女性与近代中国（第二版）》，北京大学出版社，2014。

王飚主编：《中国文学通史·近代文学》，江苏文艺出版社，2011。

袁进：《中国文学的近代变革》，广西师范大学出版社，2006。

袁进主编：《新文学的先驱——欧化白话文在近代的发生、演变和影响》，复旦大学出版社，2014。

王风：《世运推移与文章兴替：中国近代文学论集》，北京大学出版社，2015。

段怀清：《王韬与近现代文学转型》，复旦大学出版社，2015。

胡全章：《清末民初白话报刊研究》，中国社会科学出版社，2011。

胡全章：《清末白话文运动》，中国社会科学出版社，2015。

三、史料

张志春编著：《王韬年谱》，河北教育出版社，1994。

康有为著，楼宇烈整理：《康南海自编年谱（外二种）》，中华书局，1992。

罗新璋编：《翻译论集》，商务印书馆，1984。

丁文江、赵丰田编：《梁启超年谱长编》，上海人民出版社，1983。

汤志钧编：《章太炎年谱长编》，中华书局，1979。

冯自由：《革命逸史》（全四册），中华书局，1981。

朱峙山：《朱峙山日记（1893—1919）》，华中师范大学出版社，2011。

姚奠中、董国炎撰：《章太炎学术年谱》，山西古籍出版社，1996。

孙应祥：《严复年谱》，福建人民出版社，2003。

袁英光、刘寅生编：《王国维年谱长编》，天津人民出版社，1996。

柳无忌编：《柳亚子年谱》，中国社会科学出版社，1983。

陈奇：《刘师培年谱长编》，贵州人民出版社，2007。

万仕国编著：《刘师培年谱》，广陵书社，2003。

爱汉者等编，黄时鉴整理：《东西洋考每月统纪传》，中华书局，1997。

英敛之：《敝帚千金》（1—30 册），大公报馆，1904—1907。

章行严编：《苏报案纪事》（一名《癸卯大狱记》），光绪三十四年刊本。

吴齐仁编：《章太炎的白话文》，上海泰东图书局，1921。

严复著，孙应祥、皮后锋编：《〈严复集〉补编》，福建人民出版社，2004。

胡适选编：《中国新文学大系·建设理论集》，上海良友图书印刷公司，1935。

张枬、王忍之编：《辛亥革命前十年间时论选集·第一卷》，生活·读书·新知三联书店，1960。

中国史学会编：《中国近代史资料丛刊·辛亥革命》，上海人民出版社，1957。

中国社会科学院近代史研究所中华民国史组编：《胡适来往书信选》，中华书局，1979。

舒新城编：《中国近代教育史资料》，人民教育出版社，1981。

薛绥之、张俊才编：《林纾研究资料》，福建人民出版社，1982。

丁守和主编：《辛亥革命时期期刊介绍》，人民出版社，1986。

钟叔河编：《走向世界丛书（修订本）》，岳麓书社，2008。

陈平原、夏晓虹编：《二十世纪中国小说理论资料·第一卷》，北京大学出版社，1997。

陈平原、杜玲玲编：《追忆章太炎（修订本）》，生活·读书·新知三联书店，2009。

夏晓虹编：《追忆梁启超（增订本）》，生活·读书·新知三联书店，2009。

张之华主编：《中国新闻事业史文选》，中国人民大学出版社，1999。

程华平编著：《近代上海散文系年初编》，上海教育出版社，2003。

李天纲编校：《万国公报文选》，中西书局，2012。

严昌洪主编：《辛亥革命史事长编》（全十册），武汉出版社，2011。

中国人民政治协商会议全国委员会文史资料研究委员会编：《辛亥革命回忆录》（共八册），中国文史出版社，2012。